엑셀을 활용한 통계자료분석

저자 | 홍 관 수

經文社

머리말

우리가 사는 현대 사회를 지식 · 정보화 사회라고 부른다. 다양한 매체를 통하여 얻은 수많은 자료에서 우리가 필요한 정보나 지식을 취하기 위해서는 자료를 요약할 수 있어야 하고 나아가 현상에 대한 결론을 도출하고 미래를 예측하는 방법을 알아야 한다. 이를 위한 학문이 바로 통계자료분석이다. 통계자료분석은 경영학뿐만 아니라 사회과학, 인문, 공학, 의학 등 모든 분야에서 컴퓨터의 발달과 더불어 활용도가 지속적으로 증가추세에 있다. 이러한 추세에 맞춰 누구나 접할 수 있는 엑셀을 활용해 통계자료분석에 쉽게 접근할 수 있도록 본서를 기술하였다.

따라서 본서는 다음 사항에 역점을 두었다. 첫째, 통계자료분석을 더욱 쉽게 이해하도록 먼저 기본적이고 중요한 개념을 소개한 후 이와 관련된 사례를 소개하여 이론과 실제를 동시에 이해할 수 있도록 하였다. 또한 엑셀을 이용한 통계자료분석방법을 각 사례별로 수록하여 독자들이 엑셀에 흥미를 가지고 학습하도록 하였다. 둘째, 많은 그림을 사용하여 내용이 시각적으로 이해되도록 노력하였다. 셋째, 통계자료분석을 통해 기업 경영의 효과성과 효율성을 높일 수 있는 다양한 방법들을 설명하고자 하였다. 마지막으로 대학 및 대학원생들뿐만 아니라 실무자들도 자료를 분석하는 데 필요한 아이디어를 얻을 수 있도록 통계자료분석의 이론과 실제를 체계적으로 정리하고자 하였다.

본서는 제1장과 제2장에서는 통계자료분석의 기초개념을 다룬다. 제3장 자료분석은 기술통계학에 대한 내용으로 자료에서 귀중한 여러 가지 정보를 만들어 의사결정에 활용하는 과정을 학습한다. 제4장부터 제7장까지는 추론통계학의 기본이 되는 확률, 확률변수, 확률분포, 표본분포 등을 학습한다. 제8장과 제9장은 추론통계학의 기본을 토대로 단일모집단과 두 모집단에 관한 여러 가지 검정 방법을 다룬다. 제10장과 제11장 및 제12장은 통계자료분석에서 가장 많이 활용되고 있는 분산분석과 회귀분석에 대하여 설명하고 있다. 마지막 제13장은 범주형 자료분석에 대해 논의한다.

지금까지 통계자료분석을 강의하고 연구하면서 생각했던 바를 국내외의 저서와 논문 그리고 사례를 참조하여 독자들의 통계자료분석에 대한 이해를 높이고자 노력하였으나 충분치 못한 점은 앞으로의 꾸준한 연구와 독자들의 조언을 바탕으로 보완할 예정이다. 이 책을 통해 보다 많은 학생과 연구자가 통계자료분석을 정확히 이해하고 활용하게 되었으면 하면 바람이다. 마지막으로 본서의 출간을 위해 물심양면으로 도와준 경문사 관계자 여러분과 도움을 준 모든 분께 감사를 드린다.

2017년 6월

저 자

차 례

04 확률과 확률변수

05 이산확률분포

06 연속확률분포

07 표본분포

08 단일모집단의 가설검정

09 두 모집단의 가설검정

10 분산분석

11 단순선형회귀분석

12 다중회귀분석

13 χ^2-검정

01

통계학의 이해

1. 통계학의 개념
2. 변수와 자료

1. 통계학의 개념

통계학의 정의

우리는 다음과 같은 질문에 통계학을 적용하여 합리적인 답을 할 수 있어야 한다.

- 기온으로 난방비를 예측할 수 있는가?
- 수원공장과 부산공장의 생산성은 다른가?
- 특정 회사가 자사 제품의 무게는 20g 이하라고 광고하는데 맞는 주장인가?
- 가격을 올리면 판매량은 감소할까?
- 수능성적과 평점 간에는 상관관계가 존재하는가?

불확실한 상황에서 올바른 의사결정을 위해서는 불확실성을 분석할 수 있는 도구들로 구성된 통계학을 필요로 한다. **통계학**(statistics)이란 자료를 수집하고 분석하여 해석함으로써 불확실한 환경하에서 합리적인 의사결정을 하도록 도와주는 방법에 관한 학문이다. 따라서 통계학은 과학적인 방법을 이용하여 불확실한 조건에서 객관적인 의사결정을 촉진시키는 분석도구들로 구성되어 있다.

모집단과 표본

모집단(population)이란 연구의 대상이 되는 집단 전체를 말하며, **표본**(sample)이란 모집단에서 조사 대상으로 채택한 일부이다. 예를 들어, 경상도에 거주하는 대학생들의 독서량을 조사하는 경우, 경상도에 거주하는 모든 대학생이 모집단이 된다. 그러나 모집단에 속한 대학생을 전수조사(census)하는 데에는 많은 비용과 시간이 소요되므로 이들 대학생의 일부를 조사할 수 있다. 이 예에서 경상도에 거주하는 대학생 전부를 모집단이라 하고 조사하기 위해 선택한 대학생 일부를 표본이라 한다.

이처럼 집단 전체를 조사하는 것이 여러 가지 이유로 어려울 경우, 전체에서 일부를 추출하고 조사하여 전체의 특성을 추정할 수 있다. 이런 경우 원래의 집단 전체를 모집단이라 하고 추출된 일부를 표본이라고 한다. 따라서 [그림 1-1]과 같이 모집단에서 표본을 뽑아 그 표본의 특성을 바탕으로 모집단의 특성을 추론하게 된다.

[그림 1-1] ❙ 모집단과 표본

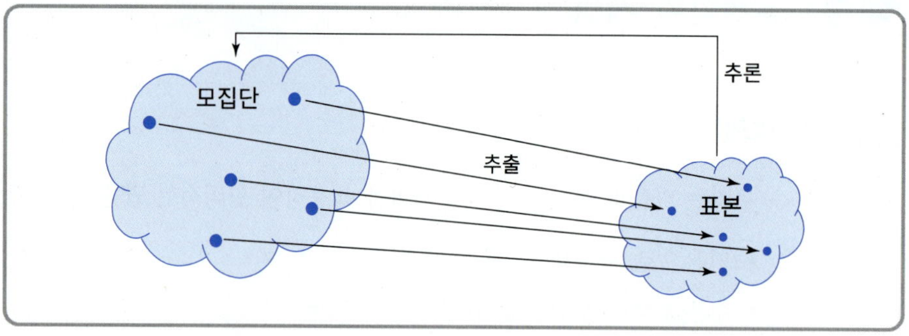

모수와 통계량

[그림 1-2]와 같이 모집단의 특성을 수치로 나타낸 것이 **모수**(parameter)이고 표본의 특성을 수치로 나타낸 것이 **통계량**(statistic)이다. 일반적으로 모수는 그리스문자(μ, σ^2, σ)로 통계량은 영어문자($\overline{X}$, S^2, S)로 표시한다.

위의 예에서 모든 경상도 대학생의 독서량을 조사한 평균 독서량은 모수이고,

[그림 1-2] ❙ 모수와 통계량

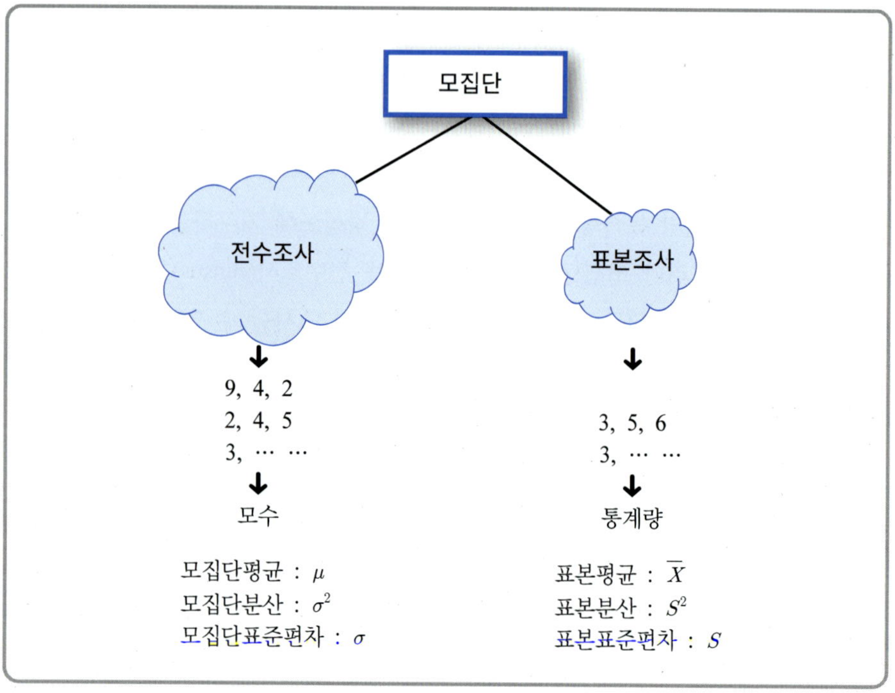

일부 경상도 대학생의 독서량을 조사한 평균 독서량은 통계량이 된다.

통계학의 종류

통계학은 [그림 1-3]과 같이 기술통계학(descriptive statistics)과 추론통계학(inductive statistics)으로 나누어진다. **기술통계학**은 자료를 수집하고 분석하여 의사결정에 의미 있는 정보로 변환하는 방법에 관한 학문을 말한다. 반면, **추론통계학**이란 표본에 내포된 정보를 바탕으로 모집단의 특성을 추론하는 방법에 관한 학문이다.

예를 들면, 우리나라 대학생의 연간 해외여행경비를 조사하여 지역별, 성별, 학과별로 각종 도표를 작성하거나 평균과 표준편차를 구하는 것은 기술통계학에 속한다. 반면 우리나라 변호사의 평균 소득을 알기 위하여 몇 백 명을 표본으로 뽑아 그들의 소득을 기준으로 우리나라 전체 변호사의 평균 소득을 추정하는 것은 추론통계학의 영역이다. 본서에서는 기술통계학을 설명하는 제3장을 제외한 대부분의 장에서 추론통계학을 다루고 있다.

[그림 1-3] **통계학의 종류**

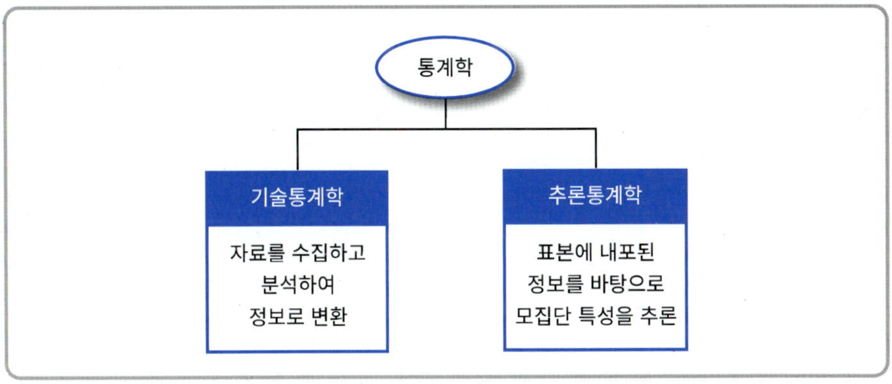

통계학과 의사결정

모집단의 특성을 살펴보기 위해 표본을 사용한다면, 먼저 해당 모집단에 관해 정의하고 그 모집단에서 표본을 추출하기 위한 방법을 설계한다. 표본추출설계에 따라 추출한 표본자료를 기술통계학을 이용하여 먼저 정리하고 분석하여 의사결정에 유용한 의미 있는 표본정보로 변환한다. 나아가 그 표본정보를 추론통계학

[그림 1-4] ▎통계학과 의사결정

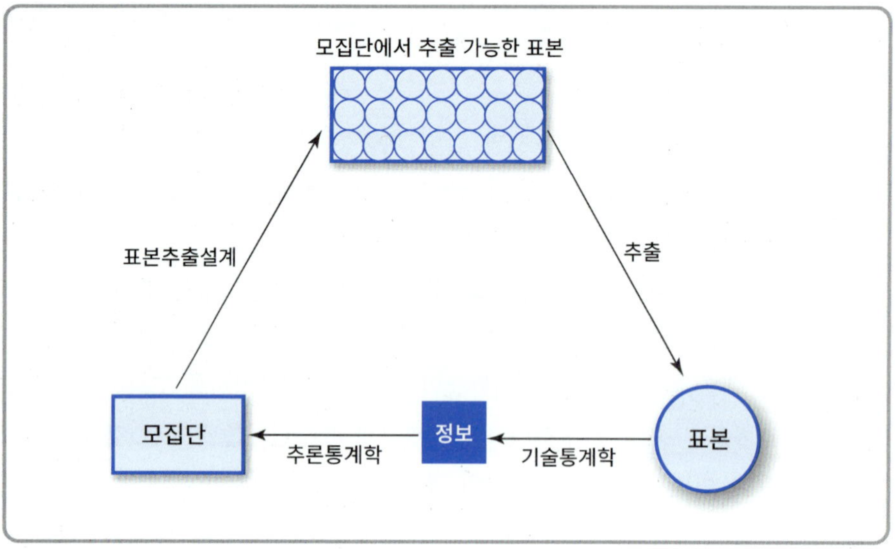

을 이용하여 모집단에 대해 추론한 다음 이를 바탕으로 합리적인 의사결정을 하여야 한다. 통계학에 의한 의사결정과정은 [그림 1-4]와 같이 이루어진다.

2. 변수와 자료

변수의 유형

변수(variable)란 상수가 아닌 어떤 범위 안에서 변화하는 값을 가지는 수치의 공통속성을 말한다. 다시 말하면 변수란 성별, 체질, 전화번호, 키, 몸무게, 자녀 수, 자동차 수 등과 같이 관측할 때마다 다른 값을 가지는 수치의 공통속성이다. 이러한 변수를 관찰하여 기록한 결과를 **자료**(data)라고 한다. 변수와 자료는 [그림 1-5]와 같이 구분한다.

질적 변수(qualitative variable)는 분류를 위하여 범주로 표시되는 변수로 정성적 변수 또는 범주변수(categorical variable)라고도 한다. 이러한 질적 변수는 숫자 대신 다음과 같이 단어로 설명한다.

[그림 1-5] ❙ 변수 및 자료의 유형

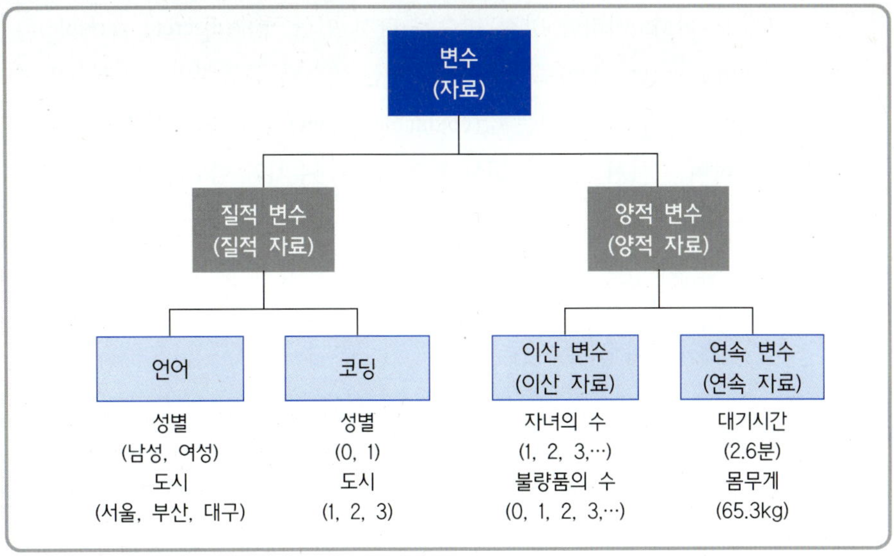

결혼상태(기혼, 미혼)
체질(소음인, 태음인, 소양인, 태양인)
자동차 변속기(자동, 수동)

통계분석을 위해 각 범주에 숫자를 부여하는 것을 코딩(coding)이라 한다. 예를 들어, 체질이라는 질적 변수는 다음과 같이 코딩하여 분류할 수 있다.

1 = 소음인, 2 = 태음인, 3 = 소양인, 4 = 태양인

범주를 코딩하여 숫자를 부여하였다고 그 자료가 양적 자료로 사용될 수 있는 것은 아니다. 위의 체질에 부여한 숫자는 주민등록번호, 전화번호, 아파트호수 등과 같이 임의로 숫자가 배정된 것으로 어떤 의미를 가지는 것은 아니다. 예를 들어, 체질은 다음과 같이 다양한 방식으로 코딩될 수 있다.

4 = 소음인, 3 = 태음인, 2 = 소양인, 1 = 태양인
3 = 소음인, 4 = 태음인, 1 = 소양인, 2 = 태양인
…
…

양적 변수(quantitative variable)는 양의 크기를 수치로 표시하므로 정량적 변수라고도 한다. 이러한 양적 변수는 다시 이산 변수(discrete variable)와 연속 변수(continuous variable)로 구분한다. **이산 변수**란 종업원의 수, 제품의 수, 불량품의 수 등과 같이 셀 수 있는 값(countable values)을 취하는 것을 말한다. 이산 변수를 관찰하여 기록한 자료를 **이산 자료** 또는 **계수치**라 한다. 이산 변수와 이산 자료의 예는 다음과 같다.

판매한 자동차 대수($X=50$)
경매에 입찰한 기업 수($X=4$)
대기 고객 수($X=12$)

연속 변수란 시간, 키, 몸무게 등과 같이 측정에 의해 어떤 구간 안에 있는 모든 값(measurable values)을 취하는 것을 말한다. 예를 들어, [그림 1-6]과 같이 키 170cm는 169.5cm 이상 170.5cm 미만 구간 안에 있는 모든 값을 취한다.

[그림 1-6] **연속변수의 정의**

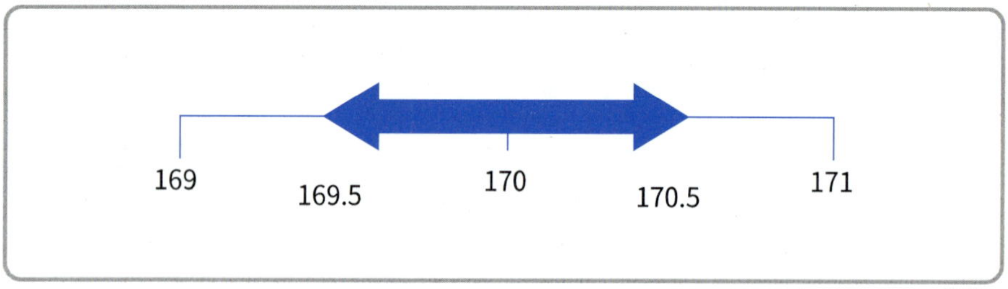

연속 변수를 관찰하여 기록한 자료를 **연속 자료** 또는 **계량치**라 한다. 연속 변수와 연속 자료의 예는 다음과 같다.

완공까지 걸리는 시간($X=12.4$분)
음료용기의 무게($X=232.357$g)
자전거의 길이($X=1.254$m)

척도의 유형

적절한 자료를 얻기 위해 규칙에 따라 관찰 대상에 수치를 부여하는 일련의 과정을 **측정**이라 한다. 여기서 규칙이란 어떻게 측정할 것인가를 의미한다. 예를 들어, 세 종류의 휴대폰 선호도를 조사한다고 하자. 개별 휴대폰에 대해 '좋음, 보통, 나쁨' 중에서 하나를 선택하게 할 것인지 아니면 좋아하는 순서대로 세 종류에 순위를 매길 것인지 등의 규칙을 고려해볼 수 있다. 이와 같이 측정이란 규칙에 따라 관찰 대상이 가지는 속성에 값을 부여하는 것을 뜻한다. 측정규칙의 설정이 척도의 설정을 의미한다.

척도란 일정한 규칙을 가지고 관찰 대상에 숫자를 부여하는 도구를 말한다. 척도는 일반적으로 [그림 1-7]과 같이 명목척도(nominal scale), 서열척도(ordinal scale), 등간척도(interval scale) 그리고 비율척도(ratio scale)로 분류할 수 있다.

[그림 1-7] **척도의 수준**

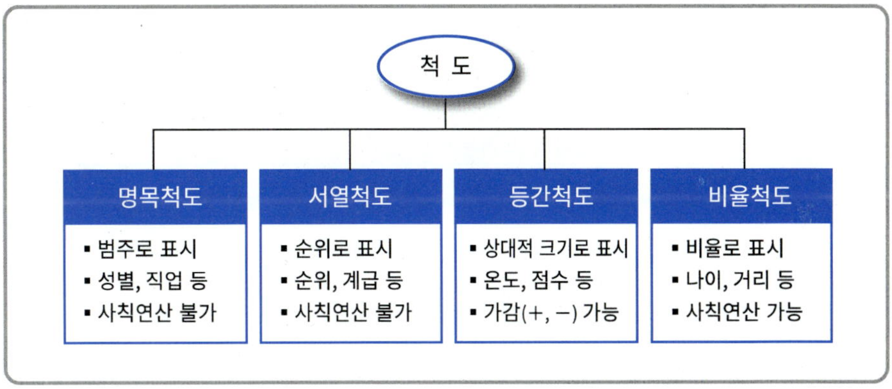

명목척도 가장 약한 척도수준으로 가장 쉽게 인지된다. 성별, 종교, 대중매체 등과 같은 범주(category)의 속성을 숫자로 식별하기 위한 목적으로 사용한다. 숫자의 크기는 의미가 없으며 단지 특정 범주를 가리킨다. 다음과 같은 설문을 수행할 때 범주형 자료를 얻게 된다.

> 현재 만 19세 이상인가?
> 1. 예 2. 아니오
>
> 거주하고 있는 지역은?
> 1. 경기도 2. 강원도 3. 충청도 4. 경상도 5. 전라도 6. 제주도

현재 근무하고 있는 부서는?
1. 기획/관리 2. 인사/총무 3. 마케팅/영업 4. 생산 5. 기타

범주형 자료이기 때문에 사칙연산(+, −, ×, ÷)의 적용이 불가능하다. 명목척도는 문항들이 중복되지 않아야 하는 상호 배타성(exclusiveness)과 집단 전체를 포함해야 하는 완전포괄성(exhaustiveness)이란 기준을 동시에 만족시켜야 한다. 예를 들어, 성별은 남자와 여자로 구성되어 전체가 되는 완전포괄성과 남자는 여자 집단에 속할 수 없고 여자는 남자 집단에 속할 수 없다는 상호 배타성을 지니고 있다.

서열척도 명목척도의 특성을 가지면서 크기 순서대로 서열화가 가능하다. 하지만 서열 간에는 구체적인 차이는 나타나지 않고 단지 순서만을 나타낸다. 다음과 같은 설문을 수행할 때 서열척도의 자료를 얻게 된다.

현재의 계급은?
1. 소위 2. 중위 3. 대위

보유 중인 자동차의 크기는?
1. 소형 2. 중형 3. 대형

하루 동안 얼마나 자주 운동을 하는가?
1. 자주 2. 가끔 3. 하지 않음

명목척도와 마찬가지로 범주형 자료이기 때문에 각 숫자 간 차이는 동일하지 않으므로 사칙연산은 불가하다. 예를 들어, 소형과 중형의 차이와 중형과 대형의 차이는 일정하지 않을 수 있다. 하지만 서열수준으로 대소(大小)는 판단할 수 있다.

등간척도 서열척도의 속성을 가지면서 숫자 간의 차이도 의미가 있어 덧셈 및 뺄셈이 가능하다. 하지만 값 간의 비율은 무의미하다. 즉, 절대 영점(absolute zero)이 없기 때문에 곱셈과 나눗셈은 불가하다. 예를 들어, A 학생의 성적이 40점이고 B 학생의 성적이 80점이라면, B 학생은 A 학생보다 성적이 40점 높다고 할 수 있다. 하지만 B 학생이 A 학생보다 2배 더 공부를 잘한다거나 2배 더 영리하다고 말할 수 없다. 마찬가지로 4℃가 2℃보다 두 배 더 따뜻하다거나 20℃가 30℃보다

50% 덜 춥다고 말할 수 없다. 다음과 같은 설문을 수행할 때 등간척도의 자료를 얻게 된다.

자신의 직무에 보람을 느끼고 있는가?

매우 그렇지 않다		보통 이다		매우 그렇다
①------------	②------------	③------------	④------------	⑤

이 강의에 만족하는가?

매우 그렇지 않다		보통 이다		매우 그렇다
①------------	②------------	③------------	④------------	⑤

비율척도 가장 강한 수준의 척도로 앞의 세 가지 척도의 성질을 보유할 뿐만 아니라 의미 있는 0을 추가로 가진다. 크기의 비교가 가능하여 값 간의 차이도 알 수 있다. 예를 들어, 10cm는 5cm보다 2배 더 길고, 5시간은 1시간보다 5배 더 길다. 즉, 절대 영점(0cm, 0kg)을 가지며 수의 차이는 비율을 나타낸다. 길이, 무게, 시간, 거리, 나이, 거래기간, 기업규모 등은 비율척도로 구한 양적 자료로 사칙연산의 적용이 가능하다. 다음과 같은 설문을 수행할 때 비율척도의 자료를 얻게 된다.

귀하의 자녀 수는?
귀사의 매출액은?
귀하의 나이는?
귀사의 특허 건수는?

연습문제

01. 다음을 각각 정의하라.

(1) 통계학 (2) 변수

(3) 자료 (4) 척도

02. 다음을 각각 구분하여 설명하라.

(1) 모집단과 표본

(2) 모수와 통계량

(3) 기술통계학과 추론통계학

(4) 질적 변수와 양적 변수

(5) 이산 변수와 연속 변수

03. 우리나라 대학생들이 이번 학기에 교과서 구입에 지불한 평균금액을 조사하고자 한다.

(1) 이 연구의 모집단과 모수는?

(2) 이 연구의 표본과 통계량은?

04. 다음 각 변수의 형태(질적 변수, 이산 변수, 연속변수)를 구분하라.

(1) ABC 대학에서 임의로 선택한 학생의 국적

(2) ABC 대학에서 경영대학에 재학 중인 학생 수

(3) ABC 대학에서 임의로 선택한 학생의 옷 치수

(4) ABC 대학에서 임의로 선택한 학생의 통학시간

(5) ABC 대학에서 임의로 선택한 학생의 수강과목 수

(6) ABC 대학에서 임의로 선택한 학생의 몸무게

(7) ABC 대학에서 임의로 선택한 학생의 성별

(8) ABC 대학에 재학 중인 남학생 수

05. 네 가지 척도를 정의하고 각 예를 제시하라.

06. 다음 각 질문에 대해 자료의 척도를 구분하라.

(1) 당신의 성별은? (0 = 남 1 = 여성)

(2) 하루 동안 얼마나 자주 운동을 하는가? (1 = 자주 2 = 가끔 3 = 하지 않음)

(3) 당신의 정치적 성향은? (1 = 보수 2 = 중도 3 = 진보)

(4) 학년은? (1 = 1학년 2 = 2학년 3 = 3학년 4 = 4학년)

(5) 재학 중인 학교 도서관의 장서 수는?

(6) 당신이 구독하는 신문은? (1 = A신문 2 = B신문 3 = C신문)

(7) 당신의 학부 평점은?

(8) 이 강의를 다른 학생에게 추천할 것인가? (1 = 전혀 아님 2 = 아님 3 = 보통 4 = 추천 5 = 적극 추천)

02

자료수집

1. 모집단과 표본
2. 표본추출

1. 모집단과 표본

모집단과 표본의 특성

우리나라 대통령에 누가 적합한지를 알기 위해서는 [그림 2 - 1]과 같이 선거권을 가진 국민을 전수조사(census)하거나 아니면 전체 중에서 일부를 조사하여 추론할 수 있다. 이처럼 통계학의 주된 목적인 모집단 특성을 알아내는 방법은 다음과 같다.

첫째, 모집단을 전수조사하는 방법
둘째, 모집단으로부터 추출한 표본의 특성을 바탕으로 추론하는 방법

전수조사는 비록 결과가 정확하더라도 요구되는 비용이나 시간이 엄청난 반면 통계학적인 표본을 사용하면 훨씬 적은 비용과 시간으로 전수조사 못지않은 정확성을 확보할 수 있어 표본의 사용이 정당화되는 경우가 많다. 그러므로 첫 번째 방법인 전수조사보다는 일반적으로 두 번째 방법인 표본조사를 사용한다. 표본조사를 통해 얻은 표본의 평균이나 표준편차를 가지고 모집단의 평균이나 표준편차를 추정하는 것을 추론통계학이라 한다.

그러나 두 번째 방법은 모집단에서 표본을 어떻게 추출하는가에 따라 모집단

[그림 2 - 1] ❙ 모집단과 표본의 관계

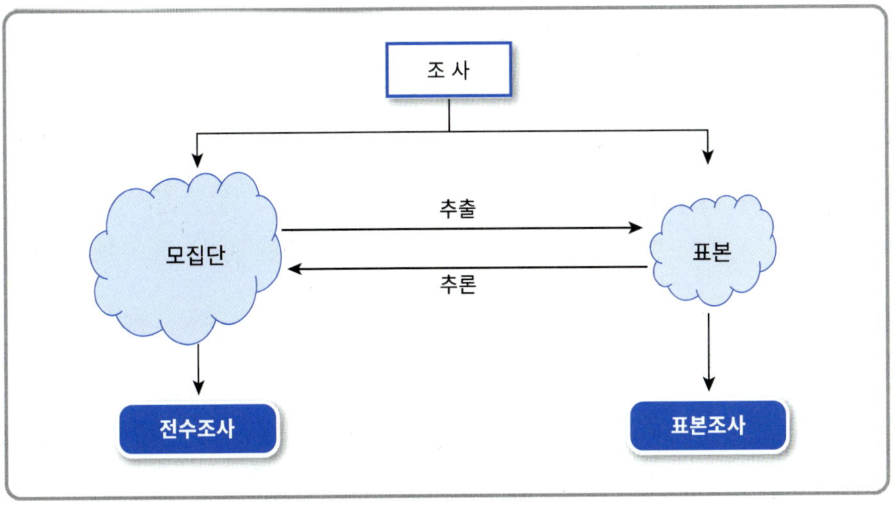

[그림 2-2] | 모집단과 표본의 특성

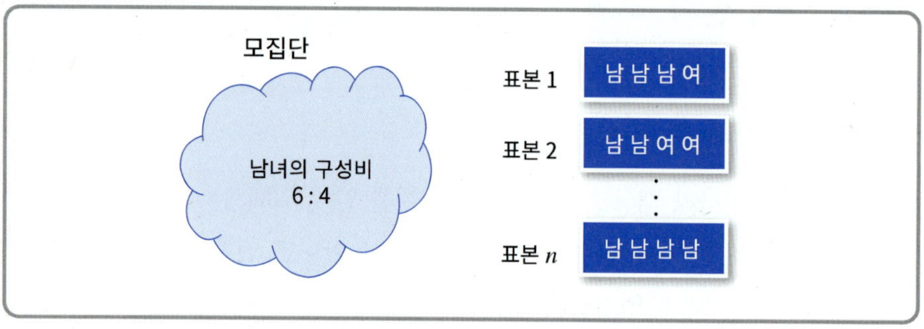

에 대한 결론이 다르게 될 수 있다. 따라서 어떤 표본이 통계학적으로 모집단의 특성을 추론하는 데 유용한 표본인가를 이해하여야만 한다. 이를 설명하기 위하여 다음의 예를 살펴보기로 한다.

어느 단체의 남녀 구성비를 알기 위해 [그림 2-2]처럼 4명으로 구성되는 표본을 무작위로 추출하였다고 가정하자. [그림 2-2]와 같이 첫 번째 표본의 남자비율은 75%이고 두 번째 표본의 남자비율은 50%이며 마지막 표본의 남자비율은 100%이다. 물론 일반적으로 모집단의 모수는 모르지만 여기서는 모집단의 남자비율(π)이 60%로 알고 있다고 가정한다.

[그림 2-2]에서 표본 2의 비율이 표본 1과 표본 n보다 모집단 비율(π)에 가까운 근사치를 나타내고 있으나 세 표본 모두 π값과 일치하지 않아 오차를 보이고 있다. 더구나 실제에서는 π값이 알려져 있지 않으므로 어느 표본 값이 π에 더 가까운지 알 수조차 없다.

이처럼 모집단의 평균이나 비율을 나타내는 모수는 하나의 값을 가지는 **상수**인데 반해 표본의 평균이나 비율을 나타내는 통계량은 표본이 어떻게 추출되는지에 따라 각기 다른 값을 가지는 **변수**라는 점에서 차이가 난다. 이와 같이 모집단과 표본의 특성이 일치하지 않아 표본오차가 존재함에도 표본을 사용하는 이유에 대해 살펴보기로 하자.

표본오차

모집단의 특성과 표본의 특성은 표본오차 때문에 일치하지 않는다. 이러한 **표본오차**는 [그림 2-3]과 같이 표본추출과정에서 발생하는 표본추출오차(sampling error)와 표본추출과는 상관없는 비표본추출오차(non sampling error)로 구분된다.

[그림 2-3] **표본오차**

표본추출오차는 모집단의 특성을 대표할 수 있는 표본을 추출하지 못함으로써 발생하는 오차이다. 예를 들어, [그림 2-2]에서 4명을 어떻게 추출하는가에 따라 남자의 비율이 다르게 나타난다. 표본추출오차의 가능성은 일반적으로 표본의 크기가 증가함에 따라 감소한다. 그러므로 [그림 2-2]에서 표본으로 100명을 선택한다면 4명을 선택했을 때보다 실제에 더 가까운 구성 비율을 산정해 낼 수 있을 것이다.

비표본추출오차는 표본추출과는 상관없이 표본자료들을 측정하고 기록하는 과정에서 발생되는 오차이다. 예를 들어, 불량률을 조사하기 위해 몇 개의 공장을 선택한다면, 선택된 공장마다 측정도구가 다를 수 있고 측정자의 정확도에 대한 인식에도 차이가 있을 수 있다. 또한 자료를 틀리게 입력한다거나 이들보다 훨씬 발견이 어려운 고의적인 오차 등이 있을 수 있다.

표본을 사용하는 이유

모집단과 표본의 특성이 일치하지 않음에도 모집단의 특성에 관한 추론을 하는 데 표본을 사용하는 이유는 다음과 같다.

비용 일반적으로 표본조사는 유용하고 믿을 수 있는 정보를 전수조사보다 훨씬 적은 비용으로 제공할 수 있다.

신속 짧은 시간 내에 필요한 정보를 얻어야 할 때에 표본을 이용하면 상대적으로 적은 자료들이 수집되고 처리되므로 표본조사는 전수조사보다 적시에 필요한 정보를 제공할 수 있다.

파괴시험 특정 제품이나 품목에 대하여 파괴시험(destructive testing)을 해야 하는 경우에는 표본이 사용되어야 한다. 예를 들어, 자동차의 충돌시험을 하는 경우에 전수조사를 한다면 소비자들에게 판매할 자동차가 남지 않을 것이다.

민감성 사생활과 같은 조사 내용이 민감한 경우에는 전수조사보다는 표본에 대해 심층면접을 하면 더 좋은 정보를 얻을 수 있고 비밀유지의 가능성도 높다.

유한모집단 모집단 구성 원소의 수가 한정되면 유한모집단이고 아니면 무한모집단이다. 예를 들어, 경상도 거주자들의 평균소득을 조사한다면 모집단 수는 한정되므로 유한모집단이 된다. 유한모집단은 경우에 따라 모집단 전체를 조사하는 것이 불가능한 경우도 있다. 예를 들어, 우리나라에 있는 소나무나 자동차의 평균나이를 조사한다면 조사대상은 유한하지만 모든 소나무나 자동차의 위치를 파악하는 것은 불가능하므로 표본을 이용하여야 한다.

무한모집단 무한모집단은 표본을 통해서만 모집단의 특성을 얻을 수 있다. 예를 들어, 신생아의 평균체중 혹은 음료수의 평균용량과 같이 어떤 조건에서 생산이 무한하게 이어지는 연속공정에 관한 정보를 획득하기 위해서는 표본을 이용하여야 한다.

2. 표본추출

표본추출은 모집단의 원소가 표본으로 추출되는 방식에 따라 [그림 2-4]와 같이 판단표본추출(judgment sampling)과 확률표본추출(probability sampling)로 구분되어진다.

판단표본추출

판단표본추출이란 표본에 포함될 원소들이나 표본 크기를 결정하는 데 전문가의 의견이 사용되는 표본추출방법을 말한다. 예를 들어, 학교에서 시행하는 특정 과목의 시험문제가 항상 대표적이지는 않지만 학생들이 습득해야 하는 내용에 대

[그림 2-4] ❙ 표본추출의 종류

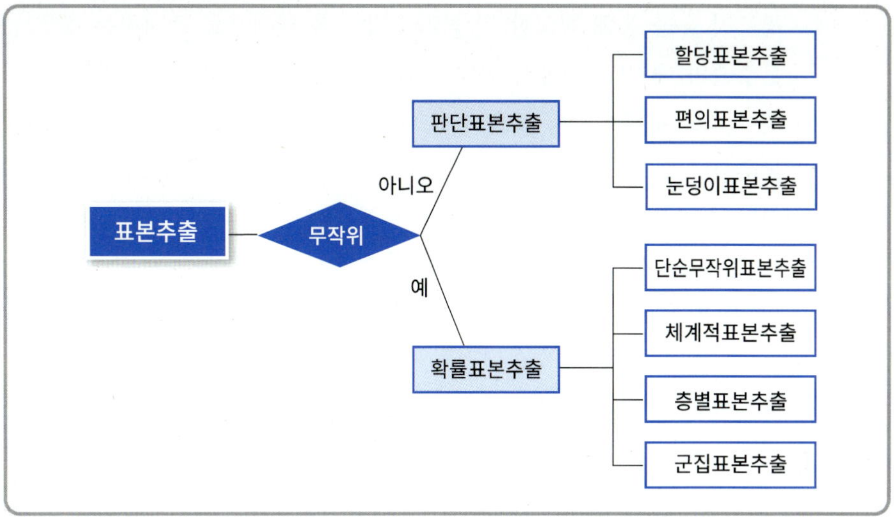

한 선생님들의 판단표본이라 할 수 있다. 이러한 판단표본추출은 모집단의 특성을 개략적으로 살펴보거나 혹은 편리와 비용 측면에서 효율적이므로 많이 사용된다. 하지만 추출된 표본의 대표성이 문제된다면 판단표본추출에 의해 추출된 표본은 통계적인 추론을 하는 데 사용될 수 없다. 가장 일반적으로 사용되는 판단표본추출에는 할당표본추출(quota sampling), 편의표본추출(convenience sampling), 눈덩이 표본추출(snowball sampling)이 있다.

1) 할당표본추출

할당표본추출은 전문가가 결정한 표본크기와 표본원소를 추출하는 것이다. 예를 들면, 전자회사가 자사제품의 고객만족도를 조사하기 위하여 특정 지역 내에 거주하는 특정 세대를 표본으로 선정하여 그들의 만족도를 조사한다면, 이는 표본크기와 표본 세대를 회사가 임의로 할당하는 것이다. 할당표본추출은 표본이 무작위로 추출되지 않고 연구자의 주관에 의해 결정되므로 선택편의(selection bias)가 발생할 수 있다. **선택편의**란 조사대상으로 선정된 표본의 대표성이 결여되어 실제 모집단의 특성과 다르게 나타나는 차이를 의미한다.

2) 편의표본추출

편의표본추출은 편의에 의하여 표본을 추출하는 방법이다. 특정 지역에서 행인을 조사하는 경우, 교사가 자기 반 학생들을 사례집단으로 삼아 조사하는 경우, 광고지 등을 통해 광고한 뒤 참가 희망자를 대상으로 조사하는 경우 등이 편의표본추출의 예이다. 예에서 어떤 사람은 선택될 가능성이 높지만 어떤 사람은 선택의 기회조차 주어지지 않을 수도 있다. 따라서 할당표본추출과 마찬가지로 편의표본추출도 선택편의의 가능성이 높다. 이러한 표본에서 얻어진 결과는 실제로 통계적인 추론을 하는 데는 사용하기가 어렵다.

3) 눈덩이표본추출

처음에는 소규모의 응답자로 시작하고 다음에는 이 응답자들을 통해 비슷한 속성을 가진 다른 사람들을 소개받아 그들을 조사하는 과정을 반복하는 방법이다. 음주습관이나 이혼경험 등과 같은 주로 심층적이고 민감한 주제를 다루거나 또한 국제 결혼자, 노숙자, 성소수자, 외국인 노동자 등과 같이 표본을 직접 구하기 어려운 경우에 이 방법이 사용될 수 있다. 무작위 추출이 아니므로 이 방법을 통해서는 모집단의 특성을 추론할 수 없다.

확률표본추출

확률표본추출은 모집단의 구성요소가 표본으로 선택될 가능성이 모두 같도록 하는 표본추출방법으로 판단표본추출에 비해 다음과 같은 두 가지 장점을 지닌다.

첫째, 모집단에 관한 통계학적인 추론을 가능하게 한다.

둘째, 표본의 크기나 원소를 결정할 때 주관적 판단으로 생길 수 있는 표본추출오차를 피할 수 있다.

확률표본추출에는 단순무작위표본추출(simple random sampling), 체계적표본추출(systematic random sampling), 층별표본추출(stratified sampling) 그리고 군집표본추출(cluster sampling) 등이 있다.

1) 단순무작위표본추출

단순무작위표본추출은 모집단에 있는 원소들이 표본에 포함될 가능성을 모두 같게 하여 표본을 추출하는 방법이다. 단순무작위표본추출을 위해서는 각 원소를 독립적으로 추출하여야 한다. 즉, 특정 원소의 추출은 다른 원소의 추출에 영향을 받지 않아야 한다. 단순무작위표본추출을 위해 사용되는 난수(random number)는 다음과 같은 엑셀함수를 이용하여 생성할 수 있다.

RANDBETWEEN 함수

용도 : 지정한 두 수 사이의 정수 난수를 생성

=RANDBETWEEN(bottom, top)

- bottom : 필수요소로 반환할 수 있는 가장 작은 정수
- top : 필수요소로 반환할 수 있는 가장 큰 정수

RAND 함수

용도 : 0 이상 1 미만의 실수 난수를 생성

=RAND()

INT 함수

용도 : 지정한 수에 가장 가까운 정수로 내림한 값을 구함

=INT(number)

- number : 필수요소로 정수로 내림할 실수

예제 2-1

일련번호가 매겨진 100개의 제품 중에서 4개의 제품을 무작위로 추출하여 품질 검사를 하고자 한다. 엑셀함수를 이용하여 4개의 제품을 무작위로 추출하라.

풀이

=RANDBETWEEN(1, 100)을 4개의 셀에 다음과 같이 입력한다.

D1 | =RANDBETWEEN(1, 100)

	A	B	C	D	E	F
1	45	25	9	63		

새로운 난수를 얻으려면 F9를 누른다.

예제 2-2

1에서 800 사이에 있는 정수 난수 10개를 RANDBETWEEN 함수와 INT 함수를 사용하여 생성하라.

풀이

=RANDBETWEEN(1, 800)을 10개의 셀에 다음과 같이 입력한다.

A1 | fx =RANDBETWEEN(1, 800)

	A	B	C	D	E	F
1	773	84	293	127	161	
2	137	390	749	728	165	

=INT(1 + 800 * RAND())를 10개의 셀에 다음과 같이 입력한다.

A1 | fx =INT(1 + 800 * RAND())

	A	B	C	D	E	F
1	265	278	678	579	27	
2	649	477	727	504	316	

새로운 난수를 얻으려면 F9를 누른다.

2) 체계적표본추출

체계적표본추출은 단순무작위표본추출의 대체방법으로 먼저 난수 등을 사용하여 첫 시작점을 결정한 후 다음 원소들은 매 5번째 혹은 매 10번째와 같이 특정 구간마다 추출한다. 즉, 첫 번째 원소는 무작위로 선택하고 그 위치에 따라 다음에 선택할 원소들이 달라지게 한다. 일반적으로 체계적표본추출은 표본추출에 소요되는 시간과 비용이 단순무작위표본추출에 비해 효율적이다.

예제 2-3

재학 중인 5,000명의 학생 중 20명을 체계적표본추출로 선택한다면 어떻게 추출하면 될까?

풀이

(1) 5,000명의 학생 중 20명을 선택하려면 매 250명당(모집단 수 / 표본 수 = 5,000 / 20) 한 사람씩 추출하면 된다.

(2) 난수를 사용하여 1부터 250 사이에 있는 하나의 수를 출발점으로 정한다. 출발점으로 58이 결정되었다면 첫 번째 원소는 58번 학생이 된다.
(3) 58번을 출발점으로 매 250번마다 번호를 선택하여 20명의 학생을 선발한다. 결과는 58, 308(58+250), 558(308+250), 808(558+250), ..., 4308, 4558, 4808번째 학생이 될 것이다.

3) 층별표본추출

층별표본추출은 모집단을 상대적으로 동질적인 층(strata)으로 나누어 각 층으로부터 무작위로 표본을 추출하는 방법이다. 층별표본추출은 각 층 내에서는 특성이 가능한 균일하고 각 층 간에는 특성의 차이가 커야 한다. 예를 들어, 소득수준에 따른 소비성향을 조사하기 위해 모집단을 소득수준에 따라 3개 층, 즉 상위계층, 중간계층, 하위계층으로 구분한다. 모집단에 대한 각 층(소득계층)의 비율을 고려하여 일정 크기의 표본을 각 층에서 무작위로 추출한다. 이때 소득수준의 차이가 각 층 간에는 크지만 각 층 내에서는 비교적 균일하여야 한다. 또 다른 예로는 ABC 초등학교 학생의 평균 몸무게를 측정하기 위해 무작위로 300명의 학생을 뽑기로 한다면 각 학년별로 층을 구분하고 각 층에서 50명씩 추출할 수 있다. 이때 몸무게의 차이가 각 층(학년) 간에는 크지만 각 층 내에서는 작아야 한다.

4) 군집표본추출

군집표본추출은 층별표본추출의 반대 개념으로 특성이 각 군 내에서는 가능한 이질적이어야 하고 각 군 간에는 가능한 동질적이어야 한다. 따라서 먼저 모집단에서 몇 개의 군집을 선택하고 선택된 각 군집에서 무작위로 표본을 선택할 수 있다. 예를 들어, ABC 외식프랜차이즈가 고객들의 제품선호도를 조사하기 위해 가맹점 모두를 조사하는 것은 비효율적이다. 이 경우 가맹점을 하나의 군집으로 삼아 무작위로 몇 개의 가맹점을 선택한 후 이 가맹점을 찾는 고객들을 표본으로 선정한다. 이때 제품선호도의 차이가 각 군(가맹점) 내에서는 크고 각 군 간에는 작아야 이 방법을 적용할 수 있다. 또 다른 예로 우리나라 대학생들의 연간 교과서 구입비를 조사한다면 모집단은 전국의 모든 대학생이 된다. 이 경우 의대, 공대, 음대, 미대, 인문대, 경영대 등 각 계열별로는 대학교에 상관없이 교과서 구입비용이 다를 것으로 보고 대학교를 하나의 군집으로 삼는다. 즉, 대학교 내의 각 계열별로는 이질적이지만 이러한 현상은 각 대학마다 비슷할 것이다. 따라서 몇 개의 대학교를 선택한 후 이들 대학교에서 계열별로 몇 명의 대학생을 무작위로 추출하여 표본으로 선정할 수 있다.

연습문제

01. 맞으면 ○, 틀리면 ×로 표시하라.

(1) n이 커지면 비표본추출오차는 줄어들 수 있다.

(2) 개인의 판단에 의하여 표본이 추출되면 그 표본은 무작위 표본이다.

(3) 추출된 표본의 무작위성이 바로 통계적 추리의 이론적 기초가 된다.

(4) 표본이 커지면 표본오차가 줄어들기 때문에 무조건 크게 하는 것이 좋다.

(5) 모집단의 모수는 상수이고 표본의 통계량은 변수의 성질을 가진다.

(6) 표본사료들을 측정하고 기록하는 과정에서 발생하는 오차를 표본추출오차라 한다.

(7) 할당표본추출은 선택편의가 개입될 수 있다.

(8) 판단표본추출에 의해 추출된 표본은 통계적인 추론을 하기 어렵다.

(9) 군집표본추출은 각 군 내에서는 특성이 균일하고 각 군 간에는 차이가 커야 한다.

(10) 모집단의 특성과 표본의 특성이 일치하기 때문에 표본을 선호한다.

02. 모집단의 특성을 알아내는 방법은?

03. 전수조사보다 표본조사를 선호하는 이유를 설명하라.

04. 다음의 경우에 전수조사보다 표본을 사용하는 것이 좋은 이유를 설명하라.

(1) 강원지역 초등학생들이 선호하는 직업 1위

(2) 새로 개발된 자전거의 충돌시험

(3) 위암을 예방하는 데 필요한 식품배합

(4) 우리나라에 거주하는 외국인 노동자의 평균임금

(5) 청소년의 술과 담배에 관한 의식조사

(6) 신생아의 평균체중 조사

05. 모수와 통계량의 차이점을 설명하라.

06. 표본오차가 발생하는 이유는?

07. 표본추출에는 어떤 종류가 있는가?

08. ABC 전자는 자사제품에 대한 소비자 의견을 조사하기 위하여 무작위 전화조사를 시행하기로 하였다. 조사자들에게 전화번호부의 첫 페이지에서 조사 대상자의 이름을 난수를 사용하여 찾는 방법을 교육한 다음 매 5페이지마다 처음 이름과 같은 위치에 있는 사람의 전화번호를 선택하여 조사하도록 하였다. 이것은 무슨 표본추출방법인가?

09. 다음의 경우 어떤 표본추출방법이 적합한지를 설명하라.

(1) ABC 대학교 경영학과 학생들의 전공만족도를 조사하는 경우

(2) 경기지역 소재 대학생들의 전공만족도를 조사하는 경우

(3) 회원수가 200명인 동아리에서 무작위로 5명을 뽑아 선물을 주는 경우

(4) 회원수가 2천 명인 동아리에서 무작위로 50명을 뽑아 선물을 주는 경우

10. 엑셀함수를 이용하여 500~1000 사이의 정수 난수를 10개 생성하라.

03

자료분석

1. 측도의 유형
2. 중심측도
3. 자료의 분포
4. 산포측도
5. 자료의 정리
6. 측도의 비교

1. 측도의 유형

원자료(raw data)란 수집된 순서대로 제시된 자료를 말한다. <표 3 - 1>은 ABC 생명보험회사가 5,000명의 보험판매원 중 100명을 무작위로 추출하여 이들이 지난주에 체결한 보험계약 건수를 측정한 원자료이다.

〈표 3-1〉 판매원의 보험계약 건수

12	11	10	9	8	12	11	5	12	8
7	4	13	15	12	7	4	13	11	12
5	6	10	9	19	5	6	10	15	9
2	7	15	8	11	2	17	10	8	11
9	27	16	7	14	9	20	11	3	14
12	11	10	9	8	12	11	10	7	8
7	15	13	20	12	5	4	13	32	12
5	6	14	4	9	5	6	12	6	9
2	6	10	12	11	2	7	32	8	11
9	20	11	1	6	9	3	1	7	14

<표 3 - 2>는 원자료를 적절한 계급구간으로 나누어 각 계급구간에 해당하는 빈도를 기입하여 정리한 **도수분포표**(frequency distribution table)이다.

〈표 3-2〉 보험계약 건수의 도수분포표

계 급	빈도수
1 - 5	18
6 - 10	39
11 - 15	34
16 - 20	6
21 - 25	0
26 - 30	1
31 - 35	2
36 - 40	0

<표 3 - 2>의 도수분포표는 <표 3 - 1>의 원자료보다 자료집합의 특성을 살펴보기 쉽지만 특성을 한 눈에 파악하는 것은 쉽지 않다. 예를 들어, 다음과 같은 질문에 답을 하기가 어렵다.

- 보험계약 건수의 평균은?
- 가장 빈번히 체결한 보험계약 건수는?
- 크기 순서대로 나열했을 때 가운데 있는 보험계약 건수는?
- 보험계약을 가장 많이 한 판매원과 가장 적게 한 판매원의 차이는?

위와 같이 자료집합의 특성을 한 번에 살펴보기 위해서는 자료집합을 하나의 수치로 요약할 필요가 있다. 자료집합의 특성을 하나의 수치로 요약한 특성치로는 [그림 3 - 1]과 같이 자료집합의 중심을 나타내는 중심측도와 자료집합의 흩어진 정도를 나타내는 산포측도가 있다. 본 장에서는 자료들이 수집된 순서대로 나열한 원자료를 이용한 특성치 분석에 관해 살펴보기로 한다.

[그림 3 - 2]는 세 가지 기계에서 생산된 제품의 무게를 조사한 도표이다. 표준

[그림 3-1] ❙ 자료의 특성치

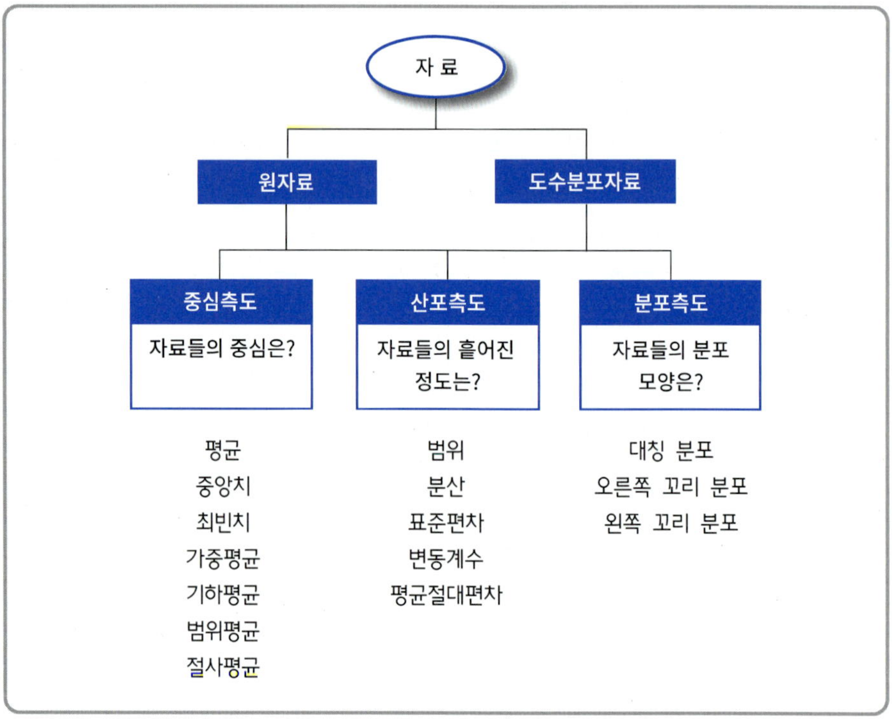

[그림 3-2] ▎중심과 산포의 관계

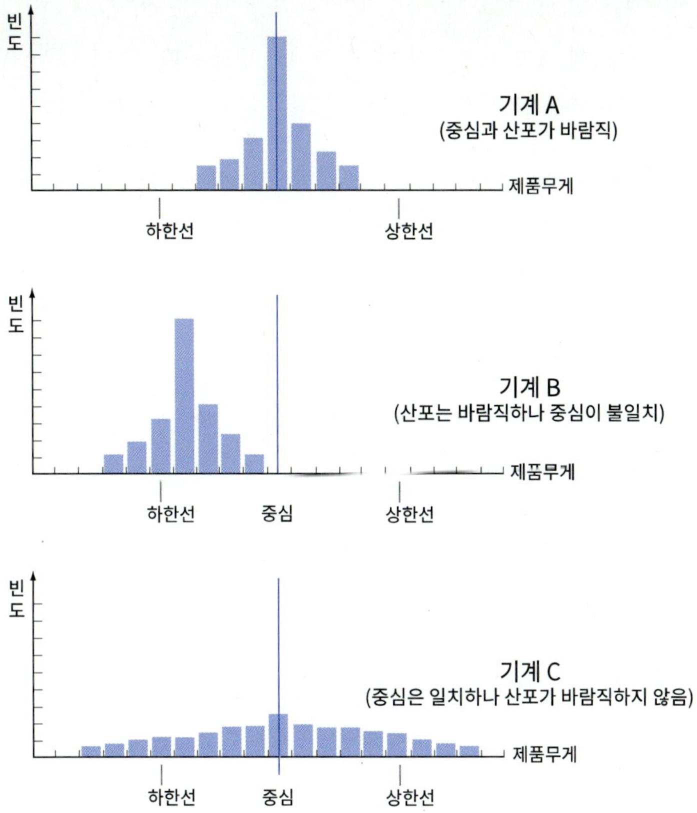

협회에 의하면 중심(100g)±편차(2g)를 벗어나면 생산된 제품은 불합격 처리하여 폐기하여야 한다. 도표로 각 기계의 특성을 분석해 보자.

기계 A는 중심과 산포 모두 바람직한 수준이다. 그러나 기계 B는 산포가 바람직하나 중심이 일치하지 않고 기계 C는 중심은 일치하나 산포가 바람직하지 않아 문제가 있다. 이처럼 자료를 특성을 알아보기 위해서는 자료의 중심뿐만 아니라 산포도 함께 고려하여야 한다.

또 다른 예로, 중학생인 A와 고등학생인 B의 영어점수가 다음과 같을 때 누가 더 좋은 성적을 받았는지를 알아보자.

중학생 A : 50점

고등학생 B : 80점

점수만 보면 B가 더 우수한 성적을 받았지만 다음의 정보가 추가로 제공되면 B보다 A의 성적이 더 우수하다는 것을 알 수 있다.

중학생 A가 속한 2학년 전체 : 평균=40, 범위=52-0=52
고등학생 B가 속한 2학년 전체 : 평균=90, 범위=100-78=22

이처럼 원자료만으로 평가한다면 자료의 특성을 왜곡할 수 있다. 평균과 같은 중심측도와 함께 자료가 중심에서 흩어진 정도를 나타내는 산포측도를 고려하여야 올바르게 자료를 평가할 수 있다.

2. 중심측도

중심측도의 개념

자료가 수집되면 자료를 보다 객관적으로 요약하고 설명하기 위해 자료를 대표할 수 있는 대표치에 대한 분석이 우선되어야 한다. 예를 들어, 18명의 성적에 관한 자료가 다음과 같이 주어졌을 때, 이 자료집합을 요약하고 설명하기 위해서는 자료집합을 대표할 수 있는 하나의 대표치가 필요하다.

32	54	66	78	56	76
54	93	92	45	87	62
56	55	57	85	89	70

관찰된 자료집합의 중심을 나타내는 하나의 수치 즉, 자료집합을 대표하는 하나의 수치를 중심측도라 한다. **중심측도**는 자료집합을 요약하여 정리한 **대표치**이다. [그림 3-3]에서와 같이 중심척도로 사용되는 것은 주로 평균, 중앙치, 최빈치 등이며, 가장 많이 사용되는 평균은 용도에 따라 가중평균, 기하평균, 범위평균, 절사평균 등으로 구분한다.

[그림 3-3] ┃중심측도의 종류

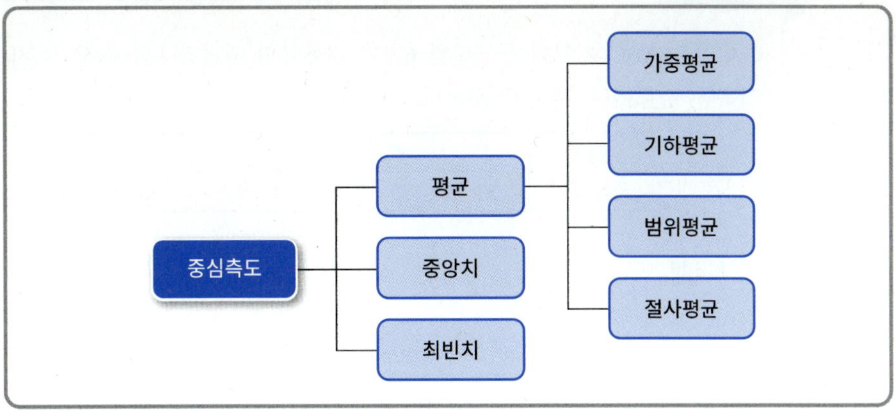

평 균

평균(mean)이란 자료의 합을 자료의 개수로 나눈 산술평균(arithmetic mean)을 가리킨다. 평균은 중심측도 중에서 가장 중요하면서 널리 사용된다. 크기가 N인 모집단 평균(μ)은 다음 공식을 사용하여 계산한다.

$$\mu = \frac{X_1 + X_2 + \ldots.. + X_n}{N} = \frac{\sum_{i=1}^{N} X_i}{N}$$

크기가 n인 표본평균($\overline{X}$)을 구하는 공식은 다음과 같이 표시될 수 있다.

$$\overline{X} = \frac{X_1 + X_2 + \ldots.. + X_n}{n} = \frac{\sum_{i=1}^{n} X_i}{n}$$

평균은 원자료와 같은 단위를 취하며 계산에 모든 자료를 이용하고 연산이 가능하다는 장점이 있다. 반대로 평균은 자료집합 내의 극단치를 포함한 모든 값에 영향을 받는 특징을 가진다.

예제 3-1

다음은 ABC 기업에서 생산한 6가지 전동차의 배터리 1회 충전 후 사용시간을 기록한 자료이다. 평균을 구하라.

전동차	1	2	3	4	5	6
사용시간	33	25	30	17	25	26

풀이

$$\overline{X}=\frac{\sum_{i=1}^{6}}{n}=\frac{33+25+30+17+25+26}{6}=\frac{156}{6}=26\text{시간}$$

AVERAGE 함수

용도 : 자료집합의 산술평균을 구함

=AVERAGE(number1, number2, ...)

- number1 : 필수요소로 계산하려는 첫 번째 숫자, 셀 참조 또는 범위
- number2, ... : 선택요소로 계산하려는 추가 숫자, 셀 참조 또는 범위로 255개까지 지정

예제 3-2

<예제 3-1>의 배터리 사용시간의 평균을 엑셀함수를 이용하여 구하라.

전동차	1	2	3	4	5	6
사용시간	33	25	30	17	25	26

풀이

=AVERAGE(B2:G2)=26

- number1 : B2:G2

A4 | fx =AVERAGE(B2:G2)

	A	B	C	D	E	F	G
1	전동차	1	2	3	4	5	6
2	사용시간	33	25	30	17	25	26
3							
4	26						

함수마법사

엑셀로 평균을 구하는 또 다른 방법은 다음과 같이 함수마법사의 이용이다.

① 메뉴의 [수식] ➡ [함수 삽입]을 클릭한다.

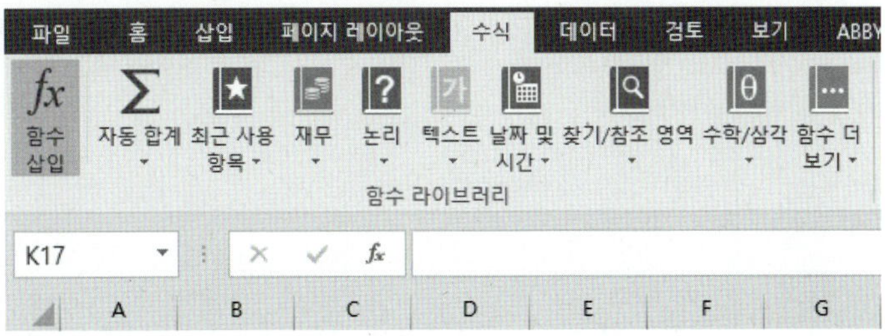

② [함수마법사]의 [범주선택]에서 [통계]를 선택한 후 [함수선택]에서 [AVERAGE]를 찾아 클릭한 다음 [확인]을 누른다.

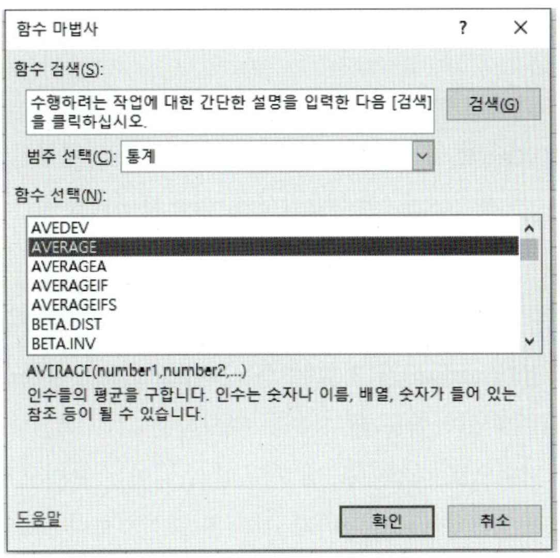

③ [함수마법사] 대화상자에 [함수 인수]를 입력한다. 255개까지 지정 가능한 인수는 숫자이거나 숫자가 포함된 이름, 범위 또는 셀 참조가 될 수 있다.

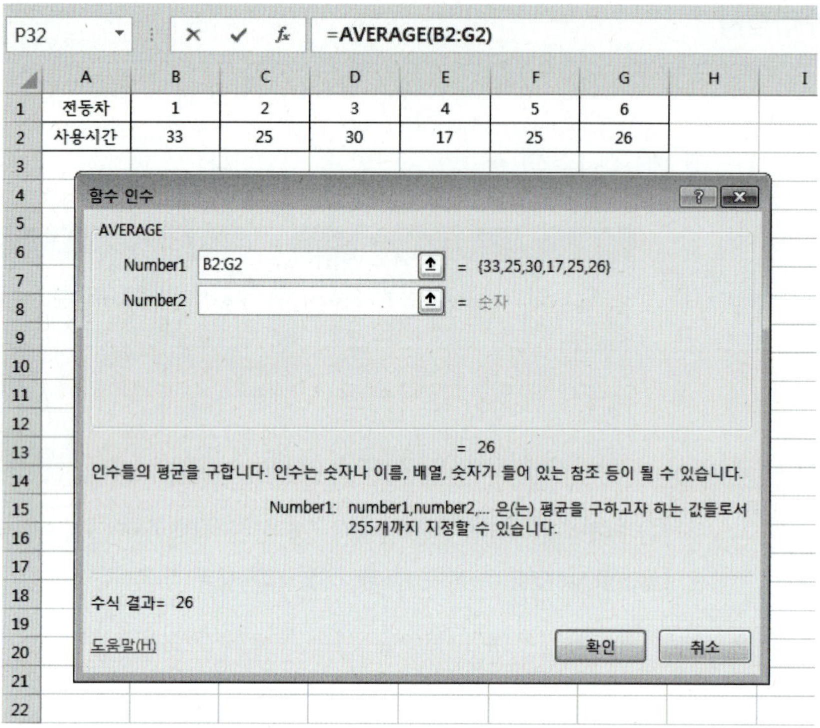

④ 인수를 입력하면 [수식결과=26]이라는 평균을 얻는다. 다른 엑셀함수도 같은 방법으로 함수마법사를 이용할 수 있다.

중앙치

중앙치(median)란 자료를 큰 순서(ascending order) 혹은 작은 순서(descending order)로 나열하였을 때 가운데 위치하는 값을 이른다. 중앙치는 [그림 3-4]와 같이 크기순으로 나열했을 때 가운데 위치하는 값이므로 전체 자료 중 절반은 중앙치보다 같거나 작고 나머지 절반은 중앙치보다 크거나 같다.

[그림 3-4] **중앙치의 개념**

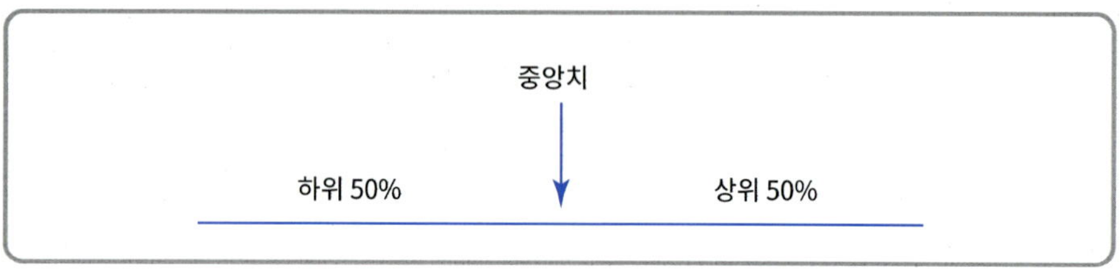

중앙치를 계산하기 위해서는 전체 자료를 큰 순서나 작은 순서대로 나열해 놓고 가운데 위치한 값을 택하면 된다. 크기순으로 정리된 n개의 자료집합에서 중앙치의 위치는 다음과 같다.

$$\text{중앙치의 위치} = \frac{n+1}{2}$$

위의 공식에서 n이 홀수이면 중앙치의 위치가 정수가 되어 문제가 없으나 n이 짝수이면 중앙치의 위치가 0.5로 끝나게 된다. 이 경우 소수부분을 제외한 정수에 위치한 값과 그보다 1이 큰 정수에 위치한 값의 평균을 중앙치로 한다.

예를 들어, 다음과 같이 $n=9$인 경우 공식에 의한 중앙치의 위치는 $\frac{9+1}{2}=5$가 된다. 이때 중앙치는 크기순대로 나열했을 때 5번째에 위치한 값이 된다.

중앙치 = 11

↓

3 5 7 9 **11** 13 15 17 19

반면, 다음과 같이 $n=8$인 경우 공식에 의한 중앙치의 위치는 $\frac{8+1}{2}=4.5$가 된다. 이때 4번째와 5번째에 있는 값의 평균인 $\frac{11+13}{2}=12$가 중앙치가 된다.

중앙치 = $\frac{11+13}{2}=12$

↓

2 5 9 **11 13** 17 19 22

예제 3-3

<예제 3 - 1>의 배터리 사용시간의 중앙치를 구하라.

전동차	1	2	3	4	5	6
사용시간	33	25	30	17	25	26

풀이

배터리 사용시간을 크기 순서대로 나열하면 다음과 같다.

$$\text{중앙치} = \frac{25+26}{2} = 25.5$$

17 25 **25 26** 30 33

중앙치의 위치는 $\frac{6+1}{2}=3.5$가 된다. 즉, 3번째와 4번째에 있는 값의 평균 $\frac{25+26}{2}$ $=25.5$가 중앙치가 된다.

예제 3-4

다음은 ABC 기업에서 생산한 5가지 유아전동차의 무게를 기록한 자료이다. 중앙치를 구하라.

유아전동차	1	2	3	4	5
무게	79	72	70	75	78

풀이

무게를 크기 순서대로 나열하면 다음과 같다.

$$\text{중앙치} = 75$$

70 72 **75** 78 79

중앙치의 위치는 $\frac{5+1}{2}=3$이 되어 3번째 값 75가 중앙치가 된다.

MEDIAN 함수

용도 : 자료집합의 중앙치를 구함
=MEDIAN(number1, number2, ...)
• number1 : 필수요소로 계산하려는 첫 번째 숫자, 셀 참조 또는 범위
• number2, ... : 선택요소로 계산하려는 추가 숫자, 셀 참조 또는 범위로 255개까지 지정

가중평균

산술평균은 각 자료의 중요도가 같아 동일한 가중치를 부과할 때 사용하지만 각 자료의 중요도가 다르면 각 자료에 서로 다른 가중치를 부과하여 평균을 구하는 가중평균(weighted mean)을 사용한다. **가중평균**은 각 관측치(X)에 해당 가중치(W)를 곱하여 모두 합한 다음 가중치 합으로 나누어주면 구해진다. 가중평균을 구하는 공식은 다음과 같다.

$$\overline{X}_{wt} = \frac{\sum_{i=1}^{k}(X_i \cdot W_i)}{\sum_{i=1}^{k} W_i}$$

예를 들어 5, 4, 6, 3이라는 4개의 자료에 가중치를 0.3, 0.2, 0.4, 0.1을 각각 부여한다면 가중평균은 다음과 같이 5가 된다.

$$\overline{X}_{wt} = \frac{\sum_{i=1}^{k}(X_i \cdot W_i)}{\sum_{i=1}^{k} W_i}$$

$$= \frac{(5\times 0.3)+(4\times 0.2)+(6\times 0.4)+(3\times 0.1)}{1} = \frac{5}{1} = 5$$

SUMPRODUCT 함수(ΣW=1)

용도 : 가중치의 합이 1인 경우 배열에서 해당 요소를 모두 곱하여 합계를 구함
=SUMPRODUCT(array1, array2, ...)
- array1 : 필수요소로 계산하려는 배열의 첫 번째 인수
- array2, ... : 선택요소로 계산하려는 배열의 인수로서 255개까지 지정

예제 3-8

5, 4, 6, 3의 자료에 가중치를 0.3, 0.2, 0.4, 0.1을 각각 부여할 때 가중평균을 엑셀함수로 구하라.

풀이

=SUMPRODUCT(A1:D1, A2:D2)=5

- array1 : A1:D1
- array2 : A2:D2

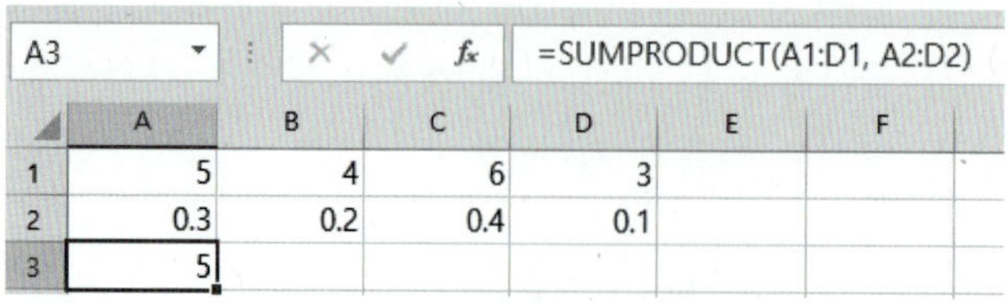

예제 3-9

커피전문점의 입지를 A와 B 중에서 결정하려고 한다. 입지결정에 필요한 주요 입지요인과 가중치 그리고 각 후보지의 입지요인에 대한 입지점수가 다음 표와 같다. 어느 입지를 선택하는 것이 바람직한지를 가중평균을 이용하여 결정하라.

주요 입지요인	가중치	후보지 A	후보지 B
인력	0.1	9	6
경쟁자	0.3	7	9
지역사회의 경제	0.1	9	5
고객의 접근성	0.3	6	9
주차	0.2	8	6

풀이

후보 입지의 가중평균은 각 입지점수와 해당 가중치의 곱을 전부 합한 값이다. 후보지 A와 B의 가중평균을 계산하면 다음과 같다.

후보지 A : $(9 \times 0.1)+(7 \times 0.3)+(9 \times 0.1)+(6 \times 0.3)+(8 \times 0.2)=7.3$

후보지 B : $(6 \times 0.1)+(9 \times 0.3)+(5 \times 0.1)+(9 \times 0.3)+(6 \times 0.2)=7.7$

비록 산술평균은 후보지 A(7.8)가 B(7.0)보다 더 크지만 가중평균은 후보지 B(7.7)가 A(7.3)보다 더 크므로 결과적으로 후보지 B가 최종 선택된다.

예제 3-10

<예제 3 - 9>의 가중평균을 엑셀함수로 구하라.

풀이

= SUMPRODUCT(B3:B7, C3:C7) = 7.3

- array1 : B3:B7
- array2 : C3:C7

C8 =SUMPRODUCT(B3:B7, C3:C7)

	A	B	C	D	E	F
1	주요 입지요인	가중치	요인평가점수			
2			후보지A	후보지B		
3	인력	0.1	9	6		
4	경쟁자	0.3	7	9		
5	지역사회의 경제	0.1	9	5		
6	고객의 접근성	0.3	6	9		
7	주차	0.2	8	6		
8			7.3	7.7		

= SUMPRODUCT(B3:B7, D3:D7) = 7.7

- array1 : B3:B7
- array2 : D3:D7

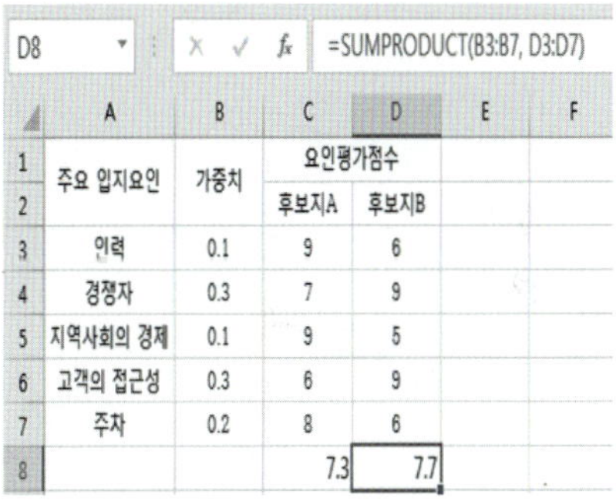

D8 =SUMPRODUCT(B3:B7, D3:D7)

	A	B	C	D	E	F
1	주요 입지요인	가중치	요인평가점수			
2			후보지A	후보지B		
3	인력	0.1	9	6		
4	경쟁자	0.3	7	9		
5	지역사회의 경제	0.1	9	5		
6	고객의 접근성	0.3	6	9		
7	주차	0.2	8	6		
8			7.3	7.7		

SUMPRODUCT 함수($\Sigma W \neq 1$)

용도 : 가중치의 합이 1이 아닌 경우 배열에서 가중평균을 구함

=SUMPRODUCT(array1, array2, ...) / SUM(array1)

- array1 : 필수요소로 계산하려는 가중치
- array2, ... : 선택요소로 계산하려는 배열의 인수로서 255개까지 지정

예제 3-11

A 학생의 학기말 성적은 다음과 같다. 평균평점을 계산하라.

과 목	학점 수	평 점
영어	4	A(4)
심리학	5	A(4)
수학	3	B(3)
체육	2	C(2)

풀이

$$\overline{X}_{wt} = \frac{\sum_{i=1}^{k}(X_i \cdot W_i)}{\sum_{i=1}^{k} W_i}$$

$$= \frac{(4\times4)+(4\times5)+(3\times3)+(2\times2)}{4+5+3+2} = \frac{49}{14} = 3.5$$

예제 3-12

<예제 3-11>의 문제를 엑셀함수로 구하라.

풀이

=SUMPRODUCT(B2:B5, C2:C5) / SUM(B2:B5) = 3.5

- array1 : B2:B5
- array2 : C2:C5

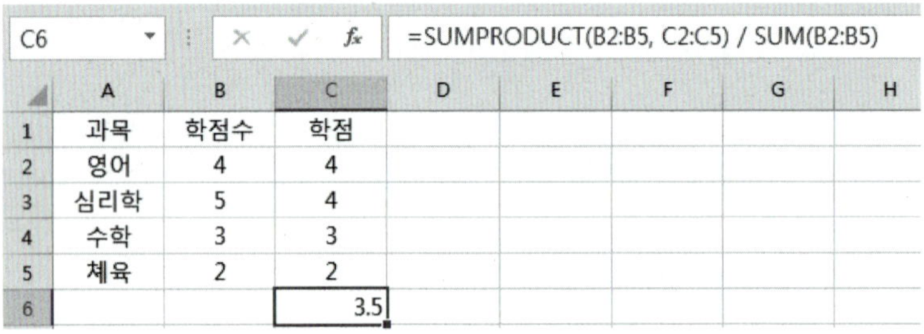
C6 =SUMPRODUCT(B2:B5, C2:C5) / SUM(B2:B5)

	A	B	C	D	E	F	G	H
1	과목	학점수	학점					
2	영어	4	4					
3	심리학	5	4					
4	수학	3	3					
5	체육	2	2					
6			3.5					

가중치의 합이 1이 아니므로 SUM 함수를 사용하여 가중치의 합으로 나누어주어야 한다.

기하평균

기하평균(geometric mean)은 자료들을 전부 곱하여 n 제곱근을 한 값으로 다음과 같이 구한다.

$$G = \sqrt[n]{X_1 \cdot X_2 \cdot X_3 \cdots\cdots X_n}$$

예를 들어 3, 4, 6, 8, 9의 기하평균은 다음과 같다.

$$G = \sqrt[5]{(3)(4)(6)(8)(9)} = \sqrt[5]{5184} = 5.5326$$

기하평균은 인구성장률, 경제성장률 등을 나타낼 때 주로 사용된다. 기하평균은 극단치를 완화해 주므로 심하게 비대칭적인 양의 자료에 사용하면 유용하다.

예제 3-13

<예제 3-1>의 배터리 사용시간의 기하평균을 구하라.

전동차	1	2	3	4	5	6
사용시간	33	25	30	17	25	26

풀이

$$G = \sqrt[6]{(33)(25)(30)(17)(25)(26)} = \sqrt[6]{273487500} = 25.4775$$

GEOMEAN 함수

용도 : 양수 자료에 대한 가하평균을 구함

=GEOMEAN(number1, number2, ...)

- number1 : 필수요소로 계산하려는 첫 번째 숫자, 셀 참조 또는 범위
- number2, ... : 선택요소로 계산하려는 추가 숫자, 셀 참조 또는 범위로 255개까지 지정

예제 3-14

<예제 3-1>의 배터리 사용시간의 기하평균을 엑셀함수를 이용하여 구하라.

전동차	1	2	3	4	5	6
사용시간	33	25	30	17	25	26

풀이

=GEOMEAN(B2:G2)=25.4775

- number1 : B2:G2

A4 =GEOMEAN(B2:G2)

	A	B	C	D	E	F	G
1	전동차	1	2	3	4	5	6
2	사용시간	33	25	30	17	25	26
3							
4	25.47747						

범위평균

범위평균(midrange)은 자료집합 내의 최솟값과 최댓값의 평균이다. 범위평균은 다음과 같이 구한다.

$$\overline{X}_r = \frac{X_{\min} + X_{\max}}{2}$$

예를 들어 3, 4, 6, 8, 9의 범위평균은 다음과 같다.

$$\overline{X}_r = \frac{3+9}{2} = 6$$

범위평균은 계산하기는 쉽지만 크기순대로 나열한 자료집합에서 극단에 있는 두 자료만 사용하고 이 극단 값에 민감하다는 단점이 있다.

예제 3-15

<예제 3-1>의 배터리 사용시간의 범위평균을 구하라.

전동차	1	2	3	4	5	6
사용시간	33	25	30	17	25	26

풀이

자료집합의 최솟값은 17이고 최댓값은 33이다. 따라서 범위평균은 다음과 같다.

$$\overline{X}_r = \frac{17+33}{2} = 25$$

● (MIN+MAX)/2 함수

용도 : 자료집합의 범위평균을 구함

=(MIN(number1, number2, ...) + MAX(number1, number2, ...)) / 2

- number1 : 필수요소로 계산하려는 첫 번째 숫자, 셀 참조 또는 범위
- number2, ... : 선택요소로 계산하려는 추가 숫자, 셀 참조 또는 범위로 255개까지 지정

예제 3-16

<예제 3 - 1>의 배터리 사용시간의 범위평균을 엑셀함수를 이용하여 구하라.

전동차	1	2	3	4	5	6
사용시간	33	25	30	17	25	26

풀이

=(MIN(B2:G2) + MAX(B2:G2)) / 2 = 25

- number1 : B2:G2

A4   fx =(MIN(B2:G2) + MAX(B2:G2)) / 2

	A	B	C	D	E	F	G
1	전동차	1	2	3	4	5	6
2	사용시간	33	25	30	17	25	26
3							
4	25						

절사평균

절사평균(trimmed mean)은 최상위 및 최하위 k%를 각각 제거한 다음 평균을 계산한 것이다. 극단치의 영향을 줄일 수는 있지만 극단치에 의미 있는 자료가 포함된 경우에는 문제가 될 수 있다. 다음과 같은 10개의 자료에서 산술평균을 구하면 양 극단 값이 반영되어 134가 된다. 하지만 양 극단치 1과 900을 제외한 절사평균은 54.875가 된다.

1   23   55   47   55   78   93   34   54   900

예제 3-17

다음의 자료에서 40%를 제거한 다음 평균을 계산하라.

−100 −102 103 105 106 108 104 103 108 5000

풀이

크기순대로 나열한 자료는 다음과 같다.

(−100 −102) 103 103 104 105 106 108 (108 5000)

최상위 및 최하위 각각 20%, 즉 $10 \times 0.4 = 4$개를 제거한 자료는 다음과 같다.

103 103 104 105 106 108

이들의 평균을 구하면 104.8333이 된다.

TRIMMEAN 함수

용도 : 자료집합의 위와 아래 끝에 있는 자료의 일정비율만큼 제외하고 평균을 구함
=TRIMMEAN(array, percent)
- array : 필수요소로 계산하려는 자료 배열 또는 범위
- percent : 필수요소로 계산에서 제외할 자료의 비율

계산에서 제외할 자료의 비율은 0과 1 사이이다. 예를 들어, $n = 40$이고 percent = 0.2면 $40 \times 0.2 = 8$개, 즉 자료집합의 양 끝에서 4개씩 총 8개의 요소를 제외한다. 또한 $n = 30$이고 percent = 0.1이면 $30 \times 0.1 = 3$개이지만 아래와 위의 대칭을 고려하여 각각 1개씩을 제외한다.

예제 3-18

<예제 3−17>의 자료에서 40%를 제거한 절사평균을 엑셀함수를 사용하여 계산하라.

풀이

=TRIMMEAN(A1:J1, 0.4) = 104.8333
- array : A1:J1
- percent : 0.4

A2 =TRIMMEAN(A1:J1, 0.4)

	A	B	C	D	E	F	G	H	I	J
1	1	102	103	105	106	108	104	103	108	5000
2	104.83333									

3. 자료의 분포

분포의 형태

프로야구선수들의 평균 연봉을 계산할 때 산술평균을 사용한다면 [그림 3 - 5]의 오른쪽 꼬리 분포처럼 극단적으로 연봉이 높은 몇몇 선수들에 의해 왜곡된 평균을 구할 수가 있다. 이러한 경우 연봉의 분포형태를 보여준다면 올바른 중심측도를 선택하는데 도움을 받을 수 있다. [그림 3 - 5]는 평균, 중앙치, 최빈치의 위치에 따라 분포형태가 달라짐을 보여주고 있다.

[그림 3-5] 분포형태와 중심측도의 위치

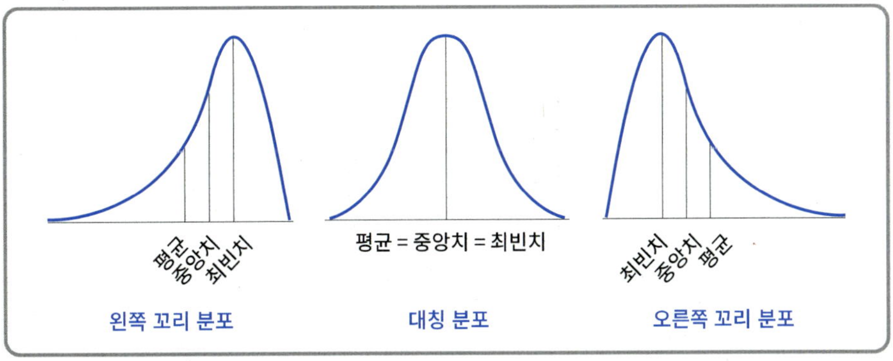

왼쪽 꼬리 분포에서 평균은 극단적으로 작은 값에 영향을 받아 제일 작고, 최빈치는 분포의 봉우리에 해당하여 제일 크고, 중앙치는 평균과 최빈치의 가운데에 위치하게 된다. 반면 오른쪽 꼬리 분포에서 평균은 극단적으로 큰 값에 영향을 받아 제일 크고, 최빈치는 분포의 봉우리에 해당하여 제일 작고, 중앙치는 평균과 최빈치의 가운데에 위치하게 된다. 이처럼 분포의 비대칭성은 평균을 자료의 중심에서 멀어지게끔 하는 매우 크거나 작은 자료들이 있어 발생한다. 대칭 분포에서는 평균과 중앙치 및 최빈치가 일치한다.

중심측도의 선택

자료의 중심을 나타내는 중심측도로서 평균, 중앙치, 최빈치 중 어느 것을 사용하는 것이 바람직한가? 예를 들어, 보험판매원 15명의 계약 건수가 다음과 같을 때 적절한 중심측도는 무엇인가?

0 0 21 16 15 22 23 19 20 17 11 18 14 13 871

위의 예에서 평균은 72, 중앙치는 17, 그리고 최빈치는 0이다. 이처럼 소수의 극단적인 값들이 평균이나 최빈치에 영향을 미치는 경우에는 중앙치가 더 나은 중심측도가 될 수 있다. 중앙치는 평균이나 최빈치와는 달리 자료집합 내의 극단적으로 큰 값이나 작은 값에 의하여 영향을 받지 않는다. 그러므로 평균과 최빈치는 보험판매인의 계약 건수를 대표하는데 중앙치보다 좋은 중심측도가 되지 못한다.

위의 예에서와 같이 자료집합의 특성에 따라 중심측도의 선택이 달라져야 한다. 하지만 평균은 모든 자료를 계산에 포함하고 수학적인 연산이 가능하기 때문에 일반적으로 가장 많이 사용된다.

왜 도

왜도(skewness)는 자료의 평균에 대한 분포의 비대칭성을 나타낸다. [그림 3-6]과 같이 왜도가 음수이면 왼쪽으로 치우치게 되고 양수이면 오른쪽으로 치우치게 되고 0이면 대칭 분포이다.

[그림 3-6] ▎왜도값에 따른 분포의 모양

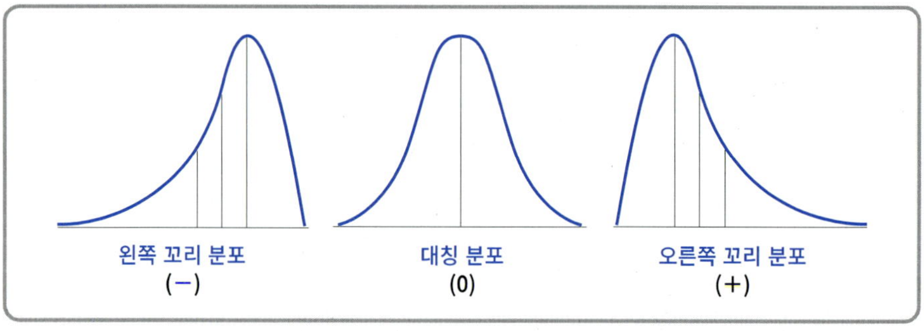

SKEW 함수

용도: 자료집합의 왜도를 구함
=SKEW(number1, number2, ...)
• number1 : 필수요소로 계산하려는 인수
• number2, ... : 선택요소로 계산하려는 추가 인수로 255개까지 지정

예제 3-19

다음 자료의 왜도를 엑셀함수로 구하라.
(1) 2, 4, 6, 8, 10
(2) 2, 4, 6, 8, 100
(3) −100, 4, 6, 8, 10

풀이

=skew(2, 4, 6, 8, 10)=0
=skew(2, 4, 6, 8, 100)=2.2206
=skew(−100, 4, 6, 8, 10)=−2.2239

첨 도

첨도(kurtosis)란 분포의 뾰족한 정도를 정규분포와 비교하여 나타낸 것이다. [그림 3−7]과 같이 첨도값이 0에 가까우면 정규분포에 근접한다. 반면 양의 첨도는 상대적으로 정규분포보다 중심부분이 더 뾰족하고 반대로 음의 첨도는 덜 뾰족하다.

[그림 3−7] **첨도값에 따른 분포의 모양**

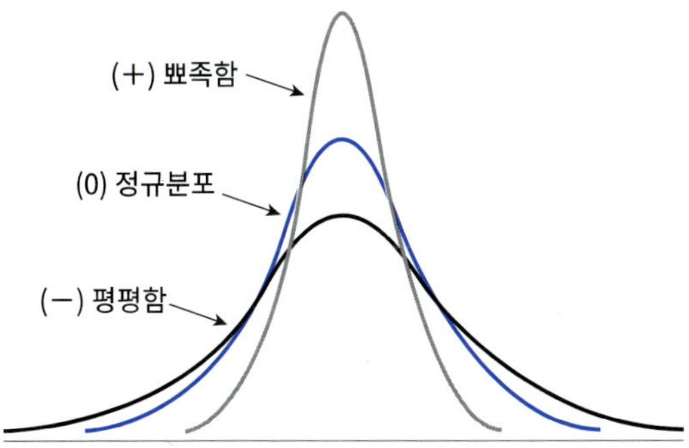

KURT 함수

용도 : 자료집합의 첨도를 구함
=KURT(number1, number2, ...)
- number1 : 필수요소로 계산하려는 인수
- number2, ... : 선택요소로 계산하려는 추가 인수로 255개까지 지정

예제 3-20

다음 자료의 첨도를 엑셀함수로 구하라.
(1) 2, 2, 2, 2, 2, 1, 3
(2) 2, 2, 2, 2, 3, 1, 3
(3) 2, 1, 3, 2, 1, 3, 2

풀이

=kurt(2, 2, 2, 2, 2, 1, 3)=3
=kurt(2, 2, 2, 2, 3, 1, 3)=0.336
=kurt(2, 1, 3, 2, 1, 3, 2)= −1.2

4. 산포측도

산포측도의 개념

자료를 분석할 때 중심측도만 고려하면 자료의 의미를 왜곡할 수 있다. 예를 들어 A, B, C 세 반의 성적 분포가 <표 3-3>과 같을 때 각 반의 평균이 모두 50점이므로 각 반 학생들의 실력이 같다는 결론을 내릴 수 있는지 알아보자.

〈표 3-3〉 학급성적분포

성적		0	10	20	30	40	50	60	70	80	90	100	평균
빈도	A반					5	10	5					50
	B반				2	4	8	4	2				50
	C반	1	1	1	2	3	4	3	2	1	1	1	50

[그림 3-8] **각 반 학생들의 성적 분포**

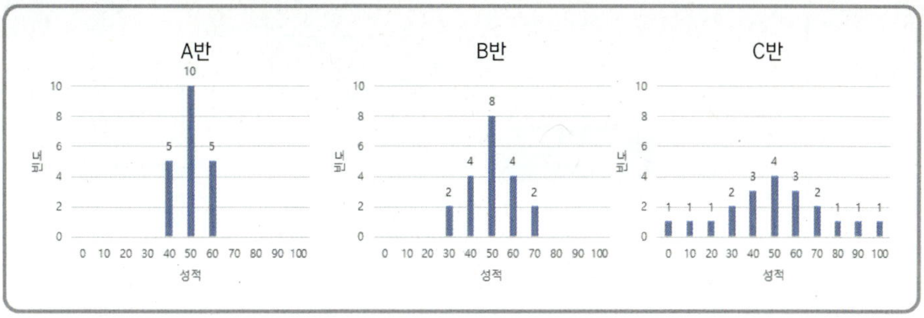

[그림 3-8]과 같이 각 반 성적의 중심은 같지만 산포는 다르기 때문에 학생들의 실력 편차는 같지 않다. A반 학생들의 성적은 평균 50점을 중심으로 모여 있지만 C반 학생들의 성적은 평균 50점을 중심으로 넓게 퍼져 있다. 반면 B반은 A와 C반의 중간 형태를 취하고 있다. 따라서 A반 학생들의 실력 편차가 제일 적고 C반 학생들의 실력 편차가 제일 크다고 할 수 있다.

이처럼 자료를 분석할 때 중심측도인 평균만 고려한다면 잘못된 결정을 내릴 수도 있다. 따라서 자료를 분석할 때 평균과 같은 중심측도와 함께 자료들이 중심에서 흩어진 정도를 나타내는 산포측도를 고려하여야 한다.

똑같은 공정을 통해 생산된 캔맥주의 용량이 모두 같지는 않으며, 타이어의 크기도 모두 같지 않고, 배터리의 수명 또한 각기 다르다. 캔맥주 용량, 타이어 크기, 배터리 수명이 정해놓은 중심과 차이가 작다면 품질이 균일하다고 할 수 있지만 크다면 품질이 균일하지 못하다고 할 수 있다. 제품마다 중심과의 차이를 숫자로 계산하면 각 회사 제품의 품질을 비교할 수 있다.

자료들이 중심으로부터 흩어져 있는 정도를 통계학적으로 **산포측도**라 한다. 산포측도의 대표적인 것들로 [그림 3-9]와 같이 범위, 분산, 표준편차, 변동계수, 평균절대편차 등이 있다.

범 위

범위(range)는 자료집합 내에서 최댓값과 최솟값의 차이로 다음과 같이 나타낸다.

$$R = X_{\max} - X_{\min}$$

범위는 계산하기가 쉬워 자주 사용된다. 그러나 자료집합 내에 있는 양극단의

[그림 3-9] ❙ 산포측도의 종류

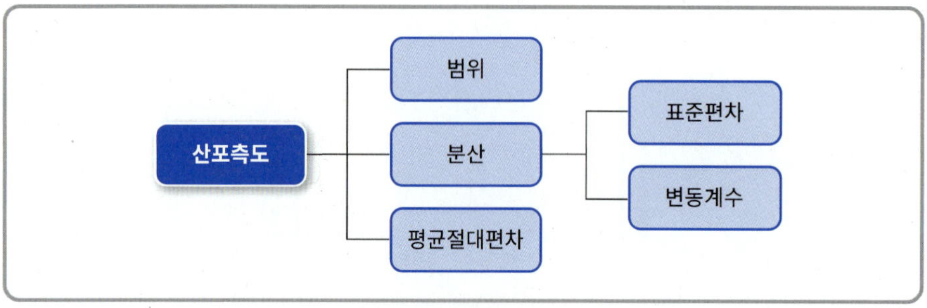

두 자료만을 고려하고 이 극단 값에 민감하다는 단점이 있다. 따라서 자료집합 내에 극히 크거나 작은 자료가 있다면 올바른 산포를 측정할 수 없게 된다.

예제 3-21

<예제 3 - 1>의 배터리 사용시간의 범위를 구하라.

전동차	1	2	3	4	5	6
사용시간	33	25	30	17	25	26

풀이

범위 = 33 - 17 = 16

MAX-MIN 함수

용도 : 자료집합의 최솟값과 최댓값의 차이인 범위를 구함

=MAX(number1, number2, ...) - MIN(number1, number2, ...)

- number1 : 필수요소로. 계산하려는 첫 번째 숫자, 셀 참조 또는 범위
- number2, ... : 선택요소로 계산하려는 추가 숫자, 셀 참조 또는 범위로 255개까지 지정

예제 3-22

<예제 3 - 1>의 배터리 사용시간의 범위를 엑셀함수를 이용하여 구하라.

전동차	1	2	3	4	5	6
사용시간	33	25	30	17	25	26

풀이

=MAX(B2:G2) − MIN(B2:G2) = 16

• number1 : B2:G2

A4 =MAX(B2:G2) - MIN(B2:G2)

	A	B	C	D	E	F	G
1	전동차	1	2	3	4	5	6
2	사용시간	33	25	30	17	25	26
3							
4	16						

분산 및 표준편차

산포측도에서 가장 널리 사용되는 분산과 표준편차는 자료가 평균을 중심으로 흩어져 있는 정도를 보여준다. **분산**(variance)은 자료집합의 평균으로부터 각 관측치의 편차를 제곱하여 이를 평균한 것이고, **표준편차**(standard deviation)는 분산의 제곱근을 의미한다. 분산이나 표준편차는 모집단과 표본 모두에서 계산할 수 있다. 모집단에 대한 분산은 σ^2로 표준편차는 σ로 표시한다. 반면 표본에 대한 분산은 S^2으로 표준편차는 S로 표시한다. 모집단의 분산과 표준편차를 계산하는 공식은 다음과 같다.

$$\sigma^2 = \frac{\sum(X-\mu)^2}{N}$$

$$\sigma = \sqrt{\frac{\sum(X-\mu)^2}{N}}$$

여기서 μ = 모집단 평균, N = 모집단 내 자료 수

표본의 분산과 표준편차를 계산하는 공식은 다음과 같다.

$$S^2 = \frac{\sum(X-\overline{X})^2}{n-1}$$

$$S = \sqrt{\frac{\sum(X-\overline{X})^2}{n-1}}$$

여기서 $\overline{X}$ = 표본평균, n = 표본 내 자료 수

위의 식을 보면 분모가 모집단은 N이고 표본은 $n-1$로 변하였을 뿐 모집단과 표본의 분산 및 표준편차를 계산하는 공식은 같다.

예제 3-23

<예제 3-1>의 배터리 사용시간의 분산과 표준편차를 구하라.

전동차	1	2	3	4	5	6
사용시간	33	25	30	17	25	26

풀이

주어진 자료집합의 평균($\overline{X}$)을 구한다.

$$\overline{X}=\frac{\sum X}{n}=\frac{156}{6}=26$$

필요한 값들을 공식에 대입하여 푼다.

$$S^2=\frac{\sum(X-\overline{X})^2}{n-1}$$

$$=\frac{(33-26)^2+(25-26)^2+(30-26)^2+(17-26)^2+(25-26)^2+(26-26)^2}{6-1}$$

$$=\frac{148}{5}=29.6$$

$$S=\sqrt{\frac{\sum(X-\overline{X})^2}{n-1}}=\sqrt{\frac{148}{5}}=\sqrt{29.6}=5.4406\text{시간}$$

엑셀함수

VAR.P와 STDEV.P 함수

용도 : 모집단의 분산과 표준편차를 구함
=VAR.P(number1, number2, ...)
=STDEV.P(number1, number2, ...)
• number1 : 필수요소로 계산하려는 첫 번째 숫자, 셀 참조 또는 범위
• number2, ... : 선택요소로 계산하려는 추가 숫자, 셀 참조 또는 범위로 255개까지 지정

VAR.S와 STDEV.S 함수

용도 : 표본의 분산과 표준편차를 구함

=VAR.S(number1, number2, ...)

=STDEV.S(number1, number2, ...)

- number1 : 필수요소로 계산하려는 첫 번째 숫자, 셀 참조 또는 범위
- number2, ... : 선택요소로 계산하려는 추가 숫자, 셀 참조 또는 범위로 255개까지 지정

예제 3-24

<예제 3-1>의 배터리 사용시간의 표본분산과 표본표준편차를 엑셀함수를 이용하여 구하라.

전동차	1	2	3	4	5	6
사용시간	33	25	30	17	25	26

풀이

(1) 표본분산

=VAR.S(B2:G2)=29.6

- number1 : B2:G2

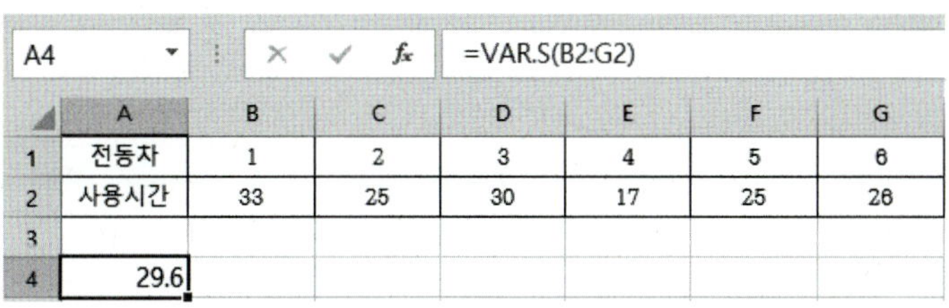

A4 =VAR.S(B2:G2)

	A	B	C	D	E	F	G
1	전동차	1	2	3	4	5	6
2	사용시간	33	25	30	17	25	26
3							
4	29.6						

(2) 표본표준편차

=STDEV.S(B2:G2)=5.4406

- number1 : B2:G2

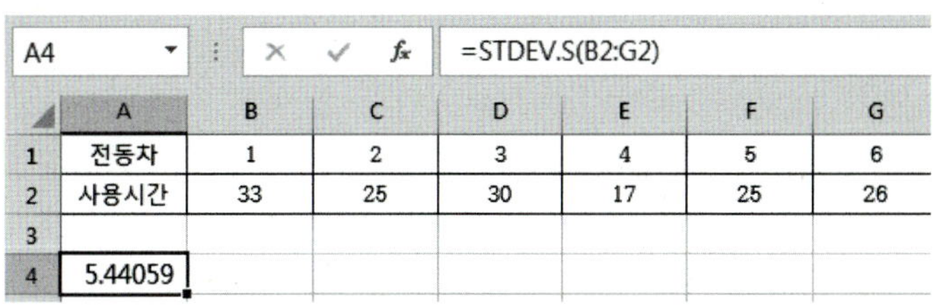

A4 =STDEV.S(B2:G2)

	A	B	C	D	E	F	G
1	전동차	1	2	3	4	5	6
2	사용시간	33	25	30	17	25	26
3							
4	5.44059						

분산과 표준편차의 의미

표준편차가 작다는 것은 자료들이 분포의 중심인 평균에 집중 분포되어 있다고 할 수 있다. 예를 들어 4, 5, 6, 7, 8인 자료집합과 2, 4, 6, 8, 10인 자료집합을 비교해 보면 표본평균은 다같이 6이지만 표본표준편차는 1.5811과 3.1623으로 차이를 보인다. 따라서 첫 번째 자료집합이 두 번째 자료집합보다 평균을 중심으로 집중 분포되어 있고 평균과 많이 떨어져 있는 자료들이 적기 때문에 표준편차가 작다고 할 수 있다. [그림 3-10]에서 ⓐ는 ⓑ보다 표준편차가 작기 때문에 자료들이 평균 근처에 많이 모여 있고 평균과 많이 떨어져 있는 자료들은 적다고 할 수 있다.

[그림 3-10] ❙ 표준편차의 비교

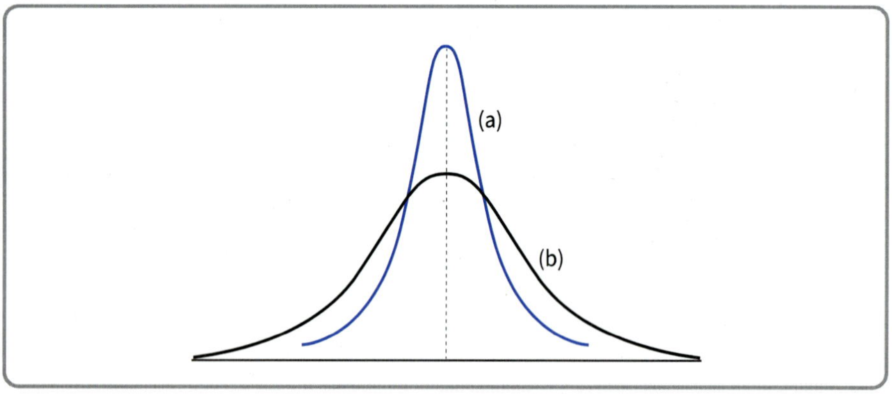

변동계수

변동계수(coefficient of variation : CV)는 자료집합 간에 산포의 상대적인 크기를 비교하는 데 사용된다. 자료집합의 산포를 비교하기 위해 사용되는 변동계수는 다음과 같이 나타낸다.

$$CV = 100 \times \frac{S}{\bar{X}}(\%)$$

측정단위나 규모가 서로 다른 집단을 비교할 때는 변동계수를 사용하여야 한다. 예를 들어, 다음과 같은 두 개의 자료집합이 있다고 하자.

160cm, 165cm, 170cm, 175cm, 180cm (1)

1.60m, 1.65m, 1.70m, 1.75m, 1.8m (2)

이때 첫 번째 집단의 표본평균은 170cm이고 표본표준편차는 7.905694cm이다. 반면 두 번째 집단의 표본평균은 1.7m이고 표본표준편차는 0.079057m이다. 이때 절대치 개념인 표준편차만 고려하면 첫 번째 집단의 키 변동이 두 번째 집단보다 크다고 할 수 있다. 그러나 자료를 살펴보면 측정단위는 다르지만 실제 키의 변동은 서로 같다. 이 경우 두 집단의 비교를 위해서는 표준편차가 아닌 변동계수를 사용하여야 한다. 각 집단의 변동계수를 계산하면 다음과 같다.

$$CV_1 = 100 \times (\frac{7.905694}{170}) = 4.6504\%$$

$$CV_2 = 100 \times (\frac{0.079057}{1.7}) = 4.6504\%$$

두 집단의 변동계수가 같으므로 키의 변동은 서로 같다고 할 수 있다.

예제 3-25

다음 표본의 평균과 표준편차 및 변동계수를 구하고 각 의미를 설명하라.

표본 A : 3, 4, 5

표본 B : 663, 664, 665

표본 C : 88,883, 88,884, 88,885

풀이

	평균	표준편차	변동계수(%)
표본 A :	4	1	25
표본 B :	644	1	0.1553
표본 C :	88,884	1	0.0011

각 표본평균은 다르나 표준편차는 같다. 표준편차는 평균을 중심으로 흩어진 정도를 나타내므로 평균의 함수가 아니다. 평균으로부터 흩어진 성노는 표본 A, B, C 순으로 작다고 할 수 있다. 따라서 규모나 측정단위가 서로 다른 집단을 비교할 때는 변동계수를 사용하여야 한다.

예제 3-26

다음은 무작위로 추출한 5개의 프로농구팀과 유치원농구팀의 평균 키를 조사한 자료이다. 키의 변동은 어떠한 차이를 보이는가?

팀	1	2	3	4	5
프로	190	199	195	185	196
유치원	90	88	85	78	89

풀이

팀	평균	표준편차	CV(%)
프로	193	5.5227	2.8615
유치원	86	4.8477	5.6369

표준편차만 비교하면 프로농구팀의 표준편차가 크지만 평균에 대하여 상대적으로 평가한 변동계수는 유치원농구팀이 크다. 따라서 평균을 중심으로 한 키의 변동 폭은 유치원농구팀이 프로농구팀보다 크다고 할 수 있다.

평균절대편차

평균절대편차(mean absolute deviation: MAD)란 자료를 평균에서 뺀 절댓값들의 평균으로 다음과 같이 정의한다.

$$MAD = \frac{\sum_{i=1}^{n} |X_i - \overline{X}|}{n}$$

절댓값을 취한 이유는 자료를 평균에서 뺀 값의 합은 항상 0이 되기 때문이다. MAD는 계산이 간단하고 각 자료가 평균에서 얼마나 떨어져 있는가를 나타내므로 이해하기 쉽다는 장점이 있다.

예제 3-27

<예제 3 - 1>의 배터리 사용시간의 평균절대편차를 구하라.

전동차	1	2	3	4	5	6
사용시간	33	25	30	17	25	26

풀이

$$MAD = \frac{|33-26|+|25-26|+|30-26|+|17-26|+|25-26|+|26-26|}{6}$$

$$= \frac{22}{6} = 3.6667$$

AVEDEV 함수

용도 : 자료집합의 평균절대편차를 구함

=AVEDEV(number1, number2, ...)

- number1 : 필수요소로 계산하려는 첫 번째 숫자, 셀 참조 또는 범위
- number2, ... : 선택요소로 계산하려는 추가 숫자, 셀 참조 또는 범위로 254개까지 지정

예제 3-28

<예제 3 - 1>의 배터리 사용시간의 평균절대편차를 엑셀함수를 이용하여 구하라.

전동치	1	2	3	4	5	6
사용시간	33	25	30	17	25	26

풀이

=AVEDEV(B2:G2)=3.6667

- number1 : B2:G2

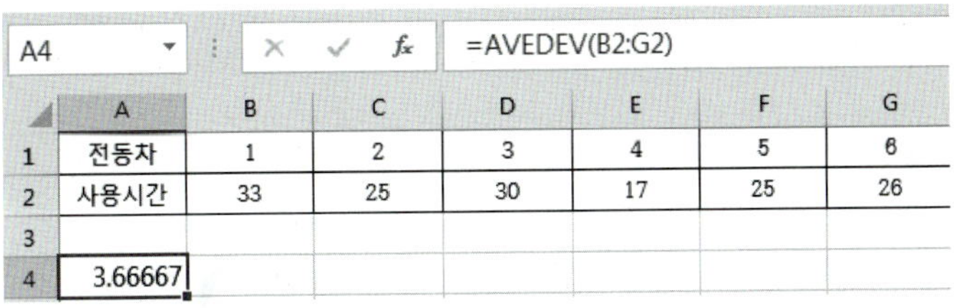

A4 =AVEDEV(B2:G2)

	A	B	C	D	E	F	G
1	전동차	1	2	3	4	5	6
2	사용시간	33	25	30	17	25	26
3							
4	3.66667						

5. 자료의 정리

기술통계법

엑셀의 기술통계법 분석도구는 지금까지 살펴본 여러 가지 중심측도와 산포측도에 관한 정보를 한꺼번에 보여주는 장점을 가진다. 기술통계법 분석도구의 사용법을 <예제 3 - 1>의 자료를 가지고 설명하면 다음과 같다.

① 메뉴의 [파일] ➡ [옵션]을 클릭한다.

② [Excel 옵션]에서 [추가기능] ➡ [관리]에서 [이동]을 클릭한다.

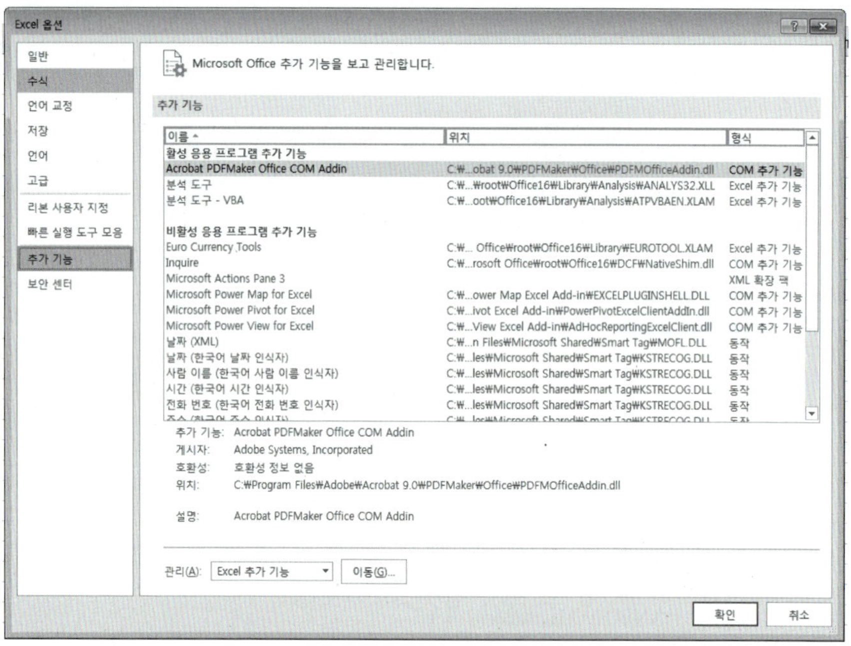

③ [분석도구]를 선택해 준 다음 [확인]을 누른다.

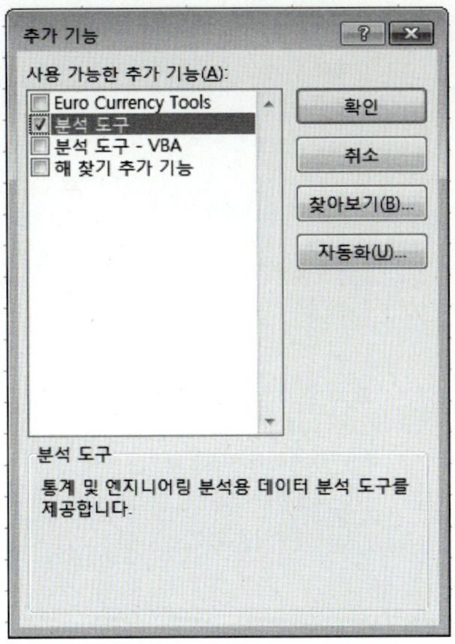

④ 다음과 같이 배터리 사용시간을 입력한다.

	A	B	C	D	E	F	G
1	전동차	1	2	3	4	5	6
2	사용시간	33	25	30	17	25	28

⑤ [데이터] ➡ [데이터 분석]을 클릭하면 다음과 같은 [통계 데이터 분석] 창이 나타난다. 여기서 [기술통계법]을 선택한 후 [확인]을 누른다.

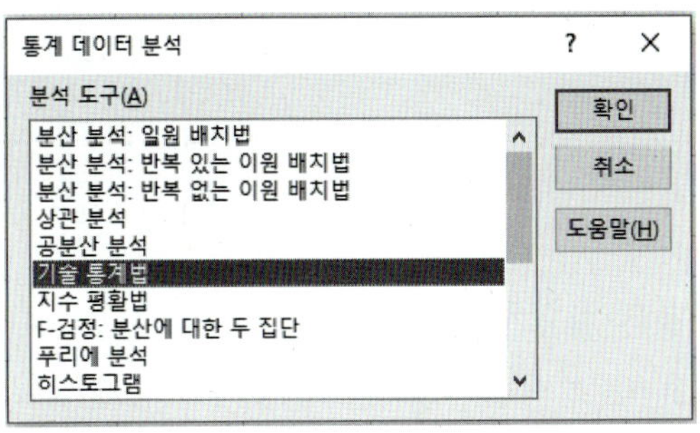

⑥ [기술통계법] 대화상자가 나타나면 [입력 범위]에 A2:G2를 드래그하여 선택하고 [데이터 방향]에는 [행]을 선택한다. 만약 데이터를 세로방향으로 입력했다면 [열]을 선택한다. [첫째 열 이름표 사용]을 체크하고 [출력 범위]로 I1을 지정한 다음 [요약 통계량]을 체크한 후 [확인]을 누르면 결과물이 나타난다.

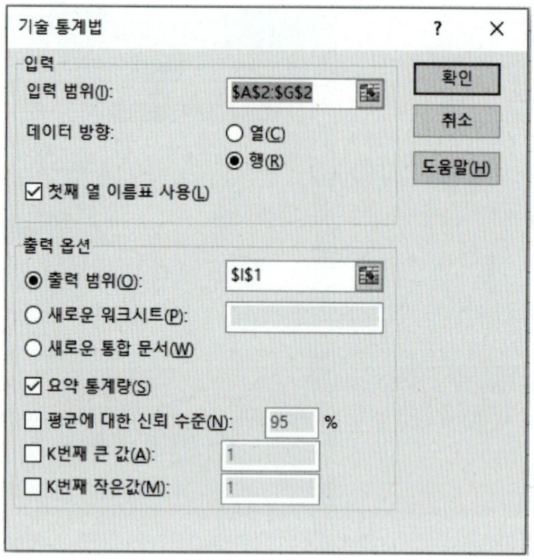

⑦ 결과물은 다음과 같다.

사용시간	
평균	26
표준 오차	2.22111
중앙값	25.5
최빈값	25
표준 편차	5.44059
분산	29.6
첨도	1.11623
왜도	-0.60357
범위	16
최소값	17
최대값	33
합	156
관측수	6

결과물은 지금까지 살펴본 중심측도와 산포측도에 관한 정보를 보여주고 있다. 여기서 표준오차는 표준편차$/\sqrt{관측수} = S/\sqrt{n} = 5.4406/\sqrt{6} = 2.2211$이다. 표준오차에 대한 설명한 제6장 t-분포에서 이루어진다.

도수분포표

도수분포표(frequency distribution table)는 수집된 자료를 적절한 계급구간으로 나누어 각 계급구간에 해당되는 도수(빈도)를 기입하여 정리한 표를 말한다. 도수분포표를 작성하기 위해서는 몇 가지 단계를 거쳐야 하는데, 이를 요약하면 다음과 같다.

첫째, 원자료집합의 범위를 구한다.

둘째, 바람직한 계급의 수를 정한다. 도수분포표의 주요 목적은 자료들이 갖고 있는 형태를 보여주는 것이므로 계급의 수는 특정 법칙보다는 실제 자료들의 특성에 의해 결정되어야 한다. 계급의 수가 5보다 작으면 형태가 드러나지 않을 가능성이 높고 20보다 크면 자료의 집단화에서 오는 효과를 저해할 수 있다. 따라서 계급의 수는 대체로 5개에서 20개 사이를 설정하면 무리가 없다.

셋째, 계급구간을 $\frac{\text{최댓값} - \text{최솟값}}{\text{계급 수}}$로 정한다. 공식에 의해 구해진 결과는 편의나 관례를 참고하여 적절히 조정하여야 한다.

넷째, 각 계급에 속하는 관측치 수를 기록하여 도수분포표를 작성한다.

ABC 생명보험회사 100명의 판매원이 지난주에 체결한 보험계약 건수를 엑셀의 히스토그램 분석도구를 사용하여 도수분포표를 작성하는 방법은 다음과 같다.

① 다음과 같이 ABC 생명보험회사 100명의 보험계약 건수를 입력한다.

	A	B	C	D	E	F	G	H	I	J	K	L
1	12	11	10	9	8	12	11	5	12	8		5
2	7	4	13	15	12	7	4	13	11	12		10
3	5	6	10	9	19	5	6	10	15	9		15
4	2	7	15	8	11	2	17	10	8	11		20
5	9	27	16	7	14	9	20	11	3	14		25
6	12	11	10	9	8	12	11	10	7	8		30
7	7	15	13	20	12	5	4	13	32	12		35
8	5	6	14	4	9	5	6	12	6	9		
9	2	6	10	12	11	2	7	32	8	11		
10	9	20	11	1	6	9	3	1	7	14		

② [데이터] ➡ [데이터 분석]을 클릭하면 다음과 같은 [통계 데이터 분석] 창이 나타난다. 여기서 [히스토그램]을 선택한 후 [확인]을 누른다.

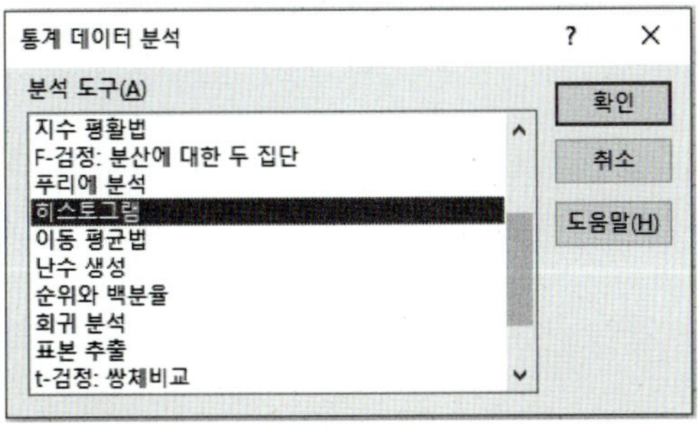

③ [히스토그램] 대화상자가 나타나면 [입력 범위]에 A1:J10을 [계급구간]에는 L1:L7을 드래그하여 선택한다. [출력 범위]로 A12를 지정한 다음 [차트출력]을 체크한 후 [확인]을 누르면 결과물이 나타난다.

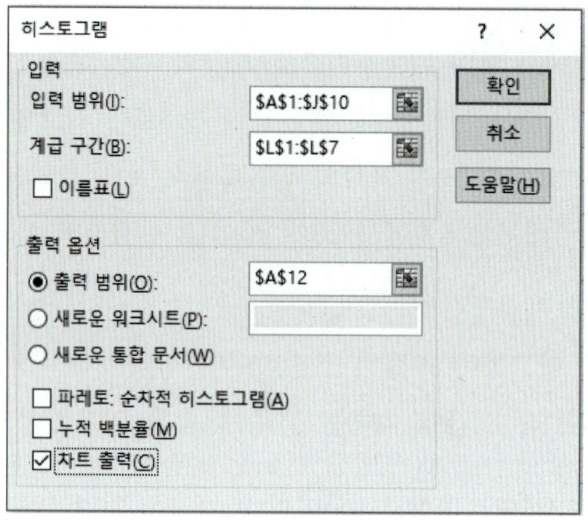

④ 결과물은 다음과 같다.

12	계급	빈도수
13	5	18
14	10	39
15	15	34
16	20	6
17	25	0
18	30	1
19	35	2
20	기타	0
21		

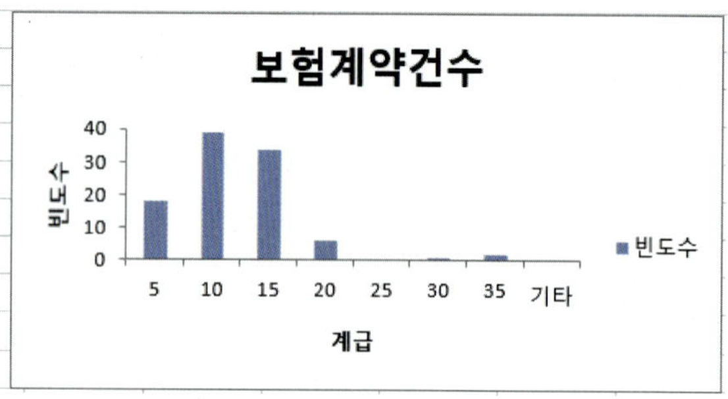

6. 측도의 비교

중심측도의 대표적인 것들로는 평균, 중앙치, 최빈치, 가중평균, 기하평균, 범위평균, 절사평균 등이 있다. 이러한 중심측도를 비교하면 <표 3 - 4>와 같다.

〈표 3-4〉 중심측도의 비교

통계량	의미	공식	엑셀함수	특징
평균	모든 자료를 합하여 개수로 나눈 값	$\overline{X}=\frac{\sum_{i=1}^{n}X_i}{n}$	AVERAGE	모든 자료를 이용하고 연산이 가능하지만 극단치에 영향 받음
중앙치	크기순으로 정렬된 자료의 중간 값	-	MEDIAN	극단치에 영향을 받지 않지만 가운데 값만 고려
최빈치	발생빈도가 가장 많은 값	-	MODE.SNGL	복수의 최빈치가 가능하고 이산자료에만 가능
가중 평균	각 관측치에 서로 다른 가중치를 부과	$\overline{X}_{wt}=\frac{\sum_{i=1}^{k}(X_i \cdot W_i)}{\sum_{i=1}^{k}W_i}$	SUMPRODUCT/SUM	각 자료의 중요도를 반영
기하 평균	곱이 n 제곱근	$G=\sqrt[n]{X_1 \cdot X_2 \cdot X_3 \cdots X_n}$	GEOMEAN	극단치의 영향을 완화하지만 양(+)의 자료만 가능
범위 평균	최댓값과 최솟값의 평균	$\overline{X}_r=\frac{X_{\min}+X_{\max}}{2}$	(MIN+MAX)/2	이해와 계산이 쉽지만 극단의 두 값만 고려
절사 평균	상하위 각 k%를 제거한 평균	-	TRIMMEAN	극단치의 영향을 완화하지만 의미 있는 자료가 제외될 수 있음

산포측도의 대표적인 것들로 범위, 분산, 표준편차, 변동계수, 평균절대편차 등이 있다. 이러한 산포측도를 비교하면 <표 3-5>와 같다.

〈표 3-5〉 산포측도의 비교

통계량	의미	공식	엑셀함수	특징
범위	최댓값과 최솟값의 차이	$R=X_{\max}-X_{\min}$	MAX-MIN	이해와 계산이 쉽지만 양극단의 두 자료만을 고려
표본분산	편차의 제곱 합을 평균	$S^2=\frac{\sum(X-\overline{X})^2}{n-1}$	VAR.S	모든 자료를 이용하고 연산이 가능하지만 극단치에 영향 받음
표본 표준편차	분산의 제곱근	$S=\sqrt{\frac{\sum(X-\overline{X})^2}{n-1}}$	STDEV.S	원자료와 같은 단위를 취함
변동계수	산포의 상대적인 크기를 비교	$CV=100\times\frac{S}{\overline{X}}$	-	측정단위나 규모가 서로 다른 집단을 비교할 때 유용
평균 절대편차	편차의 절댓값의 합을 평균	$MAD=\frac{\sum_{i=1}^{n}\lvert X_i-\overline{X}\rvert}{n}$	AVEDEV	계산이 간단하고 이해하기 쉬움

연습문제

01. 맞으면 ○, 틀리면 ×로 표시하라.

(1) 분산의 단위는 관측치의 측정단위와 같다.

(2) 모집단이 대칭일 경우 중앙치를 사용하는 것이 좋다.

(3) 왼쪽 꼬리 분포인 경우에는 평균이 제일 크고 최빈치가 제일 작다.

(4) 분산을 계산할 때에 각 편차를 제곱하는 이유는 음수를 양수로 바꾸기 위해서이다.

(5) 기하평균은 각 자료의 중요성을 고려할 때 사용된다.

(6) 중앙치는 극대로 큰 값이나 작은 값의 영향을 평균이나 최빈치보다 보다 덜 받는다.

(7) 표본에 따라 중심측도가 달라질 수 있다.

(8) 분산을 제곱한 것이 표준편차이다.

(9) 자료의 모든 값이 최빈치가 될 수도 있다.

(10) 어떤 자료는 평균이 없을 수도 있다.

02. 수학여행을 떠나는 학생들의 전체 수하물 520개의 무게 평균은 7kg이고 표준편차는 1kg이었다. 만일 각 수하물에 2kg짜리 선물을 더한다면 평균과 표준편차는 어떻게 변할까?

03. 다음 표본자료에 대한 평균, 중앙치, 최빈치, 범위, 분산, 그리고 표준편차를 구하라.

16 9 7 6 9 10 13 18

04. 다음의 자료를 가지고 물음에 답하라.

표본 A :	139	18	16	19	15	13	12	14	11	17	1	1
표본 B :	0	0	0	0	0	0	0	0	0	0	110	910

(1) 각 표본의 평균, 중앙치, 최빈치, 범위평균, 분포모양을 구하라.

(2) 학교 선생님들의 의료비자료라면 각 표본의 중심척도로 어느 것이 바람직한가?

(3) 학생들의 봉사점수자료라면 각 표본의 중심척도로 어느 것이 바람직한가?

05. A와 B 두 회사에서 5개씩 무작위로 추출한 제품강도의 결과가 다음과 같을 때 두 회사의 제품강도는 어떤 차이가 있는가?

A회사 :	30	40	50	60	70
B회사 :	10	30	50	70	90

06. A와 B 두 학급에서 10명씩 무작위로 추출한 기말고사의 결과는 다음과 같다.

A반 :	27	33	30	36	21	27	18	30	21	27
B반 :	27	27	29	26	27	28	25	29	27	25

(1) 각 반의 평균, 최빈치, 중앙치, 범위, 표준편차를 각각 구하라.

(2) A반과 B반의 점수들은 어떤 차이가 있는가?

07. 다음은 규모가 다른 공장들의 60일 동안의 생산량을 조사하여 계산한 평균과 분산이다.

규모	단위	평균	분산
대형	백만개	50	100
중형	십만개	21	49
소형	만개	10	25

위의 자료를 가지고 규모가 클수록 평균이 크기 때문에 평균 생산량도 크고, 분산이 크기 때문에 평균을 중심으로 한 일별 생산량의 변동폭도 크다고 주장한다. 이 주장들이 맞는가?

08. 다음은 두 농구팀의 주전선수 키를 조사한 자료이다. 두 팀 간 키의 변동폭은 어떠한 차이를 보이는가?

	1	2	3	4	5	6	평균	표준편차
A팀(cm) :	191	193	189	196	185	194	191.33333	3.9328
B팀(m) :	1.94	1.93	1.85	1.91	1.89	1.96	1.9133	0.0393

09. 다음은 어느 표본자료를 분석한 결과이다.

평균	중앙값	최빈값	표준편차	최솟값	최댓값	관측수
15	15	15	1.4142	13	17	6

(1) 표본자료의 합계는?

(2) 분산은?

(3) 변동계수는?

(4) 범위는?

10. 다음 표본자료에서 평균, 중앙치, 최빈치, 가중평균, 기하평균, 범위평균, 절사평균, 범위, 분산, 표준편차, 변동계수, 평균절대편차를 구하라. 단, 가중평균에서 각 관측치의 가중치는 같고 절사평균은 상하 20%를 제거한 후 평균을 구한다.

7 5 7 8 9 9 7 8 9 4

11. 다음 표본자료에서 평균, 중앙치, 최빈치, 가중평균, 기하평균, 범위평균, 절사평균, 범위, 분산, 표준편차, 변동계수, 평균절대편차를 구하라. 단, 가중평균에서 각 관측치의 가중치는 같고 절사평균은 상하 10%를 제거한 후 평균을 구한다.

12	15	25	32	33	42	23	35	96	35
3	34	25	33	23	32	43	33	23	21

12. 다음은 ABC 기업의 서비스품질을 7점 만점으로 평가한 결과이다. 산술평균과 가중평균을 계산하라.

차원	점수	가중치
신뢰성	5	25
공감성	4	25
반응성	4	10
유형성	3	30
확신성	6	10

13. A와 B 학생의 학기말 성적은 다음과 같다. 각 학생의 평균평점을 계산하라.

과목	학점 수	A의 평점	B의 평점
영어	4	C(4)	A(4)
심리학	5	A(4)	C(2)
수학	3	C(3)	A(4)
체육	2	A(2)	C(2)

14. 다음은 두 회사의 제품에 관한 자료이다. 두 회사의 평균을 구하라.

회사	제품 수	평균무게
A	70	40
B	30	60

15. 다음은 두 반의 시험성적에 관한 자료 중의 일부이다.

	N	평균	분산	최솟값	최댓값
A반	10	60	36	20	70
B반	30	40	16	40	60

(1) 각 반의 시험성적의 합계는?

(2) 각 반의 범위는?

(3) 변동계수를 사용하여 어느 반 학생들의 실력의 편차가 큰지를 비교하라.

16. 다음은 100명의 통계학 점수이다.

62	61	60	59	36	62	61	77	62	72
57	54	63	65	62	57	38	63	61	43
55	72	60	35	28	35	75	60	65	59
52	82	65	58	99	32	67	60	77	45
34	87	26	77	64	36	70	45	53	47
62	21	60	59	85	14	47	25	57	58
95	42	63	70	42	55	54	18	82	62
87	33	46	75	75	86	56	45	56	59
95	5	60	49	41	52	57	82	58	61
94	70	61	51	85	75	74	95	88	64

(1) 평균, 중앙치, 최빈치를 구하고 자료의 대칭 여부를 평가하라.

(2) 계급구간을 10으로 하여 엑셀을 사용하여 도수분포표를 작성하라.

04

확률과 확률변수

1. 확률
2. 확률변수와 확률분포

1. 확 률

확률의 개념

우리는 다음과 같은 불확실성을 분석할 수 있는 능력을 가져야 한다.

- 현재 계획 중인 프로젝트가 기한 내에 완료될 가능성이 얼마나 될까?
- 새로운 투자가 수익성이 있을 가능성이 얼마나 될까?
- 다음 달 주식이 오른 다음 계약이 성사될 가능성이 얼마나 될까?

이러한 불확실성을 가장 효과적으로 분석할 수 있는 방법 중의 하나가 확률이다. 특히, 불확실한 상황에서 의사결정을 할 때 확률이론은 통계적 추론을 위해 필요한 핵심요소이다. 왜냐하면, 미래의 사건과 연관된 불확실성을 측정하고, 표현하고 그리고 분석할 수 있는 방법을 확률이론이 제공하기 때문이다. 확률에 대한 이해를 돕기 위하여 다음의 용어를 살펴보기로 한다.

확률(probability) 어떤 특정 사건이 발생할 가능성에 대한 믿음의 정도를 표시한 숫자를 **확률**이라 한다. 특정 사건이 전혀 발생하지 않을 경우를 0으로 확실히 발생하는 경우를 1로 표시한다.

실험(experiment) 주사위나 동전을 던지는 경우처럼 같은 조건에서 여러 번 반복할 수 있으나 그 결과는 우연에 의해서 좌우되는 시행이나 관찰을 **실험**이라 한다. 즉, 실험은 특정 결과를 노출하기 위한 수단에 해당한다. 예를 들어, 주사위를 던져 눈금을 관측하거나, 소비자들의 브랜드 선호도를 기록하거나, 매출액의 변동상황을 매일 측정하거나, 불량품의 수를 매주 세어보는 것 등을 실험의 예라 할 수 있다.

단일사건(a simple event) 실험마다 나타날 수 있는 가장 기본적인 결과를 그 실험의 **단일사건** 즉, 더 작게 쪼갤 수 없는 실험의 결과를 말한다. 예를 들어, 주사위를 던져 위에 나타나는 점의 수를 관찰하는 실험에서 점의 수가 한 개인가, 두 개인가, 세 개인가 … 등이 단일사건이 된다. 그러나 주사위를 던져 나오는 점의 수가 홀수인가 짝수인가는 단일사건이 아니다. 왜냐하면 홀수는 한 개, 세 개, 다섯 개의 작은 단일사건으로 더 나누어질 수 있기 때문이다.

사건(event) 표본공간 S의 부분집합(subset)으로 한 개 또는 그 이상의 단일사건들의 모임을 **사건**이라 한다. 주사위를 던지는 실험에서 사건의 예는 다음과 같다.

- 점의 수가 짝수일 사건
- 점의 수가 네 개보다 작을 사건
- 점의 수가 여섯 개일 사건

이때 점의 수가 여섯 개일 사건은 더 작은 단일사건으로 나누어질 수 없으므로 단일사건이자 동시에 사건이다.

표본공간(sample space) 특정 실험의 발생가능한 모든 단일사건의 모임 즉, 어떤 실험에서 일어날 수 있는 모든 결과의 집합을 **표본공간**이라 한다. 예를 들어, 주사위를 던지는 실험의 경우 여섯 가지의 단일사건이 다음과 같은 표본공간을 구성한다.

$$S=\{(1),\ (2),\ (3),\ (4),\ (5),\ (6)\}$$

마찬가지로 동전 두 개를 던져 어느 면이 위로 향하는가를 관찰하는 실험의 경우에는 표본공간에 다음과 같이 네 가지 단일사건이 존재한다.

$$S=\{(H, H),\ (H, T),\ (T, H),\ (T, T)\}$$

예제 4-1

동전을 두 번 던져 나오는 면을 관찰하는 실험에서 단일사건과 표본공간을 제시하라.

풀이

단일사건 : $(H_1H_2), (H_1T_2), (T_1H_2), (T_1T_2)$

표본공간 : $\{(H_1H_2), (H_1T_2), (T_1H_2), (T_1T_2)\}$

표본공간 $S=\{A_1, A_2, \ldots\ldots, A_n\}$가 주어졌을 때 확률은 다음의 조건을 만족시켜야만 한다.

첫째, 모든 개별 단일사건의 확률은 0보다 크거나 같고 1보다는 작거나 같아야 한다. 즉, $0 \le P(A_i) \le 1$

둘째, 표본공간에 있는 모든 단일사건에 대한 확률의 합은 1이어야 한다. 즉, $\sum_{i=1}^{n} P(A_i) = 1$

확률의 계산

확률은 [그림 4-1]과 같이 판단과 시기에 따라 고전적 정의, 경험적 정의 그리고 주관적 정의 등 세 가지 방법으로 계산한다. 이들 중 앞의 두 가지는 객관적 확률이라 하고 마지막 한 가지는 주관적 확률이라 한다.

1) 고전적 정의 확률

어떤 실험이나 관찰의 결과로 나타날 수 있는 모든 단일사건의 발생 가능성이 같다는 가정에 근거하여 계산한 확률을 **고전적 정의 확률**이라 한다. 이 확률은 특정 사건이 발생하기 전에 수학적인 논리에 의거해서 계산될 수 있다. 그러므로 고전적 확률은 이론상으로만 맞는 확률이므로 이론적 확률 혹은 수학적 확률이라 한다. 어떤 사건 A가 일어날 가능성을 사건 A의 확률이라 한다. 이를 $P(A)$로 표시하며 다음 공식에 의해서 계산된다.

[그림 4-1] **확률계산의 방법**

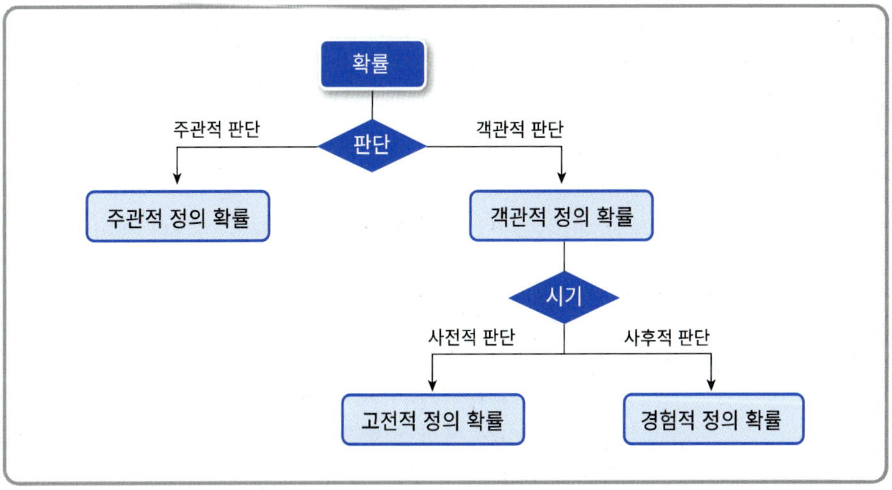

$$P(A) = \frac{\text{사건 } A\text{에 해당하는 원소 수}}{\text{표본공간 S의 원소 수}}$$

확률을 고전적 정의로 구할 수 있는 예는 다음과 같다.

- 동전을 두 번 던질 때 뒷면이 한 번 나올 확률
- 정육면체의 주사위를 던질 때 짝수의 눈이 나올 확률
- 주머니에 8개의 흰 공과 2개의 검은 공이 있을 때 무작위로 뽑은 한 개가 흰 공일 확률
- 회원이 천 명인 단체의 행운권 추첨에서 1등에 당첨될 확률
- 52장의 트럼프 카드에서 한 장을 뽑을 때 숫자 7이 나올 확률

예제 4-2

동전을 두 번 던져 앞면이 한 번 나오는 사건을 A라고 하면, 사건 A가 발생할 확률은 얼마인가?

풀이

동전을 두 번 던지는 실험의 표본공간은 다음과 같다.

$$S=\{(H_1H_2), (H_1T_2), (T_1H_2), (T_1T_2)\}$$

사건 A의 집합은 $\{(H, T), (T, H)\}$이므로 구하고자 하는 확률은 다음과 같다.

$$P(A) = \frac{2}{4} = \frac{1}{2}$$

2) 경험적 정의 확률

과거의 빈도, 경험 또는 반복적 실험에 근거한 확률로 과거에 발생했던 것이 미래에도 반복될 것이라는 가정하에 계산한 확률을 **경험적 정의 확률**이라 한다. 전체 실험(관측)횟수를 n이라 하고 특정 사건 A의 발생(관측)횟수를 X라 하면 경험적 정의에 의한 확률 $P(A)$은 다음과 같이 계산된다.

$$P(A) = \frac{X}{n} = \frac{\text{사건 } A\text{의 발생(관측)횟수}}{\text{전체 실험(관측)횟수}}$$

확률을 경험적 정의로 구할 수 있는 예는 다음과 같다.

- 어떤 타자가 다음 타석에서 안타를 칠 확률
- 가게에 방문한 단골 고객이 물건을 구매할 확률
- 어떤 공장에서 생산되는 제품이 불량품일 확률
- 어떤 사격선수가 이번 사격에서 과녁에 맞출 확률

예제 4-3

최근 구입한 500개의 전구 중 16개가 불량으로 나타나고 있다. 다음에 구입할 전구가 불량품일 확률은 얼마나 될까?

풀이

불량품일 경우를 A라고 하면 구하고자 확률은 다음과 같다.

$$P(A) = \frac{\text{불량전구 16개}}{\text{총 500개의 전구}} = \frac{16}{500} = \frac{4}{125}$$

3) 주관적 정의 확률

주관적 정의 확률은 개인의 믿음이나 판단에 근거하여 계산한 확률이다. 예를 들어, 이번 인수합병이 성공할 가능성이 95%라고 예상을 하는 것은 주관적 정의에 의한 확률이라 할 수 있다. 항시 변하는 경영환경에서는 의사결정들이 비반복적인 경우가 많다. 이런 경우 주관적 정의에 근거하여 확률을 계산한다. 하지만 주관적 확률은 어디까지나 특정인의 판단에 의한 것이므로 반드시 옳다고 할 수는 없다. 확률을 주관적 정의로 구할 수 있는 예는 다음과 같다.

- 우리 회사의 노동조합이 처음으로 파업을 결정할 확률
- 우리 회사의 내년 신제품 출시가 성공할 확률
- 수행 중인 경쟁사의 프로젝트가 성공할 확률

위에 언급한 세 가지 접근방법 모두 확률을 전체 결과에 대한 성공적인 결과의 비율로 다음과 같이 일반화할 수 있다.

$$P(A) = \frac{A\text{라는 성공적인 결과 수}}{\text{전체 결과 수}}$$

위의 공식에서 '성공적인 결과'란 전체 중에서 관심 있는 특정 결과를 의미한다. 예를 들면, 불량품일 확률을 계산한다면 불량품이 성공적인 결과가 되고 합격품일 확률을 계산한다면 합격품이 성공적인 결과가 된다. 또는 동전의 앞면이 나오는 확률을 계산한다면 동전의 앞면이 성공적인 결과이고 반대의 경우는 뒷면이 성공적인 결과이다.

예제 4-4

동전을 두 번 던지는 실험에서 (1) 정확히 앞면이 한 번만 위로 향하는 사건 A (2) 적어도 앞면이 한 번 이상 위로 향하는 사건 B의 확률을 구하라.

풀이

(1) $P(A) = P(H_1T_2) + P(T_1H_2) = \dfrac{(H_1T_2), (T_1H_2)}{(H_1H_2), (H_1T_2), (T_1H_2), (T_1T_2)} = \dfrac{2}{4}$

(2) $P(B) = P(H_1H_2) + P(H_1T_2) + P(T_1H_2) = \dfrac{(H_1H_2), (H_1T_2), (T_1H_2)}{(H_1H_2), (H_1T_2), (T_1H_2), (T_1T_2)}$

$= \dfrac{3}{4}$

확률의 규칙

일반적으로 확률의 대상이 되는 사건은 합사건, 교사건, 여사건, 상호배반사건, 집단전사건, 독립사건 등으로 나누어진다. 표본공간을 S로, 단일사건을 e로, 사건을 A, B, C........ 등으로 표시할 때 각 사건은 다음과 같이 정의된다.

합사건(union event) 사건 A 또는 B가 일어날 사건을 A와 B의 **합사건**이라 하고 $A \cup B$ 혹은 A or B로 표시한다. 이는 사건 A와 B 중 어느 하나 또는 둘 모두에 속하는 단순사건의 모임이다. 예를 들어, 한 개의 주사위를 던질 때 A를 짝수일 사건, B를 4 이상일 사건이라 하자. $A \cup B$은 짝수이거나 4 이상이 발생하는 사건이다. 즉, $A \cup B = \{2, 4, 5, 6\}$이다.

곱사건(intersection event) 사건 A와 B가 동시에 일어나는 사건을 A와 B의 **곱사건**이라 하고 $A \cap B$ 혹은 A and B로 표시한다. 이는 사건 A와 B 모두에 속하는 단순사건의 모임이다. 예를 들어, 한 개의 주사위를 던질 때 A를 짝수일 사건, B를 4 이상일 사건이라 하자. $A \cap B$은 짝수이면서 4 이상이 발생하는 사건이다. 즉, $A \cap B = \{4, 6\}$이다.

여사건(complementary event) 사건 A의 **여사건**은 사건 A에 속하지 않는 모든 원소의 집합을 말하며 A' 또는 A^c로 표시한다. 즉, A를 제외한 나머지 결과를 이른다. 예를 들어, 축구경기에서 선수가 페널티킥을 성공시킬 확률 $P(A)$가 0.9라면 이 사건의 여사건인 페널티킥을 성공시키지 못할 확률 $P(A^c)$는 0.1이 된다.

상호배반사건(mutually exclusive event) A와 B가 동시에 발생하지 않는 경우 즉, $A \cap B = \varnothing$일 때 A와 B를 상호배반이라 하고 이 두 사건을 **상호배반사건**이라 한다. 예를 들어, 어느 대학교의 내년 재학생 수가 증가할 사건, 감소할 사건, 같을 사건은 어느 한 사건의 발생이 다른 사건의 발생을 배제하므로 상호배반사건이 된다. 또한 A와 A^c는 여사건이자 상호배반사건이다. 예를 들어, 주사위를 한 개 던지는 실험에서 사건 $A = \{1, 3, 5\}$의 여사건은 $A^c = \{2, 4, 6\}$이므로 이 두 사건은 상호배반이다. 그러나 실업자 수의 증가라는 사건과 경기의 불황이라는 사건은 동시에 일어날 수 있으므로 상호배반사건이 아니다.

이와 같은 관계를 벤다이어그램(venn diagram)으로 나타내면 [그림 4-2]와 같다.

[그림 4-2] **벤다이어그램**

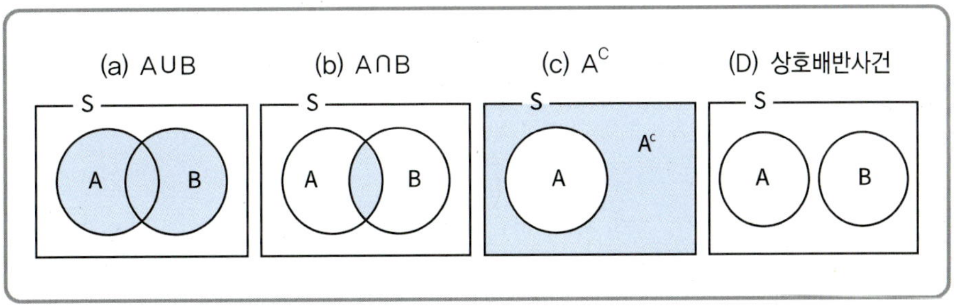

집단전사건(whole event) 표본공간에서 일어날 수 있는 모든 결과를 포함하는 사건 즉, 발생가능한 모든 결과를 포함하는 사건을 **집단전사건**이라 한다. 예를 들어, A회사의 인수합병이 성공할 사건과 실패할 사건은 모든 가능성을 포괄하고 있으므로 집단전사건이라 한다. 집단전사건을 구성하는 각 사건의 확률의 합은 반드시 1이 되어야 한다.

합의 법칙(law of addition) 첫째, A^c가 A의 여사건이면 $A \cup A^c = S$이고, A와 A^c는 상호배반이다. 따라서 $P(S) = P(A \cup A^c) = P(A) + P(A^c) = 1$이 되므로 $P(A^c) = 1 - P(A)$이 된다.

둘째, 사건 A와 B가 상호배반이 아니면 $P(A \cup B) = P(A) + P(B) - P(A \cap B)$이 성립한다. 또한 사건 A와 B가 상호배반이면 $P(A \cap B) = 0$이기 때문에 $P(A \cup B) = P(A) + P(B)$이다.

셋째, 사건 A와 B가 상호배반이 아니면 $P(A \cap B) = P(A) + P(B) - P(A \cup B)$이 성립한다. 또한 사건 A와 B가 상호배반이면 $P(A \cap B) = P(\varnothing) = 0$이다.

예제 4-5

주사위를 던지는 실험에서 다음의 사건에 해당하는 물음에 답하라.

- A : 1, 4, 5의 눈이 나올 사건
- B : 4 이상의 눈이 나올 사건

(1) 표본공간을 정의하고 각 단순사건이 일어날 확률을 계산하라.
(2) 각 사건의 확률을 계산하라.
(3) A와 B의 합사건 확률을 계산하라.
(4) A와 B의 곱사건 확률을 계산하라.
(5) A와 B는 상호배반사건인가?
(6) A의 여사건 확률을 계산하라.

풀이

(1) $S = \{1, 2, 3, 4, 5, 6\}$
각 단순사건의 확률은 $P(1) = P(2) = P(3) = P(4) = P(5) = P(6) = 1/6$
(2) 사건 A는 $\{1, 4, 5\}$이므로 $P(A) = 3/6$
사건 B는 $\{4, 5, 6\}$이므로 $P(B) = 3/6$
(3) A는 $\{1, 4, 5\}$이고 B는 $\{4, 5, 6\}$이므로 $P(A \cup B) = P(A) + P(B) - P(A \cap B)$

$$= \frac{3}{6} + \frac{3}{6} - \frac{2}{6} = \frac{4}{6}$$

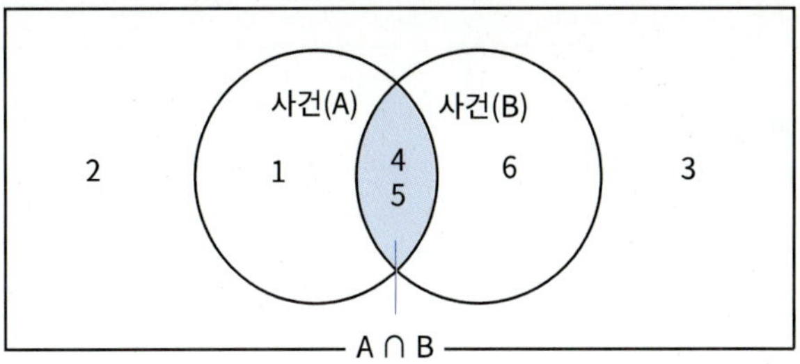

(4) $A \cap B = \{4, 5\}$이므로 $P(A \cap B) = 2/6$

(5) $A \cap B = \{4, 5\} \neq \varnothing$ 이므로 상호배반사건이 아니다.

(6) A의 여사건은 $\{2, 3, 6\}$이므로 $P(A^c) = 3/6$

예제 4-6

주사위를 던지는 실험에서 다음의 사건에 해당하는 물음에 답하라.

- A : 홀수 눈이 나올 사건
- B : 짝수 눈이 나올 사건

(1) 각 사건의 확률을 계산하라.

(2) A와 B의 합사건 확률을 계산하라.

(3) A와 B의 곱사건 확률을 계산하라.

(4) A와 B는 상호배반사건인가?

풀이

(1) 사건 A는 $\{1, 3, 5\}$이므로 $P(A) = 3/6$
사건 B는 $\{2, 4, 6\}$이므로 $P(B) = 3/6$

(2) A는 $\{1, 3, 5\}$이고 B는 $\{2, 4, 6\}$이므로 $P(A \cup B) = P(A) + P(B) - P(A \cap B)$

$$= \frac{3}{6} + \frac{3}{6} - 0 = 1$$

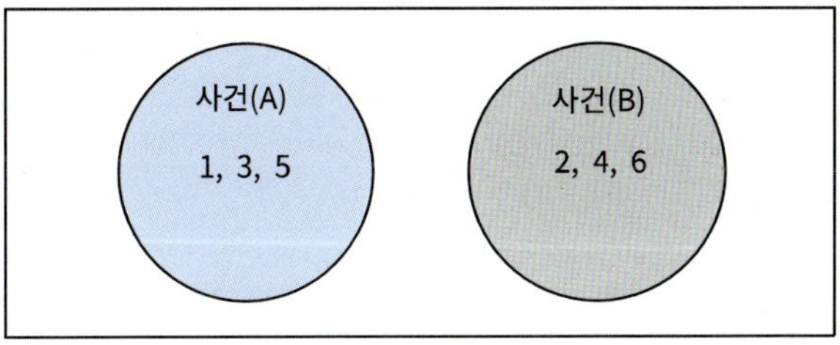

(3) $A \cap B = \varnothing$ 이므로 $P(A \cap B) = 0$

(4) $A \cap B = \varnothing$ 이므로 상호배반사건이다.

예제 4-7

ABC 전자의 신입사원 채용공고에 20명이 지원하였다. 지원자 중 12명이 남자이고 8명이 여자이다. 또한 지원자 중 14명이 자격증을 소지하고 있는데, 남자이거나 자격증 소지자는 16명이다. 만약 1명을 채용하는데 자격증을 가진 남자가 채용될 확률을 구하라.

풀이

A : 남자가 채용될 사건

B : 자격증 소지자가 채용될 사건

$P(A) = 0.6,\ P(B) = 0.7,\ P(A \cup B) = 0.8$이므로

$P(A \cap B) = P(A) + P(B) - P(A \cup B) = 0.6 + 0.7 - 0.8 = 0.5$

조건부 확률(conditional probability) 사건 B가 발생할 것을 전제로 사건 A가 발생할 확률을 **조건부 확률**이라 한다. 이를 B 조건부 A의 확률이라 하며 $P(A|B)$라 표시한다. 조건부 확률은 다음과 같이 A와 B의 결합확률을 B의 확률로 나눈 것이다.

$$P(A|B) = \frac{P(A \cap B)}{P(B)}$$

예제 4-8

ABC 전자회사에 근무하는 남여 종업원을 대상으로 근무지를 조사한 자료는 다음과 같다.

근무지	성별		합
	남(M)	여(F)	
대구(D)	2	14	16
부산(B)	164	20	184
합	166	34	200

무작위로 한 명을 추출할 때 대구에 근무하는 종업원을 뽑을 사건을 D, 여자를 뽑을 사건을 F라 하자. 임의로 뽑은 1명이 대구에서 근무하는 종업원일 때, 이 종업원이 여자일 확률을 구하라.

풀이

대구에서 근무하는 16명 중 1명을 뽑을 때 여자일 확률은 14/16이 된다. 이 경우는 D를 새로운 표본공간으로 가정하고 D에서 사건 F가 일어날 확률을 계산한 것이다. 다시 말하면, 이 확률은 사건 D가 일어났다는 조건에서 사건 F가 발생할 확률로 $P(F|D)$로 나타낸다. 이를 조건부 확률이라 하고 다음과 같이 계산한다.

$$P(F|D) = \frac{P(F \cap D)}{P(D)} = \frac{\frac{14}{200}}{\frac{16}{200}} = \frac{14}{16}$$

독립사건(statistically independent event) 특정 사건의 발생이 다른 사건의 발생에 영향을 미치지 않는 경우를 **독립사건**이라 한다. 그러나 한 사건이 다른 사건의 발생에 영향을 미칠 때는 종속사건이라 한다. 예를 들어, 경리부서의 회계기록실수 사건은 차량부서의 정비실수 사건에 영향을 미치지 않으므로 이들을 독립사건이라 한다. 또한 A와 A^c도 독립사건이다. 그러나 비가 올 사건은 우산판매 사건에 영향을 미칠 것이므로 이들을 종속사건이라 한다. 통계학적으로는 $P(A)$가 $P(A \mid B)$와 같으면 사건 A와 B는 독립적(independent)이고 아니면 종속적(dependent)이다. 따라서 사건 A와 B가 독립적이면 다음이 성립한다.

$$P(B \mid A) = P(B),\ P(A \mid B) = P(A)$$

곱의 법칙(law of multiplication) 사건 A와 사건 B가 독립적이면 $P(A \cap B) = P(A)P(B)$이고 아니면 $P(A \cap B) = P(A)P(B \mid A) = P(B)P(A \mid B)$이다.

예제 4-9

<예제 4-8>에 주어진 교차분류표를 이용하여 무작위로 뽑은 종업원이 여자이면서 대구에 근무하는 동시확률을 곱의 법칙을 이용하여 구하라.

풀이

$$P(F \cap D) = P(F)P(D|F) = \left(\frac{34}{200}\right)\left(\frac{14}{34}\right) = \frac{7}{100}$$

$$P(D \cap F) = P(D)P(F|D) = \left(\frac{16}{200}\right)\left(\frac{14}{16}\right) = \frac{7}{100}$$

예제 4-10

동전과 주사위를 던지는 실험에서 동전의 앞면을 1, 뒷면을 -1로 나타내면 전체 표본공간은 $\{(1, 1), (1, 2), ..., (1, 6), (-1, 1), (-1, 2), ..., (-1, 6)\}$의 12개 원소를 가진다. 이제 A를 동전의 뒷면이 나오는 사건으로, B를 주사위의 짝수 눈이 나오는 사건으로 정의하면서 A와 B가 독립사건임을 증명하라.

풀이

$A = \{(-1, 1), (-1, 2), (-1, 3), (-1, 4), (-1, 5), (-1, 6)\}$
$B = \{(-1, 2), (-1, 4), (-1, 6), (1, 2), (1, 4), (1, 6)\}$
$P(A \cap B) = \{(-1, 2), (-1, 4), (-1, 6)\}$

따라서 각 사건의 확률은 다음과 같다.

$P(A) = \frac{6}{12}$, $P(B) = \frac{6}{12}$, $P(A \cap B) = \frac{3}{12}$

다음이 성립하므로 두 사건 A와 B는 독립이다.
$P(A \cap B) = P(A)P(B)$

2. 확률변수와 확률분포

확률변수

확률변수(random variable)는 일정한 확률을 가지고 발생하는 단일사건에 수치를 부여하는 변수이다. 일반적으로 확률변수는 X, Y, Z 등의 대문자로 표시하고 이 확률변수들이 취하는 값은 x, y, z 등의 소문자로 표시한다.

확률변수 X는 여러 가지 값을 취할 가능성이 있다는 의미에서 하나의 변수이지만 어떤 값을 취할 가능성은 정해진 확률에 의해 결정되므로 확률변수라 한다.

예를 들어, 동전을 2회 던져 나오는 앞면의 수를 확률변수 X라 한다면 이 경우의 표본공간은 다음과 같다.

$$S=\{(H, H), (H, T), (T, H), (T, T)\}$$

확률변수 X가 취할 수 있는 값은 [그림 4-3]과 같이 확률변수 X에 의해 각 단일사건에 하나의 값이 부여된다.

[그림 4-3] ❙ 확률변수 X(동전을 2회 던져 나오는 앞면의 수)와 그의 값

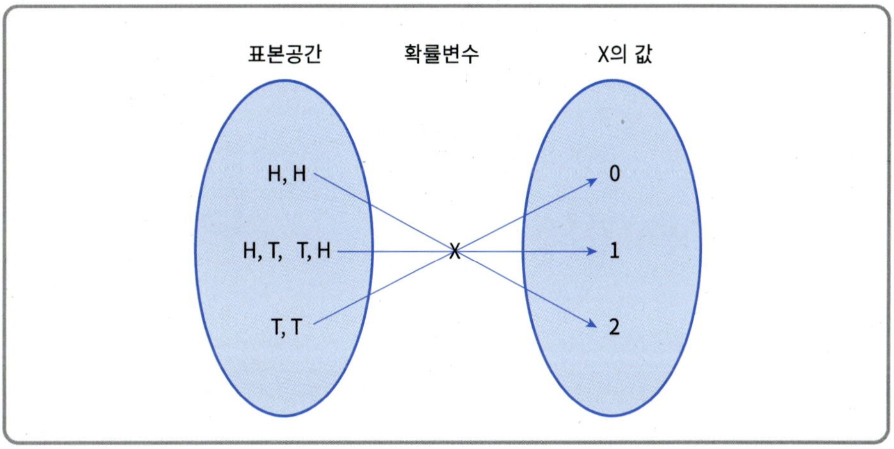

확률분포

특정 확률변수 X가 취할 수 있는 모든 값과 그 값에 대응하는 확률을 **확률분포(probability distribution)**라 한다. 동전을 2회 던져 나오는 앞면의 수를 확률변수 X라 할 때 X가 취할 수 있는 모든 값과 그 값에 대응하는 확률을 나타내는 확률분포는 <표 4-1>과 같다.

〈표 4-1〉 확률변수 X(동전을 2회 던져 나오는 앞면의 수)의 확률분포표

X	$P(X=x)$
0	$\frac{1}{4}$
1	$\frac{2}{4}$
2	$\frac{1}{4}$

예제 4-11

동전을 3회 던져 나오는 뒷면의 수를 확률변수 X라 할 때 X의 확률분포를 구하라.

풀이

동전을 3회 던질 때의 표본공간, 뒷면의 수를 나타내는 확률변수 X, 그리고 X가 취할 수 있는 값은 다음과 같다.

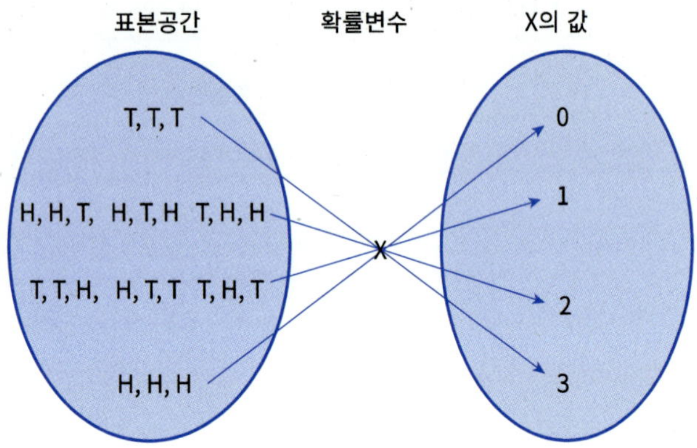

X가 취할 수 있는 모든 값과 그 값에 대응하는 확률을 나타낸 확률분포표는 다음과 같다.

X	$P(X=x)$
0	$\frac{1}{8}$
1	$\frac{3}{8}$
2	$\frac{3}{8}$
3	$\frac{1}{8}$

예제 4-12

5개의 흰공(W)과 4개의 검은공(B)이 있는 주머니에서 비복원추출로 2개의 공을 연속적으로 추출한다. 확률변수 X를 흰공의 개수라 할 때 X의 확률분포를 구하라.

풀이

표본공간과 X가 취할 수 있는 값은 다음과 같다.

표본공간	WW	WB	BW	BB
X	2	1	1	0

$$P(X=2)=P(WW)=\left(\frac{5}{9}\right)\left(\frac{4}{8}\right)=\frac{20}{72}$$

$$P(X=1)=P(WB,BW)=\left(\frac{5}{9}\right)\left(\frac{4}{8}\right)+\left(\frac{4}{9}\right)\left(\frac{5}{8}\right)=\frac{40}{72}$$

$$P(X=0)=P(BB)=\left(\frac{4}{9}\right)\left(\frac{3}{8}\right)=\frac{12}{72}$$

따라서 X가 취할 수 있는 모든 값과 그 값에 대응하는 확률을 나타낸 확률분포표는 다음과 같다.

X	2	1	0	합
$P(X=x)$	20/72	40/72	12/72	1

확률변수와 확률분포의 종류

1) 확률변수의 종류

확률변수가 취할 수 있는 값이 셀 수 있는(countable) 값을 가지면 **이산확률변수**(discrete random variable)라 하고, 측정에 의해(measurable values) 특정 구간 내에 있는 모든 값을 가지면 **연속확률변수**(continuous random variable)라 한다. 다음은 이산확률변수의 예이다.

- 정육면체 주사위를 던져 윗면에 나오는 눈의 수
- 이번 달 A씨가 판매한 정수기의 대수
- 어느 공장에서 생산된 100개 제품 중에서 불량품의 수
- 경매에 응한 입찰 기업의 수
- 은행 창구에서 대기하는 고객의 수

이처럼 이산확률변수는 횟수, 대수, 건수 등과 같이 셀 수 있는 값을 변수 값으로 취하고 있다. 다음은 연속확률변수의 예이다.

- 어느 대학교 학생들의 키
- 지구에서 화성까지 가는데 걸리는 기간
- 캔에 들어 있는 맥주의 양
- 탐사선이 시추한 깊이
- 어느 공장에서 생산된 전구의 수명

이처럼 연속확률변수는 무게, 길이, 시간 등과 같이 측정치를 변수 값으로 취하고 있다.

2) 확률분포의 종류

확률분포에 대한 확률계산은 [그림 4-4]와 같이 이산확률변수의 자료이냐 연속확률변수의 자료이냐에 따라 달라진다. 이산확률변수의 확률분포를 이산확률분포(discrete probability distribution)라 하고 연속확률변수의 확률분포를 연속확률분포(continuous probability distribution)라 한다.

이산확률분포는 셈(count)의 값을 가지는 이산확률변수의 확률분포를 말한다. 이산균등분포, 이항분포, 초기하분포, 포아송분포 등이 이산확률분포의 대표적인 예이다. 반면 **연속확률분포**는 측정치(measurement)의 값을 가지는 연속확률변수의 확률분포를 의미한다. 연속균등분포, 정규분포, t-분포, F-분포, χ^2-분포, 지수분포 등이 연속확률분포의 대표적인 예이다.

[그림 4-4] **확률분포의 종류**

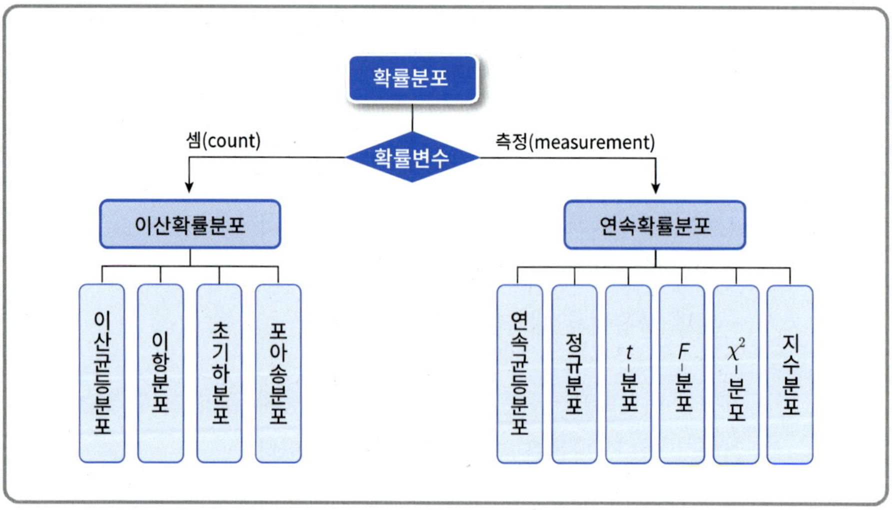

확률분포의 함수

1) 확률분포함수와 누적분포함수

확률분포를 함수로 나타낸 것을 **확률분포함수**(probability distribution function : PDF)라고 한다. 일반적으로 확률분포함수는 이산확률변수의 경우 $P(X=x)=P(x)$로 표시하고 연속확률변수의 경우 $f(x)$로 표기한다.

이산확률변수의 확률분포함수는 다음과 같은 성질을 갖는다.

(1) $0 \leq P(X=x) \leq 1$ 즉, X가 특정 값 x를 가질 확률은 0에서 1 사이이다.

(2) $\sum P(X=x)=1$ 즉, X가 취할 수 있는 모든 값에 대한 확률의 합은 1이다.

반면 연속확률변수의 확률분포함수는 다음과 같은 성질을 갖는다.

(1) $f(x) \geq 0$

(2) $\int_{-\infty}^{\infty} f(x)dx = 1$

이산확률변수 X가 어떤 구간 [a, b]에 속할 확률은 다음과 같다.

$$P(a \leq X \leq b) = \sum_{a \leq x \leq b} P(x)$$

반면 연속확률변수 X가 어떤 구간 [a, b]에 속할 확률은 다음과 같다.

$$P(a \leq X \leq b) = \int_a^b f(x)dx$$

확률변수 X가 주어진 x보다 작거나 같을 확률을 **누적분포함수**(cumulative distribution function : CDF)라고 한다. 이산확률변수 X가 주어진 x보다 작거나 같을 확률은 다음과 같이 정의한다.

$$F(x) = \sum_{X \leq x} P(x)$$

반면 연속확률변수 X가 주어진 x보다 작거나 같을 확률은 다음과 같이 정의한다.

$$F(x) = P(X \leq x) = \int_{-\infty}^{x} f(x)dx$$

2) 확률분포함수의 기대치와 분산

기대치(expected value)와 분산(variance)은 확률변수의 성질을 나타내는 대표적인 것들이다. 확률변수의 X의 평균 혹은 기대치는 $\mu = E(X)$로 표시하고 다음과 같이 정의된다.

$$\mu = E(X) = \sum_x xP(x) \ : \text{이산형}$$

$$= \int_{-\infty}^{\infty} xf(x)dx \ : \text{연속형}$$

확률변수 X의 분산을 σ^2 또는 $Var(X)$표시하면 다음과 같이 정의된다.

$$\sigma^2 = Var(X) = \sum_x (x-\mu)^2 P(x) = \sum_x x^2 P(x) - \mu^2 \ : \text{이산형}$$

$$= \int_{-\infty}^{\infty} (x-\mu)^2 f(x)dx \ : \text{연속형}$$

확률변수 X의 표준편차는 $\sigma^2 = Var(X)$의 제곱근인 $\sigma = \sqrt{Var(X)}$로 계산된다.

예제 4-13

두 개의 동전을 던져 나오는 앞면의 수를 확률변수 X라 할 때, X의 기대치와 분산 및 표준편차를 계산하라.

풀이

X	PDF : $P(X=x)$	CDF : $P(X \le x)$
0	$\frac{1}{4}$	$\frac{1}{4}$
1	$\frac{2}{4}$	$\frac{3}{4}$
2	$\frac{1}{4}$	$\frac{4}{4}$

$$\mu = E(X) = \sum_x xP(x) = 0 \times \frac{1}{4} + 1 \times \frac{2}{4} + 2 \times \frac{1}{4} = 1$$

$$\sigma^2 = Var(X) = \sum_x (x-\mu)^2 P(x) = \sum_x x^2 P(x) - \mu^2$$

$$= (0-1)^2 \times \frac{1}{4} + (1-1)^2 \times \frac{2}{4} + (2-1)^2 \times \frac{1}{4} = \frac{2}{4}$$

$$= \left\{(0)^2 \times \frac{1}{4} + (1)^2 \times \frac{2}{4} + (2)^2 \times \frac{1}{4}\right\} - (1)^2 = \frac{2}{4}$$

$$\sigma = \sqrt{Var(X)} = \sqrt{0.5} = 0.7071$$

예제 4-14

세 개의 동전을 던져 나오는 앞면의 수에다 100을 곱한 값인 상금액수를 확률변수 X라 할 때, X의 기대치와 분산 및 표준편차를 계산하라.

풀이

X	PDF : $P(X=x)$	CDF : $P(X \le x)$
0	$\frac{1}{8}$	$\frac{1}{8}$
100	$\frac{3}{8}$	$\frac{4}{8}$
200	$\frac{3}{8}$	$\frac{7}{8}$
300	$\frac{1}{8}$	1

$$\mu = E(X) = \sum_x xP(x) = 0 \times \frac{1}{8} + 100 \times \frac{3}{8} + 200 \times \frac{3}{8} + 300 \times \frac{1}{8} = 150$$

$$\sigma^2 = Var(X) = \sum_x (x-\mu)^2 P(x) = \sum_x x^2 P(x) - \mu^2$$

$$= (0-150)^2 \times \frac{1}{8} + (100-150)^2 \times \frac{3}{8} + (200-150)^2 \times \frac{3}{8}$$

$$+ (300-150)^2 \times \frac{1}{8} = 7{,}500$$

$$= \left\{(0)^2 \times \frac{1}{8} + (100)^2 \times \frac{3}{8} + (200)^2 \times \frac{3}{8} + (300)^2 \times \frac{1}{8}\right\} - (150)^2$$

$$= 7{,}500$$

$$\sigma = \sqrt{Var(X)} = \sqrt{7{,}500} = 86.6025$$

3) 기대치와 분산의 법칙

확률변수의 기대치를 계산할 때 기대치 법칙(laws of expected value)을 이용하면 간편하다. X, Y를 임의의 확률변수라 하고, a, b를 상수라 하면 다음의 기대치 법칙이 성립한다.

(1) $E(a) = a$

(2) $E(aX) = aE(X)$

(3) $E(a_1X_1 + a_2X_2 +, \ldots\ldots, + a_kX_k) = a_1E(X_1) + a_2E(X_2) +, \ldots\ldots, + a_kE(X_k)$

(4) X, Y가 독립적이면 $E(X+Y) = E(X) + E(Y)$

(5) X, Y가 독립적이면 $E(X-Y) = E(X) - E(Y)$

(6) X, Y가 독립적이면 $E(XY) = E(X)E(Y)$

X를 임의의 확률변수라 하고 a, b를 상수라 하면 다음의 분산 법칙이 성립한다.

(1) $Var(a) = 0$

(2) $Var(aX) = a^2 Var(X)$

(3) $Var(aX \pm b) = a^2 Var(X)$

예제 4-15

확률변수 X의 확률분포가 다음과 같을 때 $Y = 5X - 2$의 기대치와 분산을 구하라.

X	0	1	2
$P(X)$	1/4	2/4	1/4

풀이

먼저 $E(X)$와 $Var(X)$를 구한 다음에 기대치와 분산의 법칙을 이용한다.

$$\mu = E(X) = \sum_x xP(x)$$
$$= 0 \times \frac{1}{4} + 1 \times \frac{2}{4} + 2 \times \frac{1}{4} = 1$$

$$\sigma^2(X) = Var(X) = \sum_x (x-\mu)^2 P(x)$$

$$= (0-1)^2 \times \frac{1}{4} + (1-1)^2 \times \frac{2}{4} + (2-1)^2 \times \frac{1}{4} = \frac{2}{4}$$

$$E(Y) = E(5X-2) = E(5X) - E(2) = 5E(X) - 2 = 5(1) - 2 = 3$$

$$\sigma^2(Y) = \sigma^2(5X-2) = \sigma^2(5X) = 25\sigma^2(X) = 25(0.5) = 12.5$$

연습문제

01. 맞으면 ○, 틀리면 ×로 표시하시오.

(1) 표본공간에 있는 단일사건에 대한 확률의 합은 0에서 1 사이에 있다.

(2) 어떤 실험에서 일어나는 가능한 모든 결과를 포함하면 집단전사건이라 한다.

(3) 경험적 정의 확률은 관찰치 수가 증가할수록 정확해진다.

(4) 고전적 정의 확률은 모든 단일사건의 발생할 가능성은 같다고 가정한다.

(5) 단일사건의 확률은 사건의 확률보다 항상 크거나 같다.

(6) 하나의 사건이 다른 사건의 결과에 영향을 받지 않는다면 두 사건은 독립적이다.

(7) 동전던지기 실험에서 앞면과 뒷면이 나올 확률이 같기 때문에 상호배반사건이다.

(8) 집단전사건을 구성하는 사건들의 확률의 합은 1이다.

(9) 경험적 정의 확률이 고전적 정의 확률보다 정확하다.

(10) 사건은 동시에 단일사건이 될 수 있다.

02. 동전을 3번 던져서 나오는 면을 관측하는 실험에서 단일사건과 표본공간을 제시하라.

03. 동전을 세 번 던지는 실험에서 다음 사건의 확률을 구하라.

(1) 앞면이 정확히 한 번 위로 향하는 사건 A

(2) 앞면이 적어도 1번 이상 위로 향하는 사건 B

04. 주사위를 한 번 던지는 실험에서 다음의 사건이 있다고 가정하고 물음에 답하라.

A : 1이나 5가 나올 사건

B : 5 이상이 나올 사건

C : 홀수의 눈이 나올 사건

(1) 표본공간을 정의하고 각 단순사건이 일어날 확률을 계산하라.

(2) 각 사건의 확률을 계산하라.

(3) A와 B의 합사건의 확률을 구하라

(4) A와 B의 곱사건의 확률을 구하라.

(5) A와 B는 상호배반사건인가?

(6) C의 여사건의 확률을 구하라.

05. 동전을 세 번 던지는 실험에서 다음의 사건이 있다고 가정하고 물음에 답하라.

A : 앞면이 1번 나올 사건

B : 뒷면이 1번 나올 사건

C : 앞면이 적어도 1번 나올 사건

(1) 표본공간을 정의하고 각 단순사건이 일어날 확률을 계산하라.

(2) 각 사건의 확률을 계산하라.

(3) A와 B의 합사건의 확률을 구하라

(4) A와 B의 곱사건의 확률을 구하라.

(5) A와 B는 상호배반사건인가?

(6) C의 여사건의 확률을 구하라.

06. 다음은 확률을 부여하는 세 가지 방법 중 어느 것에 해당하는지를 답하라.

(1) 보험회사가 연령별 사고 비율 통계를 활용하여 특정 보험의 연령별 사고확률을 계산한다.

(2) 사지선다형 20문항에서 임의로 답을 할 때 정답이 하나도 없을 확률을 계산한다.

(3) 해외시장으로 진출할 때 성공 가능성을 예측한다.

(4) 브레이크 제조회사가 품질보증수명을 결정할 때 제동거리의 시험결과를 활용한다.

07. 다음의 여사상은 무엇인가 답하라.

(1) 전체 신입생 중 5%가 유급한다.

(2) 주사위를 한 번 던졌을 때 위를 향한 면에 짝수의 점이 나타난나.

(3) 고객이 물건을 주문할 가능성은 45%이다.

08. 동전과 주사위를 던져 동전이 앞면이 나오고 주사위의 눈금이 2가 나올 확률을 구하라.

09. $P(A)=0.5, P(B)=0.4, P(A\cap B)=0.1$일 때 다음을 구하라.

(1) $P(A\cup B)$

(2) $P(B|A)$

(3) $P(A|B)$

10. A를 남자일 사건, B를 자격증소지자일 사건이라 하자. $P(A)=0.4$, $P(B)=0.8$, $P(A\cap B)=0.3$일 때 다음의 확률을 구하고 그 의미를 설명하라.

(1) $P(A^c)$

(2) $P(A\mid B)$

(3) $P(A\cup B)$

(4) A와 B는 독립적인가?

11. 3개의 흰공(W)과 3개의 검은공(B)이 있는 주머니에서 비복원추출로 2개의 공을 연속적으로 추출한다. 확률변수 X를 흰공의 개수라 할 때 X의 확률분포, 기대치, 분산 및 표준편차를 구하라.

12. 한 개의 동전을 던져 나오는 앞면의 수에다 100을 곱한 상금액수를 확률변수 X라 할 때, X의 기대치와 분산 및 표준편차를 계산하라.

13. 두 개의 동전을 던져 나오는 앞면의 수에다 100을 곱한 상금액수를 확률변수 X라 할 때, X의 기대치와 분산 및 표준편차를 계산하라.

14. 세 개의 동전을 던져 나오는 뒷면의 수에서 앞면의 수를 뺀 수를 확률변수 X라 할 때, X의 확률분포, 기대치, 분산 및 표준편차를 계산하라.

15. 확률변수 X의 확률분포가 다음과 같다고 할 경우에 $Y=3X-2$의 기대치와 분산을 구하라.

X	0	1	2
$P(X)$	0.2	0.6	0.2

05

이산확률분포

1. 이산균등분포
2. 베르누이분포
3. 이항분포
4. 초기하분포
5. 포아송분포
6. 이산확률분포의 비교

1. 이산균등분포

이산균등분포의 특징

이산균등분포(discrete uniform distribution)란 특정 범위 내의 정수값들이 나타날 가능성이 동일한 분포를 말한다. 만일 확률변수가 $a,\ a+1,\ a+2, \ldots\ldots, b$와 같이 n개의 정수값을 가지고 각 값이 나올 확률이 $\frac{1}{n}$로 같다면 이 분포는 이산균등분포가 된다. 이산균등분포의 가장 대표적인 예는 모든 면이 나올 확률이 동일한 정육면체 주사위이다. 주사위가 1, 2, 3, 4, 5, 6의 값을 가진다면 이를 던졌을 때 각각의 눈이 나올 확률은 $\frac{1}{6}$로 동일하다.

이산균등분포의 확률분포함수(PDF)와 누적분포함수(CDF)는 다음과 같다.

$$\text{PDF} : P(X=x) = \frac{1}{b-a+1}$$

$$\text{CDF} : P(X \le x) = \frac{x-a+1}{b-a+1}$$

[그림 5-1]은 주사위 던지기의 확률분포함수와 누적분포함수의 도표를 보여주고 있다.

[그림 5-1] ❙ 주사위 던지기의 PDF와 CDF

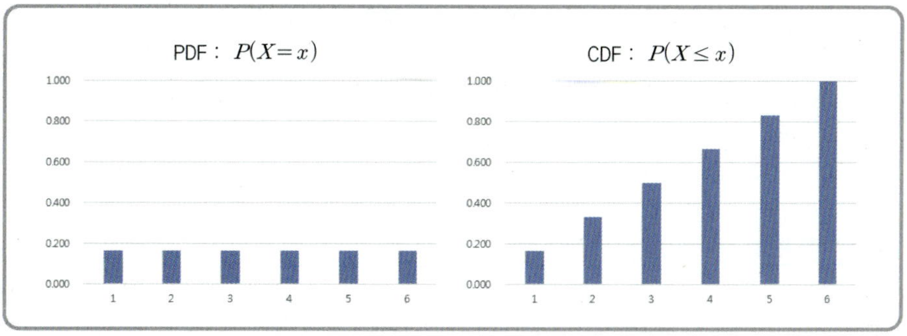

예제 5-1

주사위 던지기에서 각 눈금이 나올 확률을 확률분포함수와 누적분포함수를 사용하여 구하라.

풀이

PDF : $P(X=x)$	CDF : $P(X \le x)$
$P(X=1)=\frac{1}{6-1+1}=\frac{1}{6}$	$P(X \le 1)=\frac{1-1+1}{6-1+1}=\frac{1}{6}$
$P(X=2)=\frac{1}{6-1+1}=\frac{1}{6}$	$P(X \le 2)=\frac{2-1+1}{6-1+1}=\frac{2}{6}$
$P(X=3)=\frac{1}{6-1+1}=\frac{1}{6}$	$P(X \le 3)=\frac{3-1+1}{6-1+1}=\frac{3}{6}$
$P(X=4)=\frac{1}{6-1+1}=\frac{1}{6}$	$P(X \le 4)=\frac{4-1+1}{6-1+1}=\frac{4}{6}$
$P(X=5)=\frac{1}{6-1+1}=\frac{1}{6}$	$P(X \le 5)=\frac{5-1+1}{6-1+1}=\frac{5}{6}$
$P(X=6)=\frac{1}{6-1+1}=\frac{1}{6}$	$P(X \le 6)=\frac{6-1+1}{6-1+1}=\frac{6}{6}$

예제 5-2

회원이 500명인 어느 단체에서 행운권 추첨을 하고자 한다. 회원은 가입한 순서대로 1부터 500번을 배정받았다. 각 번호가 뽑힐 확률을 확률분포함수와 누적분포함수를 사용하여 구하라.

풀이

PDF : $P(X=x)=\frac{1}{500-1+1}=\frac{1}{500}$

CDF : $P(X \le x)=\frac{x-1+1}{500-1+1}=\frac{x}{500}$

이산균등분포의 기대치와 분산

이산균등분포의 기대치와 분산은 다음과 같다.

$$\mu = E(X) = \frac{a+b}{2}$$

$$\sigma^2 = Var(X) = \frac{(b-a+1)^2-1}{12}$$

예제 5-3

<예제 5 - 1>의 기대치와 분산 및 표준편차를 구하라.

풀이

$$\mu = E(X) = \frac{a+b}{2} = \frac{1+6}{2} = 3.5$$

$$\sigma^2 = Var(X) = \frac{(b-a+1)^2-1}{2} = \frac{(6-1+1)^2-1}{12} = 2.9167$$

$$\sigma = \sqrt{Var(X)} = \sqrt{\frac{(b-a+1)^2-1}{2}} = \sqrt{\frac{(6-1+1)^2-1}{12}} = 1.7078$$

예제 5-4

<예제 5 - 2>의 기대치와 분산 및 표준편차를 구하라.

풀이

$$\mu = E(X) = \frac{a+b}{2} = \frac{1+500}{2} = 250.5$$

$$\sigma^2 = Var(X) = \frac{(b-a+1)^2-1}{12} = \frac{(500-1+1)^2-1}{12} = 20833.25$$

$$\sigma = \sqrt{Var(X)} = \sqrt{\frac{(b-a+1)^2-1}{12}} = \sqrt{\frac{(500-1+1)^2-1}{12}} = 144.3373$$

2. 베르누이분포

베르누이시행

베르누이시행(Bernoulli trials)이란 한 번의 실험에 두 가지 결과만 가능한 시행을 말한다. 즉, 성공(S)과 실패(F)로 나타나는 상호배반적인 두 개의 결과 중 하나를 얻는 시행이다. 이때 각 시행에서 성공확률($P(S) = \pi$)과 실패확률($P(F) = 1 - \pi$)은 항상 일정하고 그 시행들은 각각 독립임을 가정한다. 예를 들면, 동전던지기에서 앞면과 뒷면이 나올 확률은 각각 1/2로 독립이 된다. 베르누이시행의 예는 다음과 같다.

- 품질검사의 결과를 양품(1)과 불량품(0)으로 나타내는 경우
- 가격지불수단을 신용카드(1)와 그 외의 수단(0)으로 나타내는 경우
- 사람을 남자(1)와 여자(0)로 나타내는 경우
- 주사위를 던진 결과를 짝수(1)와 홀수(0)로 나타내는 경우
- 동전을 던진 결과를 앞면(1)과 뒷면(0)으로 나타내는 경우
- 피 검사의 결과를 양성반응(1)과 음성반응(0)으로 나타내는 경우

베르누이분포의 특징

베르누이분포(Bernoulli distribution)는 베르누이시행의 결과 값으로 이루어진 분포를 말한다. 성공확률이 π인 베르누이시행에서 결과가 성공이면 1, 실패이면 0으로 정의하는 확률변수를 <표 5 - 1>과 같이 모수가 π인 베르누이확률변수라 하고 베르누이분포를 따른다고 한다.

〈표 5-1〉 베르누이확률변수와 베르누이분포

확률변수(X)	$P(X=x)$
1(성공)	π
0(실패)	$1-\pi$

베르누이분포의 확률분포함수는 다음과 같다.

$$P(X=x)=\pi^x(1-\pi)^{1-x},\ \ x=0,1$$

이러한 베르누이분포는 다음에 설명할 이항분포의 특수한 사례에 속한다.

베르누이분포의 기대치와 분산

베르누이분포의 기대치와 분산은 다음과 같다.

$$\mu=E(X)=\pi$$

$$\sigma^2=Var(X)=\pi(1-\pi)$$

예제 5-5

주사위를 던져 홀수가 나오면 $X=1$이고 짝수가 나오면 $X=0$일 때 확률변수 X의 기대치와 분산 및 표준편차를 구하라.

풀이

$$\mu = E(X) = \pi = \frac{1}{2}$$

$$\sigma^2 = Var(X) = \pi(1-\pi) = \left(\frac{1}{2}\right)\left(\frac{1}{2}\right) = \frac{1}{4} = 0.25$$

$$\sigma = \sqrt{Var(X)} = \sqrt{\pi(1-\pi)} = \sqrt{0.25} = 0.5$$

3. 이항분포

이항분포의 특징

사건 E가 일어날 확률이 π인 베르누이시행이 n번 반복할 때 E가 일어나는 횟수를 X라 하면, X는 **이항확률변수**이고 X의 확률분포는 **이항분포**이다. 이항분포의 특징은 다음과 같다.

- 실험은 똑같은 n개의 시행으로 구성된다.
- 각 시행에는 성공(S)과 실패(F)로 나타내는 2개의 결과만 존재한다.
- 성공(S)에 대한 확률(π)은 매 시행마다 같다.
- 성공(S)에 대한 확률(π)과 실패(F)에 대한 확률($1-\pi$)의 합, 즉 $\pi+(1-\pi)$는 1이다.
- 각 시행은 서로 독립적이다

동전을 8번 던져 앞면이 5번 나올 확률은 다음과 같은 이유로 이항분포의 특징을 만족한다.

첫째, 동전을 던지는 8번의 똑같은 시행으로 구성되어 있다.
둘째, 각 시행에는 성공(앞면)과 실패(뒷면)의 두 가지 결과만 존재한다.

셋째, 매 시행마다 성공확률은 1/2로 같다.

넷째, 성공확률이 1/2이고 실패확률은 1/2이므로 $\pi + (1-\pi) = 1$이 된다.

다섯째, 앞 시행의 결과는 다음 시행에 영향을 주지 않으므로 각 시행은 서로 독립적이다.

이러한 이항분포는 두 개의 상호배반적이고 집단전사적인 형태로 분류되는 사건들의 확률을 계산해준다.

예제 5-6

박스에 8개의 양품과 2개의 불량품이 있다. 뽑은 제품을 박스에 다시 넣는 복원추출방법으로 4개의 제품을 추출할 때 4개 중 불량품이 하나일 확률을 계산하라.

풀이

제품 하나를 추출할 때 양품과 불량품을 뽑을 확률은 다음과 같다.

$P(\text{불량품}) = 0.2$
$P(\text{양품}) = 1.0 - 0.2 = 0.8$

4개를 추출할 때 첫 번째가 불량품이고 두 번째, 세 번째, 네 번째는 양품을 뽑을 확률은 곱셈정리에 의하여 다음과 같다.

$(0.2)(0.8)(0.8)(0.8) = 0.1024$

하나의 불량품과 세 개의 양품을 뽑을 경우의 수는 불량품이 나타나는 순서에 따라 다음과 같이 네 가지 경우가 있다.

<발생할 수 있는 경우>	<확률>
불량품, 양품, 양품, 양품	$(0.2)(0.8)(0.8)(0.8) = (0.2)^1(0.8)^3 = 0.1024$
양품, 불량품, 양품, 양품	$(0.8)(0.2)(0.8)(0.8) = (0.2)^1(0.8)^3 = 0.1024$
양품, 양품, 불량품, 양품	$(0.8)(0.8)(0.2)(0.8) = (0.2)^1(0.8)^3 = 0.1024$
양품, 양품, 양품, 불량품	$(0.8)(0.8)(0.8)(0.2) = (0.2)^1(0.8)^3 = 0.1024$
	합계 = 0.4096

결과적으로 4개의 제품을 추출할 때 4개 중 불량품이 하나일 확률은 다음과 같이 정리된다.

$$(\text{경우의 수}) \times \pi(1-\pi)(1-\pi)(1-\pi) = (\text{경우의 수}) \times \pi^1(1-\pi)^3$$

따라서 구하고자 하는 확률은 다음과 같다.

$$(4)(0.2)(0.8)(0.8)(0.8) = (4)(0.2)^1(0.8)^3 = (4)(0.1024) = 0.4096$$

이항분포의 확률분포함수

어떤 시행에서 사건 E가 일어날 확률을 π로 사건 E가 일어나지 않을 확률을 $(1-\pi)$라 한다. 그리고 이 시행을 독립적으로 n회 되풀이할 때 그 중에서 x회만 E가 일어날 확률은 다음의 확률분포함수에 의해 계산되어진다.

$$P(X=x) = \frac{n!}{x!(n-x)!}\pi^x(1-\pi)^{n-x}, \quad x = 0,1,2,\ldots,n$$

x : 성공횟수

$n-x$: 실패횟수

n : 시행횟수

π : 성공확률

$1-\pi$: 실패확률

위의 식에서 앞부분의 분수는 서로 다른 n개의 원소에서 순서를 고려하지 않고 X개를 뽑는 조합(combination)이고 이 조합의 수는 ${}_nC_x = \frac{n!}{x!(n-x)!}$로 나타낸다. 이항분포의 확률분포함수를 도식화하면 [그림 5-2]와 같다.

[그림 5-2] ❙ 이항확률분포함수의 도식화

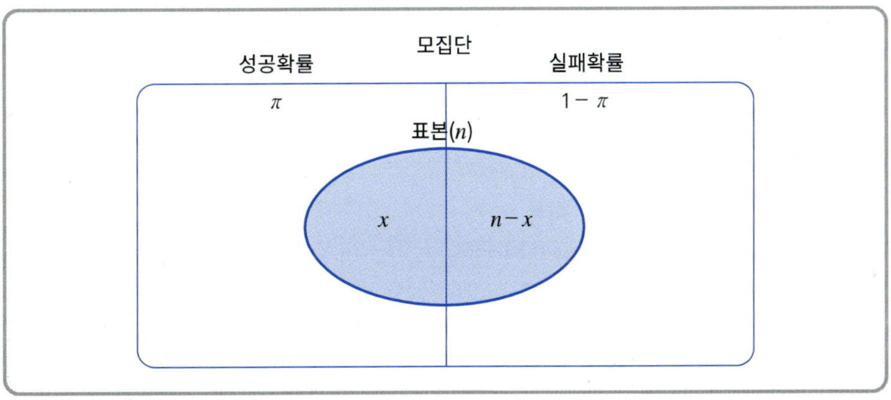

예를 들어, 주사위를 한 번 던져서 1의 눈이 나올 확률을 1/6이라 하면, 5회 되풀이하여 던졌을 때 1의 눈이 2회만 나올 확률은 다음과 같다.

$$P(X=2)=\frac{5!}{2!(5-2)!}(\frac{1}{6})^2(\frac{5}{6})^{5-2}=0.1608$$

예제 5-7

불량률이 0.2인 공정에서 10개의 제품을 추출할 때 다음의 확률을 구하라.
(1) 불량품이 2개일 확률
(2) 불량품이 2개 이하일 확률
(3) 불량품이 8개 이상일 확률
(4) 불량품이 3개 이상일 확률

풀이

(1) 불량품이 2개일 확률

$$P(X=2)=\frac{10!}{2!(10-2)!}(0.2)^2(0.8)^{10-2}=0.3020$$

x : 성공횟수=2, n : 시행횟수=10, π : 성공확률=0.2

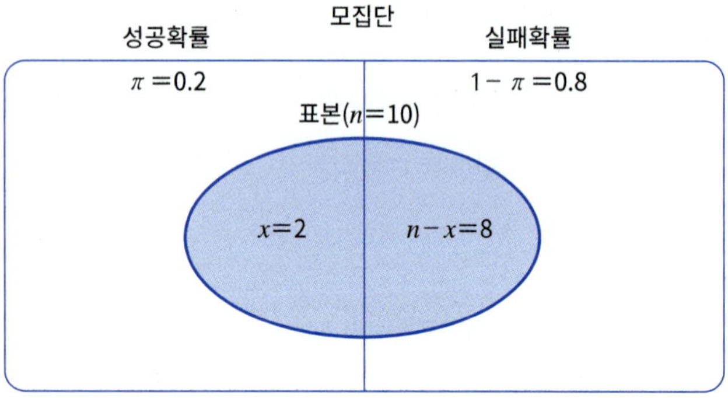

(2) 2개 이하일 확률

$P(X\leq 2)=P(X=0)+P(X=1)+P(X=2)=0.1074+0.2684+0.3020=0.6778$

(3) 8개 이상일 확률

$P(X\geq 8)=P(X=8)+P(X=9)+P(X=10)$
$=0.0000737+0.0000041+0.0000001=0.0000779$

(4) 3개 이상일 확률

$$P(X \geq 3) = 1 - P(X \leq 2) = 1 - \{P(X=0) + P(X=1) + P(X=2)\} = 1 - 0.6778$$
$$= 0.3222$$

이항분포표

이항분포 확률을 이항분포의 확률분포함수로 계산하면 많은 노력과 시간이 필요하고 실수할 가능성이 높다. 그러나 부록에 있는 이항분포표를 이용하면 적은 노력으로 정확한 결과를 얻을 수 있다. **이항분포표**는 다양한 성공확률(π)에 대하여 시행횟수(n)와 성공횟수(X)에 따라 미리 확률을 계산해 놓은 표이다. <표 5-2>에 그 일부가 주어져 있고 자세한 이항분포표는 부록에 제시되어 있다.

표의 왼쪽 끝 열에는 시행횟수(n)가 왼쪽 두 번째 열에는 성공횟수(X)가 가로 상단에는 성공확률(π)이 주어져 있다. 예를 들어, 시행횟수(n) = 8, 성공횟수(X) = 5, 성공확률(π) = 0.4이면 <표 5-2>의 이항분포표에서 우선 왼쪽 끝의 시행횟수(n) 열에서 8을, 성공횟수(X) 열에서 5를 찾아 수평으로 그어준 선이 성공확률(π)이 0.40인 열에서 수직으로 내린 선과 만나는 곳에 있는 0.1239가 확률이 된다.

〈표 5-2〉 이항분포표

n	X	π 0.05	0.10	0.15	0.20	0.25	0.30	0.35	0.40	0.45	0.50
8	0	.6634	.4305	.2725	.1678	.1001	.0576	.0319	.0168	.0084	.0039
	1	.2793	.3826	.3847	.3355	.2670	.1977	.1373	.0896	.0548	.0313
	2	.0515	.1488	.2376	.2936	.3115	.2965	.2587	.2090	.1569	.1094
	3	.0054	.0331	.0839	.1468	.2076	.2541	.2786	.2787	.2568	.2188
	4	.0004	.0046	.0185	.0459	.0865	.1361	.1875	.2322	.2627	.2734
	5	.0000	.0004	.0026	.0092	.0231	.0467	.0808	.1239	.1719	.2188
	6	.0000	.0000	.0002	.0011	.0038	.0100	.0217	.0413	.0703	.1094
	7	.0000	.0000	.0000	.0001	.0004	.0012	.0033	.0079	.0164	.0313
	8	.0000	.0000	.0000	.0000	.0000	.0001	.0002	.0007	.0017	.0039
9	0	.6302	.3874	.2316	.1342	.0751	.0404	.0207	.0101	.0046	.0020
	1	.2985	.3874	.3679	.3020	.2253	.1556	.1004	.0605	.0339	.0176
	2	.0629	.1722	.2597	.3020	.3003	.2668	.2162	.1612	.1110	.0703

예제 5-8

다음의 확률을 이항분포표를 이용하여 계산하라.

(1) $n=10,\ X=3,\ \pi=0.20$

(2) $n=12,\ X=5,\ \pi=0.30$

(3) $n=20,\ X=10,\ \pi=0.40$

풀이

(1) 0.2013 (2) 0.1585 (3) 0.1171

이항분포의 엑셀함수

BINOM.DIST 함수

용도 : 이항분포의 확률을 구함

=BINOM.DIST(number_s, trials, probability_s, cumulative)

- number_s : 필수요소로 시행에서의 성공횟수
- trials : 필수요소로 독립적인 시행횟수
- probability_s : 필수요소로 각 시행에서 성공할 확률
- cumulative : 필수요소로 1이면 누적분포함수가 0이면 확률분포함수가 반환

예제 5-9

<예제 5-7>의 불량률이 0.2인 공정에서 10개의 제품을 추출할 때 다음의 확률을 구하라.

(1) 불량품이 2개일 확률

(2) 불량품이 2개 이하일 확률

(3) 불량품이 8개 이상일 확률

풀이

(1) 불량품이 2개일 확률

=BINOM.DIST(2, 10, 0.2, 0)=0.3020

- number_s : 2
- trials : 10
- probability_s : 0.2

• cumulative : 0

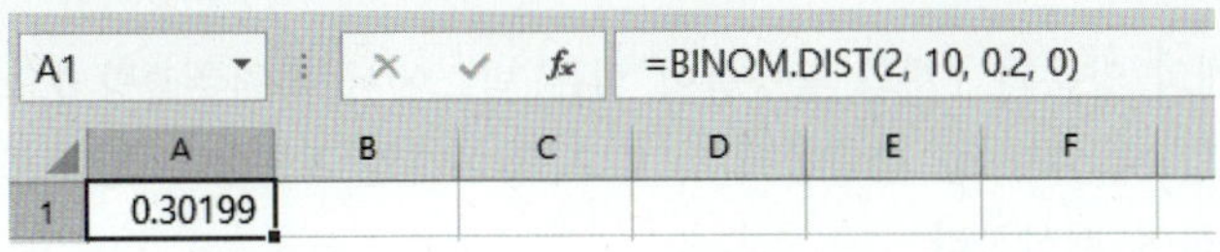

(2) 2개 이하일 확률

=BINOM.DIST(2, 10, 0.2, 1)=0.6778

• number_s : 2
• trials : 10
• probability_s : 0.2
• cumulative : 1

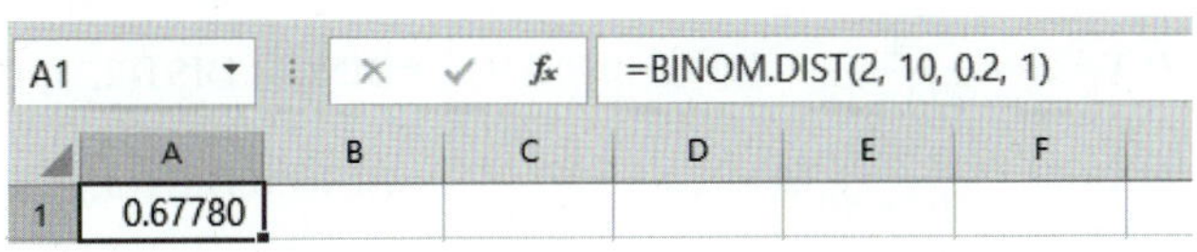

(3) 8개 이상일 확률

=1−BINOM.DIST(7, 10, 0.2, 1)=0.0001

• number_s : 7
• trials : 10
• probability_s : 0.2
• cumulative : 1

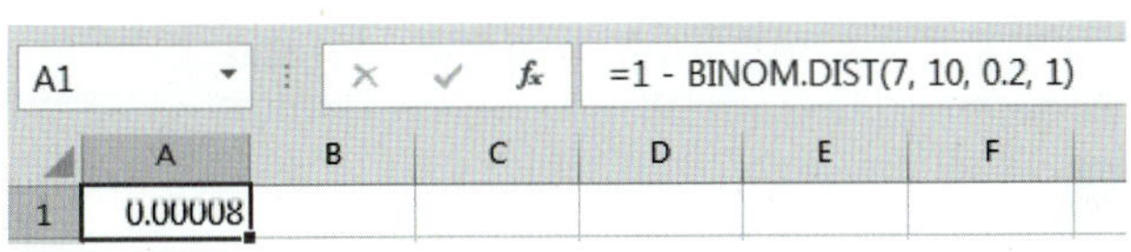

예제 5-10

9개의 양품과 1개의 불량품이 있는 박스에서 복원추출방법으로 4개의 제품을 추출할 때, 4개 중 불량품이 0, 1, 2, 3, 4개일 확률을 이항분포식과 엑셀함수를 이용하여 계산하라.

풀이

이항분포식	엑셀함수	PDF : $P(X=x)$
$P(X=0)=\frac{4!}{0!(4-0)!}(0.10)^0(1-0.10)^{4-0}$	=BINOM.DIST(0, 4, 0.1, 0)	0.6561
$P(X=1)=\frac{4!}{1!(4-1)!}(0.10)^1(1-0.10)^{4-1}$	=BINOM.DIST(1, 4, 0.1, 0)	0.2916
$P(X=2)=\frac{4!}{2!(4-2)!}(0.10)^2(1-0.10)^{4-2}$	=BINOM.DIST(2, 4, 0.1, 0)	0.0486
$P(X=3)=\frac{4!}{3!(4-3)!}(0.10)^3(1-0.10)^{4-3}$	=BINOM.DIST(3, 4, 0.1, 0)	0.0036
$P(X=4)=\frac{4!}{4!(4-4)!}(0.10)^4(1-0.10)^{4-4}$	=BINOM.DIST(4, 4, 0.1, 0)	0.0001

예제 5-11

9개의 양품과 1개의 불량품이 있는 박스에서 복원추출방법으로 4개의 제품을 추출할 때, 4개 중 불량품이 0개, 1개 이하, 2개 이하, 3개 이하, 4개 이하가 될 확률을 이항분포식과 엑셀함수를 이용하여 계산하라.

풀이

이항분포식	엑셀함수	CDF : $P(X \le x)$
$P(X \le 0)=P(X=0)$	=BINOM.DIST(0, 4, 0.1, 1)	0.6561
$P(X \le 1)=P(X=0)+P(X=1)$	=BINOM.DIST(1, 4, 0.1, 1)	0.9477
$P(X \le 2)=P(X=0)+\cdots+P(X=2)$	=BINOM.DIST(2, 4, 0.1, 1)	0.9963
$P(X \le 3)=P(X=0)+\cdots+P(X=3)$	=BINOM.DIST(3, 4, 0.1, 1)	0.9999
$P(X \le 4)=P(X=0)+\cdots+P(X=4)$	=BINOM.DIST(4, 4, 0.1, 1)	1

예제 5-12

$n=2$일 때 성공확률이 0.05, 0.1, 0.15, 0.2, 0.25, 0.3, 0.35, 0.4, 0.45, 0.5에 대한 이항분포표를 작성하라.

풀이

C2:L4에 다음의 공식을 복사한다.

=BINOM.DIST($B2, A2, C$1, 0)

- number_s : $B2
- trials : A2
- probability_s : C$1
- cumulative : 0

C2 =BINOM.DIST($B2, A2, C$1, 0)

	A	B	C	D	E	F	G	H	I	J	K	L
1	n	x	0.05	0.1	0.15	0.2	0.25	0.3	0.35	0.4	0.45	0.5
2	2	0	0.9025	0.8100	0.7225	0.6400	0.5625	0.4900	0.4225	0.3600	0.3025	0.2500
3		1	0.0950	0.1800	0.2550	0.3200	0.3750	0.4200	0.4550	0.4800	0.4950	0.5000
4		2	0.0025	0.0100	0.0225	0.0400	0.0625	0.0900	0.1225	0.1600	0.2025	0.2500

이항분포의 기대치와 분산

이항분포의 기대치와 분산은 앞절에서 다룬 이산확률분포의 기대치와 분산을 구하는 다음의 식으로 계산할 수 있다.

$$\mu = E(X) = \sum_x xP(x)$$

$$\sigma^2 = Var(X) = \sum_x (x-\mu)^2 P(x) = \sum_x x^2 P(x) - \mu^2$$

하지만 다음의 식을 사용하면 성공비율에 대한 기대치와 분산을 쉽게 계산할 수 있다.

$$\mu = E(\pi) = \pi$$

$$\sigma^2 = Var(\pi) = \frac{\pi(1-\pi)}{n}$$

성공횟수에 대한 기대치와 분산은 다음과 같다.

$$\mu = E(X) = n\pi$$

$$\sigma^2 = Var(X) = n\pi(1-\pi)$$

예제 5-13

ABC 공장은 모집단에 대하여 2%의 불량률을 보이는 기계를 사용하여 100개의 조명을 생산하였다. 다음의 답을 구하라.

(1) 성공비율에 대한 이항분포의 기대치와 분산 및 표준편차를 구하라.

(2) 성공횟수에 대한 이항분포의 기대치와 분산 및 표준편차를 구하라.

풀이

• 성공비율에 대한 기대치와 분산 및 표준편차

$$\mu = E(\pi) = \pi = 0.02$$

$$\sigma^2 = Var(\pi) = \frac{\pi(1-\pi)}{n} = \frac{0.02 \times 0.98}{100} = 0.0002$$

$$\sigma = \sqrt{Var(\pi)} = \sqrt{\frac{\pi(1-\pi)}{n}} = \sqrt{\frac{0.02 \times 0.98}{100}} = \sqrt{0.0002} = 0.0141$$

성공(불량)비율에 대한 기대치는 0.02이고 표준편차는 0.0141이다.

• 성공횟수에 대한 기대치와 분산 및 표준편차

$$\mu = E(X) = n\pi = 100 \times 0.02 = 2$$

$$\sigma^2 = Var(X) = n\pi(1-\pi) = 100 \times 0.02 \times 0.98 = 1.96$$

$$\sigma = \sqrt{Var(X)} = \sqrt{n\pi(1-\pi)} = \sqrt{100 \times 0.02 \times 0.98} = \sqrt{1.96} = 1.4$$

성공(불량)횟수에 대한 기대치는 2이고 표준편차는 1.4이다.

이항분포의 모양

[그림 5-3]은 시행횟수(n)가 4인 경우에 각기 다른 성공확률(π)과 성공횟수(X)에 대하여 작성한 이항분포의 도표이다. [그림 5-3]에서 알 수 있듯이 이항분포는 다음과 같은 특징이 있다.

[그림 5-3] | $n=4$인 이항분포도표

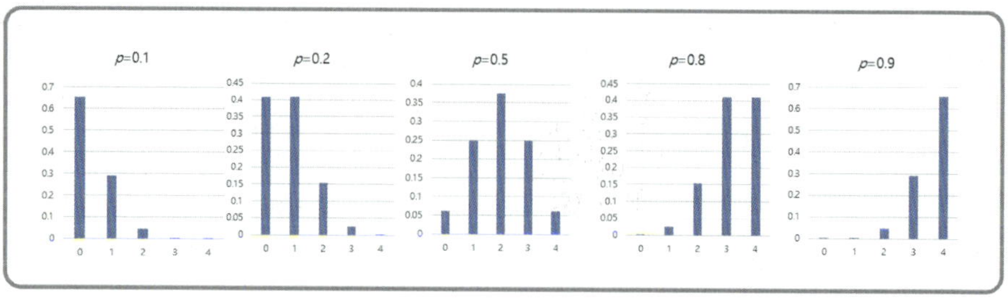

(1) $\pi=0.5$인 경우에는 기대치에 대하여 대칭 분포가 된다.

(2) $\pi>0.5$인 경우에는 기대치에 대하여 왼쪽 꼬리 분포가 된다.

(3) $\pi<0.5$인 경우에는 기대치에 대하여 오른쪽 꼬리 분포가 된다.

이러한 이항분포의 모양은 [그림 5-4]와 같이 π와 n에 따라 모양이 달라지는 특징이 있다.

[그림 5-4] | $p=0.1$일 때 n에 따른 이항분포

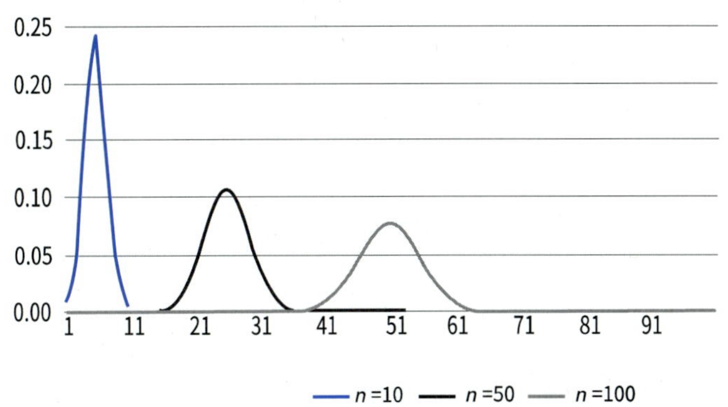

이항분포는 n와 π에 따라 다음과 같이 근사 확률을 구할 수 있다.

(1) $n\pi \geq 5$이고 $n(1-\pi) \geq 5$인 경우에는 정규분포에 근사된다.

(2) $\pi \leq 0.05$이고 $n \geq 20$인 경우에는 포아송분포에 근사된다.

예제 5-14

$\pi=0.5$일 때 $n=10$, $n=50$, $n=100$인 경우 이항분포의 도표를 작성하라.

풀이

n = 10	= BINOM.DIST($A2, 10, 0.5, 0) • number_s : $A2 • trials : 10 • probability_s : 0.5 • cumulative : 0 B2:B11에 위의 공식을 복사한다.

n=50	=BINOM.DIST($A2, 50, 0.5, 0) • number_s : $A2 • trials : 50 • probability_s : 0.5 • cumulative : 0 C2:C51에 위의 공식을 복사한다.
n=100	=BINOM.DIST($A2, 100, 0.5, 0) • number_s : $A2 • trials : 100 • probability_s : 0.5 • cumulative : 0 D2:D101에 위의 공식을 복사한다.

B2 | fx =BINOM.DIST($A2, 10, 0.5, 0)

	A	B	C	D	E
1	x	n=10	n=50	n=100	
2	1	0.0098	0.0000	0.0000	
3	2	0.0439	0.0000	0.0000	
4	3	0.1172	0.0000	0.0000	
5	4	0.2051	0.0000	0.0000	
6	5	0.2461	0.0000	0.0000	
7	6	0.2051	0.0000	0.0000	
8	7	0.1172	0.0000	0.0000	
9	8	0.0439	0.0000	0.0000	
10	9	0.0098	0.0000	0.0000	
11	10	0.0010	0.0000	0.0000	
12	11		0.0000	0.0000	
13	12		0.0001	0.0000	
14	13		0.0003	0.0000	
15	14		0.0008	0.0000	
16	15		0.0020	0.0000	
17	16		0.0044	0.0000	
18	17		0.0087	0.0000	
19	18		0.0160	0.0000	
20	19		0.0270	0.0000	
21	20		0.0419	0.0000	
22	21		0.0598	0.0000	

이항분포 도표 작성

(1) 셀 B2:D101 영역을 지정한다.

(2) 메뉴에서 [삽입] ➡ [추천차트]를 클릭한다.

(3) 그래프의 제목을 입력한다.

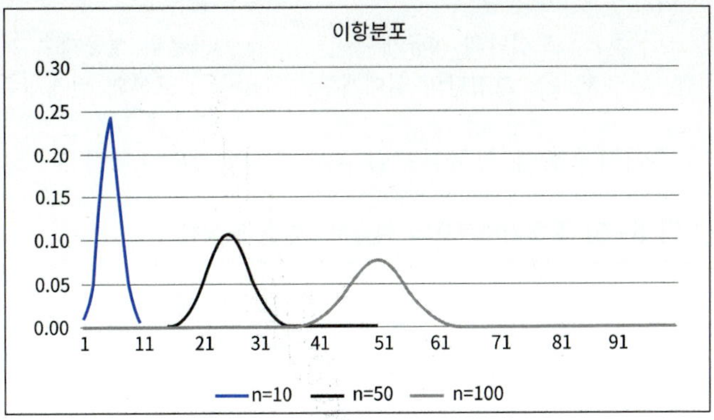

4. 초기하분포

초기하분포의 특징

N개의 구슬 중 흰 구슬이 k개 검은 구슬이 $N-k$개 있다고 가정한다. n개의 구슬을 복원추출로 뽑으면 흰 구슬의 수 X는 이항분포를 따르고 비복원추출로 뽑으면 초기하분포(hypergeometric distribution)를 따른다. 즉, 크기가 N인 유한모집단에서 n개의 표본을 추출할 때 성공개수 X의 확률분포는 복원추출인 경우는 이항분포를, 비복원추출인 경우는 초기하분포를 따른다.

초기하분포의 확률분포함수

초기하분포의 확률분포함수는 다음과 같다.

$$P(X=x) = \frac{{}_kC_x \times {}_{N-k}C_{n-x}}{{}_NC_n}$$

$$= \frac{{}_{\text{모집단성공개수}}C_{\text{표본성공개수}} \times {}_{\text{모집단실패개수}}C_{\text{표본실패개수}}}{{}_{\text{모집단수}}C_{\text{표본수}}}$$

$$= \frac{\dfrac{k! \times (N-k)!}{x!(k-x)! \times (n-x)!(N-k-n+x)}}{\dfrac{N!}{n!(N-n)!}}$$

여기서 N : 모집단 수　　　　　　　　n : 표본 수
k : 모집단의 성공개수　　　　　x : 표본의 성공개수
$N-k$: 모집단의 실패개수　　　$n-x$: 표본의 실패개수

초기하분포의 확률분포함수를 도식화하면 [그림 5-5]와 같다.

[그림 5-5] ❙ 초기하분포의 확률분포함수 도식화

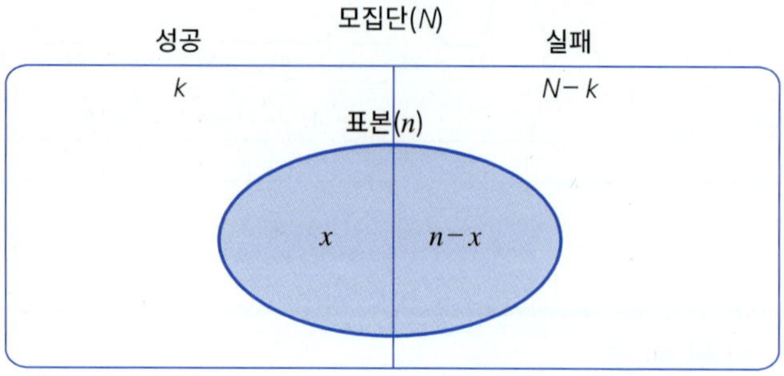

예제 5-15

30명의 남자회원과 20명의 여자회원으로 구성된 모임이 있다. 전체 50명의 회원 중에서 무작위로 10명을 임원으로 뽑을 때 다음의 확률을 구하라.

(1) 10명의 임원 중 여자 회원이 8명일 확률

(2) 10명의 임원 중 여자 회원이 6명 이하일 확률

(3) 10명의 임원 중 여자 회원이 7명 이상일 확률

풀이

(1) $P(X=8)=\dfrac{{}_{20}C_8\times{}_{30}C_2}{{}_{50}C_{10}}=\dfrac{\left(\dfrac{20!}{8!12!}\right)\left(\dfrac{30!}{2!28!}\right)}{\left(\dfrac{50!}{10!40!}\right)}=0.0053$

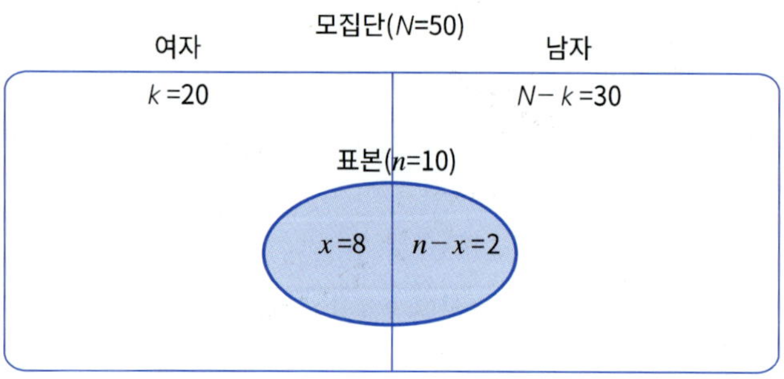

(2) $P(X \leq 6) = P(X=0) + P(X=1) + ... + P(X=5) + P(X=6)$

$= 0.9635$

(3) $P(X > 6) = P(X=7) + P(X=8) + P(X=9) + P(X=10)$

$= 1 - P(X \leq 6) = 0.0365$

초기하분포의 엑셀함수

HYPGEOM.DIST 함수

용도 : 초기하분포의 확률을 구함

=HYPGEOM.DIST(sample_s, number sample, population_s, number_pop, cumulative)

- sample_s : 필수요소로 표본의 성공개수
- number_sample : 필수요소로 표본 크기
- population_s : 필수요소로 모집단의 성공개수
- number_pop : 필수요소로 모집단 크기
- cumulative : 필수요소로 1이면 누적분포함수가 0이면 확률분포함수가 반환

예제 5-16

<예제 5 - 15>의 30명의 남자 회원과 20명의 여자 회원으로 구성된 모임에서 무작위로 10명을 임원으로 뽑을 때 다음의 확률을 구하라.

(1) 10명의 임원 중 여자 회원이 8명일 확률

(2) 10명의 임원 중 여자 회원이 6명 이하일 확률

(3) 10명의 임원 중 여자 회원이 7명 이상일 확률

풀이

(1) =HYPGEOM.DIST(8, 10, 20, 50, 0)=0.0053

- sample_s : 8
- number_sample : 10
- population_s : 20
- number_pop : 50
- cumulative : 0

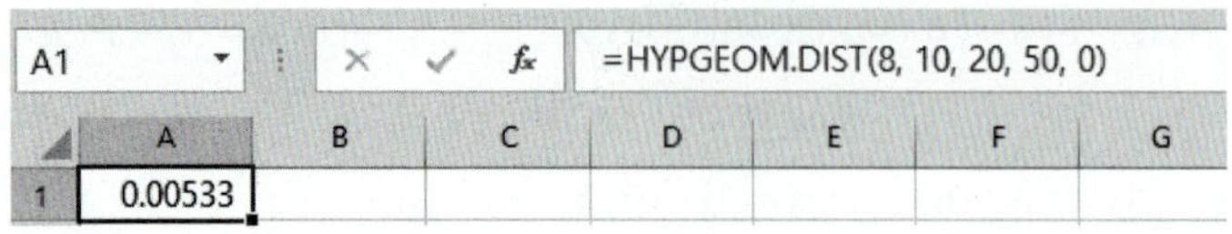

(2) =HYPGEOM.DIST(6, 10, 20, 50, 1)=0.9635

- sample_s : 6
- number_sample : 10
- population_s : 20
- number_pop : 50
- cumulative : 1

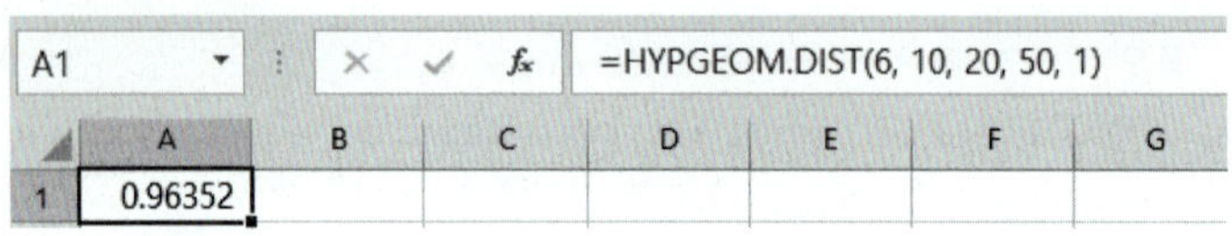

(3) =1−HYPGEOM.DIST(6, 10, 20, 50, 1)=0.0365

- sample_s : 6
- number_sample : 10
- population_s : 20
- number_pop : 50
- cumulative : 1

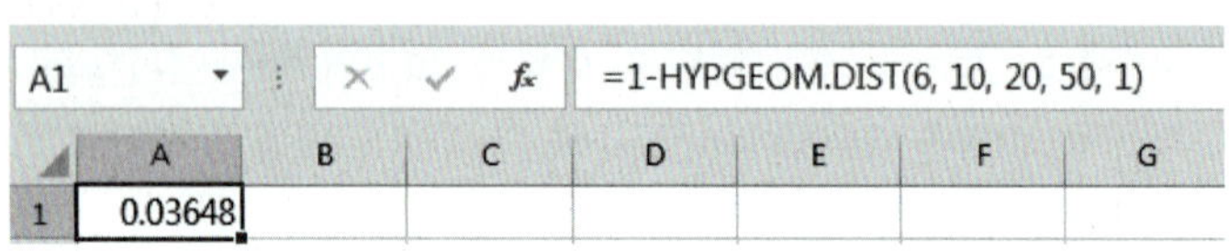

예제 5-17

N=10개의 제품 중에 불량품이 3개이고 양품이 7개 있다고 가정하고 다음에 답하라.

(1) 복원추출로 3개를 무작위로 추출할 때 그 중 0, 1, 2, 3개가 불량품일 확률을 확률분포함수와 엑셀함수로 구하라.

(2) 비복원추출로 3개를 무작위로 추출할 때 그 중 0, 1, 2, 3개가 불량품일 확률을 확률분포함수와 엑셀함수로 구하라.

풀이

(1) X를 복원추출에 의한 불량개수라 하면 이 확률변수는 이항분포를 따른다. 따라서 $P(X=x)$일 확률은 다음과 같다.

이항분포식	엑셀함수	PDF : $P(X=x)$
$P(X=0)=\frac{3!}{0!(3-0)!}(0.30)^0(1-0.30)^{3-0}$	=BINOM.DIST(0, 3, 0.3, 0)	0.3430
$P(X=1)=\frac{3!}{1!(3-1)!}(0.30)^1(1-0.30)^{3-1}$	=BINOM.DIST(1, 3, 0.3, 0)	0.4410
$P(X=2)=\frac{3!}{2!(3-2)!}(0.30)^2(1-0.30)^{3-2}$	=BINOM.DIST(2, 3, 0.3, 0)	0.1890
$P(X=3)=\frac{3!}{3!(3-3)!}(0.30)^3(1-0.30)^{3-3}$	=BINOM.DIST(3, 3, 0.3, 0)	0.0270

(2) X를 비복원추출에 의한 불량개수라 하면 이 확률변수는 초기하분포를 따른다. 따라서 $P(X=x)$일 확률은 다음과 같다.

초기하분포식	엑셀함수	CDF : $P(X\le x)$
$P(X=0)=\frac{{}_3C_0\times{}_7C_3}{{}_{10}C_3}=\frac{\left(\frac{3!}{0!3!}\right)\left(\frac{7!}{3!4!}\right)}{\left(\frac{10!}{3!7!}\right)}$	=HYPGEOM.DIST(0, 3, 3, 10, 0)	0.2917
$P(X=1)=\frac{{}_3C_1\times{}_7C_2}{{}_{10}C_3}=\frac{\left(\frac{3!}{1!2!}\right)\left(\frac{7!}{2!5!}\right)}{\left(\frac{10!}{3!7!}\right)}$	=HYPGEOM.DIST(1, 3, 3, 10, 0)	0.5250
$P(X=2)=\frac{{}_3C_2\times{}_7C_1}{{}_{10}C_3}=\frac{\left(\frac{3!}{2!1!}\right)\left(\frac{7!}{1!6!}\right)}{\left(\frac{10!}{3!7!}\right)}$	=HYPGEOM.DIST(2, 3, 3, 10, 0)	0.1750
$P(X=3)=\frac{{}_3C_3\times{}_7C_0}{{}_{10}C_3}=\frac{\left(\frac{3!}{3!0!}\right)\left(\frac{7!}{0!7!}\right)}{\left(\frac{10!}{3!7!}\right)}$	=HYPGEOM.DIST(3, 3, 3, 10, 0)	0.0083

예제 5-18

$N=10$개의 제품 중에 불량품이 3개이고 양품이 7개 있다고 가정하고 다음에 답하라.

(1) 비복원추출로 3개를 무작위로 추출할 때 그 중 불량품이 0개, 1개 이하, 2개 이하, 3개 이하일 확률을 누적분포함수와 엑셀함수로 구하라.

(2) $N=10$, $n=3$, $k=3$일 때 초기하분포의 PDF와 CDF의 확률을 엑셀을 이용

하여 도표로 표시하라.

풀이

(1)

초기하분포식	엑셀함수	CDF : $P(X \leq x)$
$P(X \leq 0) = P(X=0)$	=HYPGEOM.DIST(0, 3, 3, 10, 1)	0.2917
$P(X \leq 1) = P(X=0)+P(X=1)$	=HYPGEOM.DIST(1, 3, 3, 10, 1)	0.8167
$P(X \leq 2) = P(X=0)+.....+P(X=2)$	=HYPGEOM.DIST(2, 3, 3, 10, 1)	0.9917
$P(X \leq 3) = P(X=0)+.....+P(X=3)$	=HYPGEOM.DIST(3, 3, 3, 10, 1)	1

(2)

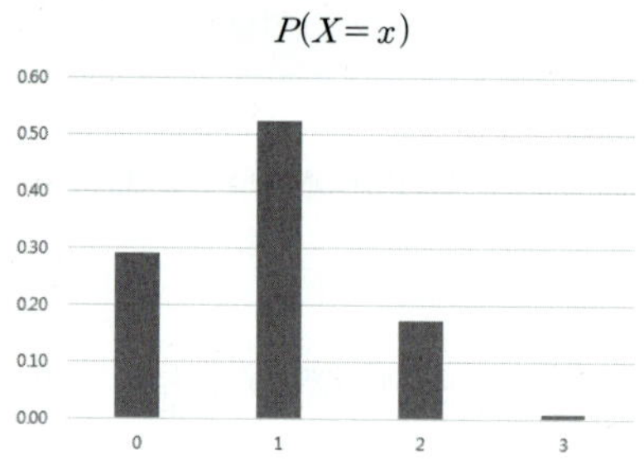

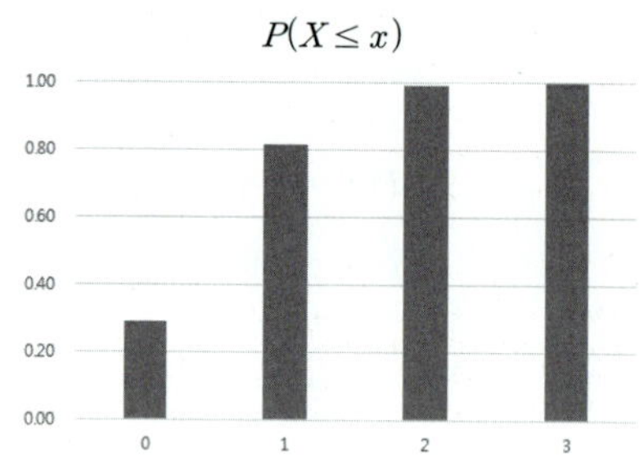

초기하분포의 기대치와 분산

초기하분포에서 성공비율에 대한 기대치와 분산은 다음과 같다.

$$\mu = E(\pi) = \pi$$

$$\sigma^2 = Var(\pi) = \frac{N-n}{N-1} \times \frac{\pi(1-\pi)}{n}$$

초기하분포에서 성공횟수에 대한 기대치와 분산은 다음과 같다.

$$\mu = E(X) = n\pi$$

$$\sigma^2 = Var(X) = \frac{N-n}{N-1} \times n\pi(1-\pi)$$

예제 5-19

어느 가방공장에서는 하루에 50개의 가방을 수작업하고 있는데 이 중에서 5개가 불량이라 한다. 어느 날 4개의 가방을 무작위로 뽑았을 때 표본에 포함된 불량품 개수의 기대치와 분산을 구하라.

풀이

성공비율에 대한 기대치와 분산은 다음과 같다.

$$\mu = E(\pi) = \pi = 0.1$$

$$\sigma^2 = Var(\pi) = \frac{N-n}{N-1} \times \frac{\pi(1-\pi)}{n} = \frac{50-5}{50-1} \times \frac{(0.1)(0.9)}{5} = 0.0165$$

성공횟수에 대한 기대치와 분산은 다음과 같다.

$$\mu = E(X) = n\pi = 5 \times 0.1 = 0.5$$

$$\sigma^2 = Var(X) = \frac{N-n}{N-1} \times n\pi(1-\pi) = \frac{50-5}{50-1} \times (5)(0.1)(0.9) = 0.4133$$

초기하분포의 이항분포 근사

N이 크고 n이 N에 비해 작을 경우 $\lim_{N \to \infty} \frac{N-n}{N-1} = 1$이 성립하므로 초기하분포는 다음과 같이 이항분포로 근사할 수 있다.

$$P(X=x) = \frac{{}_kC_x \times {}_{N-k}C_{n-x}}{{}_NC_n} = \frac{n!}{x!(n-x)!}(\pi)^x(1-\pi)^{n-x}$$

일반적으로 $\frac{n}{N} < 0.05$이면 이 근사를 이용할 수 있다. 따라서 $\pi = \frac{k}{N}$이면 초기하분포의 확률값 $h(x, n, k, N)$은 이항분포의 확률값 $b(x, n, \pi)$를 사용하여 근사적으로 계산되어진다.

예제 5-20

A전자에 의하면 고객 1만 명 가운데 7천 명이 서비스에 대해 만족한다고 한다. 만일 10명에게 무작위로 전화했을 때 5명이 서비스에 만족한다고 답할 확률은 얼마인가?

풀이

$\frac{n}{N}=\frac{10}{10,000}\leq 0.05$ 이므로 이항분포를 이용하여 근사치를 구할 수 있다. $\pi=\frac{7,000}{10,000}=0.7$ 이면 초기하분포의 확률값 $h(5,10,7000,10000)$ 은 이항분포의 확률값 $b(5,10,0.7)$ 를 사용하여 근사적으로 계산되어진다.

$$b(5,10,0.7)=P(X=5)=\frac{n!}{x!(n-x)!}(\pi)^x(1-\pi)^{n-x}=\frac{10!}{5!(10-5)!}(0.7)^5(0.3)^5$$
$$=0.102919$$

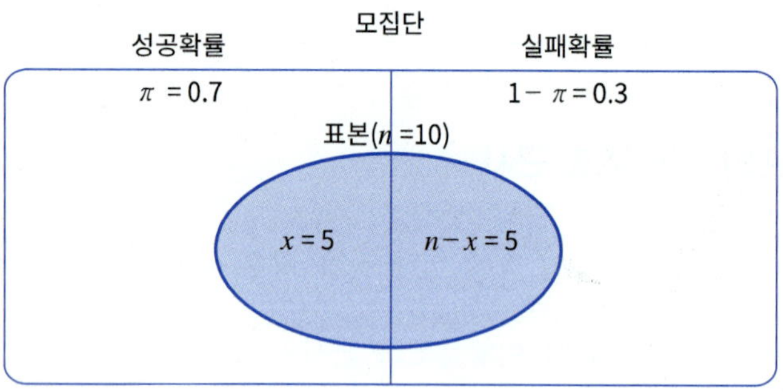

$$h(5,10,7000,10000)=P(X=5)=\frac{{}_kC_x\times{}_{N-k}C_{n-x}}{{}_NC_n}=\frac{{}_{7000}C_5\times{}_{3000}C_5}{{}_{10000}C_{10}}$$
$$=0.102892$$

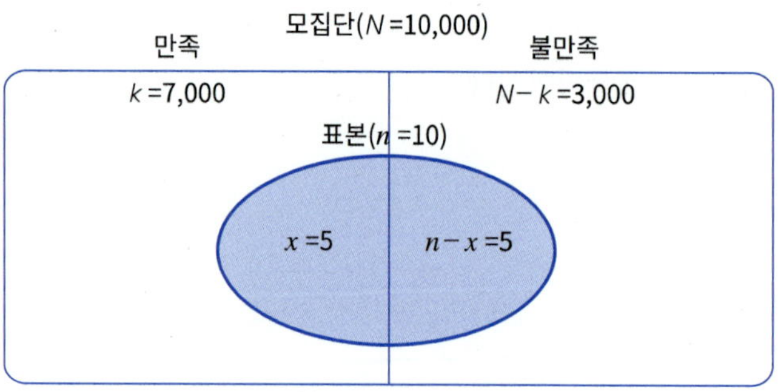

5. 포아송분포

포아송분포의 특징

포아송분포(Poisson distribution)는 프랑스의 물리학자이며 수학자였던 포아송(Simeon Denis Poisson, 1781~1840)의 업적을 기려 이름이 지어졌다. 포아송분포는 특정 시간이나 공간 안에 특정 사건이 발생했던 평균에 근거하여 특정 사건의 발생횟수에 대한 확률을 나타내주는 분포이다. 다음은 포아송분포가 적용될 수 있는 예들이다.

- 특정 마트에서 매월 발생하는 산업재해 건수
- 특정 제품의 단위 면적 내에 나타나는 불량 수
- 특정 보험회사에 접수되는 일일 보험금 청구 건수
- 특정 책 한 페이지에 있는 오타 수
- 특정 사무실에 하루 동안 걸려 오는 전화 수
- 특정 지역에서 발생하는 교통사고 건수

이러한 포아송분포는 다음과 같은 전제조건을 지니고 있다.

(1) 단위시간이나 단위공간에서 특정 사건이 발생할 확률은 동일하다.

(2) 주어진 시간이나 공간은 아주 작은 단위구간으로 나누어질 수 있으며 그 작은 단위구간에서 특정 사건이 두 번 이상 발생할 확률은 0에 가까워 무시할 수 있다.

(3) 단위시간이나 단위공간에서 특정 사건의 발생은 서로 독립적이다.

예를 들어, 8시에서 9시 사이에 걸려오는 사건신고 전화횟수가 포아송분포가 되기 위해서는 다음의 조건이 성립하여야 한다.

첫째, 만약 이 시간대에 평균 4번의 전화가 온다면 30분 동안에는 평균 2번의 전화, 15분 동안에는 평균 1번의 전화가 온다고 가정할 수 있어야 한다.

둘째, 이 시간대를 1초라는 아주 작은 단위구간으로 나눌 수 있고 이 1초 동안에 전화가 2번 이상 올 확률은 거의 없어야 한다.

셋째, 이 시간대의 전화횟수는 다른 시간대에 오는 전화횟수와는 아무런 상관이 없어야 한다.

포아송분포의 확률분포함수

특정 사건이 시간, 면적, 무게, 거리, 부피와 같은 특정 범위 내에서 발생하는 평균 횟수를 λ(그리스문자 람다)로 표시한다. 평균이 λ인 포아송확률변수 X에 대하여 특정 사건이 발생할 확률은 다음과 같은 공식에 의하여 구해질 수 있다.

$$P(X=x)=\frac{\lambda^x e^{-\lambda}}{x!}$$

여기서 X=단위당 사건 발생횟수를 값으로 하는 확률변수
x=단위구간에서 발생한 사건 수
λ=단위당 평균 발생횟수
e=자연 로그의 밑수로 2.7183

예제 5-21

어떤 마을금고에 1시간 동안 평균 4명의 고객이 찾아온다. 1시간 동안 찾아오는 고객의 수를 X라 할 때 다음의 확률을 구하라.

(1) 1시간 동안 정확히 2명의 고객이 찾아올 확률
(2) 1시간 동안 2명 이하의 고객이 찾아올 확률
(3) 1시간 동안 2명 이상의 고객이 찾아올 확률

풀이

(1) $P(X=2)=\frac{\lambda^x e^{-\lambda}}{x!}=\frac{(4)^2 e^{-4}}{2!}=\frac{(16)(2.7183)^{-4}}{2}=0.1465$

(2) $P(X\le 2)=P(X=0)+P(X=1)+P(X=2)=0.0183+0.0733+0.1465$
$=0.2381$

(3) $P(X\ge 2)=1-P(X\le 1)=1-\{P(X=0)+P(X=1)\}$
$=1-(0.0183+0.0733)=0.9084$

예제 5-22

어느 지역에서 일주일 동안 발생한 교통사고 건수는 평균적으로 5건이라 한다. 다음의 확률을 구하라.

(1) 이 지역에서 일주일 동안 교통사고 발생 건수가 2건이 될 확률
(2) 이 지역에서 일주일 동안 교통사고 발생 건수가 2건 이하가 될 확률
(3) 이 지역에서 일주일 동안 교통사고 발생 건수가 2건 이상이 될 확률

풀이

일주일 동안 발생할 교통사고 건수를 확률변수 X라 하면 X는 $\lambda=5$인 포아송분포를 따른다.

(1) $P(X=2)=\dfrac{5^2\times e^{-5}}{2!}=0.0842$

(2) $P(X\leq 2)=P(X=0)+P(X=1)+P(X=2)$

$=0.0067+0.0337+0.0842=0.1247$

(3) $P(X\geq 2)=1-P(X\leq 1)$

$=1-\{P(X=0)+P(X=1)\}=1-(0.0067+0.0337)=0.9596$

포아송분포표

이항분포와 마찬가지로 포아송분포도 확률분포함수를 이용하여 계산하는 것보다 표를 이용하는 것이 더 간편하다. 부록 또는 <표 5-3>에서 보듯이 **포아송분포표**는 가로 상단에는 평균(λ)의 값이 주어져 있고 좌측 열에는 특정 발생횟수(X)가 기록되어 있다. 따라서 평균과 특정 발생횟수를 알면 그에 대응하는 확률을 찾을 수 있다. 예를 들어, λ값이 2.6이고 X값이 5이면 포아송분포표에서 λ값 2.6에서 수직으로 선을 긋고 X값 5에서 수평으로 그은 선이 만나는 지점의 값 0.0735가 확률이 된다.

〈표 5-3〉 **포아송분포표**

	λ									
X	2.1	2.2	2.3	2.4	2.5	2.6	2.7	2.8	2.9	3.0
0	.1225	.1108	.1003	.0907	.0821	.0743	.0672	.0608	.0550	.0498
1	.2572	.2438	.2306	.2177	.2052	.1931	.1815	.1703	.1596	.1494
2	.2700	.2681	.2652	.2613	.2565	.2510	.2450	.2384	.2314	.2240
3	.1890	.1966	.2033	.2090	.2138	.2176	.2205	.2225	.2237	.2240
4	.0992	.1082	.1169	.1254	.1336	.1414	.1488	.1557	.1622	.1680
5	.0417	.0476	.0538	.0602	.0668	.0735	.0804	.0872	.0940	.1008
6	.0146	.0174	.0206	.0241	.0278	.0319	.0362	.0407	.0455	.0504
7	.0044	.0055	.0068	.0083	.0099	.0118	.0139	.0163	.0188	.0216
8	.0011	.0015	.0019	.0025	.0031	.0038	.0047	.0057	.0068	.0081
9	.0003	.0004	.0005	.0007	.0009	.0011	.0014	.0018	.0022	.0027
10	.0001	.0001	.0001	.0002	.0002	.0003	.0004	.0005	.0006	.0008
11	.0000	.0000	.0000	.0000	.0000	.0001	.0001	.0001	.0002	.0002
12	.0000	.0000	.0000	.0000	.0000	.0000	.0000	.0000	.0000	.0001

λ값에 대하여 특정 사건의 발생횟수 이하의 경우에 대한 누적확률은 부록에 있는 포아송분포표에 있는 개별 확률을 더하여 줌으로써 다음과 같이 구할 수 있다.

$$P(X \leq 2 | \lambda = 2) = P(X = 0) + P(X = 1) + P(X = 2)$$
$$= 0.1353 + 0.2707 + 0.2707 = 0.6767$$

포아송분포의 엑셀함수

POISSON.DIST 함수

용도 : 포아송분포의 확률을 구함
=POISSON.DIST(*X*, mean, cumulative)
- *X* : 필수요소로 단위구간에서 발생할 사건 수
- mean : 필수요소로 단위당 평균 발생횟수
- cumulative : 필수요소로 1이면 누적분포함수가 0이면 확률분포함수가 반환

예제 5-23

<예제 5-21>의 마을금고에 1시간 동안 평균 4명의 고객이 찾아온다. 1시간 동안 찾아오는 고객의 수를 *X*라 할 때 다음의 확률을 구하라.

(1) 1시간 동안 정확히 2명의 고객이 찾아올 확률
(2) 1시간 동안 2명 이하의 고객이 찾아올 확률
(3) 1시간 동안 2명 이상의 고객이 찾아올 확률

풀이

(1) =POISSON.DIST(2, 4, 0)=0.1465
- *X* : 2
- mean : 4
- cumulative : 0

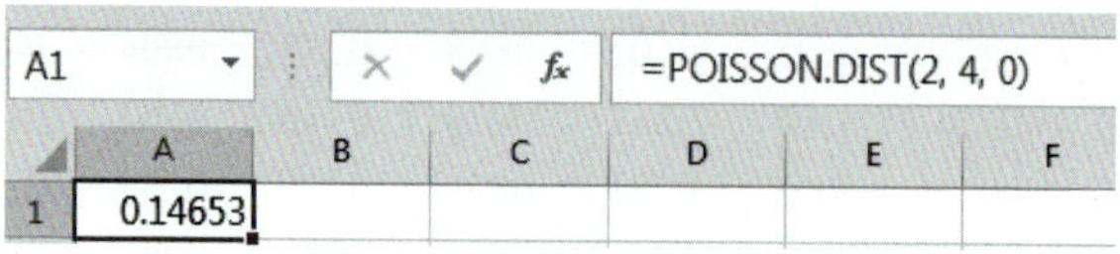

(2) =POISSON.DIST(2, 4, 1)=0.2381
- *X* : 2
- mean : 4

• cumulative : 1

A1 =POISSON.DIST(2, 4, 1)

	A	B	C	D	E	F
1	0.23810					

(3) =1 − POISSON.DIST(1, 4, 1) = 0.9084

• X : 1

• mean : 4

• cumulative : 1

A1 =1 - POISSON.DIST(1, 4, 1)

	A	B	C	D	E	F
1	0.90842					

예제 5-24

$\lambda = 0.1,\ 0.2,\ \cdots,\ 0.9,\ 1.0$에 대한 포아송분포를 작성하라.

풀이

다음 함수를 B2:K9에 복사한다.

=POISSON.DIST($A2, B$1, 0)

• X : $A2

• mean : B$1

• cumulative : 0

B2 =POISSON.DIST($A2, B$1, 0)

	A	B	C	D	E	F	G	H	I	J	K
1	x	0.1	0.2	0.3	0.4	0.5	0.6	0.7	0.8	0.9	1.0
2	0	0.9048	0.8187	0.7408	0.6703	0.6065	0.5488	0.4966	0.4493	0.4066	0.3679
3	1	0.0905	0.1637	0.2222	0.2681	0.3033	0.3293	0.3476	0.3595	0.3659	0.3679
4	2	0.0045	0.0164	0.0333	0.0536	0.0758	0.0988	0.1217	0.1438	0.1647	0.1839
5	3	0.0002	0.0011	0.0033	0.0072	0.0126	0.0198	0.0284	0.0383	0.0494	0.0613
6	4	0.0000	0.0001	0.0003	0.0007	0.0016	0.0030	0.0050	0.0077	0.0111	0.0153
7	5	0.0000	0.0000	0.0000	0.0001	0.0002	0.0004	0.0007	0.0012	0.0020	0.0031
8	6	0.0000	0.0000	0.0000	0.0000	0.0000	0.0000	0.0001	0.0002	0.0003	0.0005
9	7	0.0000	0.0000	0.0000	0.0000	0.0000	0.0000	0.0000	0.0000	0.0000	0.0001

포아송분포의 기대치와 분산

확률변수 X가 포아송분포를 따를 때 X의 기대치와 분산 및 표준편차는 다음과 같다.

$$\mu = E(X) = \lambda$$
$$\sigma^2 = Var(X) = \lambda$$
$$\sigma = \sqrt{Var(X)} = \sqrt{\lambda}$$

예제 5-25

화요일 오전 10~11시에 오는 ABC 은행의 고객은 평균적으로 4.2명이다. $\lambda = 4.2$일 때 PDF, 평균, 표준편차를 구하라.

풀이

PDF : $P(X=x|\lambda=4.2) = \dfrac{\lambda^x e^{-\lambda}}{x!} = \dfrac{(4.2)^2 e^{-4.2}}{x!}$

평균 : $\lambda = 4.2$

표준편차 : $\sigma = \sqrt{\lambda} = \sqrt{4.2} = 2.0494$

예제 5-26

ABC 대학의 구내은행에는 1시간에 평균 3명의 고객이 찾아온다. 만일 은행고객의 방문 확률이 포아송분포를 따른다면, 주어진 한 시간 동안 고객이 0, 1, 2, …, 8, 9명이 올 PDF와 CDF를 구하라.

풀이

$\lambda = 3$일 때의 PDF

확률분포함수	엑셀함수	$P(X=x)$
$P(X=0) = \dfrac{(3)^0 e^{-3}}{0!}$	=POISSON.DIST(0, 3, 0)	0.0498
$P(X=1) = \dfrac{(3)^1 e^{-3}}{1!}$	=POISSON.DIST(1, 3, 0)	0.1494
$P(X=2) = \dfrac{(3)^2 e^{-3}}{2!}$	=POISSON.DIST(2, 3, 0)	0.2240

확률분포함수	엑셀함수	$P(X=x)$
$P(X=3)=\dfrac{(3)^3e^{-3}}{3!}$	=POISSON.DIST(3, 3, 0)	0.2240
$P(X=4)=\dfrac{(3)^4e^{-3}}{4!}$	=POISSON.DIST(4, 3, 0)	0.1680
$P(X=5)=\dfrac{(3)^5e^{-3}}{5!}$	=POISSON.DIST(5, 3, 0)	0.1008
$P(X=6)=\dfrac{(3)^6e^{-3}}{6!}$	=POISSON.DIST(6, 3, 0)	0.0504
$P(X=7)=\dfrac{(3)^7e^{-3}}{7!}$	=POISSON.DIST(7, 3, 0)	0.0216
$P(X=8)=\dfrac{(3)^8e^{-3}}{8!}$	=POISSON.DIST(8, 3, 0)	0.0081
$P(X=9)=\dfrac{(3)^9e^{-3}}{9!}$	=POISSON.DIST(9, 3, 0)	0.0027

$\lambda=3$일 때의 CDF

누적분포함수	엑셀함수	$P(X\le x)$
$P(X\le 0)=P(X=0)$	=POISSON.DIST(0, 3, 1)	0.0498
$P(X\le 1)=P(X=0)+P(X=1)$	=POISSON.DIST(1, 3, 1)	0.1991
$P(X\le 2)=P(X=0)+.....+P(X=2)$	=POISSON.DIST(2, 3, 1)	0.4232
$P(X\le 3)=P(X=0)+.....+P(X=3)$	=POISSON.DIST(3, 3, 1)	0.6472
$P(X\le 4)=P(X=0)+.....+P(X=4)$	=POISSON.DIST(4, 3, 1)	0.8153
$P(X\le 5)=P(X=0)+.....+P(X=5)$	=POISSON.DIST(5, 3, 1)	0.9161
$P(X\le 6)=P(X=0)+.....+P(X=6)$	=POISSON.DIST(6, 3, 1)	0.9665
$P(X\le 7)=P(X=0)+.....+P(X=7)$	=POISSON.DIST(7, 3, 1)	0.9881
$P(X\le 8)=P(X=0)+.....+P(X=8)$	=POISSON.DIST(8, 3, 1)	0.9962
$P(X\le 9)=P(X=0)+.....+P(X=9)$	=POISSON.DIST(9, 3, 1)	0.9989

$\lambda=3$일 때의 PDF와 CDF의 도표는 다음과 같다.

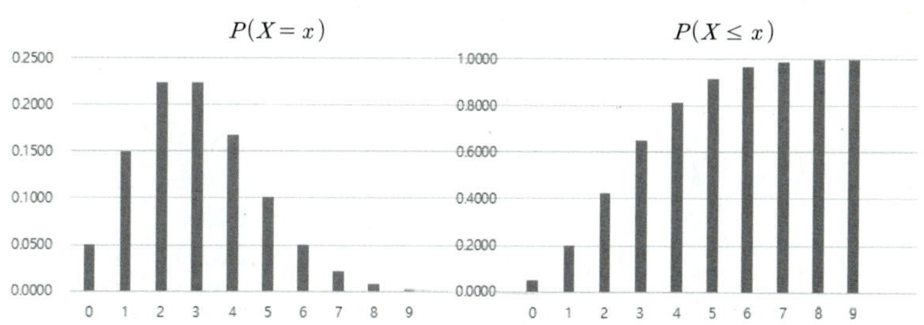

포아송분포의 모양

포아송분포의 확률은 평균 λ에 의해 결정된다. 이항분포와는 달리 X는 상한선이 없다. 즉, 주어진 시간 동안 발생하는 사건의 횟수는 제한이 없다. 하지만 <표 5-4>와 같이 포아송분포의 확률은 X값이 증가함에 따라 확률이 0에 가까워지므로 실제 X범위는 제한적이다. 각 열의 확률을 아래로 더하면 확률의 합은 항상 1.0이 된다. 이러한 포아송분포의 모양은 다음과 같은 특징이 있다.

(1) $\lambda \geq 10$이면 정규분포에 근사된다.

(2) λ가 작을 때는 오른쪽 꼬리 분포를 하나 λ가 커짐에 따라 대칭에 가까워진다.

$\lambda = 2, 4, 6, 8$일 때 포아송분포의 확률은 <표 5-4>와 같고 그에 따른 도표는 [그림 5-6]과 같다.

〈표 5-4〉 다양한 λ값에 대한 포아송분포의 값

	A	B	C	D	E
1		2	4	6	8
2	0	0.1353	0.0183	0.0025	0.0003
3	1	0.2707	0.0733	0.0149	0.0027
4	2	0.2707	0.1465	0.0446	0.0107
5	3	0.1804	0.1954	0.0892	0.0286
6	4	0.0902	0.1954	0.1339	0.0573
7	5	0.0361	0.1563	0.1606	0.0916
8	6	0.0120	0.1042	0.1606	0.1221
9	7	0.0034	0.0595	0.1377	0.1396
10	8	0.0009	0.0298	0.1033	0.1396
11	9	0.0002	0.0132	0.0688	0.1241
12	10	0.0000	0.0053	0.0413	0.0993
13	11	0.0000	0.0019	0.0225	0.0722
14	12	0.0000	0.0006	0.0113	0.0481
15	13	0.0000	0.0002	0.0052	0.0296
16	14	0.0000	0.0001	0.0022	0.0169
17	15	0.0000	0.0000	0.0009	0.0090
18	16	0.0000	0.0000	0.0003	0.0045
19	17	0.0000	0.0000	0.0001	0.0021
20	18	0.0000	0.0000	0.0000	0.0009
21	19	0.0000	0.0000	0.0000	0.0004
22	20	0.0000	0.0000	0.0000	0.0002
23	21	0.0000	0.0000	0.0000	0.0001
24	합	1.0000	1.0000	1.0000	1.0000

[그림 5-6] ❙ 다양한 λ값에 대한 포아송분포의 도표

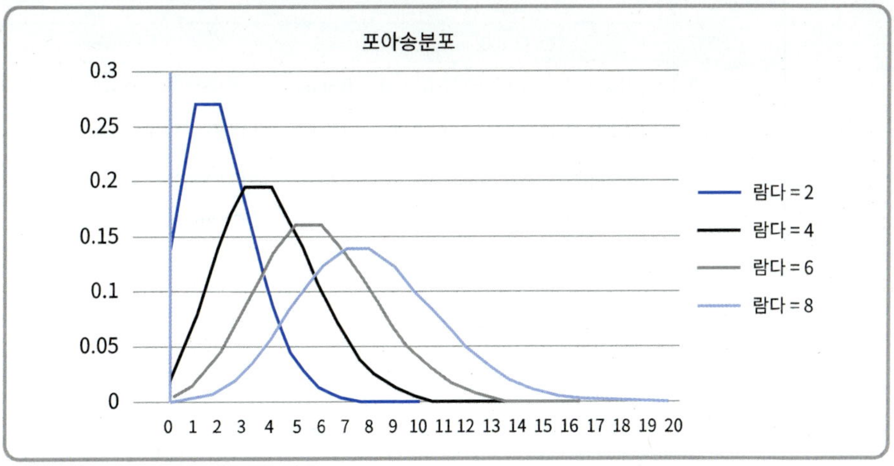

이항분포의 포아송 근사

이론적으로는 이항분포를 적용해야 하지만 성공비율이 작고($\pi \leq 0.05$), 표본의 크기가 큰 경우($n \geq 20$)에 포아송분포가 이항분포에 대하여 훌륭한 근사치를 제공해 준다. 포아송 근사치는 π가 0에 가깝고 n이 커질수록 실제 이항분포 값에 더욱 근접해 간다. 이러한 경우 포아송분포의 평균과 분산은 다음과 같이 어림되어질 수 있다.

$$\mu = E(X) = n\pi$$

$$\sigma^2 = Var(X) = n\pi(1-\pi)$$

예제 5-27

ABC 음료공장은 생산된 제품 중 1%가 용량 미달인 불량품이라고 한다. 100개의 제품을 무작위 추출하였을 때 불량품 수를 확률변수 X라 할 때 X가 0에서 5까지의 확률을 이항분포와 포아송분포를 이용하여 계산하라.

풀이

=BINOM.DIST 함수와 =POISSON.DIST 함수를 이용하여 계산한 결과는 다음과 같다.

이항분포와 포아송분포의 확률비교

	$(n=100, \pi=0.01)$		$(\lambda=n\pi=1)$	
0	=BINOM.DIST(0, 100, 0.01, 0)	0.3660	=POISSON.DIST(0, 1, 0)	0.3679
1	=BINOM.DIST(1, 100, 0.01, 0)	0.3697	=POISSON.DIST(1, 1, 0)	0.3679
2	=BINOM.DIST(2, 100, 0.01, 0)	0.1849	=POISSON.DIST(2, 1, 0)	0.1839
3	=BINOM.DIST(3, 100, 0.01, 0)	0.0610	=POISSON.DIST(3, 1, 0)	0.0613
4	=BINOM.DIST(4, 100, 0.01, 0)	0.0149	=POISSON.DIST(4, 1, 0)	0.0153
5	=BINOM.DIST(5, 100, 0.01, 0)	0.0029	=POISSON.DIST(5, 1, 0)	0.0031

이상에서 보듯이 포아송분포로 얻어진 확률은 이항분포로 구한 확률에 가까운 것을 알 수 있다. 이러한 근사치는 n이 커지고 π가 작아질수록 더욱 근접한다.

6. 이산확률분포의 비교

이산확률분포를 비교하면 <표 5 - 5>와 같다.

〈표 5-5〉 이산확률분포의 비교

모형	모수	평균	분산	PDF
이산균등	a, b	$(a+b)/2$	$[(b-a+1)^2-1]/12$	$\frac{1}{b-a+1}$
베르누이	π	π	$\pi(1-\pi)$	-
이항	n, π	$n\pi$	$n\pi(1-\pi)$	$\frac{n!}{x!(n-x)!}p^x q^{n-x}$
초기하	N, n, k	$n\pi$	$\frac{N-n}{N-1}\times n\pi(1-\pi)$	$\frac{{}_kC_x \times {}_{N-k}C_{n-x}}{{}_NC_n}$
포아송	λ	λ	λ	$\frac{\lambda^x e^{-\lambda}}{x!}$

이산확률분포를 위한 엑셀함수는 <표 5 - 6>과 같다.

〈표 5-6〉 이산확률분포의 엑셀함수

분포	엑셀함수
이항	=BINOM.DIST(number_s, trials, probability_s, cumulative)
초기하	=HYPGEOM.DIST(sample_s, number_sample, population_s, number_pop, cumulative)
포아송	=POISSON.DIST(X, mean, cumulative)

이산확률분포 간의 관계는 [그림 5 - 7]과 같다.

[그림 5-7] ▌이산확률분포 간의 관계

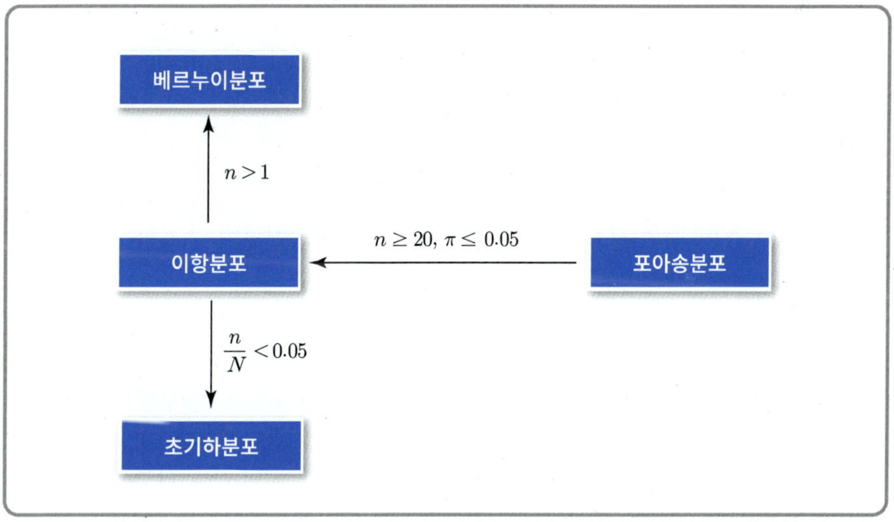

연습문제

01. 맞으면 ○, 틀리면 ×로 표시하라.

(1) 이항분포에서 π값이 결정되면 실패확률은 $1-\pi$로 계산된다.

(2) 이항분포의 평균은 $n\pi$이다.

(3) 이산확률변수 X는 $\sum P(X=x)=1$이라는 특징이 있다.

(4) 이항분포의 표준편차는 성공확률, 실패확률, 실험횟수 모두에 영향을 받는다.

(5) n이 커지고 π가 작아질수록 포아송분포가 이항분포에 대한 좋은 근사치를 제공해 준다.

(6) 이항분포의 모양은 π가 커지면 대칭이 된다.

(7) 이항분포에서 n이 고정되고 $\pi<0.5$이면 오른쪽으로 비대칭이다.

(8) 포아송분포는 λ가 작을 때는 왼쪽꼬리분포를 하나 λ가 커지면 대칭에 가까워진다.

(9) N이 매우 크고 n이 매우 작을 경우 포아송분포가 초기하분포를 근사할 수 있다.

(10) 포아송분포는 단위시간이나 단위공간에서 사건이 발생할 확률은 다르다고 가정한다.

02. 동전 던지기에서 앞면이 나올 확률을 확률분포함수와 누적분포함수를 사용하여 구하라.

03. 주머니에 0부터 99까지 숫자가 적힌 카드가 있다. 이 경우의 확률분포함수, 누적분포함수, 평균 및 표준편차를 구하라.

04. 주사위를 세 번 던져 짝수를 관측하는 시행이 베르누이시행의 조건에 부합하는지를 설명하라

05. 동전을 던져 앞면이 나오면 $X=1$ 뒷면이 나오면 $X=0$일 때 확률변수 X의 기대치와 분산을 구하라.

06. 주사위를 던져 3의 눈금이 나오면 $X=1$ 아니면 $X=0$일 때 확률변수 X의 기대치와 분산을 구하라.

07. 다음의 확률을 이항분포의 확률분포함수, 이항분포표 또는 엑셀함수를 사용하여 계산하라.

(1) $P(X=2 \mid n=10,\ \pi=0.2)$

(2) $P(X=5 \mid n=8,\ \pi=0.3)$

(3) $P(X \geq 3 \mid n=10,\ \pi=0.2)$

(4) $P(X \leq 2 \mid n=10,\ \pi=0.2)$

08. 어느 야구선수가 안타를 칠 확률은 0.3이다. 한 게임에 5번 출전한다고 가정하고 다음에 답하라.

(1) 안타를 2번 칠 확률

(2) 안타를 2번 이하 칠 확률

(3) 안타를 3번 이상 칠 확률

(4) 성공비율에 대한 평균과 분산 및 표준편차

(5) 성공횟수에 대한 평균과 분산 및 표준편차

09. 다음의 확률을 이항분포의 확률분포함수, 이항분포표 또는 엑셀함수를 이용하여 계산하라.

(1) $n=5,\ X=2,\ \pi=0.10$

(2) $n=8,\ X=4,\ \pi=0.50$

(3) $n=12,\ X=8,\ \pi=0.45$

10. 전체 교통사고 중 신호위반으로 교통사고가 발생할 확률은 0.2라고 한다. 하루 동안 30건의 교통사고가 발생하였다면 다음에 답하라.

(1) 하루 30건의 교통사고 중 5건이 신호위반 교통사고일 확률

(2) 하루 30건의 교통사고 중 5건 이하가 신호위반 교통사고일 확률

(3) 하루 30건의 교통사고 중 6건 이상이 신호위반 교통사고일 확률

(4) 성공비율에 대한 평균과 분산 및 표준편차

(5) 성공횟수에 대한 평균과 분산 및 표준편차

11. ABC 도자기에서 생산하는 제품은 90%가 양호한 상태이다. 다음의 확률을 구하라.

(1) 30개의 무작위 표본 중 3개가 불량

(2) 30개의 무작위 표본 중 3개 이하가 불량

12. 어느 생산공정에서 생산되는 제품의 약 40%가 불량품이라고 한다. 이 생산공정에서 생산된 제품 중에서 6개를 임의로 추출했을 때 불량품의 개수를 확률변수 X로 하는 확률분포표를 작성하고 평균과 표준편차를 구하라.

13. 5개 중 1개를 택하는 선다형 문제가 30문항이 있는 시험에서 임의로 답하는 경우, 정답의 개수를 확률변수 X로 했을 때 다음에 답하라.

(1) 정답이 하나도 없을 확률을 구하라.

(2) 기대치와 분산을 구하라.

14. 집주인이 노란전구 4개와 흰전구 6개가 있는 상자에서 무작위로 3개를 사용하였다. 이때 노란전구를 2개 사용하였을 확률을 구하고 성공비율과 성공횟수에 대한 기대치와 분산을 구하라.

15. 노란전구 4,000개와 흰전구 6,000개가 있는 상자에서 무작위로 10개를 사용하였다. 이때 노란전구를 2개 사용하였을 확률을 초기하분포와 이항분포 근사치를 이용하여 구하라.

16. 어떤 사무실에 1시간에 평균 12건의 상담전화가 온다. 1시간에 걸려오는 전화 상담을 X라 할 때 다음을 구하라.

(1) 1시간에 정확히 10건의 상담전화가 올 확률

(2) 1시간에 10건 이상의 상담전화가 찾아올 확률

(3) 평균과 표준편차

17. 어느 지역에서 일주일 동안 발생한 교통사고 건수가 평균적으로 8건이라 한다. 다음을 구하라.

(1) 이 지역에서 일주일 동안 교통사고 발생건수가 4건이 될 확률

(2) 이 지역에서 일주일 동안 교통사고 발생건수가 2건 이하가 될 확률

(3) 평균과 표준편차

18. ABC 회사에서 생산되는 도자기 가운데 2%는 불량품이 있다고 한다. 이 회사에서 생산한 500개의 도자기 가운데 3개가 불량품일 확률을 이항분포와 포아송분포 근사치를 이용하여 구하라.

19. 200명 중 2명이 특정 제품을 선호한다고 한다. 1,000명에게 질문했을 때 3, 4, 5명이 그 제품을 좋아할 확률을 이항분포와 포아송분포 근사치를 이용하여 구하라.

06

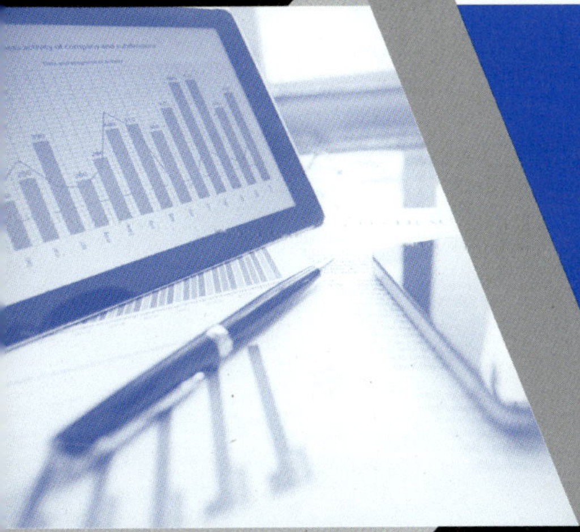

연속확률분포

1. 연속균등분포
2. 정규분포
3. t-분포
4. F-분포
5. χ^2-분포
6. 지수분포
7. 연속확률분포의 비교

1. 연속균등분포

연속균등분포의 특징

연속균등분포(continuous uniform distribution)는 연속확률분포의 하나로 특정 구간 내의 값들이 나타날 가능성이 균등한 분포로 [그림 6-1]과 같이 구간 a에서 b 사이의 모든 값의 확률이 같음을 의미한다.

[그림 6-1] ❙ 연속균등분포

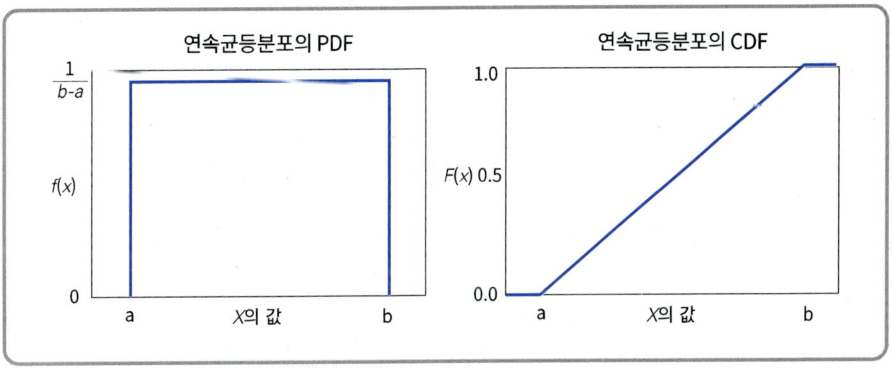

균등분포는 다음의 성질을 가진다.

첫째, 연속확률변수의 모든 확률이 동일하므로 사각형 모양의 분포도가 나온다.

둘째, 사각형으로 표시된 확률뷰포의 가로는 $b-a$이고 전체 넓이는 1이므로 높이는 $1/(b-a)$이다.

연속균등분포의 확률분포함수는 다음과 같다.

$$f(x) = \frac{1}{b-a},\ a \le x \le b$$

연속균등분포의 누적분포함수는 다음과 같다.

$$0,\quad x \le a$$

$$F(x) = \frac{x-a}{b-a},\ a < x < b$$

$$1,\quad b \ge x$$

특정 사건의 확률은 전체에서 차지하는 비중으로 구간의 넓이이다. 따라서 c에서 d 사이의 값을 취할 확률은 다음과 같다.

$$P(c \le X \le d) = \frac{d-c}{b-a}$$

연속균등분포의 기대치와 분산

연속균등분포의 기대치와 분산은 다음과 같다.

$$\mu = E(X) = \frac{a+b}{2}$$

$$\sigma^2 = Var(X) = \frac{(b-a)^2}{12}$$

예제 6-1

어느 제조업자가 공급자에게 부품을 주문하면 주문량이 도착하기까지 걸리는 시간은 2일에서 8일 사이의 연속균등분포를 가진다. 다음의 확률을 구하라.

(1) 4일에서 6일 사이에 주문량이 도착할 확률은?

(2) 주문량이 5일 이후에 도착할 확률은?

(3) 주문량이 도착하기까지 걸리는 시간의 평균과 분산은?

풀이

(1) $P(4 \le X \le 6) = \frac{d-c}{b-a} = \frac{6-4}{8-2} = \frac{2}{6}$

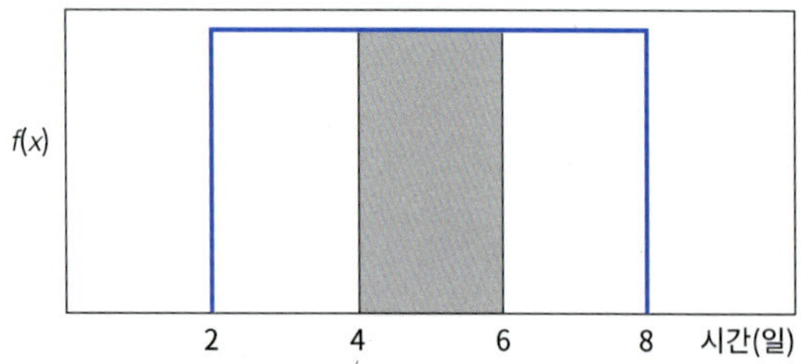

(2) $P(X \ge 5) = \frac{d-c}{b-a} = \frac{8-5}{8-2} = \frac{3}{6}$

(3) $\mu = E(X) = \frac{a+b}{2} = \frac{2+8}{2} = 5$

$$\sigma^2 = Var(X) = \frac{(b-a)^2}{12} = \frac{(8-2)^2}{12} = 3$$

2. 정규분포

정규분포의 특징

정규분포(normal distribution)는 독일의 가우스(Carl Gauss, 1777~1855)의 업적을 기려 가우스분포(Gaussian distribution)로 부르기도 한다. 당시 과학자들은 지구에서 달까지의 거리와 같은 물리학적인 양의 측정을 반복했으나 매번 같은 결과를 얻지 못하고 편차가 있는 측정치를 얻었다. 하지만 측정치는 평균을 중심으로 발생하고 평균에서 먼 측정치일수록 발생 가능성이 작아지는 것을 발견하게 되었다. 반복된 측정 과정상에서 이들 분포가 정상적인 오차를 나타내고 있어 이들 분포를 오차의 정규곡선(normal curve of error) 또는 정규곡선(normal curve)이라 부르게 되었다.

키나 지능지수 같은 대부분의 자연적인 변수가 정규분포를 따르고 있어 오늘날 정규분포는 가장 중요한 통계학적인 분포가 되었다. 정규분포의 특성을 요약하면 다음과 같다.

- 정규분포는 평균을 중심으로 좌우대칭인 종모양이다.
- 정규분포의 모양과 위치는 평균(μ)과 표준편차(σ)에 의해 결정된다.
- 정규곡선과 X축 사이의 면적은 1이다.
- 확률변수 X가 취할 수 있는 값의 범위는 $-\infty < X < +\infty$이다.
- 특정 X값이 발생할 확률은 0이다.
- 특정 구간의 확률은 정규곡선의 해당 구간 면적이다.

[그림 6-2]와 같이 정규분포의 위치는 평균이 모양은 표준편차가 결정한다. [그림 6-2]에서 (a)는 두 집단의 평균과 표준편차가 모두 같은 경우이고, (b)는 두 집단의 평균은 같지만 표준편차가 다른 경우이고, (c)는 두 집단의 표준편차는 같지만 평균이 다른 경우이고, (d)는 두 집단의 평균과 표준편차가 모두 다른 경우이다.

[그림 6-2] ❙ μ와 σ에 따른 정규분포

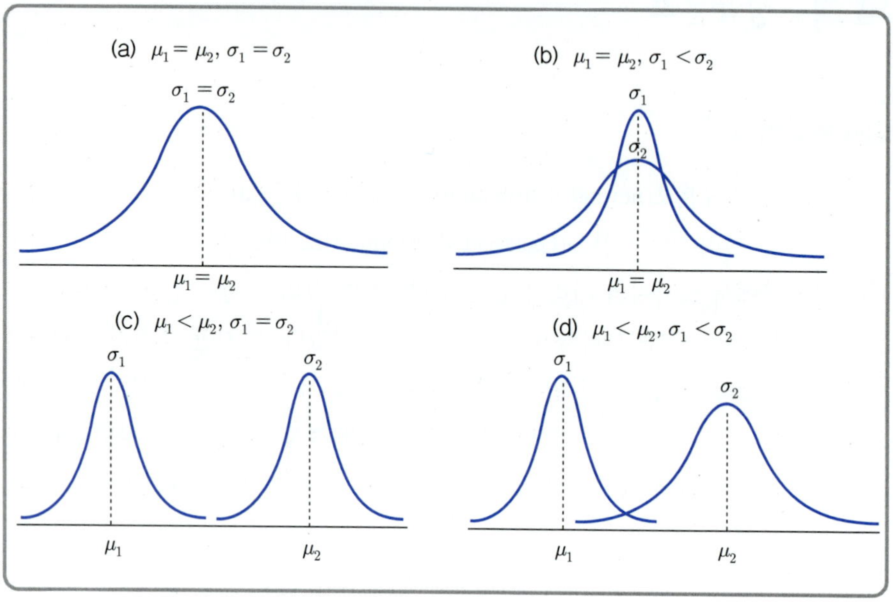

정규분포의 표준화

정규분포는 μ와 σ에 의해 수많은 모양이 존재하기 때문에 분포상의 면적을 계산하여 확률을 알아내기 위해서는 정규분포함수를 부분적분하는 어려운 과정을 거쳐야 한다. 따라서 평균과 표준편차에 따라 변하는 정규분포의 모양에 무관하게

[그림 6-3] ❙ 정규분포의 표준화

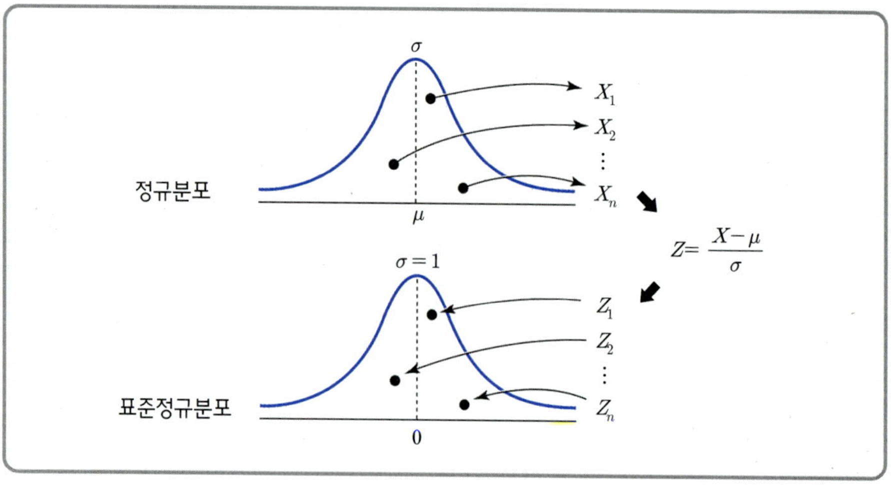

특정 구간 사이의 확률을 쉽게 구하는 방법이 필요하다. 모든 정규분포의 기준이 되는 표준정규분포를 이용한다면 정규분포의 다양한 모양에서 확률을 직접 계산하지 않아도 된다.

[그림 6-3]과 같이 정규분포상의 모든 X값을 $Z(=\frac{X-\mu}{\sigma})$로 변환시키면 그 Z값들은 $\mu=0$, $\sigma=1$인 **표준정규분포**(standard normal distribution)를 이룬다. 즉, 확률변수 X를 확률변수 $Z(=\frac{X-\mu}{\sigma})$로 치환하면 확률변수 Z의 분포는 평균이 0이고 표준편차가 1인 표준정규분포가 된다. 여기서 Z는 어떤 관측치 X의 값이 평균(μ)으로부터 떨어진 거리($X-\mu$)로 표준편차(σ)의 배수로 나타낸 것이다. 그러므로 Z는 표준편차(σ)를 단위로 하는 확률변수가 된다.

예를 들어, [그림 6-4]에서 첫 번째 정규분포는 $\mu=50$, $\sigma=5$이므로 $X=45$에 해당하는 Z값은 다음과 같다.

$$Z_1=\frac{X-\mu}{\sigma}=\frac{45-50}{5}=-1$$

마찬가지로 $X=55$에 해당하는 Z값은 다음과 같다.

$$Z_2=\frac{X-\mu}{\sigma}=\frac{55-50}{5}=1$$

[그림 6-4] ❙ 정규분포의 표준정규분포화

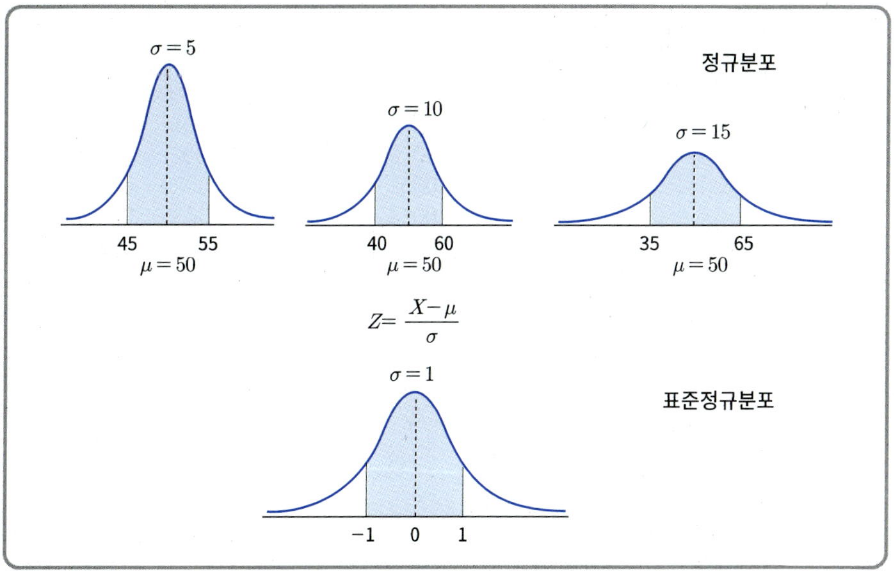

[그림 6-4]에서 두 번째 정규분포는 $\mu = 50$, $\sigma = 10$이므로 $X = 40$과 $X = 60$에 해당하는 Z값은 다음과 같다.

$$Z_1 = \frac{X-\mu}{\sigma} = \frac{40-50}{10} = -1, \quad Z_2 = \frac{X-\mu}{\sigma} = \frac{60-50}{10} = 1$$

[그림 6-4]에서 세 번째 정규분포는 $\mu = 50$, $\sigma = 15$이므로 $X = 35$와 $X = 65$에 해당하는 Z값은 다음과 같다.

$$Z_1 = \frac{X-\mu}{\sigma} = \frac{35-50}{15} = -1, \quad Z_2 = \frac{X-\mu}{\sigma} = \frac{65-50}{15} = 1$$

따라서 [그림 6-4]에 있는 네 개 분포의 빗금 친 면적은 모두 같다.

표준정규분포표

정규분포의 면적은 부록에 첨부된 표준정규분포표를 이용하면 쉽게 계산할 수 있다. [그림 6-5] 또는 부록의 표준정규분포표의 왼쪽 끝에는 Z값의 소수점 첫째

[그림 6-5] **표준정규분포의 예**

Z	.00	.01	.02	.03	.04	.05	.06	.07	.08	.09
−3.4	.0003	.0003	.0003	.0003	.0003	.0003	.0003	.0003	.0003	.0002
−3.3	.0005	.0005	.0005	.0004	.0004	.0004	.0004	.0004	.0004	.0003
−3.2	.0007	.0007	.0006	.0006	.0006	.0006	.0006	.0005	.0005	.0005
−3.1	.0010	.0009	.0009	.0009	.0008	.0008	.0008	.0008	.0007	.0007
−3.0	.0013	.0013	.0013	.0012	.0012	.0011	.0011	.0011	.0010	.0010
−2.9	.0019	.0018	.0018	.0017	.0016	.0016	.0015	.0015	.0014	.0014
−2.8	.0026	.0025	.0024	.0023	.0023	.0022	.0021	.0021	.0020	.0019
−2.7	.0035	.0034	.0033	.0032	.0031	.0030	.0029	.0028	.0027	.0026
−2.6	.0047	.0045	.0044	.0043	.0041	.0040	.0039	.0038	.0037	.0036
−2.5	.0062	.0060	.0059	.0057	.0055	.0054	.0052	.0051	.0049	.0048
−2.4	.0082	.0080	.0078	.0075	.0073	.0071	.0069	.0068	.0066	.0064
−2.3	.0107	.0104	.0102	.0099	.0096	.0094	.0091	.0089	.0087	.0084
−2.2	.0139	.0136	.0132	.0129	.0125	.0122	.0119	.0116	.0113	.0110
−2.1	.0179	.0174	.0170	.0166	.0162	.0158	.0154	.0150	.0146	.0143
−2.0	.0228	.0222	.0217	.0212	.0207	.0202	.0197	.0192	.0188	.0183
−1.9	.0287	.0281	.0274	.0268	.0262	.0256	.0250	.0244	.0239	.0233
−1.8	.0359	.0351	.0344	.0336	.0329	.0322	.0314	.0307	.0301	.0294
−1.7	.0446	.0436	.0427	.0418	.0409	.0401	.0392	.0384	.0375	.0367

[그림 6-6] ❙ 정규분포와 표준정규분포의 면적

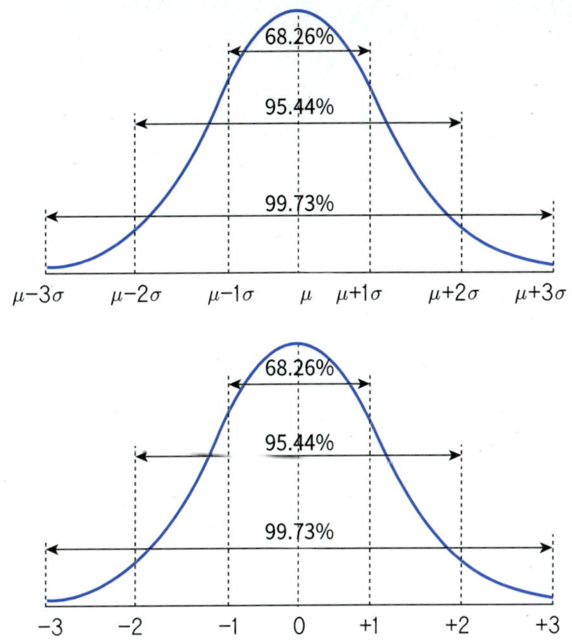

자리까지의 값이 표의 상단에는 소수점 둘째 자릿값이 주어져 있다. 그러므로 Z값의 소수점 첫째 자릿값과 둘째 자릿값이 교차하는 지점의 값이 구하고자 하는 구간의 면적인 확률이 된다.

예를 들어, [그림 6-5]에서 $Z=-2.21$의 면적은 표의 왼쪽 열에서 -2.2를 찾아 수평으로 선을 긋고 표의 상단에서 0.04를 찾아 수직으로 선을 그어 교차하는 지점의 값인 0.0125가 해당 면적 즉, 확률이 된다. [그림 6-6]은 정규분포와 표준정규분포의 면적 일부를 보여주고 있다.

예제 6-2

표준정규분포표에서 다음 Z에 해당하는 면적을 구하라.

(1) $Z=2$의 오른쪽 면적 (2) $Z=-2$과 $Z=3$ 사이의 면적

(3) $Z=2$의 왼쪽 면적 (4) $Z=-2$의 오른쪽 면적

풀이

(1)

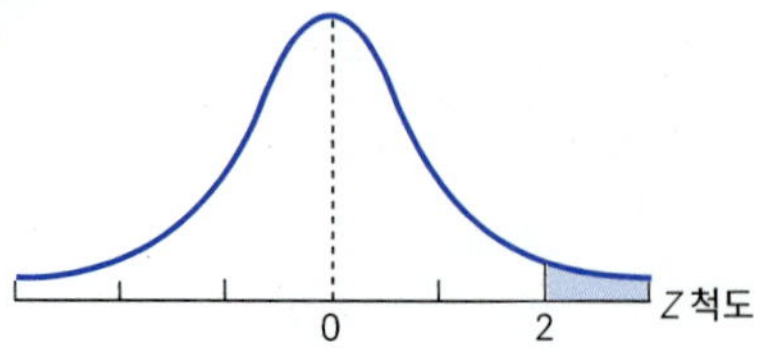

1 − 0.9772 = 0.0228

(2)

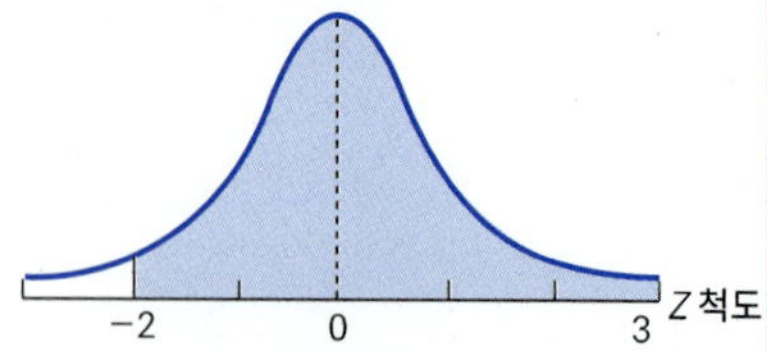

0.9987 − 0.0228 = 0.9759

(3)

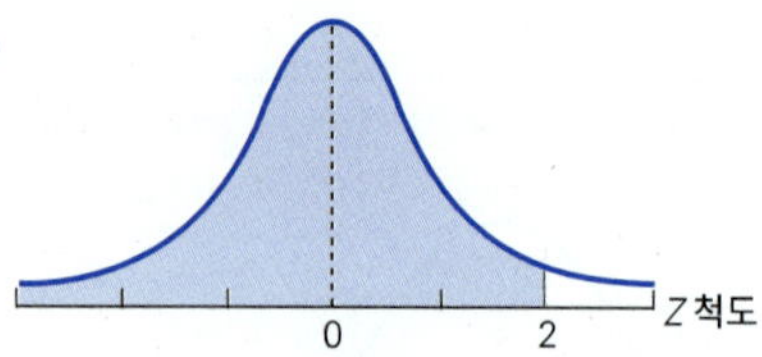

0.9772

(4)

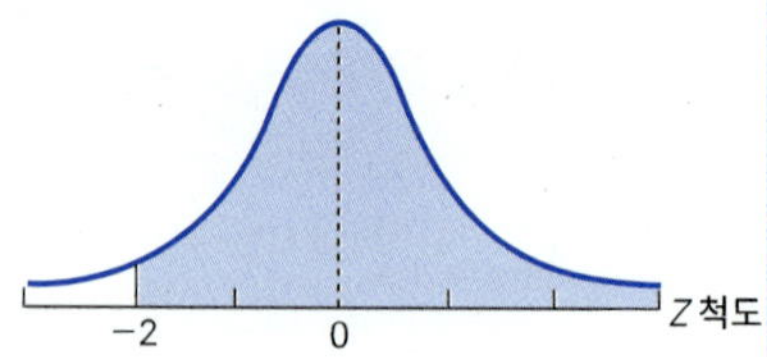

1 − 0.0228 = 0.9772

예제 6-3

표준정규분포표에서 다음 면적에 해당하는 Z값을 구하라.

(1) 왼쪽 면적이 0.95　　(2) 왼쪽 면적이 0.2

(3) 오른쪽 면적이 0.95　　(4) 오른쪽 면적이 0.1

풀이

(1)

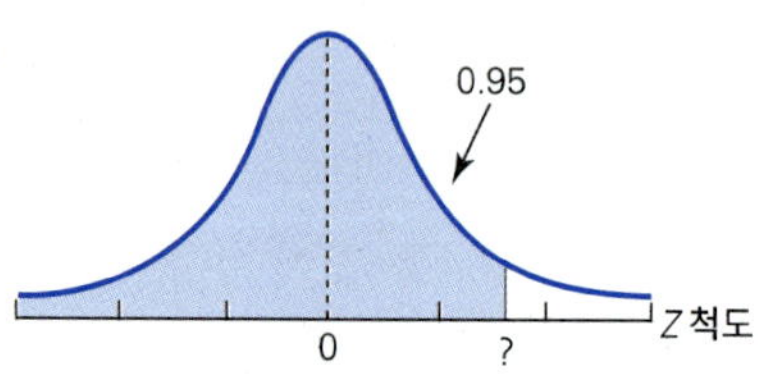

1.645

(2)

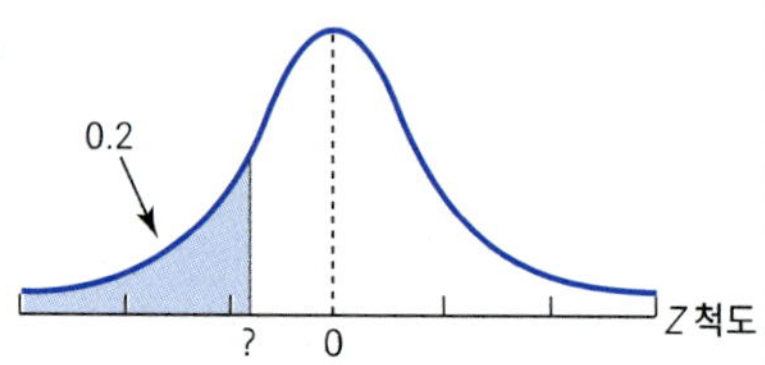

− 0.84

(3)

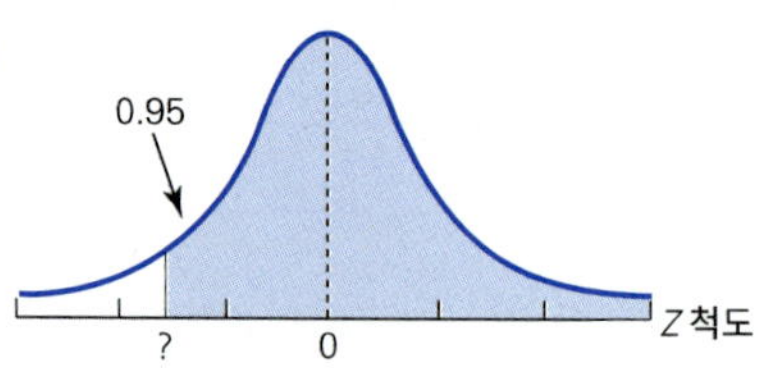

− 1.645

(4)

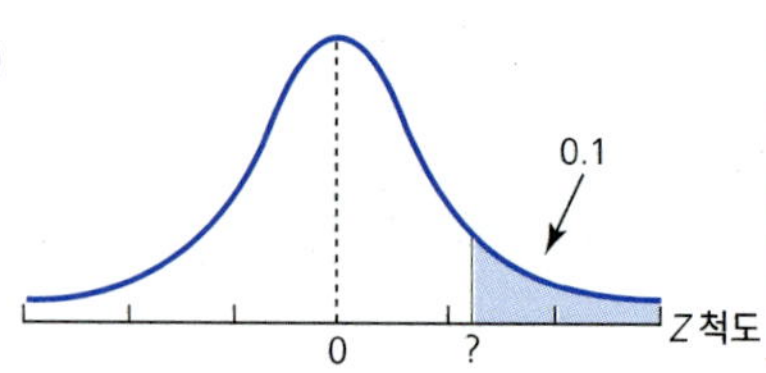

1.28

정규분포의 사례

다음의 몇 가지 예를 통하여 표준정규분포표를 사용하여 정규분포곡선의 면적을 계산하는 방법들을 살펴보기로 한다.

예제 6-4

평균(μ)이 60점이고 표준편차(σ)가 10점일 때 무작위로 추출한 학생의 점수가 60점~80점 사이일 확률은 얼마인가?

풀이

(1) 80점에 대한 Z값을 계산한다.

$$Z=\frac{X-\mu}{\sigma}=\frac{80-60}{10}=2.0$$

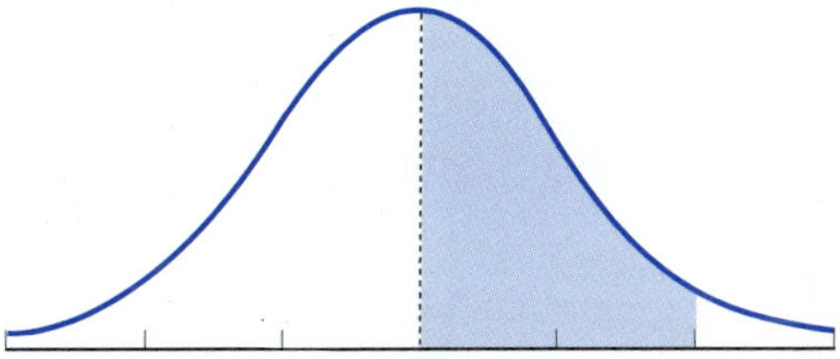

(2) 표준정규분포표에서 Z값 2.0에 해당하는 값은 0.9772이다. 따라서 무작위로 뽑은 학생의 점수가 60점~80점 사이일 확률은 $0.9772-0.5=0.4772$, 즉 47.72%이다.

예제 6-5

평균(μ)이 60점이고 표준편차(σ)가 10점일 때 무작위로 추출한 학생의 점수가 85.6점보다 높을 확률은 얼마인가?

풀이

(1) 85.6점에 대한 Z값을 계산한다.

$$Z=\frac{X-\mu}{\sigma}=\frac{85.6-60}{10}=2.56$$

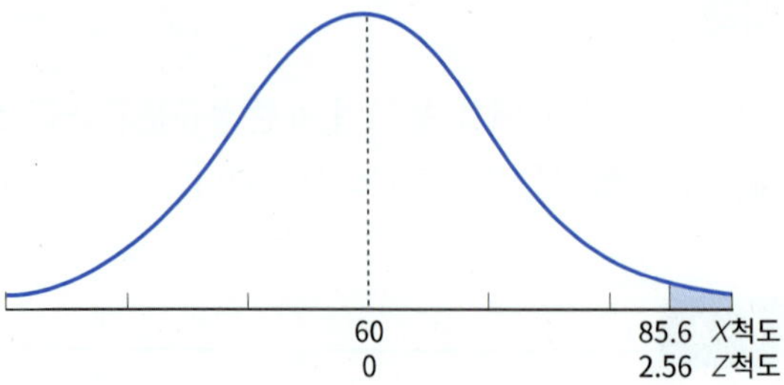

(2) 표준정규분포표에서 $Z=2.56$값에 대한 왼쪽 면적을 찾으면 0.9948이다. 따라서 85.6점 이상일 확률은 $1-0.9948=0.0052$가 된다. 0.0052가 무작위로 추출한 학생의 점수가 85.6점보다 클 확률이 된다.

예제 6-6

평균(μ)이 60점이고 표준편차(σ)가 10점일 때 무작위로 추출한 학생의 점수가 37점~83점 사이일 확률은 얼마인가?

풀이

(1) 먼저 다음과 같은 두 개의 Z값을 구한다.

$$Z_1 = \frac{X-\mu}{\sigma} = \frac{37-60}{10} = -2.3$$

$$Z_2 = \frac{X-\mu}{\sigma} = \frac{83-60}{10} = 2.3$$

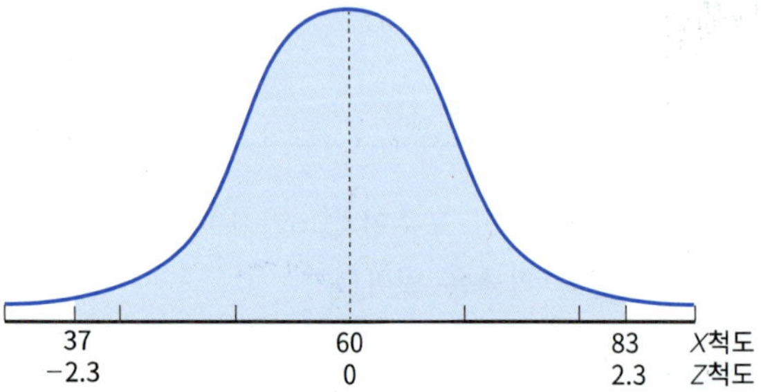

(2) Z값 2.3과 −2.3에 대한 확률은 각각 0.9893과 0.0107이다. 빗금 친 전체에 대한 크기는 $0.9893-0.0107=0.9786$이 된다. 즉, 전체 학생의 97.86%가 37점~83점 사이로 볼 수 있다.

예제 6-7

평균(μ)이 60점이고 표준편차(σ)가 10점일 때 42점 이하와 84점 이상 학생은 특별지도를 받아야 한다. 몇 %가 특별지도를 받아야 하는지를 엑셀함수로 구하라.

풀이

(1) 두 개의 Z값을 계산한다.

$$Z_1 = \frac{X-\mu}{\sigma} = \frac{42-60}{10} = -1.8$$

$$Z_2 = \frac{X-\mu}{\sigma} = \frac{84-60}{10} = 2.4$$

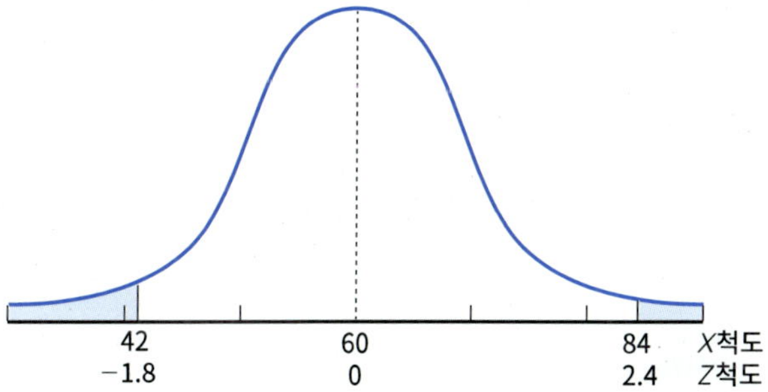

(2) $Z_1 = -1.8$의 왼쪽 면적은 0.0359이고 $Z_2 = 2.4$의 왼쪽 면적은 0.9918이다. 따라서 Z_1보다 작고 Z_2보다 클 확률은 $0.0359 + (1 - 0.9918) = 0.0441$이 된다. 즉, 전체 학생 중 4.41%가 특별지도를 받아야 한다.

예제 6-8

평균(μ)이 60점이고 표준편차(σ)가 10점일 때 몇 %의 학생들이 65점~82.5점 사이의 점수를 갖는가?

풀이

(1) 두 개의 Z값을 계산한다.

$$Z_1 = \frac{X-\mu}{\sigma} = \frac{65-60}{10} = 0.5$$

$$Z_2 = \frac{X-\mu}{\sigma} = \frac{82.5-60}{10} = 2.25$$

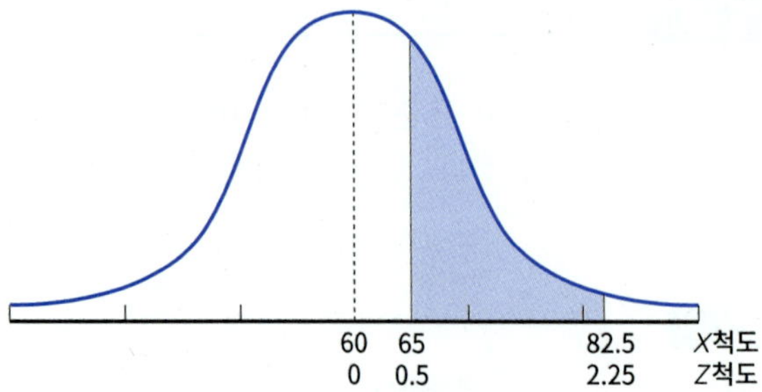

(2) 82.5까지의 왼쪽 면적($Z_2=2.25$)은 0.9878이고 65까지의 왼쪽 면적($Z_1=0.5$)은 0.6915이다. 따라서 주어진 두 점 사이의 면적은 0.9878−0.6915=0.2963이다. 즉, 전체 학생 중 29.63%가 65점~82.5점 사이의 점수를 갖는다.

예제 6-9

평균(μ)이 60점이고 표준편차(σ)가 10점일 때 전체 중 80% 학생의 점수는 몇 점 이하일까?

풀이

(1) 특정 X값이 평균의 오른쪽 또는 왼쪽에 위치하는지를 결정한다. 평균에서 왼쪽 50%는 60점 이하이므로 80%는 평균보다 오른쪽에 있는 값 이하가 될 것이다.

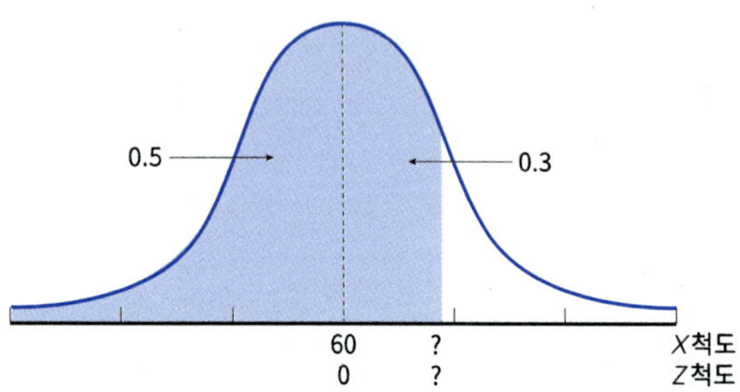

(2) 표준정규분포표에서 0.7995가 0.8에 가장 가깝고 이때 0.7995에 대응하는 Z값은 0.84이다.

(3) 찾고자 하는 값은 평균에서 표준편차의 0.84배만큼 오른쪽에 있으므로 다음과 같이 계산한다.

$$Z=\frac{X-\mu}{\sigma}=0.84=\frac{X-60}{10}$$

따라서 $X=\mu+Z(\sigma)=60+0.84(10)=68.4$가 된다. 즉, 전체 학생의 80%는 68.4점 이하이다.

예제 6-10

평균(μ)이 60점이고 표준편차(σ)가 10점일 때 학생의 90%는 몇 점 이상인가?

풀이

(1) 특정 X값이 평균의 왼쪽 또는 오른쪽에 위치하는지를 결정한다. 평균에서 오른쪽 50%는 평균 이상이므로 나머지 40%는 평균보다 왼쪽에 있는 값 이상이 될 것이다.

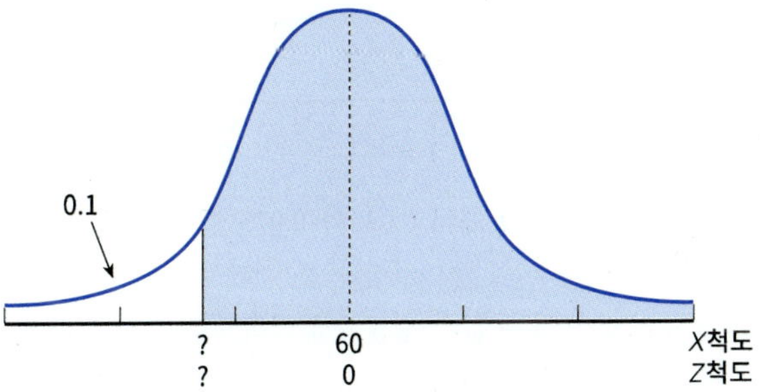

(2) 표준정규분포표에서 0.1에 가장 가까운 값은 0.1003이고 이때 0.1003에 대응하는 Z값은 -1.28이다.

(3) 찾고자 하는 값은 평균에서 왼쪽으로 표준편차의 -1.28배만큼 떨어져 있으므로 다음과 같이 계산한다.

$$Z=\frac{X-\mu}{\sigma}=-1.28=\frac{X-60}{10}$$

따라서 $X=\mu+Z(\sigma)=60-1.28(10)=47.2$가 된다. 즉, 전체 학생 중 90%는 47.2점 이상이다.

예제 6-11

평균(μ)이 60점이고 표준편차(σ)가 10점일 때 전체 학생의 95%가 갖는 점수의 대칭 범위를 구하라.

풀이

(1) 평균을 중심으로 양쪽 면적의 크기를 결정한다. 95%의 절반은 47.5%이므로 평균을 기준으로 양쪽으로 각각 0.475에 특정 X값이 위치한다.

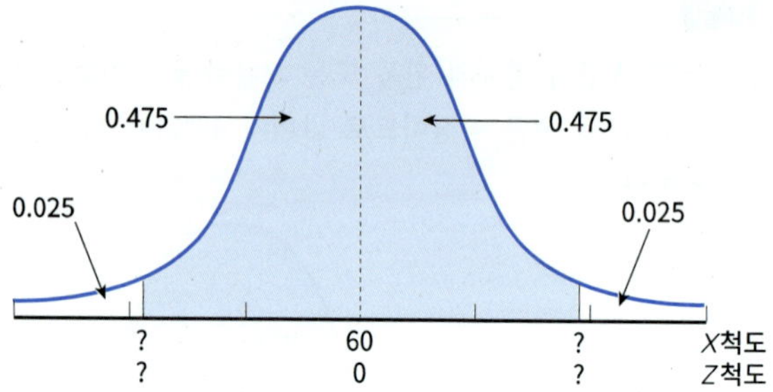

(2) 표준정규분포표에서 0.025와 0.975에 가장 근사한 Z값을 찾으면 각각 −1.96과 +1.96이다.

(3) 구하고자 하는 값은 평균에서 양쪽으로 각각 표준편차의 ±1.96배만큼씩 떨어져 있으므로 다음과 같이 계산한다.

$$Z = \frac{X-\mu}{\sigma} = \pm 1.96 = \frac{X-60}{10}$$

따라서 $X = \mu + Z(\sigma) = 60 \pm 1.96(10)$이 된다. 전체 학생 중 95%가 40.4점~79.6점 사이의 점수를 갖는다.

예제 6-12

평균(μ)이 60점이고 표준편차(σ)가 10점일 때 하위 학생들 1%에 해당하는 점수는 얼마 이하인가?

풀이

(1) 최저 1%는 오른쪽 끝에서 99%에 해당하는 면적이다.

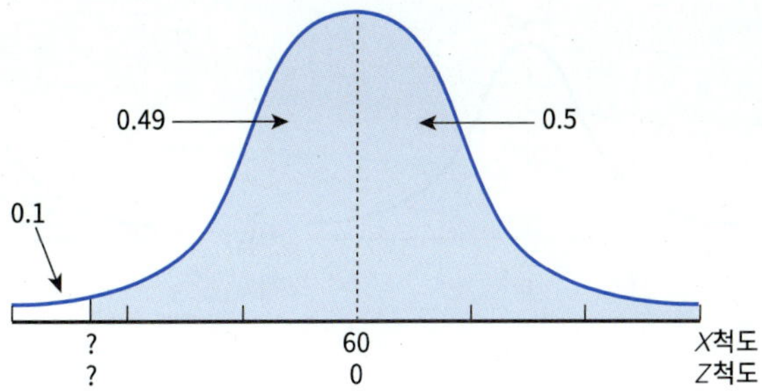

(2) 0.1에 가장 근사한 Z값은 -2.33이다.

(3) 구하고자 하는 값은 평균에서 왼쪽으로 표준편차의 -2.33배만큼 떨어져 있으므로 다음과 같이 계산한다.

$$Z = \frac{X-\mu}{\sigma} = -2.33 = \frac{X-60}{10}$$

따라서 $X = \mu + Z(\sigma) = 60 - 2.33(10) = 36.7$이 된다. 즉, 36.7점이 하위 1%에서 가장 높은 점수가 된다.

예제 6-13

정규분포에서 평균(μ)이 10이고 표준편차(σ)가 2일 때 다음의 확률을 표준정규분포표를 이용하여 구하라.

(1) 15 이상일 확률　　(2) 8에서 12 사이의 확률

(3) 7 이하일 확률　　(4) 9보다 작고 12보다 클 확률

풀이

(1)

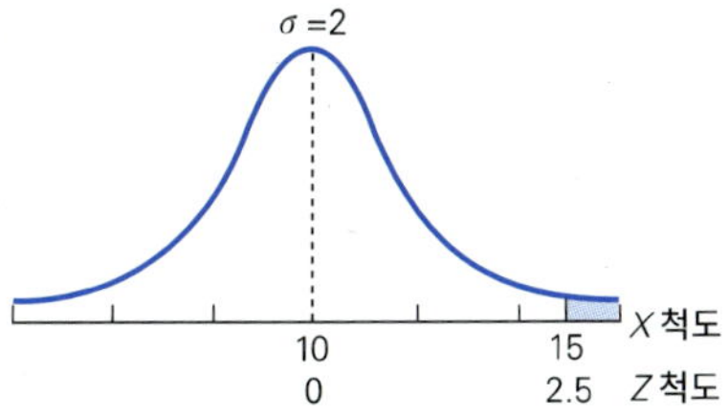

$$Z = \frac{15-10}{2} = 2.5$$

$$1 - 0.9938 = 0.0062$$

(2)

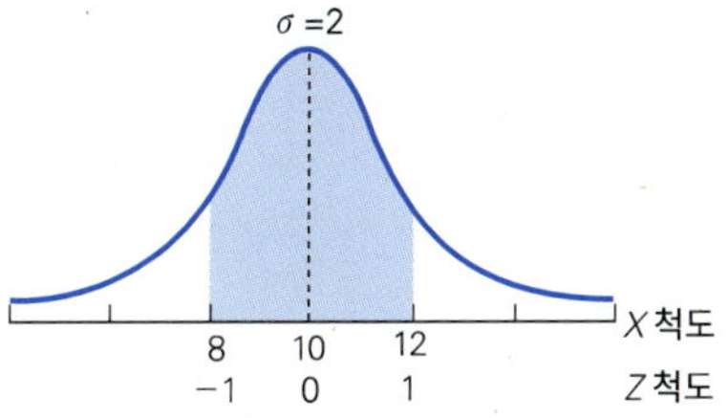

$$Z_1 = \frac{8-10}{2} = -1 \quad Z_2 = \frac{12-10}{2} = 1$$

$$0.8413 - 0.1587 = 0.6826$$

(3)

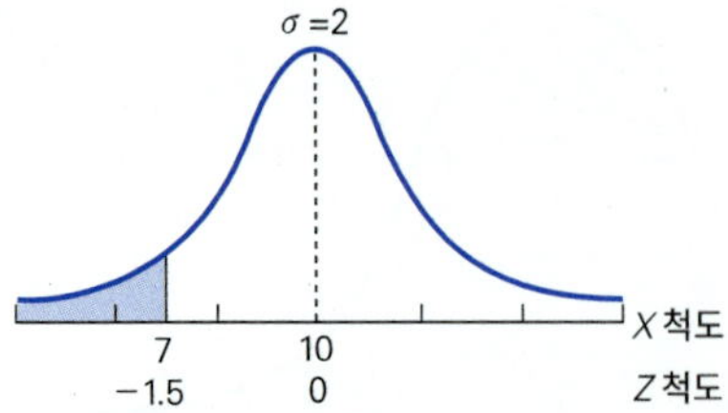

$$Z = \frac{7-10}{2} = -1.5$$

0.0668

(4)

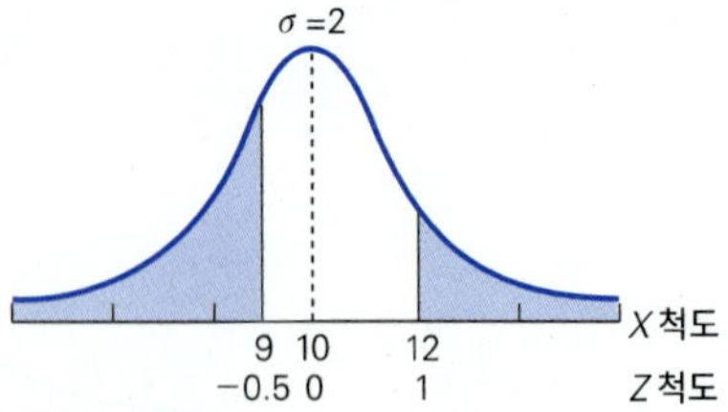

$$Z_1 = \frac{9-10}{2} = -0.5 \quad Z_2 = \frac{12-10}{2} = 1$$

$$0.3085 + (1 - 0.8413) = 0.4672$$

예제 6-14

$\mu = 10$, $\sigma = 2$인 정규분포에서 다음을 구하라.

(1) 오른쪽 면적 0.3에 해당하는 X의 값

(2) 상위 10%에 해당하는 최솟값

(3) 하위 20%에 해당하는 최댓값

(4) 하위 2%에서 상위 1%까지의 사이 값

풀이

(1)

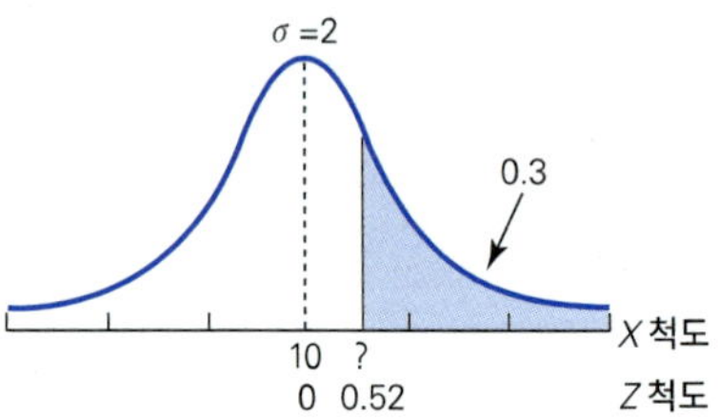

$$Z = \frac{X-\mu}{\sigma} = 0.52 = \frac{X-10}{2}, \ X = 10 + 2(0.52) = 11.04$$

(2)

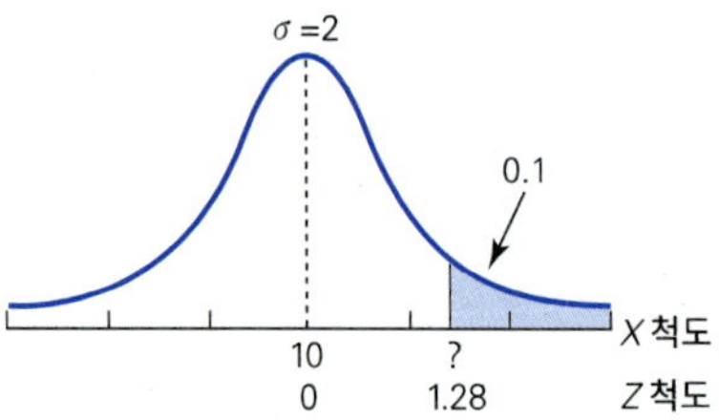

$$Z = \frac{X-\mu}{\sigma} = 1.28 = \frac{X-10}{2}, \ X = 10 + 2(1.28) = 12.56$$

(3)

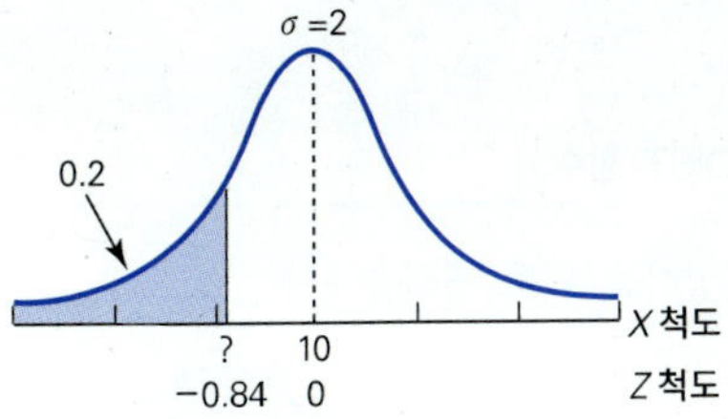

$$Z=\frac{X-\mu}{\sigma}=-0.84=\frac{X-10}{2},\ X=10-2(0.84)=8.32$$

(4)

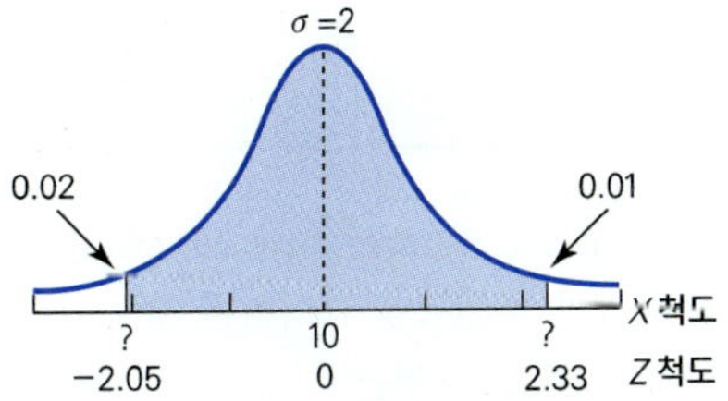

$$Z=\frac{X-\mu}{\sigma}=-2.05=\frac{X-10}{2},\ X=10-2(2.05)=5.9$$

$$Z=\frac{X-\mu}{\sigma}=2.33=\frac{X-10}{2},\ X=10+2(2.33)=14.66$$

$\therefore 5.9 \sim 14.66$

정규분포의 엑셀함수

NORM.DIST 함수

용도 : X에 해당하는 왼쪽 면적을 구함

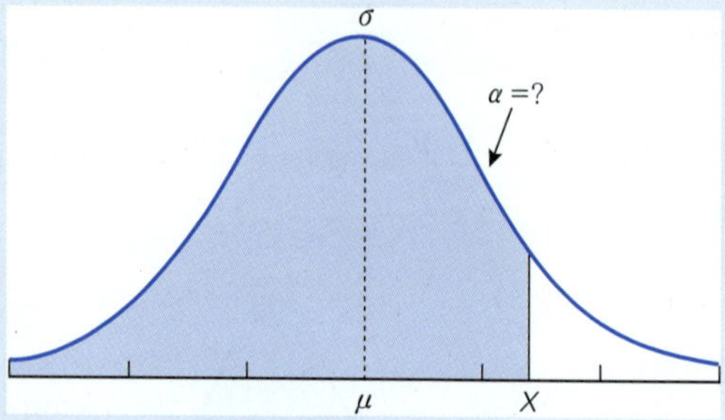

=NORM.DIST(X, mean, standard_dev, cumulative)

- X : 필수요소로 분포의 면적을 구하려는 값
- mean : 필수요소로 분포의 평균
- standard_dev : 필수요소로 분포의 표준편차
- cumulative : 필수요소로 1이면 누적분포함수가 0이면 확률분포함수가 반환

예제 6-15

평균(μ)=50이고 표준편차(σ)=5인 정규분포에서 다음의 확률을 엑셀함수로 구하라.

(1) 55 이하

(2) 45에서 55 사이

(3) 55 이상

(4) 45 이하 55 이상

풀이

(1) =NORM.DIST(55, 50, 5, 1)=0.8413

- X : 55
- mean : 50
- standard_dev : 5
- cumulative : 1

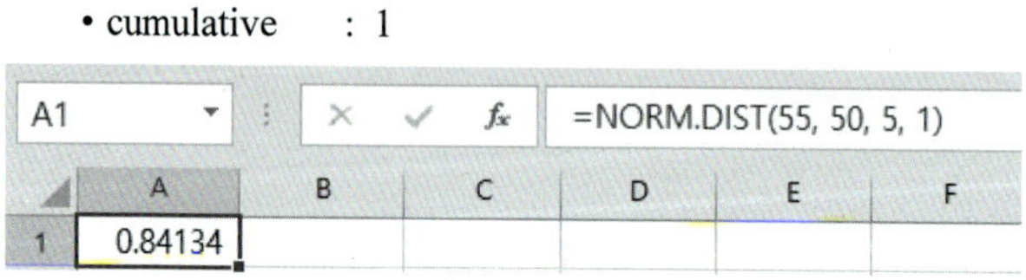

(2) =NORM.DIST(55, 50, 5, 1) − NORM.DIST(45, 50, 5, 1)=0.6827

- X : 55
- mean : 50
- standard_dev : 5
- cumulative : 1

- X : 45
- mean : 50
- standard_dev : 5
- cumulative : 1

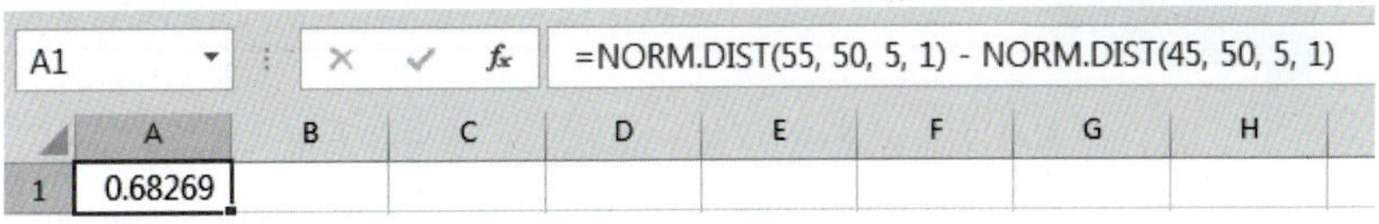

(3) =1 − NORM.DIST(55, 50, 5, 1)=0.1587

- X : 55
- mean : 50
- standard_dev : 5
- cumulative : 1

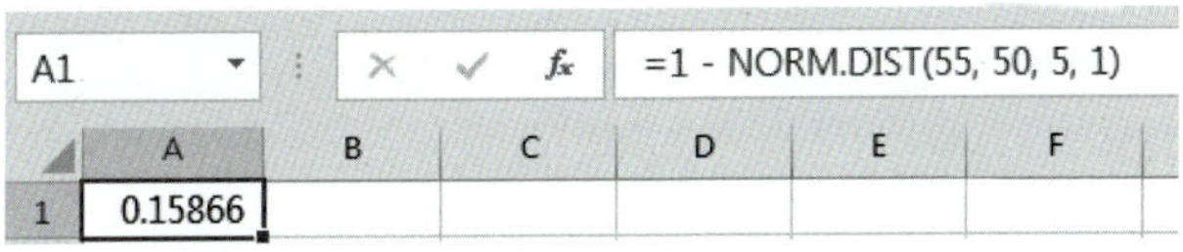

(4) =NORM.DIST(45, 50, 5, 1) + (1 − NORM.DIST(55, 50, 5, 1))=0.3173

- X : 45
- mean : 50
- standard_dev : 5
- cumulative : 1

- X : 55
- mean : 50
- standard_dev : 5
- cumulative : 1

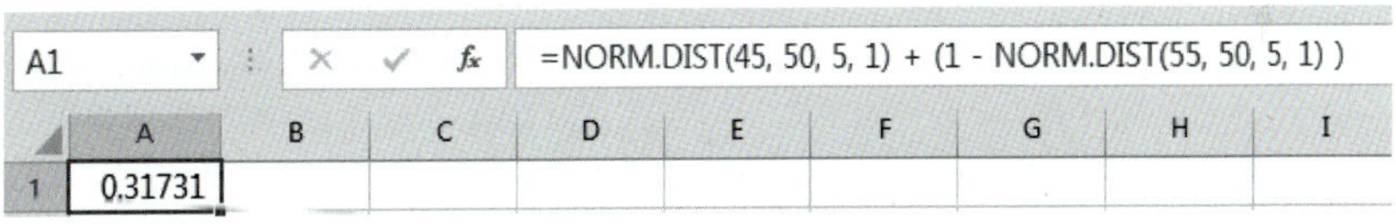

NORM.S.DIST 함수

용도 : Z에 해당하는 왼쪽 면적을 구함

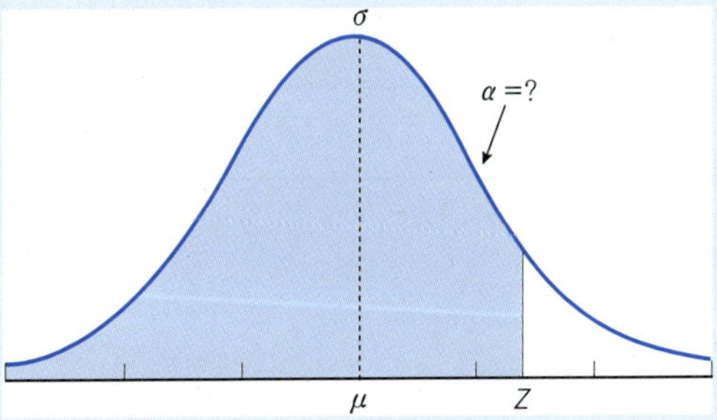

=NORM.S.DIST(Z, cumulative)
- Z : 필수요소로 분포의 면적을 구하려는 값
- cumulative : 필수요소로 1이면 누적분포함수가 0이면 확률분포함수가 반환

예제 6-16

(1) 표준정규분포에서 $P(Z<1.645)$을 엑셀함수로 구하라.
(2) 표준정규분포에서 $P(-1<Z<1)$을 엑셀함수로 구하라.
(3) 표준정규분포에서 $P(Z<-1)$과 $P(Z>1)$을 엑셀함수로 구하라.

풀이

(1) =NORM.S.DIST(1.645, 1)=0.9500
- Z : 1.645
- cumulative : 1

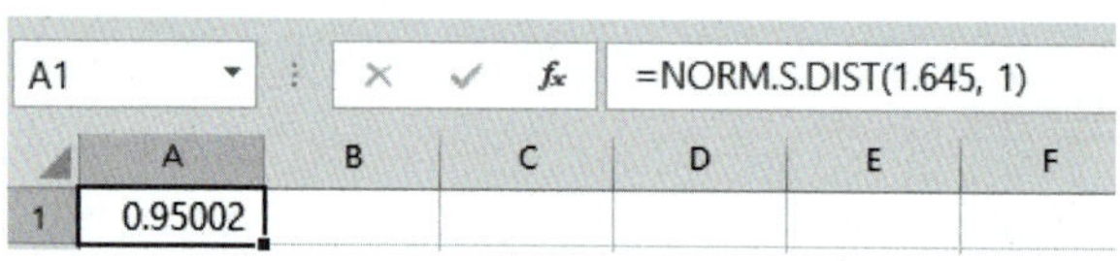

(2) =NORM.S.DIST(1, 1) − NORM.S.DIST(−1, 1)=0.6827
- Z : 1
- cumulative : 1
- Z : −1
- cumulative : 1

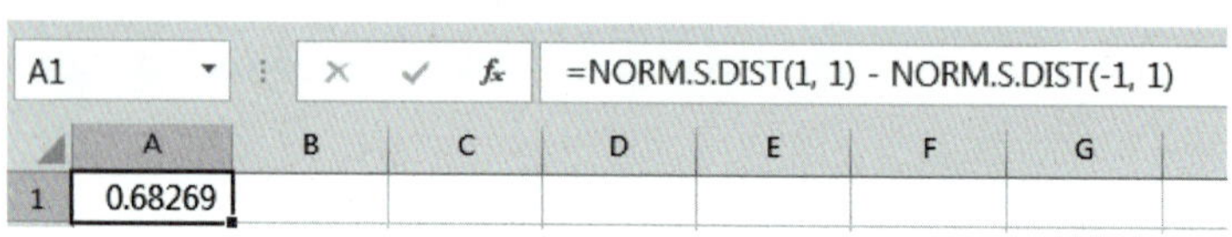

(3) =NORM.S.DIST(−1, 1) + (1 − NORM.S.DIST(1, 1))=0.3173
- Z : −1
- cumulative : 1
- Z : 1
- cumulative : 1

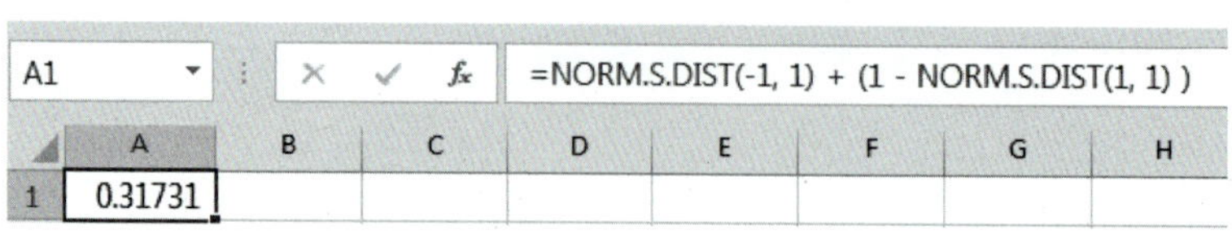

NORM.INV 함수

용도 : 왼쪽 면적에 해당하는 X값을 구함

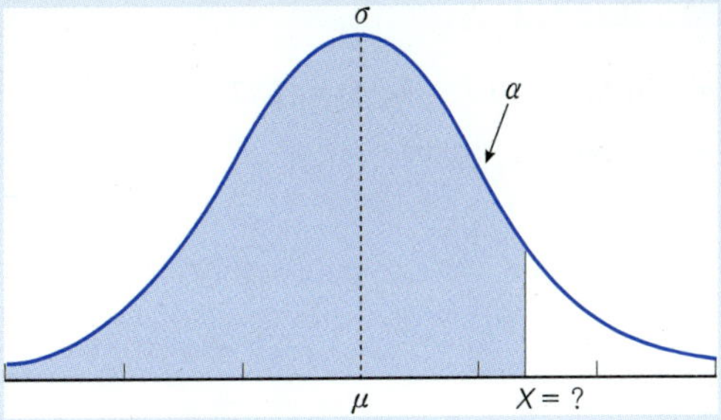

=NORM.INV(probability, mean, standard_dev)

- probability : 필수요소로 분포의 확률 또는 면적
- mean : 필수요소로 분포의 평균
- standard_dev : 필수요소로 분포의 표준편차

예제 6-17

$\mu=50$, $\sigma=5$인 정규분포에서 다음의 확률을 엑셀함수로 구하라.

(1) 왼쪽 면적이 0.8413에 해당하는 X의 값

(2) 상위 5%에 해당하는 최솟값

(3) 하위 5%에 해당하는 최댓값

(4) 하위 7%와 상위 3%에 해당하는 값

풀이

(1) =NORM.INV(0.8413, 50, 5) = 54.9991

- probability : 0.8413
- mean : 50
- standard_dev : 5

A1 =NORM.INV(0.8413, 50, 5)

	A	B	C	D	E	F
1	54.99908					

(2) =NORM.INV(0.95, 50, 5) = 58.2243

- probability : 0.95
- mean : 50
- standard_dev : 5

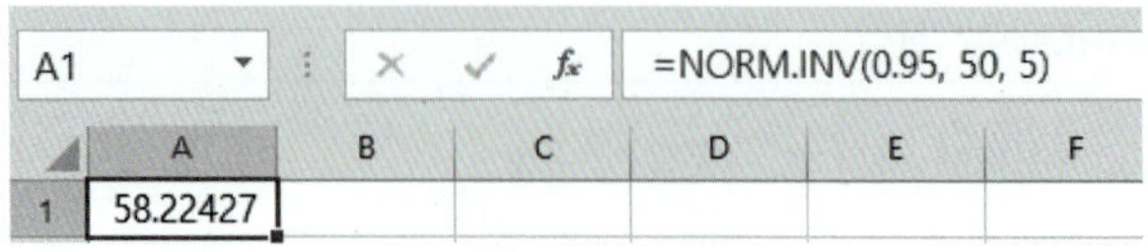

(3) =NORM.INV(0.05, 50, 5)=41.7757

- probability : 0.05
- mean : 50
- standard_dev : 5

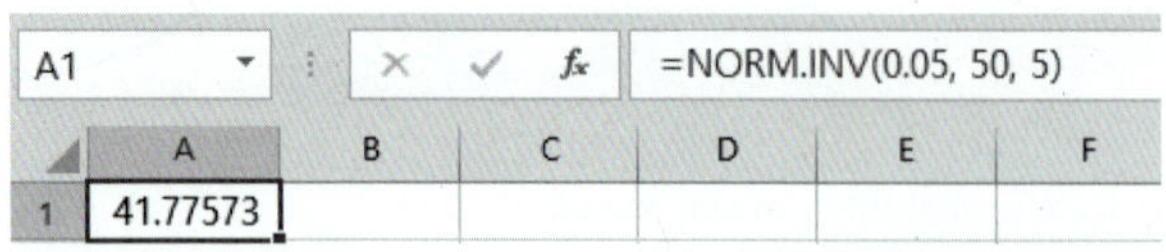

(4) =NORM.INV(0.07, 50, 5)=42.6210, =NORM.INV(0.97, 50, 5)=59.4040

- probability : 0.07
- mean : 50
- standard_dev : 5

- probability : 0.97
- mean : 50
- standard_dev : 5

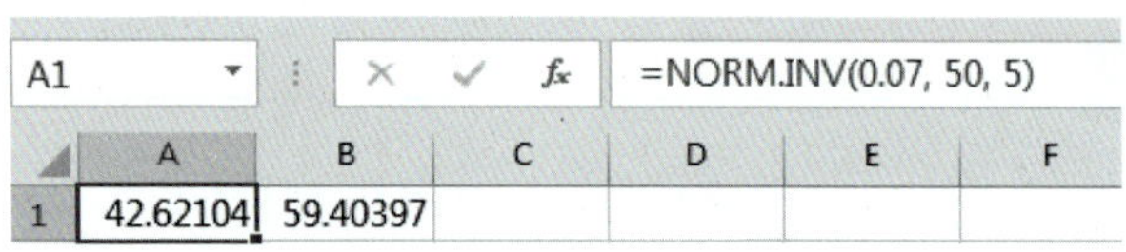

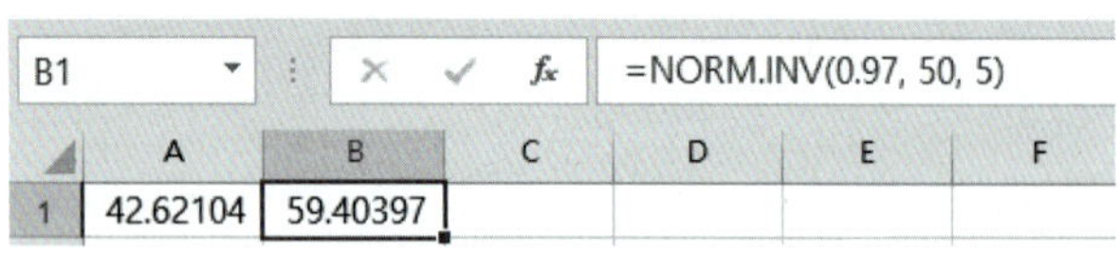

NORM.S.INV 함수

용도 : 왼쪽 면적에 해당하는 Z값을 구함

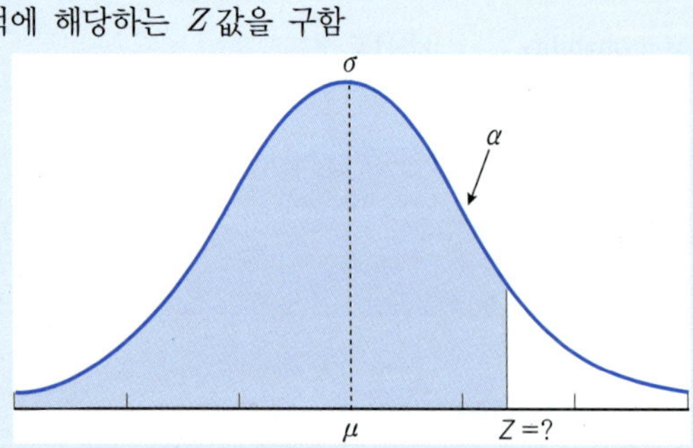

=NORM.S.INV(probability)

- probability : 필수요소로 분포의 확률 또는 면적

예제 6-18

(1) 표준정규분포에서 왼쪽 면적이 0.95인 Z값을 엑셀함수로 구하라.

(2) 표준정규분포에서 오른쪽 면적이 0.01인 Z값을 엑셀함수로 구하라.

풀이

(1) =NORM.S.INV(0.95) = 1.6449

• probability : 0.95

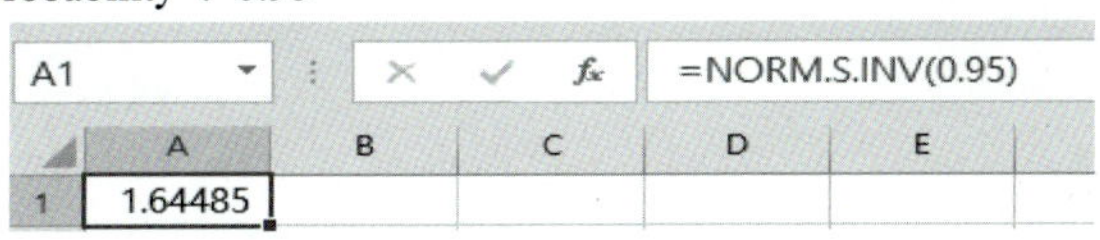

(2) =NORM.S.INV(1 − 0.01) = 2.3264

• probability : 0.99

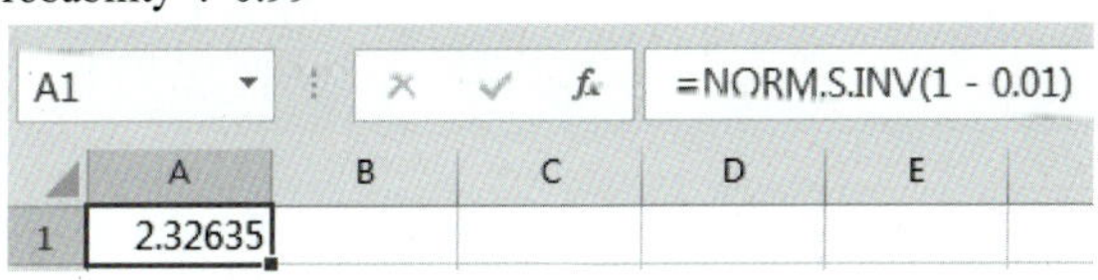

예제 6-19

평균(μ)이 60점이고 표준편차(σ)가 10점일 때 무작위로 추출한 학생의 점수가 60점~80점 사이일 확률을 엑셀함수로 구하라.

풀이

=NORM.S.DIST(2, 1) − 0.5 또는 =NORM.DIST(80, 60, 10, 1) − 0.5로부터 0.4773을 구한다.

• Z : 2
• cumulative : 1

• X : 80
• mean : 60
• standard_dev : 10
• cumulative : 1

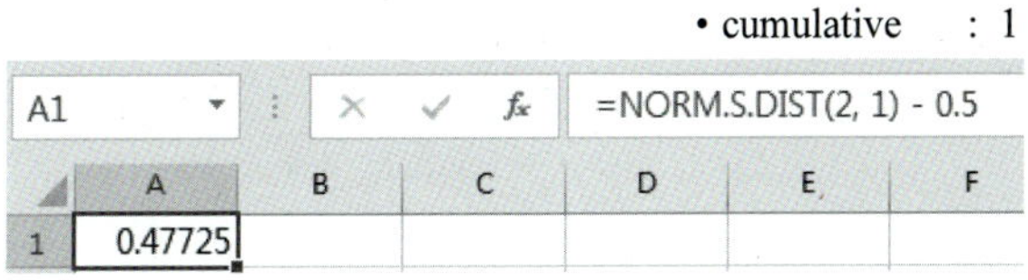

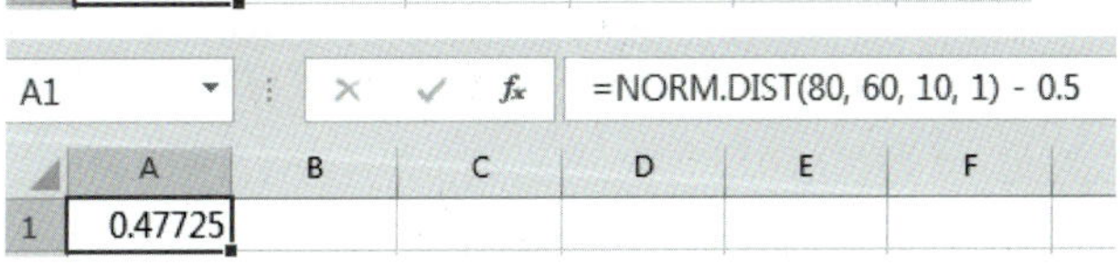

예제 6-20

평균(μ)이 60점이고 표준편차(σ)가 10점일 때 무작위로 추출한 학생의 점수가 85.6점보다 높을 확률을 엑셀함수로 구하라.

풀이

=1 − NORM.S.DIST(2.56, 1) 또는 =1 − NORM.DIST(85.6, 60, 10, 1)로부터 0.0052를 얻을 수 있다.

- Z : 2.56
- cumulative : 1

- X : 85.6
- mean : 60
- standard_dev : 10
- cumulative : 1

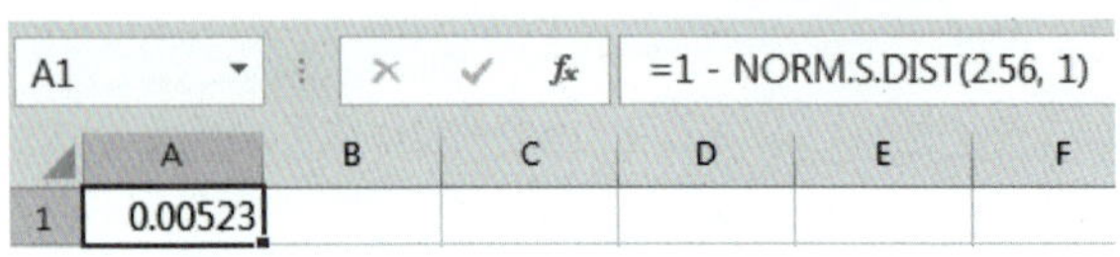

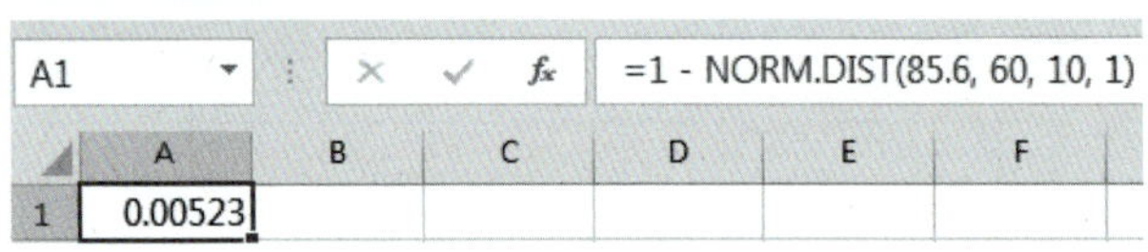

예제 6-21

평균(μ)이 60점이고 표준편차(σ)가 10점일 때 무작위로 추출한 학생의 점수가 37점~83점 사이일 확률을 엑셀함수로 구하라.

풀이

=NORM.S.DIST(2.3, 1) − NORM.S.DIST(−2.3, 1) 또는 =NORM.DIST(83, 60, 10, 1) − NORM.DIST(37, 60, 10, 1)로부터 0.9786을 얻을 수 있다.

- Z : 2.3 (-2.3)
- cumulative : 1 (1)

- X : 83 (37)
- mean : 60 (60)
- standard_dev : 10 (10)
- cumulative : 1 (1)

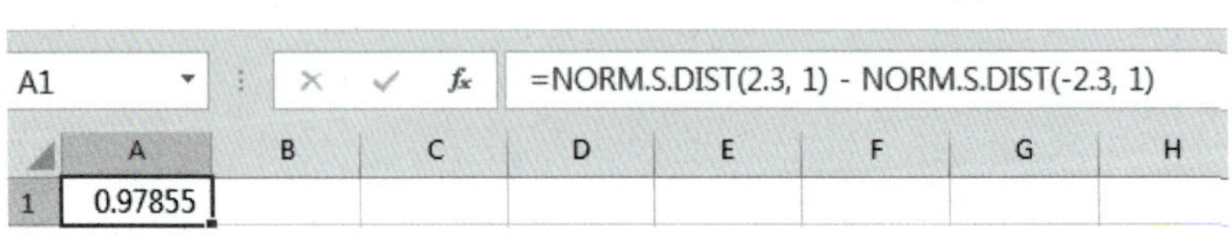

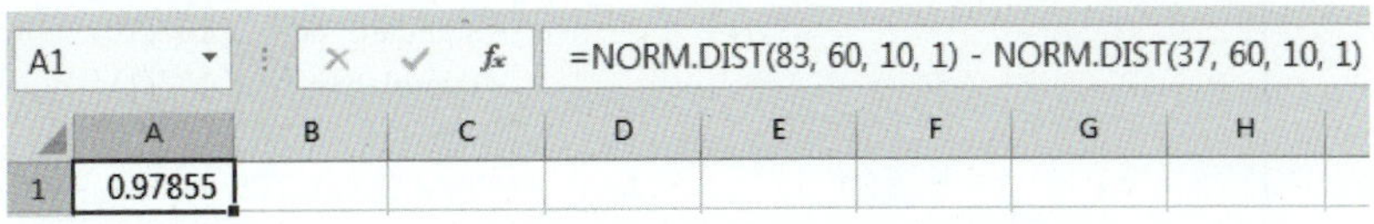

예제 6-22

평균(μ)이 60점이고 표준편차(σ)가 10점일 때 42점 이하와 84점 이상 학생은 특별지도를 받아야 한다. 몇 %가 특별지도를 받아야 하는지를 엑셀함수로 구하라.

풀이

=NORM.S.DIST(−1.8, 1) + (1 − NORM.S.DIST(2.4, 1)) 또는 =NORM.DIST(42, 60, 10, 1) + (1 − NORM.DIST(84, 60, 10, 1))로부터 0.0441을 얻는다.

- *Z* : −1.8 (2.4)
- cumulative : 1 (1)

- *X* : 42 (84)
- mean : 60 (60)
- standard_dev : 10 (10)
- cumulative : 1 (1)

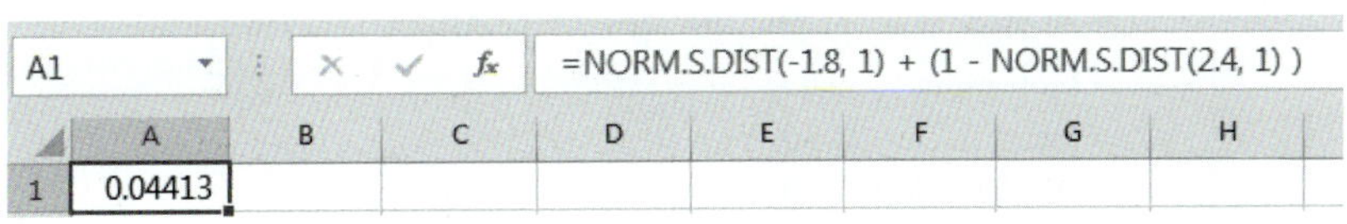

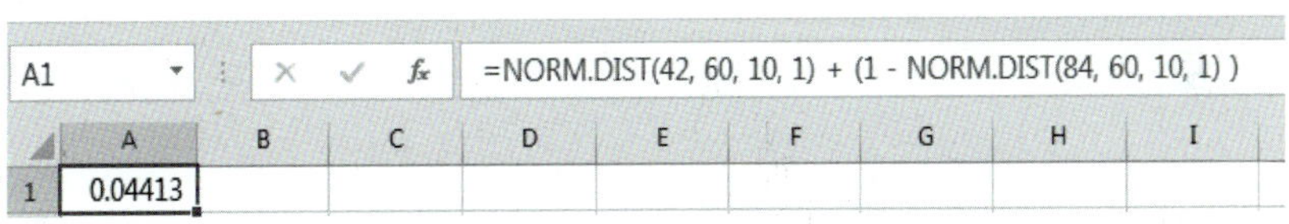

예제 6-23

평균(μ)이 60점이고 표준편차(σ)가 10점일 때 몇 %의 학생들이 65점~82.5점 사이의 점수를 갖는지를 엑셀함수로 구하라.

풀이

=NORM.S.DIST(2.25, 1) − NORM.S.DIST(0.5, 1) 또는 =NORM.DIST(82.5, 60, 10, 1) − NORM.DIST(65, 60, 10, 1)로부터 0.2963을 얻을 수 있다.

- *Z* : 2.25 (0.5)
- cumulative : 1 (1)

- *X* : 82.5 (65)
- mean : 60 (60)

• standard_dev : 10 (10)
• cumulative : 1 (1)

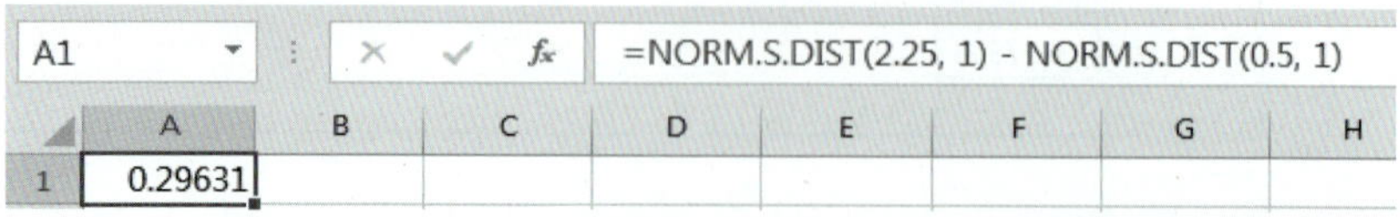

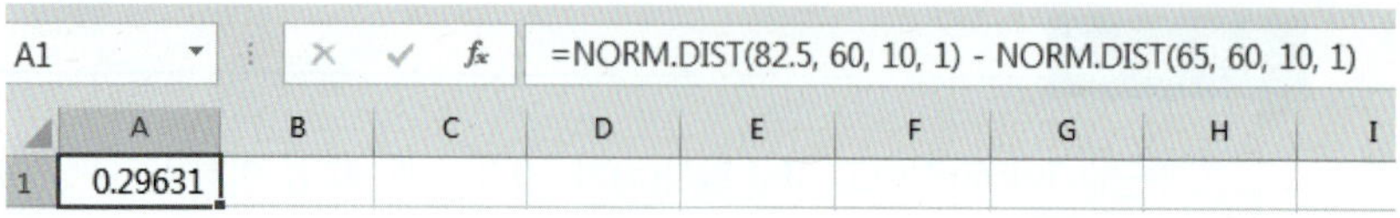

예제 6-24

평균(μ)이 60점이고 표준편차(σ)가 10점일 때 전체 중 80% 학생의 점수는 몇 점 이하인지를 엑셀함수로 구하라.

풀이

=NORM.INV(0.8, 60, 10)으로부터 68.4162를 구한다.

• probability : 0.8
• mean : 60
• standard_dev : 10

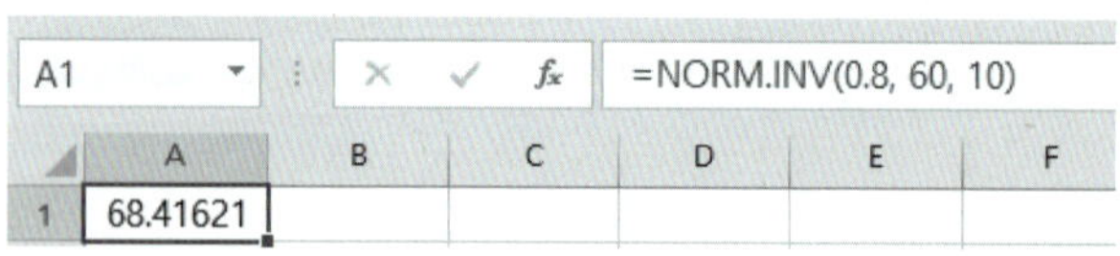

예제 6-25

평균(μ)이 60점이고 표준편차(σ)가 10점일 때 학생의 90%는 몇 점 이상인지를 엑셀함수로 구하라.

풀이

=NORM.INV(0.1, 60, 10)으로부터 47.1845를 구한다.

• probability : 0.1
• mean : 60
• standard_dev : 10

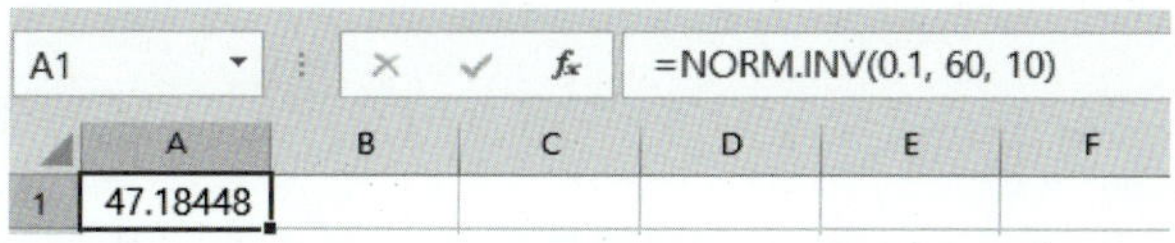

예제 6-26

평균(μ)이 60점이고 표준편차(σ)가 10점일 때 전체 학생의 95%가 갖는 점수의 대칭 범위를 엑셀함수로 구하라.

풀이

=NORM.INV(0.025, 60, 10)으로부터 40.4004를 =NORM.INV(0.975, 60, 10)으로부터 79.5996을 얻을 수 있다.

- probability : 0.025
- mean : 60
- standard_dev : 10

- probability : 0.975
- mean : 60
- standard_dev : 10

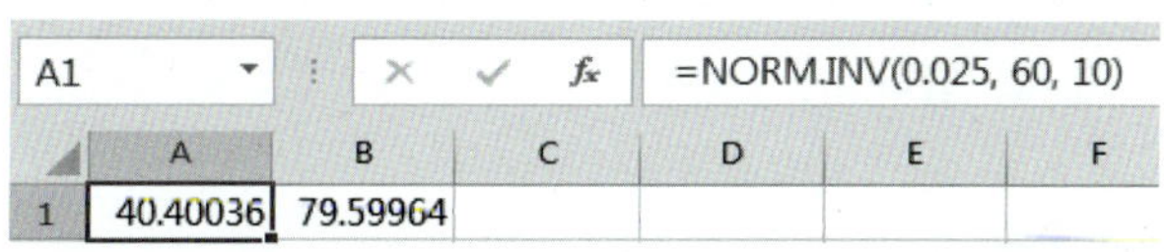

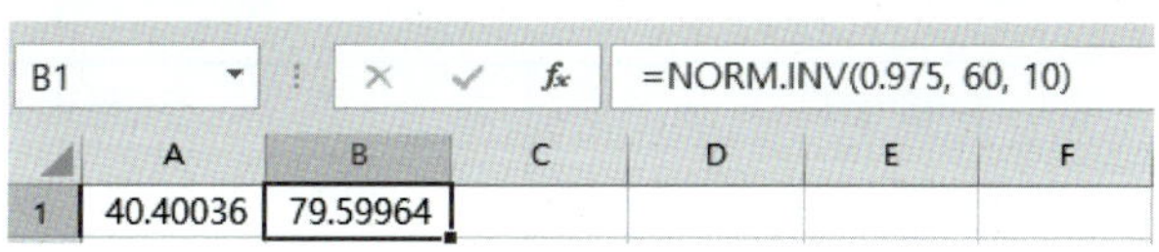

예제 6-27

평균(μ)이 60점이고 표준편차(σ)가 10점일 때 하위 학생들 1%에 해당하는 점수는 얼마 이하인지를 엑셀함수로 구하라.

풀이

=NORM.INV(0.01, 60, 10)으로부터 36.7365를 얻을 수 있다.

- probability : 0.01
- mean : 60
- standard_dev : 10

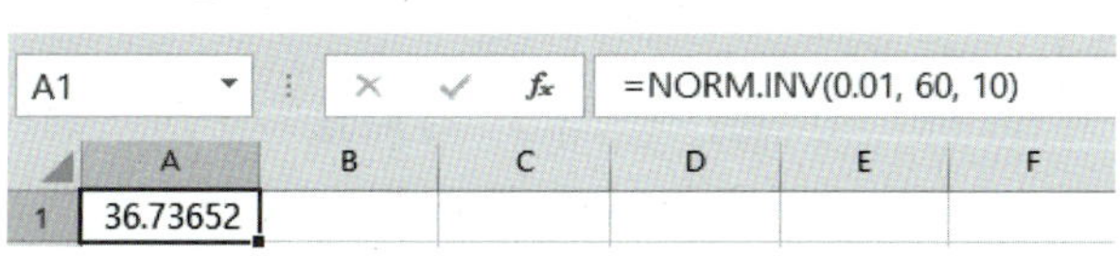

정규분포의 근사

1) 이항분포의 정규분포 근사

이항분포가 이론적으로 많은 이산확률문제를 해결하는 데 유용하지만 시행횟수가 20 이상인 경우에는 이항분포표가 작성되어 있는 경우가 적어 계산에 어려움을 겪게 된다. 그러나 경험법칙에 따르면 $n\pi \ge 10$이고 $n\pi(1-\pi) \ge 10$이면 정규분포가 이항분포의 근사치를 계산하는 데 유용하게 쓰일 수 있다. 정규분포를 이용하여 이항분포의 근사치를 구하기 위해서는 다음과 같이 이항분포의 평균과 표준편차를 정규분포의 평균과 표준편차의 근사값으로 사용한다.

$$\mu = n\pi$$

$$\sigma = \sqrt{n\pi(1-\pi)}$$

그러나 정규분포는 이산분포가 아니라 연속분포이므로 때때로 근사치 계산과정에서 연속성수정(continuity correction)이 필요할 때가 있다. 연속성을 위한 수정방법은 <표 6-1>과 같다.

〈표 6-1〉 **연속성 수정**

이항분포	정규분포
$P(X=a)$	$P(a-0.5 \le X \le a+0.5)$
$P(X \le a)$	$P(X \le a+0.5)$
$P(X \ge a)$	$P(X \ge a-0.5)$
$P(a \le X \le b)$	$P(a-0.5 \le X \le b+0.5)$

예제 6-28

이항분포 $P(7 \le X \le 9 \mid n=10, \pi=0.4)$에 대한 근사치를 정규분포를 이용하여 계산하라.

풀이

$\mu = 10 \times 0.4 = 4,\ \sigma = \sqrt{10 \times 0.4 \times 0.6} = \sqrt{2.4} = 1.5492$

$P(7 \le X \le 9) \approx P(\frac{(7-0.5)-4}{1.5492} \le Z \le \frac{(9+0.5)-4}{1.5492})$

$P(1.61 \le Z \le 3.55) = 0.9998 - 0.9466 = 0.0532$

이항분포 확률분포함수에 의한 값은 다음과 같다.

$P(7 \le X \le 9 \mid n = 10, \pi = 0.4) = 0.0425 + 0.0106 + 0.0016 = 0.0547$

2) 포아송분포의 정규분포 근사

이항분포와 마찬가지로 포아송분포도 이론적으로 많은 이산확률문제를 해결하는 데 유용하지만 $\lambda = 20$을 초과해서는 포아송분포표가 작성되어 있지 않아 계산에 어려움을 겪게 된다. 그러나 경험법칙에 따르면 $\lambda \ge 10$이면 정규분포가 포아송분포의 근사치를 계산하는 데 유용하게 쓰일 수 있다. 이는 이항분포의 평균이 10인 조건과 유사하다. 정규분포를 이용하여 포아송분포의 근사치를 구하기 위해서는 다음과 같이 포아송분포의 평균과 표준편차를 정규분포의 평균과 표준편차의 근사값으로 사용한다.

$$\mu = \lambda$$

$$\sigma = \sqrt{\lambda}$$

3. t-분포

t-분포의 특징

평균 μ와 표준편차 σ를 갖는 정규분포 모집단에서 크기가 n인 모든 표본을 추출하여 각 표본에 대하여 $\overline{X}$를 계산하여 $Z = \dfrac{\overline{X} - \mu}{\sigma / \sqrt{n}}$로 변환하면 그 결과로 나오는 Z-통계량은 표준정규분포를 따른다. 그러나 모집단의 표준편차 σ을 모르는 경우 σ의 추정치로서 S값이 사용되어야 하므로 $\overline{X}$의 표준오차는 $\dfrac{\sigma}{\sqrt{n}}$ 대신 $\dfrac{S}{\sqrt{n}}$이 된다.

평균 μ와 표준편차 σ를 갖는 정규분포 모집단에서 크기가 n인 모든 표본을 추출하여 각 표본에 대하여 $\overline{X}$와 S를 계산하여 $t = \dfrac{\overline{X} - \mu}{S / \sqrt{n}}$로 변환하면 그 결과로 나오는 t-통계량은 정규분포를 취하지 않고 t-분포(t-distribution)를 따른다. 이를 도표로 나타내면 [그림 6-7]과 같다.

[그림 6-7] **모집단과 t-분포와의 관계**

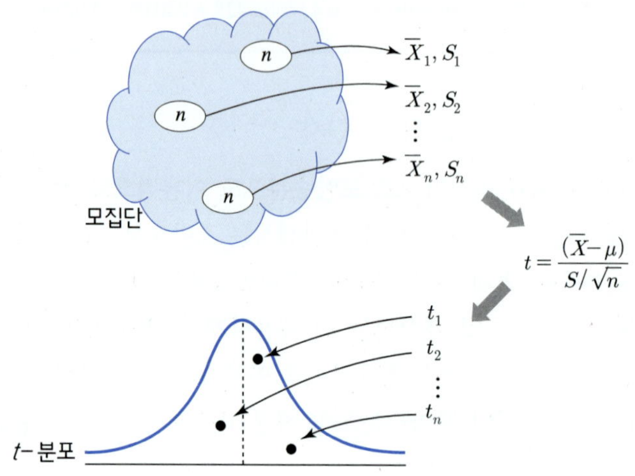

t-분포는 정규분포보다 더 퍼져 있지만 표본의 크기가 증가함에 따라 정규분포에 접근해 가게 된다. [그림 6-8]은 표본 크기 n이 t-분포의 모양에 주는 영향을 정규분포와 비교하여 보여주고 있다.

[그림 6-8] **n에 따른 t-분포**

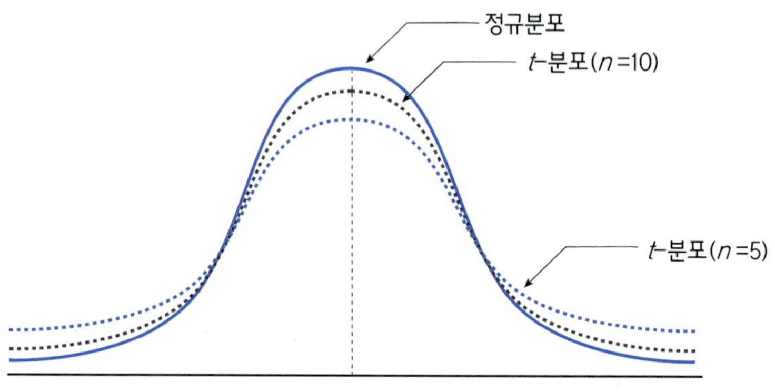

t-분포의 특징은 다음과 같다.

- t-분포의 평균은 0이고 평균에 대하여 대칭이다.
- t-분포는 정규분포보다는 중앙에서 낮고 꼬리부분에서는 넓게 퍼져 있다.

- t-분포는 n에 따라 각기 다른 분포가 존재하므로 분포들의 모임이다.
- t-분포는 표본 크기가 증가함에 따라 정규분포에 가까워진다.
- t-분포의 분산은 1보다 크나 표본 크기가 증가함에 따라 분산은 1에 접근한다.
- t값은 $-\infty$부터 $+\infty$ 사이의 값을 취한다.

t-분포표

t-분포는 $n-1$로 결정되는 자유도(degree of freedom: df)의 크기에 따라 모양이 결정되는 곡선들의 모임이다. 따라서 t-분포표는 df에 따른 t값을 나타내 주고 있다. 표준정규분포표와는 달리 t-분포표는 오른쪽 면적에 대한 t값을 보여주고 있다. 부록에 t-분포표가 수록되어 있으며 [그림 6-9]는 그 일부를 보여주고 있다.

t-분포표의 사용법은 표의 왼쪽 끝에 있는 df 열에서 해당 자유도를 찾은 다음 표의 상단에서 분포의 오른쪽 면적(α)에 해당되는 면적을 찾아 df와 α가 교차하는 곳의 t값을 읽는다. 예를 들면, df가 4이고 오른쪽 면적이 5%에 해당하는 t값은 df 열의 4에서 수평으로 선을 긋고 오른쪽 면적이 0.05인 열에서 수직으로 선을 그어 마주치는 지점의 값인 2.132가 해당 t값이다. t-분포표의 제일 마지막 행은 정규분포에서 사용되었던 Z값과 같다. 이는 표본 수가 커지면 t-분포는 정규분포에 근접하기 때문이다.

[그림 6-9] ┃ t-분포

df \ α	0.1	0.05	0.025	0.01	0.005	0.001	0.0005
1	3.078	6.314	12.706	31.821	63.657	318.309	636.619
2	1.886	2.920	4.303	6.965	9.925	22.327	31.599
3	1.638	2.353	3.182	4.541	5.841	10.215	12.924
4	1.533	2.132	2.776	3.747	4.604	7.173	8.610
5	1.476	2.015	2.571	3.365	4.032	5.893	6.869
6	1.440	1.943	2.447	3.143	3.707	5.208	5.959
7	1.415	1.895	2.365	2.998	3.499	4.785	5.408
8	1.397	1.860	2.306	2.896	3.355	4.501	5.041
9	1.383	1.833	2.262	2.821	3.250	4.297	4.781
10	1.372	1.812	2.228	2.764	3.169	4.144	4.587

예제 6-29

t-분포표를 이용하여 다음을 구하라.

(1) $t=2.306$이고 $df=8$일 때 오른쪽 면적은?

(2) $t=1.782$이고 $df=12$일 때 오른쪽 면적은?

(3) 오른쪽 면적이 0.05이고 $df=12$일 때 t값은?

(4) 오른쪽 면적이 0.01이고 $n=11$일 때 t값은?

(5) 왼쪽 면적이 0.9이고 $df=15$일 때 t값은?

(6) 오른쪽 면적이 0.95이고 $n=10$일 때 t값은?

풀이

(1) 0.025 (2) 0.05 (3) 2.015 (4) 2.764 (5) 1.341 (6) 1.833

t-분포의 엑셀함수

T.DIST 함수

용도 : t값과 자유도에 해당하는 왼쪽 면적을 구함

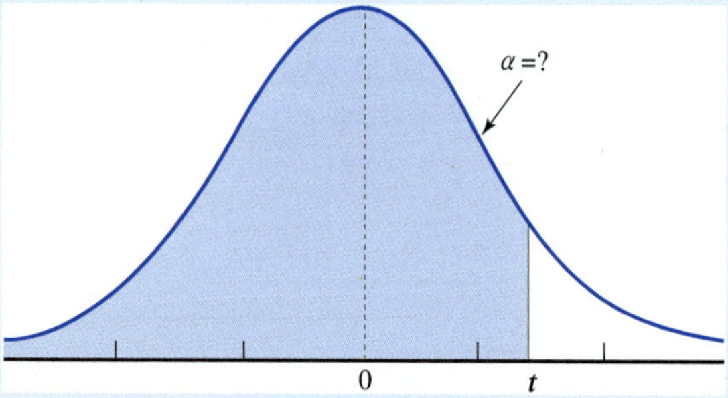

=T.DIST(X, deg_freedom, cumulative)

- X : 필수요소로 구하려는 면적에 해당하는 t값
- deg_freedom : 필수요소로 자유도를 나타내는 정수
- cumulative : 필수요소로 1이면 누적분포함수가 0이면 확률분포함수가 반환

예제 6-30

(1) t값이 2.306이고 자유도가 8일 때의 왼쪽 면적

= T.DIST(2.306, 8, 1) = 0.9750

- X : 2.306
- deg_freedom : 8
- cumulative : 1

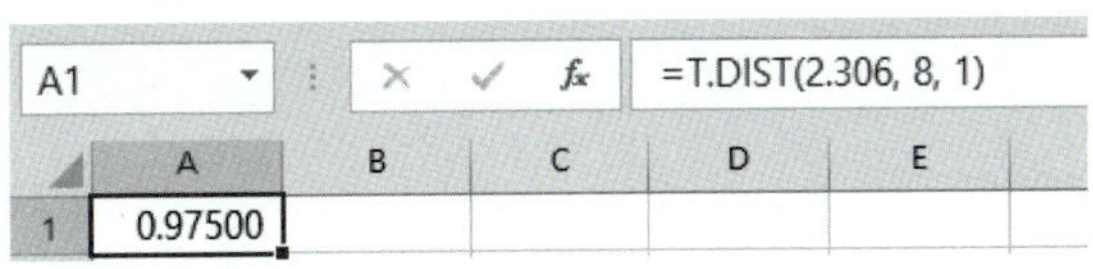

(2) t값이 1이고 자유도가 10일 때의 왼쪽 면적

= T.DIST(1, 10, 1) = 0.8296

- X · 1
- deg_freedom : 10
- cumulative : 1

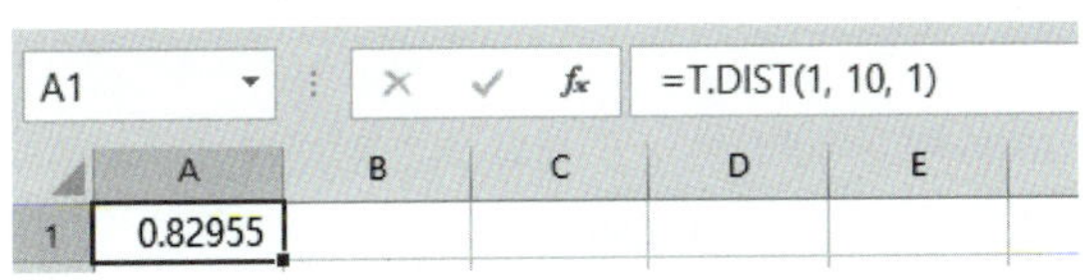

(3) t값이 −1이고 자유도가 10일 때의 왼쪽 면적

= T.DIST(−1, 10, 1) = 0.1705

- X : −1
- deg_freedom : 10
- cumulative : 1

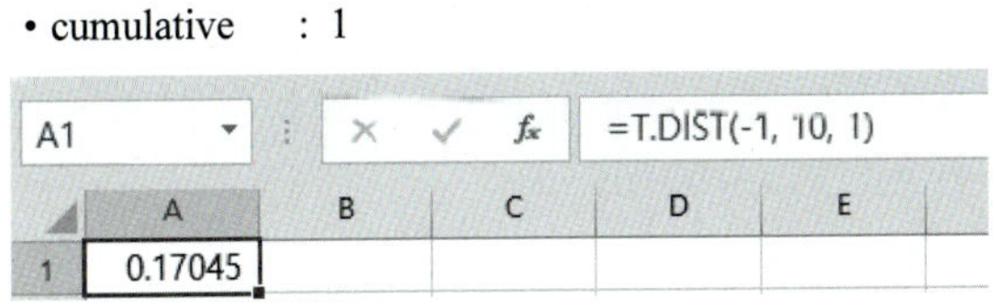

T.DIST.RT 함수

용도 : t값과 자유도에 해당하는 오른쪽 면적을 구함

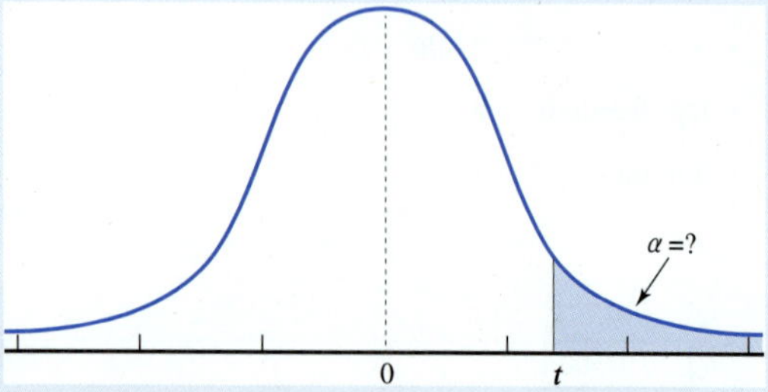

=T.DIST.RT(X, deg_freedom)

- X : 필수요소로 구하려는 면적(α)에 해당하는 t값
- deg_freedom : 필수요소로 자유도를 나타내는 정수

예제 6-31

(1) t값이 2.306이고 자유도가 8일 때의 오른쪽 면적

=T.DIST.RT(2.306, 8)=0.0250

- X : 2.306
- deg_freedom : 8

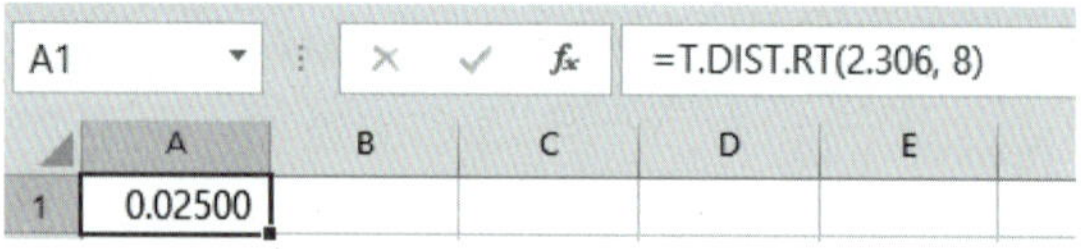

(2) t값이 1이고 자유도가 10일 때의 오른쪽 면적

=T.DIST.RT(1, 10)=0.1705

- X : 1
- deg_freedom : 10

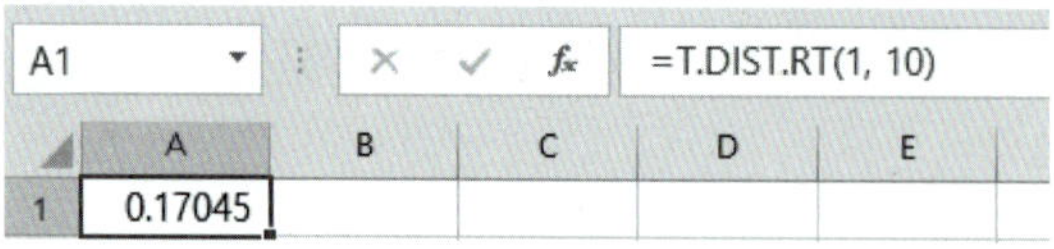

(3) t값이 −1이고 자유도가 10일 때의 오른쪽 면적

=T.DIST.RT(−1, 10)=0.8296

- X : −1
- deg_freedom : 10

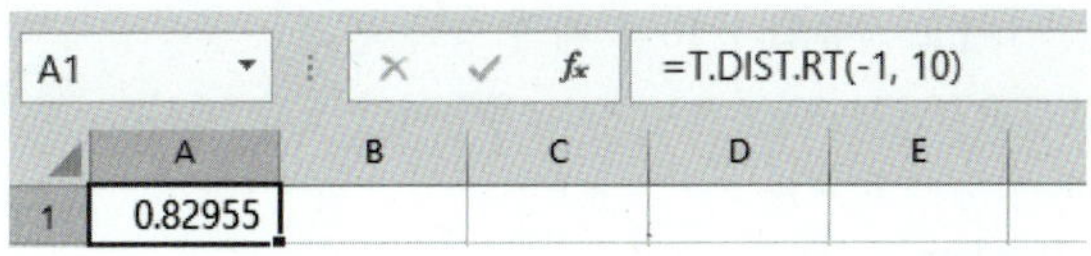

T.DIST.2T 함수

용도 : t값과 자유도에 해당하는 양쪽 면적을 구함

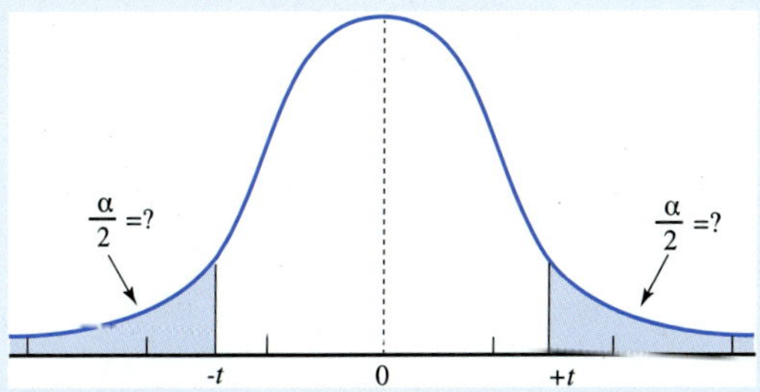

=T.DIST.2T(X, deg_freedom)

- X : 필수요소로 구하려는 면적($\alpha/2$)에 해당하는 t값
- deg_freedom : 필수요소로 자유도를 나타내는 정수

예제 6-32

(1) t값이 2.306이고 자유도가 8일 때의 양쪽 면적

=T.DIST.2T(2.306, 8) = 0.0500

- X : 2.306
- deg_freedom : 8

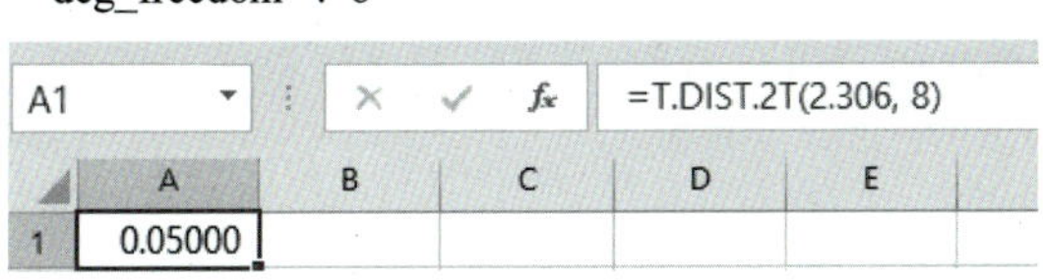

(2) t값이 1이고 자유도가 10일 때의 양쪽 면적

=T.DIST.2T(1, 10) = 0.3409

- X : 1
- deg_freedom : 10

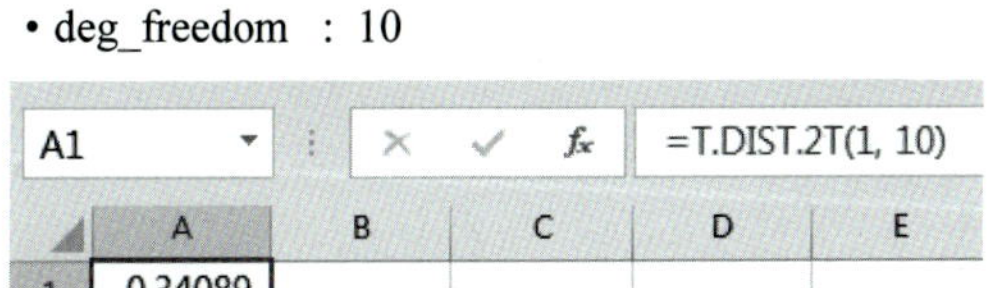

(3) t값이 -1이고 자유도가 10일 때의 양쪽 면적

=T.DIST.RT(−1, 10)= #NUM! (음수이면 오류 메시지)

- X : −1
- deg_freedom : 10

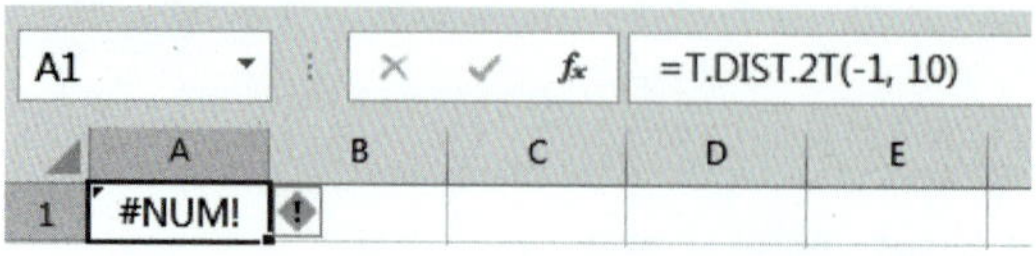

T.INV 함수

용도 : 자유도와 왼쪽 면적에 해당하는 t값을 구함

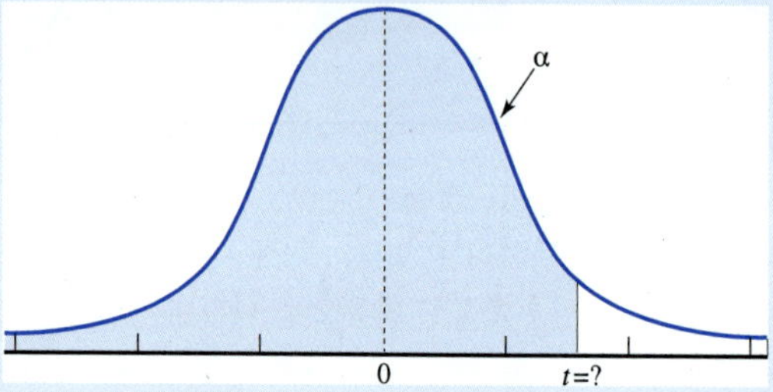

=T.INV(probability, deg_freedom)

- probability : 필수요소로 구하려는 t값에 해당하는 면적
- deg_freedom : 필수요소로 자유도를 나타내는 정수

예제 6-33

(1) 왼쪽 면적이 0.975이고 자유도가 8일 때 t의 값

=T.INV(0.975, 8)=2.3060

- probability : 0.975
- deg_freedom : 8

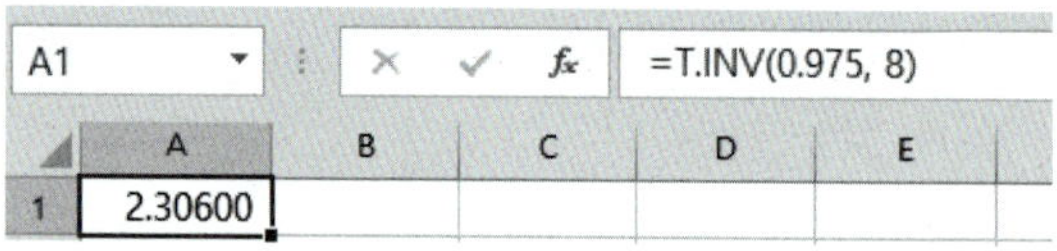

(2) 왼쪽 면적이 0.025이고 자유도가 8일 때 t의 값

=T.INV(0.025, 8)= −2.3060

- probability : 0.025
- deg_freedom : 8

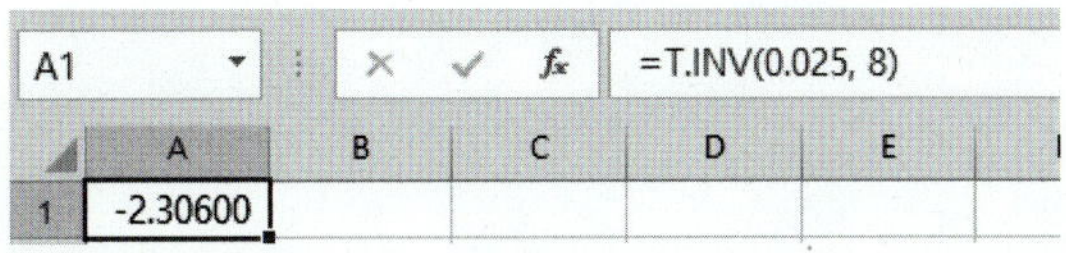

T.INV.2T 함수

용도 : 자유도와 양쪽 면적에 해당하는 t값을 구함

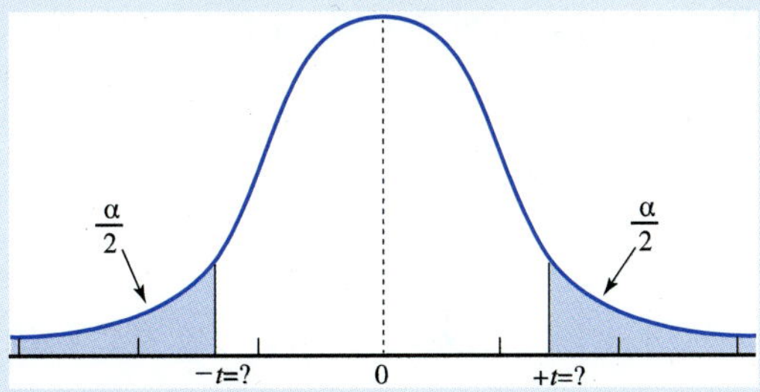

=T.INV.2T(probability, deg_freedom)

- probability : 필수요소로 구하려는 t값에 해당하는 면적
- deg_freedom : 필수요소로 자유도를 나타내는 정수

예제 6-34

(1) 양쪽 면적이 0.05이고 자유도가 8일 때 t의 값

=T.INV.2T(0.05, 8)=2.3060

- probability : 0.05
- deg_freedom : 8

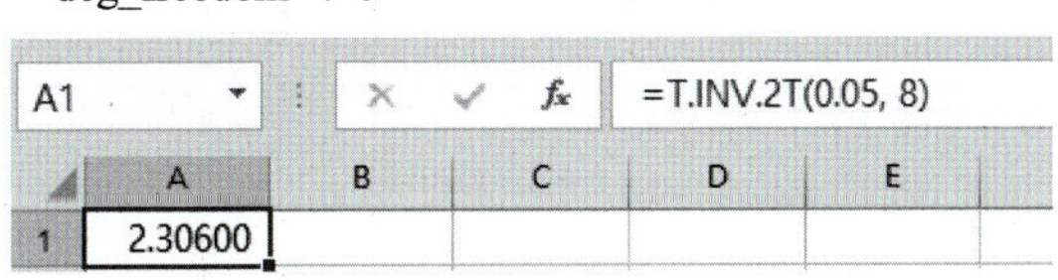

(2) 양쪽 면적이 0.1이고 자유도가 28일 때 t의 값

=T.INV.2T(0.1, 28)=1.7011

- probability : 0.1
- deg_freedom : 28

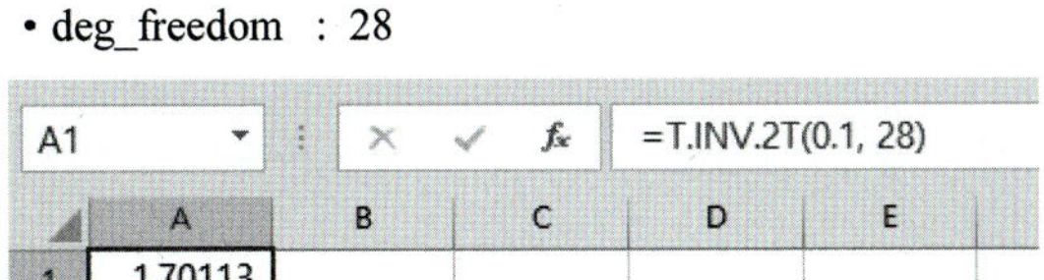

4. F-분포

F-분포의 특징

분산이 σ^2인 정규분포에서 n_1인 표본의 분산을 S_1이라 하고, 분산이 σ^2인 정규분포에서 n_2인 표본의 분산을 S_2라 하자. n_1과 n_2로 추출 가능한 모든 표본에 대해 분산 S_1과 S_2를 계산한 다음, 모든 가능한 쌍의 비율 S_1/S_2이 이루는 분포는 다음과 같이 자유도가 n_1-1, n_2-1인 F-분포이다.

$$F_{(n_1-1,\, n_2-1)} = \frac{S_1}{S_2}$$

여기서 n_1-1 = 분자의 df_1, n_2-1 = 분모의 df_2

[그림 6-10]과 같이 F-분포는 최빈치가 하나이며 오른쪽으로 치우쳐 있다. 정규분포를 이루며 분산이 같은 서로 독립적인 두 모집단으로부터 추출된 표본분산의 비율 S_1^2/S_2^2는 1.0에 가까워야 한다. 만약 1.0에 가깝지 않다면 분산이 서로 다른 모집단에서 표본이 추출되었다고 할 수 있다. 분산 값은 양수이기 때문에 두 분산의 비율인 F값은 항상 양수이다.

두 개의 표본분산이 사용되기 때문에 두 개의 표본 자유도 df_1과 df_2에 따라 다양한 모양의 F-분포가 존재한다. 그러나 df_1과 df_2의 값이 증가함에 따라 F-분포는 정규분포에 가까워진다.

[그림 6-10] 자유도에 따른 F-분포

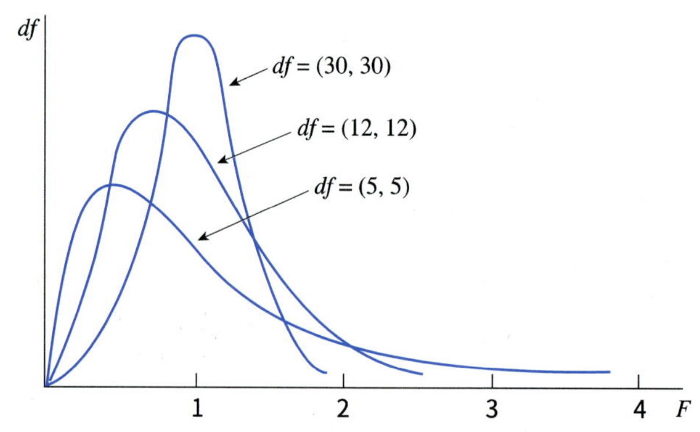

F-분포표

부록의 F-분포표는 두 모집단의 분산이 같을 때 분포의 오른쪽 면적인 α가 0.1, 0.05, 0.025, 0.01에 대한 F값들을 보여주고 있다. 여기서 df_1는 분자 자유도를 df_2는 분모 자유도를 나타낸다. [그림 6-11]은 $\alpha = 0.1$일 때의 일부 F값을 보여주고 있다.

F-분포표를 사용하여 $\alpha = 0.1$이고 분자에는 $df = 6$을 분모에는 $df = 10$을 사용하는 F값을 찾아보기로 한다. 부록의 F-분포표나 [그림 6-11]에서 가로 6 (df_1)을 찾아 수직으로 내려가다가 좌측 끝에 있는 10(df_2)에서 오른쪽으로 선을 그어 만나는 지점의 값 2.46이 F값이 된다.

[그림 6-11] ▎F-분포표(α=0.1)

df_2 \ df_1	1	2	3	4	5	6	7	8	9	10
1	39.86	49.50	53.59	55.83	57.24	58.20	58.91	59.44	59.86	60.19
2	8.53	9.00	9.16	9.24	9.29	9.33	9.35	9.37	9.38	9.39
3	5.54	5.46	5.39	5.34	5.31	5.28	5.27	5.25	5.24	5.23
4	4.54	4.32	4.19	4.11	4.05	4.01	3.98	3.95	3.94	3.92
5	4.06	3.78	3.62	3.52	3.45	3.40	3.37	3.34	3.32	3.30
6	3.78	3.46	3.29	3.18	3.11	3.05	3.01	2.98	2.96	2.94
7	3.59	3.26	3.07	2.96	2.88	2.83	2.78	2.75	2.72	2.70
8	3.46	3.11	2.92	2.81	2.73	2.67	2.62	2.59	2.56	2.54
9	3.36	3.01	2.81	2.69	2.61	2.55	2.51	2.47	2.44	2.42
10	3.29	2.92	2.73	2.61	2.52	2.46	2.41	2.38	2.35	2.32
11	3.23	2.86	2.66	2.54	2.45	2.39	2.34	2.30	2.27	2.25
12	3.18	2.81	2.61	2.48	2.39	2.33	2.28	2.24	2.21	2.19
13	3.14	2.76	2.56	2.43	2.35	2.28	2.23	2.20	2.16	2.14
14	3.10	2.73	2.52	2.39	2.31	2.24	2.19	2.15	2.12	2.10
15	3.07	2.70	2.49	2.36	2.27	2.21	2.16	2.12	2.09	2.06

예제 6-35

F-분포표를 이용하여 다음을 구하라.

(1) $F=9.12$이고 $df_1=4, df_2=3$일 때 오른쪽 면적은?

(2) $F=6.37$이고 $df_1=6, df_2=8$일 때 오른쪽 면적은?

(3) $F=3.33$이고 $n_1=6, n_2=11$일 때 오른쪽 면적은?

(4) 오른쪽 면적이 0.05이고 $df_1=10, df_2=12$일 때 F값은?

(5) 오른쪽 면적이 0.01이고 $df_1=5, df_2=6$일 때 F값은?

(6) 오른쪽 면적이 0.01이고 $n_1=7, n_2=13$일 때 F값은?

풀이

(1) 0.05 (2) 0.01 (3) 0.05 (4) 2.76 (5) 8.75 (6) 4.82

F-분포의 엑셀함수

F.DIST 함수

용도 : F값과 자유도에 해당하는 왼쪽 면적을 구함

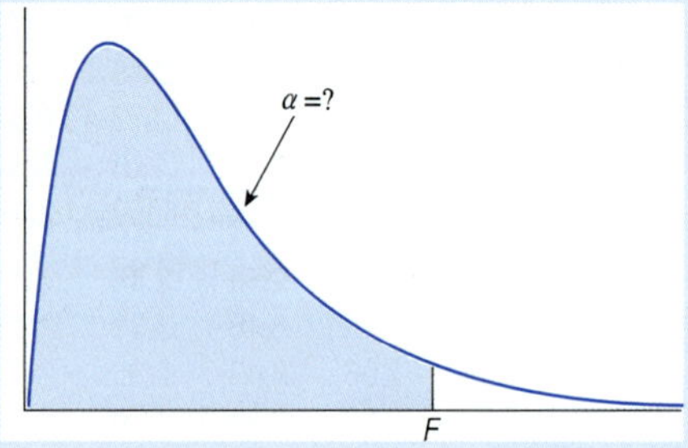

=F.DIST(X, deg_freedom1, deg_freedom2, cumulative)

- X : 필수요소로 구하려는 면적(α)에 해당하는 F값
- deg_freedom1 : 필수요소로 분자의 자유도를 나타내는 정수
- deg_freedom2 : 필수요소로 분모의 자유도를 나타내는 정수
- cumulative : 필수요소로 1이면 누적분포함수가 0이면 확률분포함수가 반환

예제 6-36

(1) F값이 3.22이고 $df_1 = 6$, $df_2 = 10$일 때의 왼쪽 면적

= F.DIST(3.22, 6, 10, 1) = 0.9501

- X : 3.22
- deg_freedom1 : 6
- deg_freedom2 : 10
- cumulative : 1

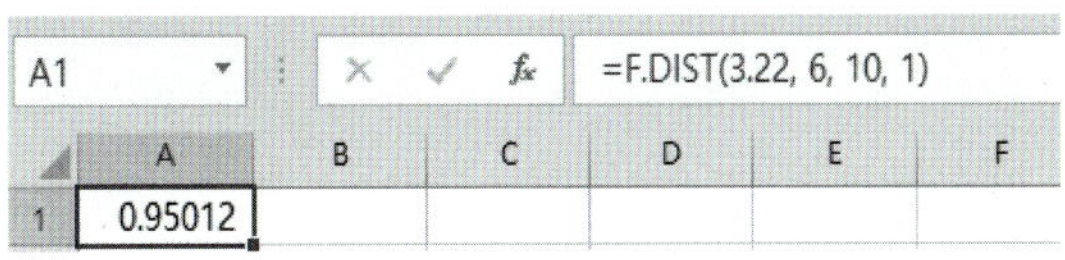

(2) F값이 2.95이고 $df_1 = 12$, $df_2 = 15$일 때의 왼쪽 면적

= F.DIST(2.95, 12, 15, 1) = 0.9745

- X : 2.95
- deg_freedom1 : 12
- deg_freedom2 : 15
- cumulative : 1

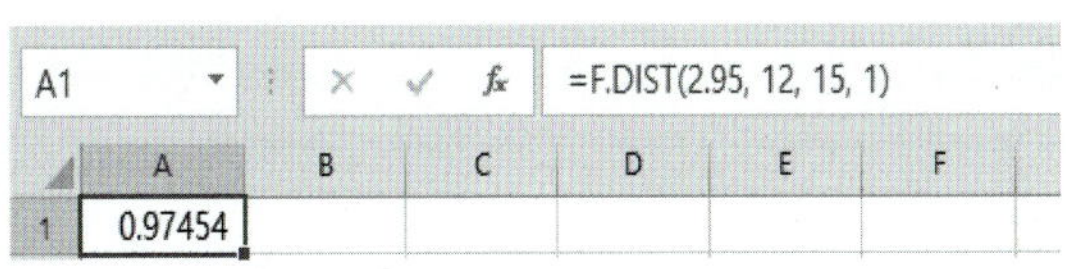

F.DIST.RT 함수

용도 : F값과 자유도에 해당하는 오른쪽 면적을 구함

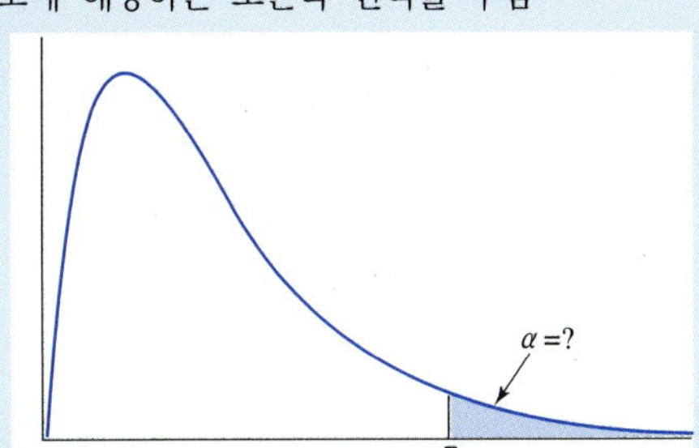

= F.DIST.RT(X, deg_freedom1, deg_freedom2)

- X : 필수요소로 구하려는 면적(α)에 해당하는 F값
- deg_freedom1 : 필수요소로 분자의 자유도를 나타내는 정수
- deg_freedom2 : 필수요소로 분모의 자유도를 나타내는 정수

예제 6-37

(1) F값이 3.22이고 $df_1=6$, $df_2=10$일 때의 오른쪽 면적

=F.DIST.RT(3.22, 6, 10)=0.0499

- X : 3.22
- deg_freedom1 : 6
- deg_freedom2 : 10

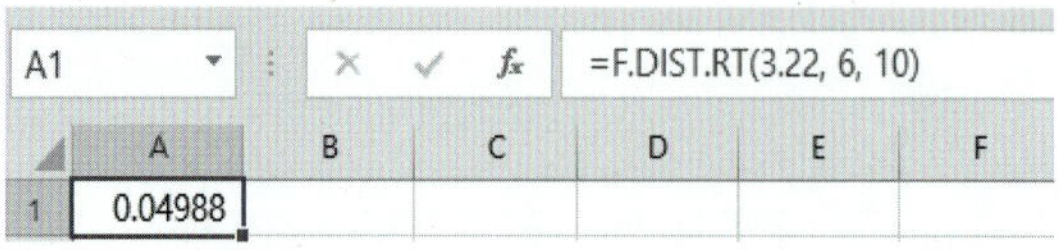

(2) F값이 2.95이고 $df_1=12$, $df_2=15$일 때의 오른쪽 면적

=F.DIST.RT(2.95, 12, 15)=0.0255

- X : 2.95
- deg_freedom1 : 12
- deg_freedom2 : 15

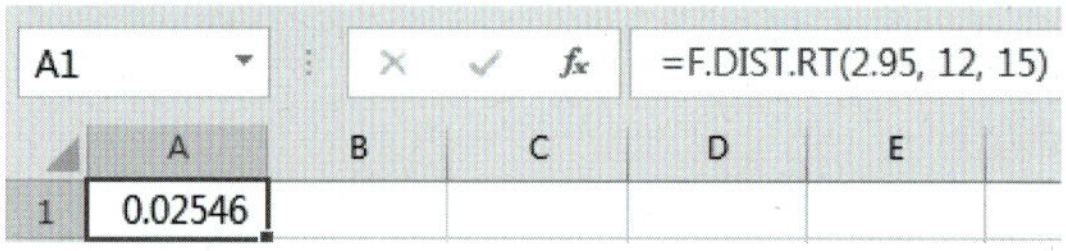

F.INV 함수

용도 : 자유도와 왼쪽 면적에 해당하는 F값을 구함

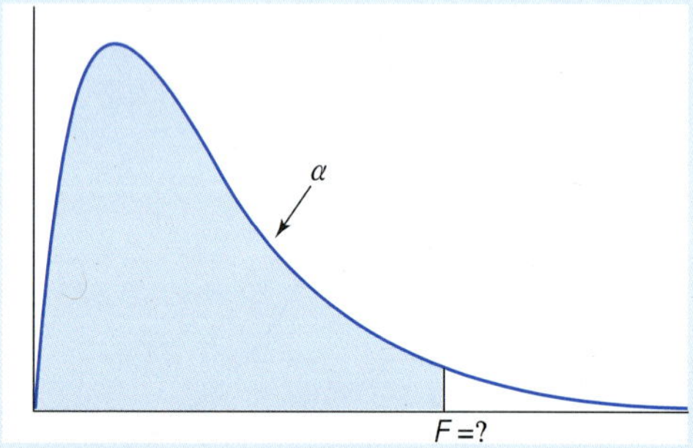

=F.INV(probability, deg_freedom1, deg_freedom2)

- probability : 필수요소로 구하려는 F값에 해당하는 면적(α)
- deg_freedom1 : 필수요소로 분자의 자유도를 나타내는 정수
- deg_freedom2 : 필수요소로 분모의 자유도를 나타내는 정수

예제 6-38

(1) 왼쪽 면적이 0.95이고 $df_1=6$, $df_2=10$일 때의 F값

=F.INV(0.95, 6, 10)=3.2172

- probability : 0.95
- deg_freedom1 : 6
- deg_freedom2 : 10

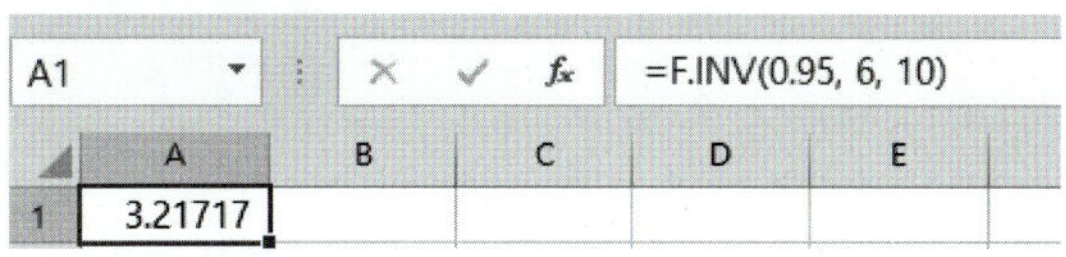

(2) 왼쪽 면적이 0.025이고 $df_1=12$, $df_2=15$일 때의 F값

=F.INV(0.025, 12, 15)=0.3147

- probability : 0.025
- deg_freedom1 : 12
- deg_freedom2 : 15

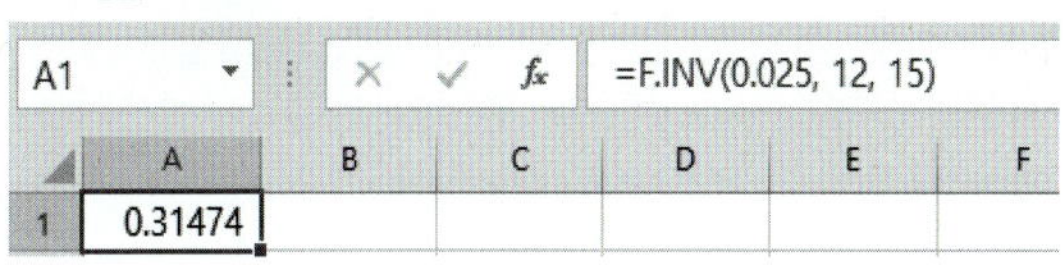

F.INV.RT 함수

용도 : 자유도와 오른쪽 면적에 해당하는 F값을 구함

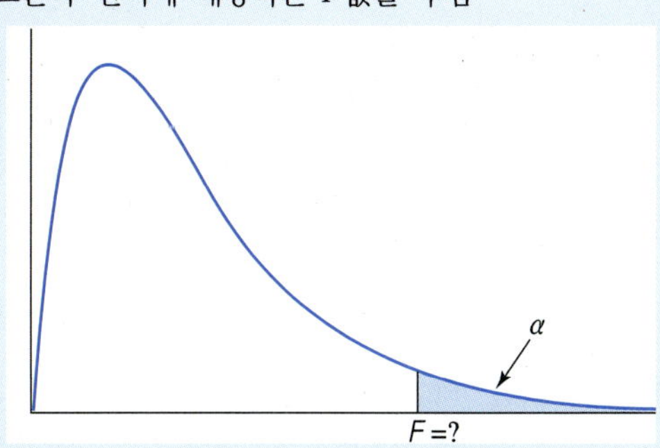

=F.INV.RT(probability, deg_freedom1, deg_freedom2)

- probability : 필수요소로 구하려는 F값에 해당하는 면적
- deg_freedom1 : 필수요소로 분자의 자유도를 나타내는 정수
- deg_freedom2 : 필수요소로 분모의 자유도를 나타내는 정수

예제 6-39

(1) 오른쪽 면적이 0.05이고 $df_1 = 6$, $df_2 = 10$일 때의 F값

=F.INV.RT(0.05, 6, 10)=3.2172

- probability : 0.05
- deg_freedom1 : 6
- deg_freedom2 : 10

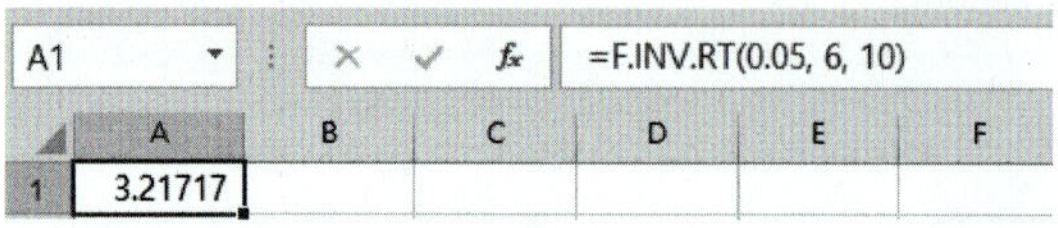

(2) 오른쪽 면적이 0.975이고 $df_1 = 12$, $df_2 = 15$일 때의 F값

=F.INV.RT(0.975, 12, 15)=0.3147

- probability : 0.975
- deg_freedom1 : 12
- deg_freedom2 : 15

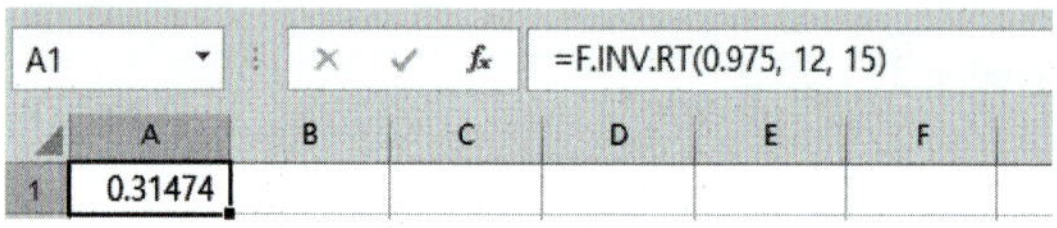

5. χ^2-분포

χ^2-분포의 특징

χ^2-분포는 정규분포를 이루는 모집단에서 n개를 무작위로 추출하여 각 X값을 $Z = \dfrac{X-\mu}{\sigma}$로 변환시켜 제곱한 후 이들 Z^2값을 더해 주면 하나의 표본에 대한 χ^2값을 구할 수 있다. 이러한 절차를 모집단에서 동일한 크기로 모든 표본을 뽑아 각 표본에서 χ^2값을 계산했을 때, 이러한 χ^2값의 분포를 χ^2-분포라 한다.

$$\chi^2 = \sum_{i=1}^{n} Z_i^2 = \sum_{i=1}^{n} \left(\frac{X_i - \mu}{\sigma}\right)^2$$

[그림 6-12]는 자유도에 따른 χ^2-분포 모양을 보여주고 있다. χ^2-분포는 이론적으로는 0에서 무한대 사이의 어떠한 양수도 취할 수 있고 자유도에 따라 각각

[그림 6-12] ▎자유도에 따른 χ^2-분포

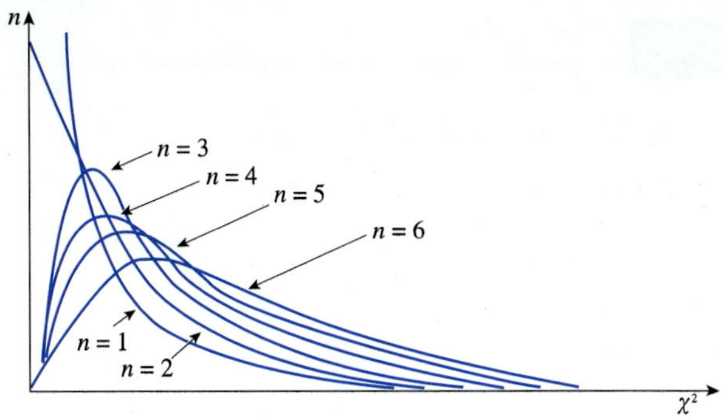

다른 분포곡선이 존재한다. χ^2-분포는 자유도가 작은 경우에는 오른쪽 비대칭 분포이나 자유도가 증가함에 따라 정규분포에 접근해 간다. χ^2-분포도 중심극한정리에 의해 $n \geq 30$이면 정규분포로 간주한다.

χ^2-분포표

χ^2-분포표인 [그림 6-13]에서 χ^2값은 df와 α가 교차하는 곳의 값이다. 예를 들어, 자유도(df)는 10이고 $\alpha = 0.05$이면 가로 상단에서 $\alpha = 0.05$를 찾아 수직으로 내려가다가 표의 좌측 끝에 있는 $df = 10$에서 오른쪽으로 선을 그어 만나는 지

[그림 6-13] ▎χ^2-분포표

df \ α	0.995	0.99	0.975	0.95	0.9	0.75	0.5	0.25	0.1	0.05	0.025	0.01	0.005
1	0.000	0.000	0.001	0.004	0.016	0.102	0.455	1.323	2.706	3.841	5.024	6.635	7.879
2	0.010	0.020	0.051	0.103	0.211	0.575	1.386	2.773	4.605	5.991	7.378	9.210	10.597
3	0.072	0.115	0.216	0.352	0.584	1.213	2.366	4.108	6.251	7.815	9.348	11.345	12.838
4	0.207	0.297	0.484	0.711	1.064	1.923	3.357	5.385	7.779	9.488	11.143	13.277	14.860
5	0.412	0.554	0.831	1.145	1.610	2.675	4.351	6.626	9.236	11.070	12.833	15.086	16.750
6	0.676	0.872	1.237	1.635	2.204	3.455	5.348	7.841	10.645	12.592	14.449	16.812	18.548
7	0.989	1.239	1.690	2.167	2.833	4.255	6.346	9.037	12.017	14.067	16.013	18.475	20.278
8	1.344	1.646	2.180	2.733	3.490	5.071	7.344	10.219	13.362	15.507	17.535	20.090	21.955
9	1.735	2.088	2.700	3.325	4.168	5.899	8.343	11.389	14.684	16.919	19.023	21.666	23.589
10	2.156	2.558	3.247	3.940	4.865	6.737	9.342	12.549	15.987	18.307	20.483	23.209	25.188
11	2.603	3.053	3.816	4.575	5.578	7.584	10.341	13.701	17.275	19.675	21.920	24.725	26.757
12	3.074	3.571	4.404	5.226	6.304	8.438	11.340	14.845	18.549	21.026	23.337	26.217	28.300
13	3.565	4.107	5.009	5.892	7.042	9.299	12.340	15.984	19.812	22.362	24.736	27.688	29.819
14	4.075	4.660	5.629	6.571	7.790	10.165	13.339	17.117	21.064	23.685	26.119	29.141	31.319
15	4.601	5.229	6.262	7.261	8.547	11.037	14.339	18.245	22.307	24.996	27.488	30.578	32.801

점의 값 18.307이 χ^2값이 된다.

예제 6-40

χ^2-분포표를 이용하여 다음을 구하라.

(1) $\chi^2 = 10.64$이고 $df = 6$일 때 오른쪽 면적은?

(2) $\chi^2 = 28.85$이고 $df = 16$일 때 오른쪽 면적은?

(3) $\chi^2 = 16.81$이고 $n = 7$일 때 오른쪽 면적은?

(4) 오른쪽 면적이 0.05이고 $df = 12$일 때 χ^2값은?

(5) 오른쪽 면적이 0.01이고 $df = 10$일 때 χ^2값은?

(6) 오른쪽 면적이 0.10이고 $n = 12$일 때 χ^2값은?

풀이

(1) 0.10 (2) 0.025 (3) 0.01 (4) 21.03 (5) 23.21 (6) 17.28

χ^2-분포의 엑셀함수

CHISQ.DIST 함수

용도 : χ^2값과 자유도에 해당하는 왼쪽 면적(α)을 구함

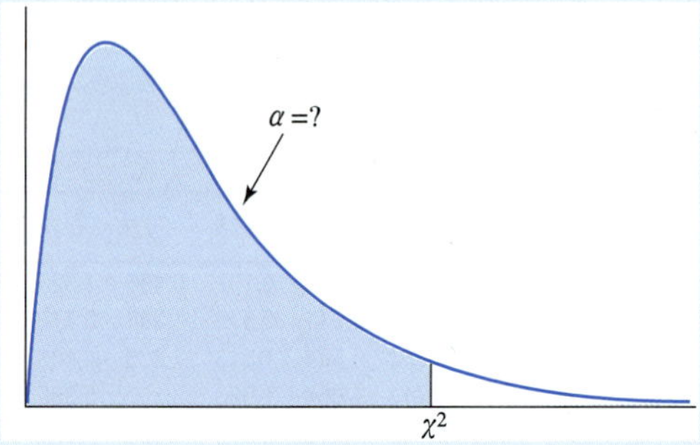

=CHISQ.DIST(*X*, deg_freedom, cumulative)

- *X* : 필수요소로 구하려는 면적(α)에 해당하는 χ^2값
- deg_freedom : 필수요소로 자유도를 나타내는 정수
- cumulative : 필수요소로 1이면 누적분포함수가 0이면 확률분포함수가 반환

예제 6-41

(1) χ^2값이 18.307이고 자유도가 10일 때의 왼쪽 면적

=CHISQ.DIST(18.307, 10, 1)=0.9500

- X : 18.307
- deg_freedom : 10
- cumulative : 1

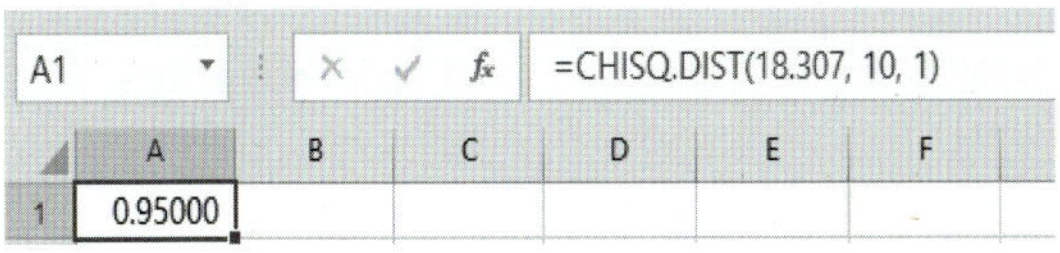

(2) χ^2값이 10.64이고 자유도가 6일 때의 왼쪽 면적

=CHISQ.DIST(10.64, 6, 1)=0.8998

- X : 10.64
- deg_freedom : 6
- cumulative : 1

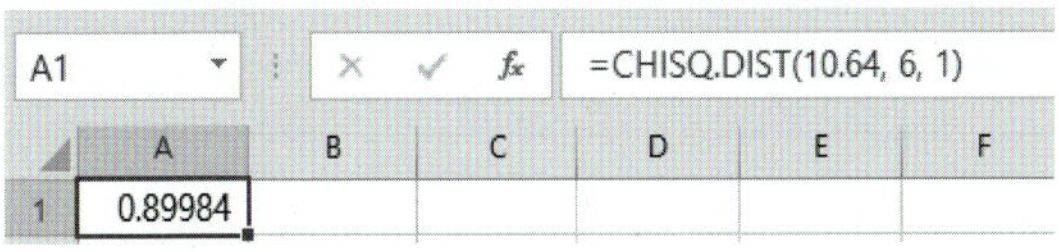

CHISQ.DIST.RT 함수

용도 : χ^2값과 자유도에 해당하는 오른쪽 면적(α)을 구함

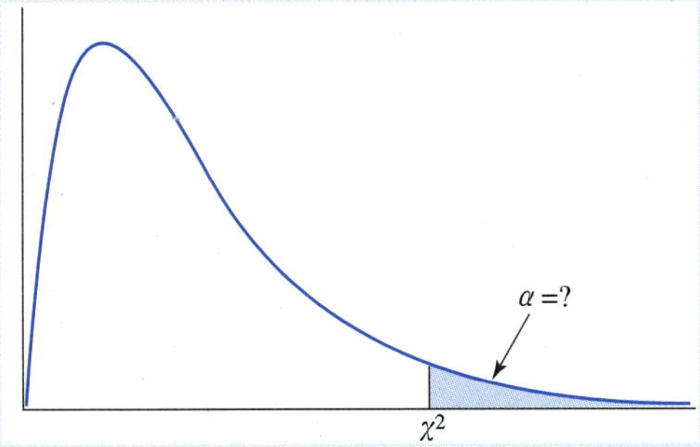

=CHISQ.DIST.RT(X, deg_freedom)

- X : 필수요소로 구하려는 면적(α)에 해당하는 χ^2값
- deg_freedom : 필수요소로 자유도를 나타내는 정수

예제 6-42

(1) χ^2값이 18.307이고 자유도가 10일 때의 오른쪽 면적

=CHISQ.DIST.RT(18.307, 10)=0.0500

- X : 18.307
- deg_freedom : 10

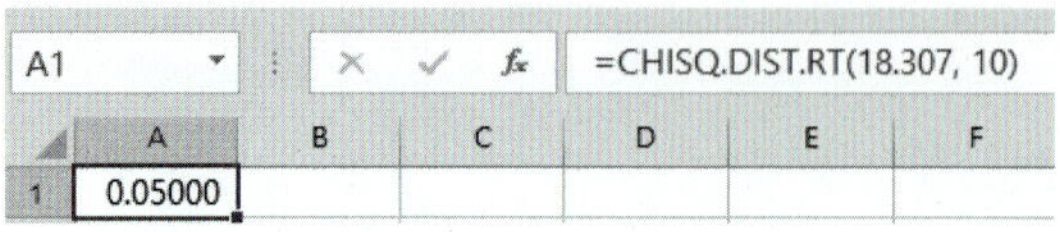

(2) χ^2값이 10.64이고 자유도가 6일 때의 오른쪽 면적

=CHISQ.DIST.RT(10.64, 6)=0.1002

- X : 10.64
- deg_freedom : 6

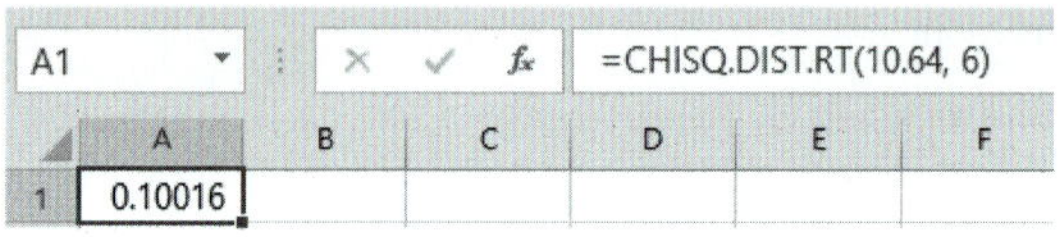

CHISQ.INV 함수

용도 : 자유도와 왼쪽 면적(α)에 해당하는 χ^2값을 구함

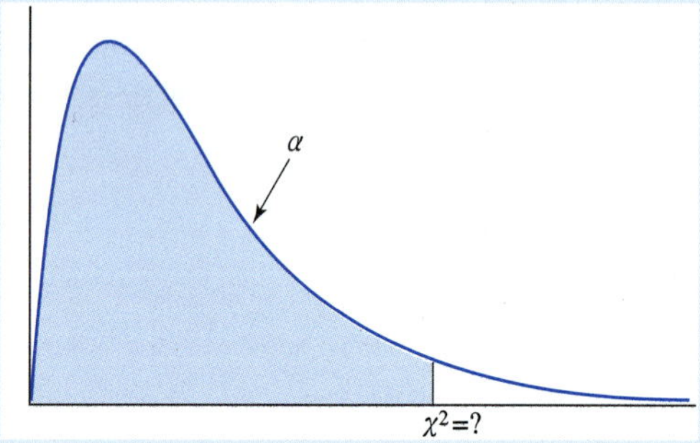

=CHISQ.INV(probability, deg_freedom)

- probability : 필수요소로 구하려는 χ^2값에 해당하는 면적
- deg_freedom : 필수요소로 자유도를 나타내는 정수

예제 6-43

(1) 왼쪽 면적이 0.95이고 자유도가 10일 때 χ^2의 값

=CHISQ.INV(0.95, 10)=18.3070

- probability : 0.95
- deg_freedom : 10

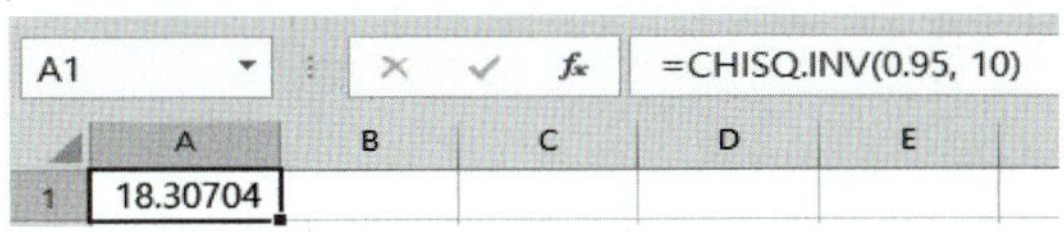

(2) 왼쪽 면적이 0.025이고 자유도가 8일 때 χ^2의 값

=CHISQ.INV(0.025, 8)=2.1797

- probability : 0.025
- deg_freedom : 8

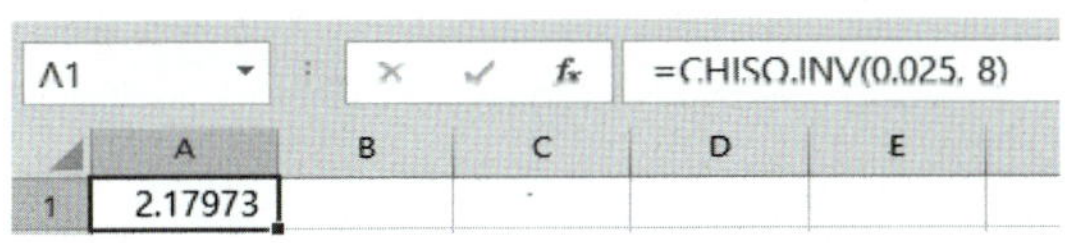

CHISQ.INV.RT 함수

용도 : 자유도와 오른쪽 면적에 해당하는 χ^2값을 구함

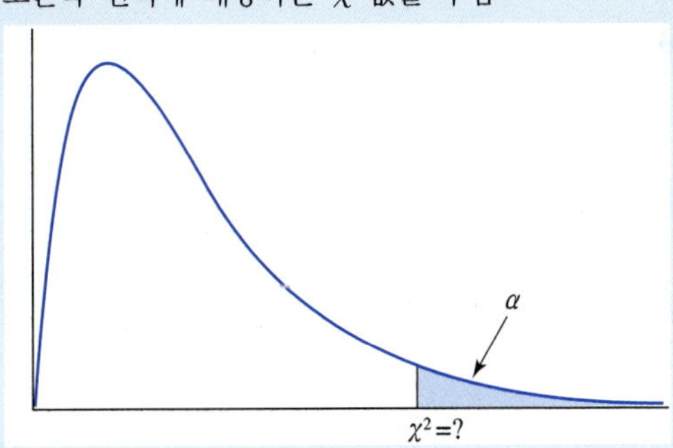

=CHISQ.INV.RT(probability, deg_freedom)

- probability : 필수요소로 구하려는 χ^2값에 해당하는 면적
- deg_freedom : 필수요소로 자유도를 나타내는 정수

예제 6-44

(1) 오른쪽 면적이 0.05이고 자유도가 10일 때 χ^2의 값

=CHISQ.INV.RT(0.05, 10)=18.3070

- probability : 0.05
- deg_freedom : 10

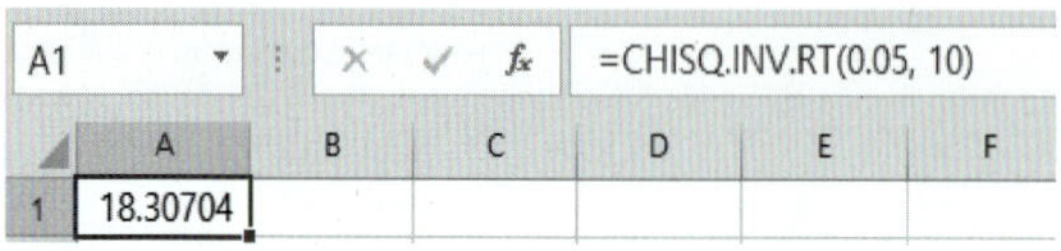

(2) 오른쪽 면적이 0.1이고 자유도가 6일 때 χ^2의 값

=CHISQ.INV.RT(0.1, 6)=10.6446

- probability : 0.1
- deg_freedom : 6

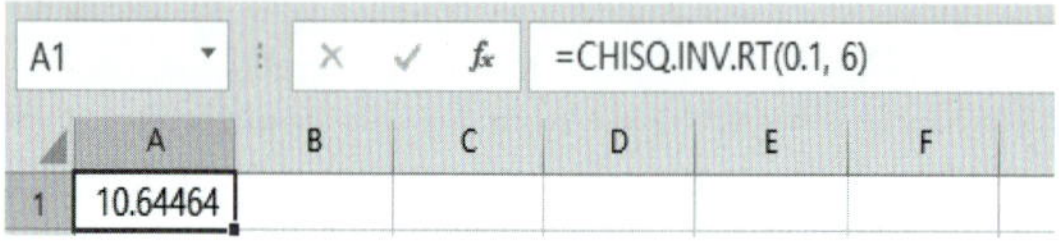

6. 지수분포

지수분포의 특징

지수분포(exponential distribution)란 어떤 사건이 포아송분포를 따를 때 한 사건이 일어난 후 다음 사건이 일어날 때까지 걸리는 시간 즉, 사건과 사건 사이의 시간을 변수 값으로 취하는 확률변수를 말한다. 포아송분포는 일정한 시간이나 구간에서 어떤 사건이 발생할 성공횟수를 확률변수 값으로 취하는 반면에 지수분포는 한 사건이 발생한 후 다음 사건이 발생할 때까지의 시간을 확률변수 값으로 취하는 분포이다. 다음은 포아송분포의 예이다.

- 새로 구입한 옷에서 발견되는 흠집의 수
- 하루에 고장이 나는 버스의 수
- 찾아오는 시간당 고객의 수

다음은 포아송분포에 해당하는 지수분포의 예이다.

- 새로 구입한 옷에서 1개의 흠집이 발견되고 또 다른 1개의 흠집이 발견되기까지의 시간
- 버스가 고장 난 후 또 다른 버스가 고장 날 때까지 걸리는 시간
- 고객이 찾아온 후 다음 고객이 올 때까지 걸리는 시간

모수가 λ인 포아송분포는 어떤 사건이 단위구간 동안 평균 λ번 일어나는 것을 묘사하는 분포다. 이때 단위구간에서 x회 발생할 확률은 다음과 같다.

$$P(X=x)=\frac{\lambda^x}{x!}e^{-\lambda}$$

이 분포에서 한 사건이 일어나고 다음 사건이 일어날 때까지 걸리는 시간은 모수가 λ인 지수분포다. 이때 X의 확률분포함수는 다음과 같다.

$$f(x)=\frac{d}{dt}F(x)=\frac{d}{dt}(1-e^{-\lambda x})=\lambda e^{-\lambda x},\ x\geq 0$$

지수분포의 λ에 따른 확률분포함수는 [그림 6-14]와 같다.

[그림 6-14] ❙ 모수가 0.5, 1, 2인 지수분포의 확률분포함수

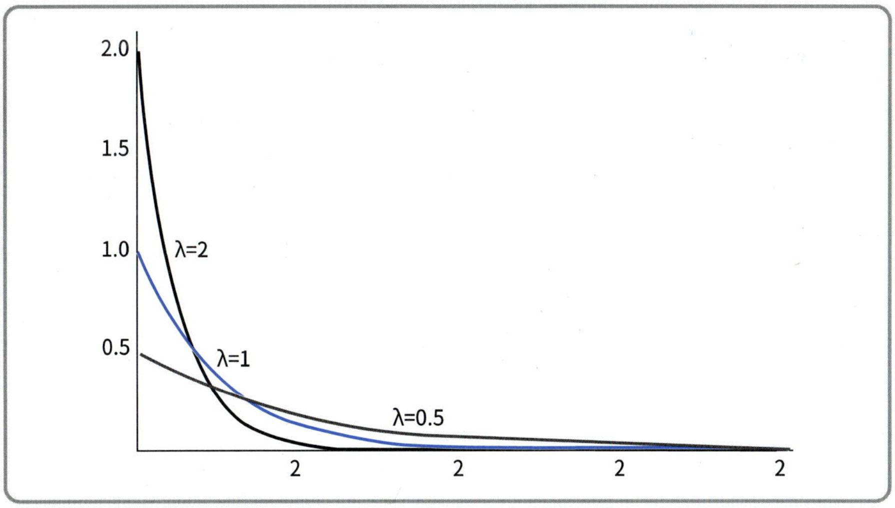

확률변수 X의 누적분포함수는 다음과 같다.

$$F(x)=P(X\leq x)=1-P(X\geq x)=1-e^{-\lambda x}$$

[그림 6-15] ❙ 모수가 0.5, 1, 2인 지수분포의 누적분포함수

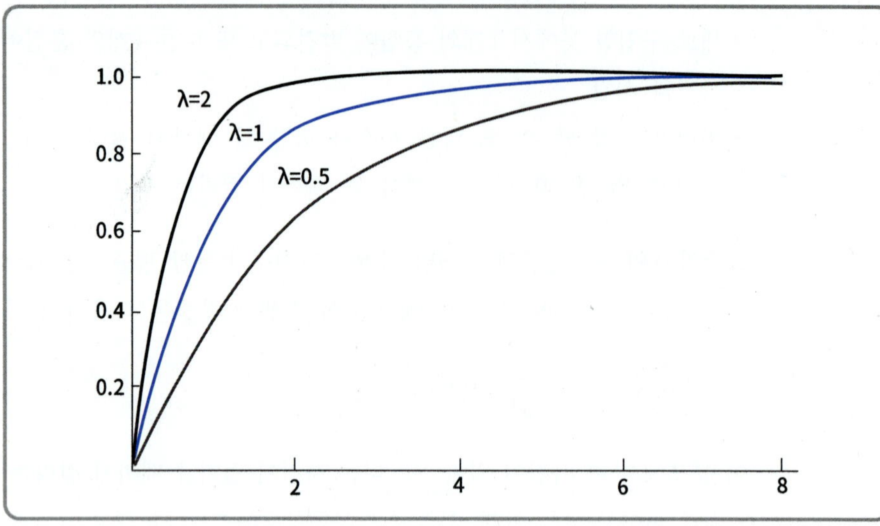

지수분포의 λ에 따른 누적분포함수는 [그림 6-15]와 같다.

지수분포에서 확률계산은 다음과 같다.

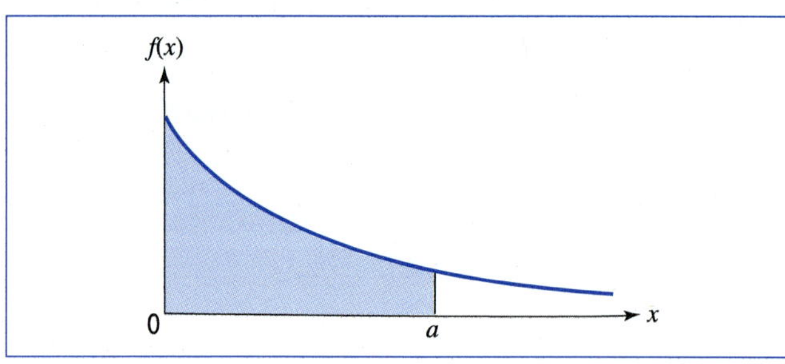

$$P(X \le a) = 1 - e^{-\lambda a}$$

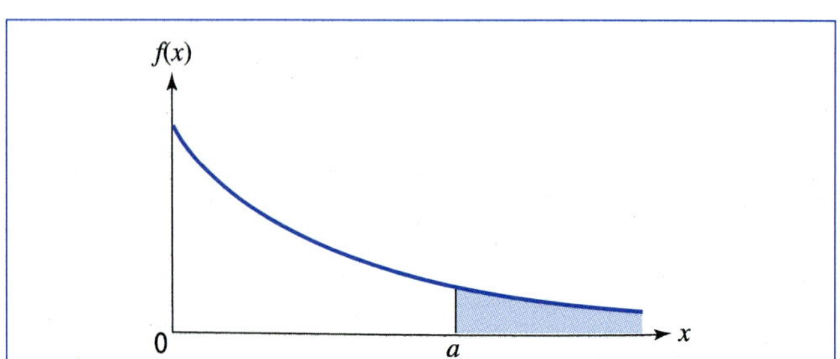

$$P(X \ge a) = -e^{-\lambda a}$$

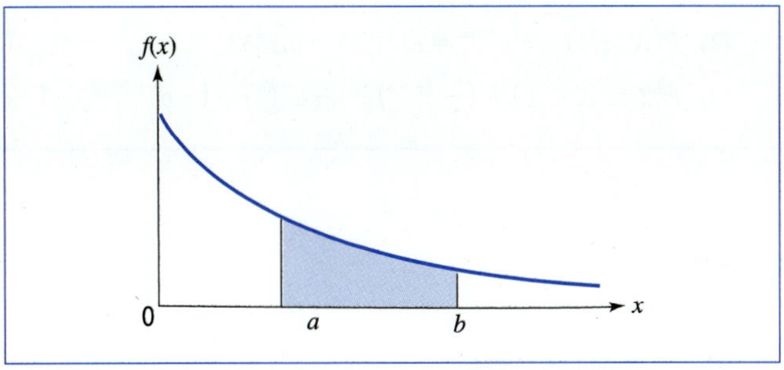

$$P(a \le X \le b) = (-e^{-\lambda b}) - (-e^{-\lambda a})$$

지수분포의 기대치와 분산

확률변수 X가 λ를 모수로 갖는 지수분포를 따르면 기대치는 다음과 같다.

$$\mu = E(X) = \frac{1}{\lambda}$$

이는 단위 시간당 사건이 λ회 발생한다면 사건 사이에는 평균적으로 $1/\lambda$ 시간만큼 소요될 것이라는 의미이다. 지수분포의 분산과 표준편차는 다음과 같다.

$$\sigma^2 = Var(X) = \frac{1}{\lambda^2}$$

$$\sigma = \sqrt{Var(X)} = \frac{1}{\lambda}$$

예제 6-45

어느 현금출납기를 찾는 손님은 평균 10분에 5명이라 한다. 첫 손님이 왔다 간 뒤 다음 손님이 올 때까지 걸리는 시간에 대한 다음의 확률을 구하라.

(1) 5분 이내일 확률

(2) 4분 이상일 확률

(3) 2분 이상 6분 이하일 확률

풀이

시간의 기본단위를 분이라고 하면 $E(X) = \frac{1}{\lambda} = 2$이므로 $\lambda = \frac{1}{2} = 0.5$이다. 따라서 X는 $\lambda = 0.5$인 지수분포를 따른다.

(1) $P(X \le 5) = 1 - e^{-\lambda a} = 1 - e^{-0.5 \times 5} = 0.9179$

(2) $P(X \geq 4) = -e^{-\lambda a} = e^{-0.5 \times 4} = 0.1353$

(3) $P(2 \leq X \leq 6) = (-e^{-\lambda b}) - (-e^{-\lambda a}) = (-e^{-0.5 \times 6}) - (-e^{-0.5 \times 2}) = 0.3181$

지수분포의 엑셀함수

EXPON.DIST 함수

용도 : 지수분포 값을 구함

=EXPON.DIST(X, lambda, cumulative)

- X : 필수요소로 함수 값
- lambda : 필수요소로 매개 변수 값
- cumulative : 필수요소로 1이면 누적분포함수가 0이면 확률분포함수가 반환

예제 6-46

<예제 6-45>의 문제를 엑셀함수로 구하라.

풀이

(1) 5분 이내일 확률

=EXPON.DIST(5, 0.5, 1)=0.9179

- X : 5
- lambda : 0.5
- cumulative : 1

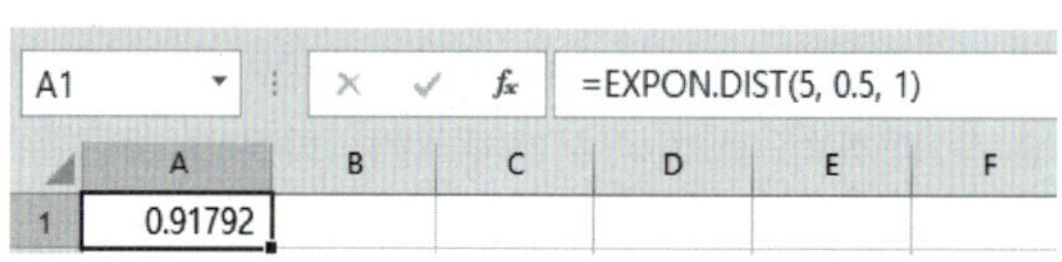

(2) 4분 이상일 확률

=1 - EXPON.DIST(4, 0.5, 1)=0.1353

- X : 4
- lambda : 0.5
- cumulative : 1

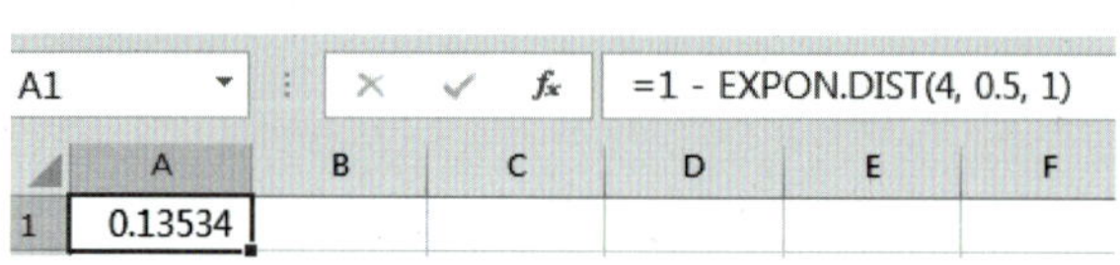

(3) 2분 이상 6분 이하일 확률

=EXPON.DIST(6, 0.5, 1) − EXPON.DIST(2, 0.5, 1)=0.3181

• X	: 6	• X	: 2
• lambda	: 0.5	• lambda	: 0.5
• cumulative	: 1	• cumulative	: 1

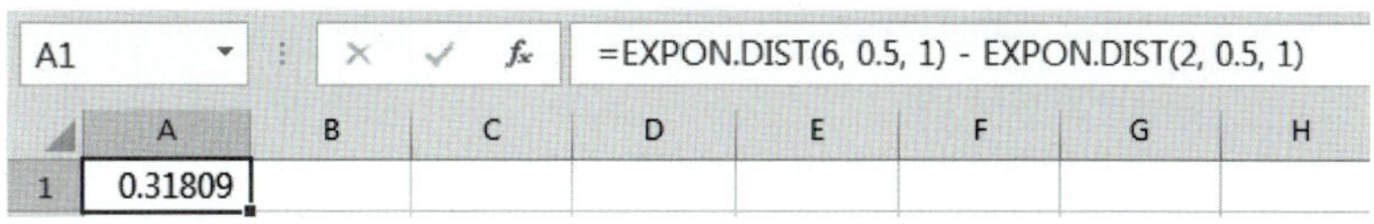

7. 연속확률분포의 비교

연속확률분포를 비교하면 <표 6 - 2>와 같다.

〈표 6−2〉 연속확률분포의 모형 비교

모형	모수	평균	분산	주요 식
균등	a, b	$(a+b)/2$	$(b-a)^2/12$	$f(X)=\dfrac{1}{b-a},\ F(X)=\dfrac{x-a}{b-a}$
정규	μ, σ	μ	σ^2	−
표준정규	μ, σ	0	1	$Z=\dfrac{X-\mu}{\sigma}$
t	−	−	−	$t=\dfrac{X-\mu}{S/\sqrt{n}} \sim n-1$
F	−	−	−	$F=\dfrac{S_1}{S_2} \sim n_1-1, n_2-1$
χ^2	−	−	−	$\chi^2=\sum Z^2=\sum(\dfrac{X-\mu}{\sigma})^2 \sim n-1$
지수	λ	$1/\lambda$	$1/\lambda^2$	$f(x)=\lambda e^{-\lambda x},\ F(t)=1-e^{-\lambda t}$

<표 6 - 2>에서 빈칸은 본서의 범위를 넘기 때문에 생략하기로 한다. 연속확률분포를 위한 엑셀함수를 비교하면 <표 6 - 3>과 같다.

〈표 6-3〉 연속확률분포의 엑셀함수

분포	엑셀함수	용도
정규	=NORM.DIST (*X*, mean, standard_dev, cumulative)	μ와 σ에 해당하는 *X*의 왼쪽 면적을 구함
	=NORM.S.DIST (*Z*, cumulative)	*Z*의 왼쪽 면적을 구함
	=NORM.INV (probability, mean, standard_dev)	왼쪽 면적에 해당하는 *X*값을 구함
	=NORM.S.INV (probability)	왼쪽 면적에 해당하는 *Z*값을 구함
t	=T.DIST (*X*, deg_freedom, cumulative)	*t*값과 *df*에 해당하는 왼쪽 면적을 구함
	=T.DIST.RT (*X*, deg_freedom)	*t*값과 *df*에 해당하는 오른쪽 면적을 구함
	=T.DIST.2T (*X*, deg_freedom)	*t*값과 *df*에 해당하는 양쪽 면적을 구함
	=T.INV (probability, deg_freedom)	*df*와 왼쪽 면적에 해당하는 *t*값을 구함
	=T.INV.2T (probability, deg_freedom)	*df*와 양쪽 면적에 해당하는 *t*값을 구함
F	=F.DIST (*X*, deg_freedom1, deg_freedom2, cumulative)	*F*값과 *df*에 해당하는 왼쪽 면적을 구함
	=F.DIST.RT (*X*, deg_freedom1, deg_freedom2)	*F*값과 *df*에 해당하는 오른쪽 면적을 구함
	=F.INV (probability, deg_freedom)	*df*와 왼쪽 면적에 해당하는 *F*값을 구함
	=F.INV.RT (probability, deg_freedom)	*df*와 오른쪽 면적에 해당하는 *F*값을 구함
χ^2	=CHISQ.DIST (*X*, deg_freedom, cumulative)	χ^2값과 *df*에 해당하는 왼쪽 면적을 구함
	=CHISQ.DIST.RT (*X*, deg_freedom)	χ^2값과 *df*에 해당하는 오른쪽 면적을 구함
	=CHISQ.INV (probability, deg_freedom)	*df*와 왼쪽 면적에 해당하는 χ^2값을 구함
	=CHISQ.INV.RT (probability, deg_freedom)	*df*와 오른쪽 면적에 해당하는 χ^2값을 구함
지수	=EXPON.DIST(*X*, lambda, cumulative)	λ에 해당하는 지수분포값을 구함

연속확률분포와 이산확률분포 간의 관계는 [그림 6-16]과 같다.

[그림 6-16] **이산확률분포와 연속확률분포 간의 관계**

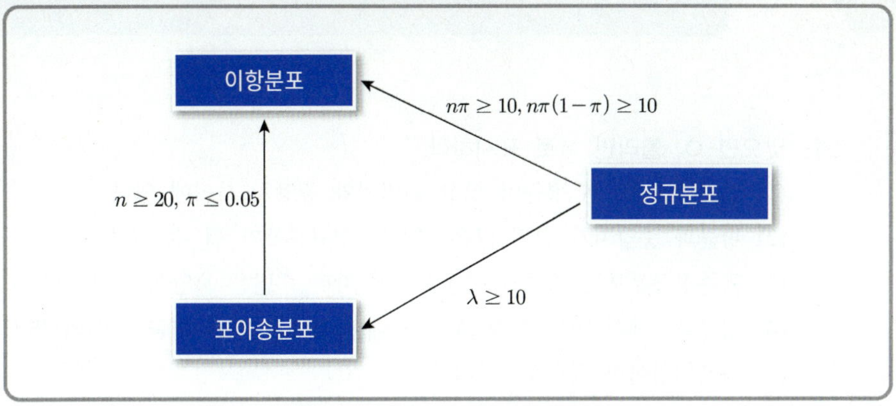

연습문제

01. 맞으면 ○, 틀리면 ×로 표시하라.

(1) 정규분포에서는 평균이 항상 최빈치와 중앙치 사이에 있다.

(2) 평균과 중앙치가 같지 않은 분포는 정규분포가 될 수 없다.

(3) 표준정규분포는 평균과 표준편차에 따라 수많은 모양이 존재한다.

(4) 정규분포에서 어느 특정 X값에 대한 Z값은 X와 평균 사이의 면적이다.

(5) 좌우대칭이면 정규분포이다.

(6) t-분포와 χ^2-분포는 자유도에 따라 다양한 분포가 존재한다.

(7) F-분포와 χ^2-분포는 자유도가 2개이다.

(8) F값과 χ^2값은 항상 양수이다.

(9) 지수분포와 포아송분포는 관련이 있다.

(10) 정규분포로 이항분포나 포아송분포의 근사치를 구할 수 있다.

02. 은행에서 첫 고객이 온 후 다음 고객이 도착하기까지 걸리는 시간은 3분에서 6분 사이의 균등분포를 따른다. 다음을 답하라.

(1) 고객이 도착하기까지 걸리는 시간의 평균과 분산

(2) 3분에서 5분 사이에 다음 고객이 도착할 확률

(3) 다음 고객이 5분 후에 도착할 확률

03. 버스가 오전 6시부터 15분 간격으로 승강장에 도착한다. 즉, 버스의 도착시간은 6시, 6시 15분, 6시 30분, ... 등이다. 만약 한 승객이 6시와 7시 사이에 동일한 확률로 도착한다고 가정하고 다음에 답하라.

(1) 그 승객이 버스를 5분 이하 기다릴 확률

(2) 그 승객이 버스를 10분 이상 기다릴 확률

(3) 그 승객이 버스를 5분 이상 기다릴 확률

(4) 평균과 분산

04. 정규분포에서 평균(μ)이 100이고, 표준편차(σ)가 10일 때 다음의 확률을 구하라.

(1) 110 이하일 확률

(2) 80에서 110 사이의 확률

(3) 70보다 클 확률

(4) 90보다 작고 120보다 클 확률

05. $\mu = 100$, $\sigma = 10$인 정규분포에서 다음을 구하라.

(1) 오른쪽 면적이 0.2에 해당하는 X값

(2) 상위 10%에 해당하는 최솟값

(3) 하위 10%에 해당하는 최댓값

(4) 상위 5%에서 하위 5%의 사이 값

06. 표준정규분포에서 다음 Z에 해당하는 면적을 구하라.

(1) $Z = 1.96$의 오른쪽 면적

(2) $Z = -1$과 $Z = +2$ 사이의 면적

(3) $Z = -1.96$의 왼쪽 면적

(4) $Z = 1.96$의 왼쪽 면적

07. 표준정규분포에서 다음 면적에 해당하는 Z값을 구하라.

(1) 왼쪽 면적이 0.9773

(2) 오른쪽 면적이 0.1587

(3) 오른쪽 면적이 0.9332

(4) 왼쪽 면적이 0.1587

08. 평균(μ)이 200이고 표준편차(σ)가 10인 정규분포에 대하여 다음의 확률을 구하라.

(1) $P(X \geq 200)$

(2) $P(210 \leq X \leq 220)$

(3) $P(X \leq 210)$

(4) $P(180 \leq X \leq 190)$

09. ABC 은행의 고객 대기시간은 정규분포를 띠고 있다. 이때 고객당 대기하는 평균시간은 2.8분이며 표준편차는 0.5분이다.

(1) 고객의 몇 %가 대기시간이 2분 이하인가?

(2) 매일 평균 1,000명의 고객들이 이용한다면 대기시간이 4분을 초과하는 고객의

수는?

(3) 전체 고객 중 90%는 몇 분 이하를 기다리는가?

(4) 전체 고객 중 95%는 몇 분 이상을 기다려야 하는가?

10. ABC 전자에서 생산하는 배터리의 평균무게는 100g, 표준편차는 4g으로 정규분포를 이루고 있다.

(1) 평균무게가 96g부터 104g 사이인 배터리는 전체 중에서 몇 %인가?

(2) 평균무게가 110g 이상인 형광등은 전체 중에서 몇 %인가?

(3) 전체 배터리 중 98%는 무게가 몇 g 이하인가?

(4) 전체 배터리 중 95.44%의 대칭구간은 몇 g 이상 그리고 몇 g 이하인가?

11. 어떤 학급의 수학시험 성적은 평균점수가 60점, 표준편차가 5점인 정규분포를 이룬다고 한다.

(1) 어느 학생을 무작위로 추출했을 때 성적이 50~70점 사이에 있을 확률은?

(2) 전체 학생 중 성적이 70~75점 사이인 비율은 얼마인가?

(3) 전체 학생 중 상위 10%가 A학점을 받는다면 A를 받기 위한 최소점수는 얼마인가?

(4) 전체 학생 중 하위 5%는 재수강을 한다면 몇 점 이하의 학생들이 재수강을 하는가?

12. t값과 df가 다음과 같을 때 해당 면적을 엑셀함수로 구하라.

(1) t값이 1.5이고 자유도가 10일 때의 왼쪽 면적

(2) t값이 −1.5이고 자유도가 10일 때의 왼쪽 면적

(3) t값이 2.33이고 자유도가 33일 때의 왼쪽 면적

(4) t값이 1.5이고 자유도가 10일 때의 오른쪽 면적

(5) t값이 −1.5이고 자유도가 10일 때의 오른쪽 면적

(6) t값이 2.33이고 자유도가 33일 때의 오른쪽 면적

(7) t값이 1.5이고 자유도가 10일 때의 양쪽 면적

(8) t값이 −1.5이고 자유도가 10일 때의 양쪽 면적

(9) t값이 2.33이고 자유도가 33일 때의 양쪽 면적

13. 자유도와 면적에 해당하는 t값을 엑셀함수로 구하라.

(1) 왼쪽 면적이 0.95이고 자유도가 10일 때 t의 값

(2) 오른쪽 면적이 0.05이고 자유도가 10일 때 t의 값

(3) 왼쪽 면적이 0.99이고 자유도가 22일 때 t의 값

(4) 양쪽 면적이 0.95이고 자유도가 10일 때 t의 값

(5) 양쪽 면적이 0.05이고 자유도가 10일 때 t의 값

(6) 양쪽 면적이 0.1이고 자유도가 22일 때 t의 값

14. 확률변수 X는 평균반응시간이 6초인 지수분포를 따른다고 가정하고 다음에 답하라.

(1) 반응시간이 6초보다 작을 확률

(2) 반응시간이 12초보다 클 확률

(3) 반응시간이 6초와 12초 사이일 확률

15. 특정 지역에서 1일 교통사고 발생이 평균 1건이고 교통사고 발생건수는 포아송분포를 따른다고 가정한다. 교통사고가 발생한 후 다음 교통사고가 발생할 때까지 걸리는 시간을 확률변수 X라 하고 다음에 답하라.

(1) 2일 이내에 교통사고가 발생할 확률을 구하라.

(2) 2일 이내에 교통사고가 발생하지 않을 확률을 구하라.

(3) 교통사고가 한 번 발생하는데 걸리는 평균 시간은 얼마인가?

16. 주문은 평균 3시간에 1건이 온다. 주문건수에 대한 분포는 포아송분포를 따른다고 가정한다. 주문이 온 후 다음 주문이 오는 시간을 확률변수 X라 하면 1시간 이내에 주문이 올 확률과 평균 1건의 주문이 오는데 걸리는 시간을 구하라.

17. F값과 자유도가 주어졌을 때 다음의 면적을 엑셀함수로 구하라.

(1) F값이 3이고 $df_1 = 16$, $df_2 = 15$일 때의 왼쪽 면적

(2) F값이 2이고 $df_1 = 5$, $df_2 = 6$일 때의 왼쪽 면적

(3) F값이 3이고 $df_1 = 16$, $df_2 = 15$일 때의 오른쪽 면적

(4) F값이 2이고 $df_1 = 5$, $df_2 = 6$일 때의 오른쪽 면적

18. 면적과 자유도가 주어졌을 때 다음의 F값을 엑셀함수로 구하라.

(1) 왼쪽 면적이 0.9이고 $df_1 = 10$, $df_2 = 8$일 때의 F값

(2) 왼쪽 면적이 0.1이고 $df_1 = 2$, $df_2 = 5$일 때의 F값

(3) 오른쪽 면적이 0.1이고 $df_1 = 10$, $df_2 = 8$일 때의 F값

(4) 오른쪽 면적이 0.9이고 $df_1 = 2$, $df_2 = 5$일 때의 F값

19. χ^2값과 자유도가 주어졌을 때 다음의 면적을 엑셀함수로 구하라.

(1) χ^2값이 20이고 자유도가 15일 때의 왼쪽 면적

(2) χ^2값이 15이고 자유도가 20일 때의 왼쪽 면적

(3) χ^2값이 20이고 자유도가 15일 때의 오른쪽 면적

(4) χ^2값이 10.64이고 자유도가 6일 때의 오른쪽 면적

20. 면적과 자유도가 주어졌을 때 다음의 χ^2값을 엑셀함수로 구하라.

(1) 왼쪽 면적이 0.9이고 자유도가 5일 때 χ^2의 값

(2) 왼쪽 면적이 0.05이고 자유도가 10일 때 χ^2의 값

(3) 오른쪽 면적이 0.1이고 자유도가 5일 때 χ^2의 값

(4) 오른쪽 면적이 0.95이고 자유도가 10일 때 χ^2의 값

07

표본분포

1. 표본분포
2. 평균의 표본분포
3. 비율의 표본분포

1. 표본분포

대량생산되는 형광등의 수명, 우리나라 대통령의 국정지지율, 우리나라 소나무의 나이 등을 알아보기 위해 모집단의 구성원소를 전수조사(census)하는 것은 비록 이 결과가 매우 정확하더라도 비용이나 시간이 많이 소요되기 때문에 적은 비용과 시간으로 전수조사 못지않은 정확성을 얻을 수 있는 표본조사를 통한 모집단 특성의 추론이 정당화되는 경우가 많다.

모집단의 특성을 추론하기 위해서는 모집단에서 추출한 표본의 특성을 알아야만 표본으로부터 계산된 평균($\overline{X}$)이나 비율(p)을 가지고 모집단의 평균(μ)이나 비율(π)을 올바르게 추론할 수 있다. 이를 위해서는 표본분포(sampling distribution)에 대한 이해가 필수적이다.

표본분포란 특정 모집단에서 같은 크기로 모든 표본을 뽑아 각 표본들로부터 계산되는 표본통계량들의 분포를 말한다. 이러한 표본분포는 다음과 같은 단계로 이루어진다.

1) N개의 모집단에서 n개로 뽑을 수 있는 모든 표본을 추출한다.
2) 각 표본에 대하여 관심의 통계량(평균, 비율, 분산 등)을 계산한다.
3) 계산된 통계량에 대한 평균, 분산(표준편차), 분포모양을 살펴본다.

여기서 관심의 통계량에 따라 평균의 표본분포, 비율의 표본분포, 분산의 표본분포, 범위의 표본분포 등으로 구분한다. 본 장에서는 [그림 7-1]과 같은 평균과 비율의 표본분포에 대해서 살펴보기로 한다.

[그림 7-1] ❙ 표본분포의 예

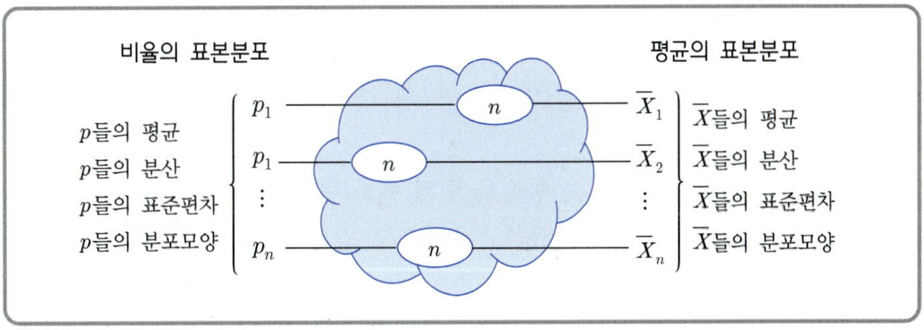

2. 평균의 표본분포

평균의 표본분포의 개념

평균의 표본분포(sampling distribution of sample means)는 특정 모집단에서 같은 크기로 모든 표본을 뽑아 각 표본에서 평균을 계산하였을 때 그 표본평균들의 확률분포이다. [그림 7-2]는 평균의 표본분포의 특성을 보여주고 있다.

[그림 7-2] 평균의 표본분포

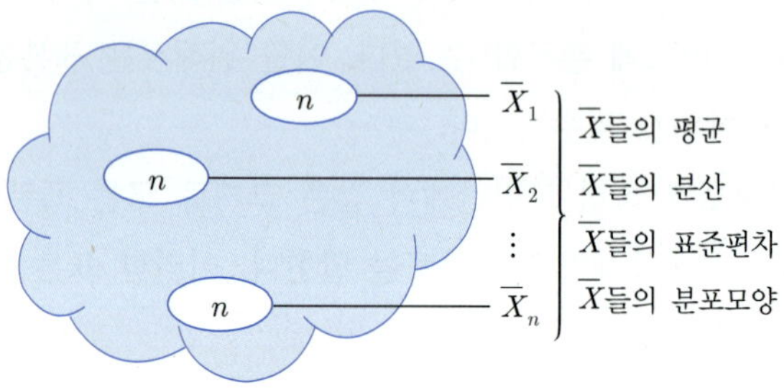

모집단의 구성원소를 무작위로 하나씩 추출하는 방법에는 복원추출(random sampling with replacement)과 비복원추출(random sampling without replacement) 두 가지가 있다. **복원추출**은 추출된 원소를 다시 모집단에 되돌려 놓고 그 다음 원소를 추출하는 방법이고, **비복원추출**은 추출된 원소를 다시 모집단으로 되돌려 놓지 않고 그 다음 원소를 추출하는 방법이다.

복원추출은 모집단의 크기를 항상 일정하게 하므로 모집단 내 N개의 원소가 각각 뽑힐 확률이 $\frac{1}{N}$로 항상 같고 한 원소가 여러 번 뽑힐 수도 있다. 반면 비복원추출은 추출할 때마다 모집단의 크기는 줄어들므로 n번째 추출은 이전 $n-1$번의 추출에서 뽑히지 않은 $N-(n-1)$개 원소들이 대상이라 한 원소가 두 번 뽑힐 수 없다.

복원추출의 예로는 동전을 던져 위로 향하는 면을 관찰하는 경우이다. 동전을 던져 처음에 앞면이 나왔다고 하더라도 다음번에 다시 앞면이 나올 수 있다. 비복원추출의 예로는 로또 당첨번호를 들 수 있다. 로또는 45개의 숫자 중 6개의 숫자를 맞추는 것으로 로또를 추첨할 때 한번 나온 숫자는 제외한 후 다음 숫자를 꺼낸다.

유한모집단에서의 복원추출은 중복순열에 의해 N^n개의 표본추출방법이 존재하지만 비복원추출은 조합에 의해 ${}_NC_n = \frac{N!}{n!(N-n)!}$개의 표본추출방법의 수가 존재한다. 유한모집단에서 복원추출을 하면 보다 많은 표본평균을 얻을 수 있어 표본평균의 특성을 보다 명확히 파악할 수 있게 해준다.

예제 7-1

모집단에 A, B, C, D, E의 다섯 장의 카드가 있다고 가정하고 복원추출과 비복원추출로 카드 2장을 추출할 수 있는 경우의 수를 계산하라.

풀이

복원추출은 다음과 같이 $N^n = 5^2 = 25$가지의 경우의 수가 존재한다.

	A	B	C	D	E
A	(A, A)	(A, B)	(A, C)	(A, D)	(A, E)
B	(B, A)	(B, B)	(B, C)	(B, D)	(B, E)
C	(C, A)	(C, B)	(C, C)	(C, D)	(C, E)
D	(D, A)	(D, B)	(D, C)	(D, D)	(D, E)
E	(E, A)	(E, B)	(E, C)	(E, D)	(E, E)

비복원추출은 다음과 같이 ${}_NC_n = \frac{N!}{n!(N-n)!} = \frac{5!}{2!(5-2)!} = \frac{5 \cdot 4 \cdot 3 \cdot 2 \cdot 1}{(2 \cdot 1)(3 \cdot 2 \cdot 1)}$

$= \frac{120}{12} = 10$가지의 경우의 수가 존재한다.

	A	B	C	D	E
A		(A, B)	(A, C)	(A, D)	(A, E)
B			(B, C)	(B, D)	(B, E)
C				(C, D)	(C, E)
D					(D, E)
E					

평균의 표본분포의 사례

4개의 숫자 카드 1, 3, 5, 7로 구성된 모집단에서 $n=2$와 $n=3$인 경우에 표본평균들의 평균, 분산 그리고 분포모양을 살펴보자. 또한, 표본의 크기가 증가함에 따라 이들 표본평균들의 특성이 어떻게 변하는지를 알아보기로 한다.

우선 모집단의 평균과 분산은 다음과 같다.

$$\mu=\frac{1+3+5+7}{4}=4$$

$$\sigma^2=\frac{(1-4)^2+(3-4)^2+(5-4)^2+(7-4)^2}{4}=\frac{20}{4}=5$$

각 숫자를 뽑을 확률이 동일하므로 모집단은 균등분포(uniform distribution)라 할 수 있다. 이상의 모집단 특성을 [그림 7-3]과 같이 표시할 수 있다.

[그림 7-3] ▎모집단의 특성

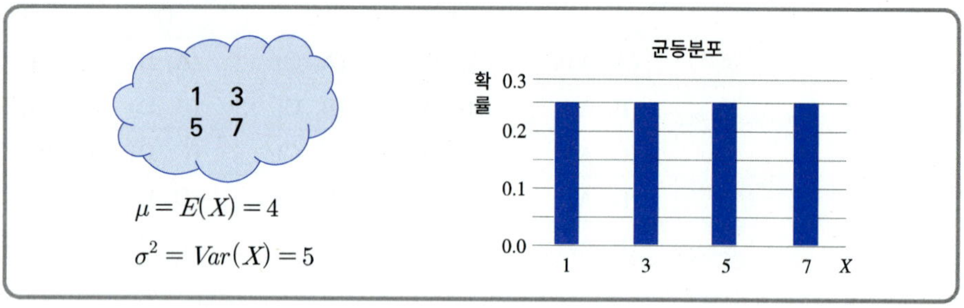

1) n=2인 경우

표본의 크기를 2로 하여 복원추출을 하면 가능한 표본추출방법은 4^2=16가지이다. 예를 들어, 처음에 3을 뽑고 복원시킨 다음 두 번째도 3을 뽑는다면 표본은 (3, 3)이 되고 이 때 표본평균은 3이 된다. 가능한 모든 표본평균과 그에 해당되는 표본평균의 특성은 [그림 7-4]와 같다.

[그림 7-4] ▌$n=2$인 평균의 표본분포

가능한 표본

(1, 1)	(1, 3)	(1, 5)	(1, 7)
(3, 1)	(3, 3)	(3, 5)	(3, 7)
(5, 1)	(5, 3)	(5, 5)	(5, 7)
(7, 1)	(7, 3)	(7, 5)	(7, 7)

$\mu_{\overline{X}} = E(\overline{X}) = \mu = 4$

$\sigma^2_{\overline{X}} = \dfrac{\sigma^2}{n} = \dfrac{5}{2}$

표본분포

$\overline{X}$	$P(\overline{X})$
1	1/16
2	2/16
3	3/16
4	4/16
5	3/16
6	2/16
7	1/16

표본분포 도표

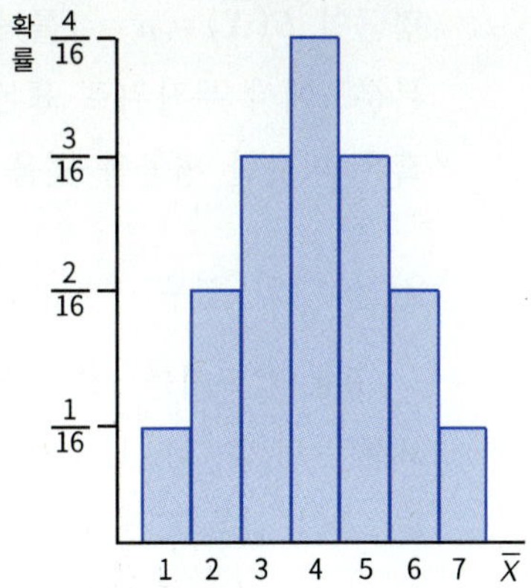

표본평균들의 평균($\mu_{\overline{X}}$)과 분산($\sigma^2_{\overline{X}}$)을 구하면 다음과 같다.

$$\mu_{\overline{X}} = \overline{\overline{X}} = \sum(\overline{X}\cdot P(\overline{X})) = \frac{\sum \overline{X}}{N^n}$$

$$= 1\times\frac{1}{16} + 2\times\frac{2}{16} + 3\times\frac{3}{16} + 4\times\frac{4}{16} + 5\times\frac{3}{16} + 6\times\frac{2}{16} + 7\times\frac{1}{16} = 4$$

$$= \frac{1+2+3+4+2+3+4+5+3+4+5+6+4+5+6+7}{16} = 4$$

$$\sigma^2_{\overline{X}} = \sum(\overline{X} - \mu_{\overline{X}})^2 P(\overline{X}) = \frac{\sum(\overline{X} - \overline{\overline{X}})^2}{N^n}$$

$$= (1-4)^2\times\frac{1}{16} + (2-4)^2\times\frac{2}{16} + \ldots\ldots + (6-4)^2\times\frac{2}{16} + (7-4)^2\times\frac{1}{16} = 2.5$$

$$= \frac{(1-4)^2 + (2-4)^2 + \ldots\ldots + (6-4)^2 + (7-4)^2}{16} = 2.5$$

위에 식을 살펴보면 다음과 같이 표본평균($\overline{X}$)들의 평균($\mu_{\overline{X}}$)은 모평균(μ)과 일치하고 표본평균들의 분산($\sigma^2_{\overline{X}}$)에 표본크기 n을 곱해 주면 모집단의 분산(σ^2)과 일치한다는 것을 알 수 있다.

$$\mu_{\overline{X}} = E(\overline{X}) = 4$$

$$\sigma^2 = \sigma^2_{\overline{X}}\cdot n \Rightarrow \sigma^2_{\overline{X}} = \frac{\sigma^2}{n} = \frac{5}{2} = 2.5$$

[그림 7-4]에서 얻어진 16개의 표본평균을 막대그래프로 작성하면 $n=2$일 때 평균의 표본분포의 모양을 얻을 수 있다. 평균의 표본분포의 모양은 모집단의 평균인 $E(\overline{X})=\mu=4$를 중심으로 대칭인 종모양을 하고 있다. 이것은 평균의 표본분포에서 무작위로 표본평균을 하나 추출한다면 모집단의 평균과 일치하거나 혹은 비슷한 평균을 얻을 확률이 높다는 것을 의미한다.

2) n=3인 경우

표본의 크기를 3으로 복원추출하면 가능한 표본추출방법은 4^3=64이다. 가능한 표본은 (1, 1, 1) (1, 1, 3)…(7, 7, 5) (7, 7, 7)의 64가지 경우이다. [그림 7-5]는 $n=3$인 경우의 평균의 표본분포의 특성을 보여준다.

[그림 7-5] ❙ $n=3$인 평균의 표본분포

가능한 표본

(1, 1, 1)
(1, 1, 3)
(1, 1, 5)
(1, 1, 7)
(1, 3, 1)
:
:
(7, 7, 7)

$\mu_{\overline{X}}=E(\overline{X})=\mu=4$

$\sigma^2_{\overline{X}}=\frac{\sigma^2}{n}=\frac{5}{3}$

표본분포

$\overline{X}$	$P(\overline{X})$
1	1/64
$1\frac{2}{3}$	3/64
$2\frac{1}{3}$	6/64
3	10/64
$3\frac{2}{3}$	12/64
$4\frac{1}{3}$	12/64
5	10/64
$5\frac{2}{3}$	6/64
$6\frac{1}{3}$	3/64
7	1/64

표본분포 도표

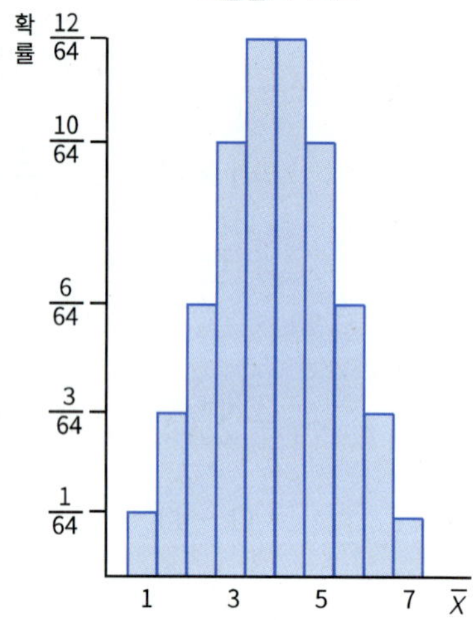

$n=2$인 경우와 같은 방법으로 $n=3$일 때 표본평균들의 평균과 분산을 구하면 다음과 같다.

$$\mu_{\overline{X}}=E(\overline{X})=\mu=4$$

$$\sigma^2=\sigma^2_{\overline{X}}\cdot n \Rightarrow \sigma^2_{\overline{X}}=\frac{\sigma^2}{n}=\frac{5}{3}=1.6667$$

$n=2$인 경우와 마찬가지로 표본평균($\overline{X}$)들의 평균($\mu_{\overline{X}}$)은 모집단의 평균(μ)과 일치하고, 표본평균들의 분산($\sigma^2_{\overline{X}}$)에다 표본 크기(n) 3을 곱해주면 모집단의 분산(σ^2)과 일치함을 알 수 있다. 그리고 표본평균들의 분포모양은 모집단 평균을 중심으로 대칭인 종모양을 하고 있다.

표본평균들의 분산은 $n=2$일 때보다 작으므로 표본평균들이 모집단 평균에 많이 분포되어 있다는 것을 알 수 있다. 이는 $n=2$보다 $n=3$일 때 모집단 평균과 일치하거나 비슷한 표본평균을 얻을 확률이 더 높다는 것을 의미한다.

평균의 표본분포의 특성

평균의 표본분포의 특성을 요약하면 다음 [그림 7-6]과 같다.

[그림 7-6] **평균의 표본분포**

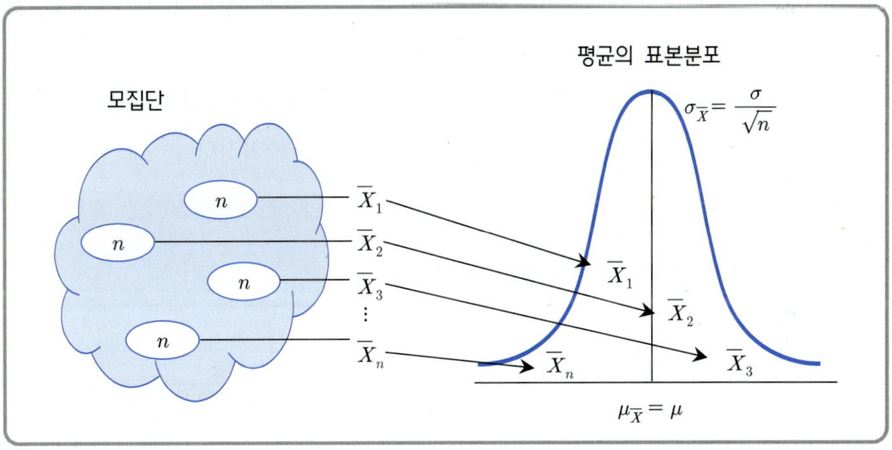

1) 평균과 표준편차

모집단과 $\overline{X}$의 표본분포에 대한 평균($\overline{\overline{X}}$), 분산($\sigma^2_{\overline{X}}$) 및 표준편차($\sigma_{\overline{X}}$)의 관계는 다음과 같다.

$$\mu_{\overline{X}} = E(\overline{X}) = \overline{\overline{X}} = \mu$$

$$\sigma^2_{\overline{X}} = \frac{\sigma^2}{n}$$

$$\sigma_{\overline{X}} = \frac{\sigma}{\sqrt{n}}$$

$\overline{X}$의 표본분포의 평균($\overline{\overline{X}}$)은 항상 모집단의 평균(μ)과 같고 $\overline{X}$의 표본분포의 분산($\sigma^2_{\overline{X}}$)은 모집단 분산(σ^2)을 표본 수(n)로 나누어주면 된다. 따라서 $\overline{X}$의 표본분포의 표준편차 즉, 표준오차($\sigma_{\overline{X}}$)는 모집단의 표준편차(σ)를 표본 수의 제곱근($\sqrt{n}$)으로 나누어준다.

2) 중심극한정리

평균이 μ이고 표준편차가 σ인 모집단에서 표본 크기 n이 증가할수록 평균의 표본분포는 $E(\overline{X}) = \mu$이고 $\sigma_{\overline{X}} = \dfrac{\sigma}{\sqrt{n}}$인 정규분포에 접근하게 되는데 이를 **중심극한정리**(central limit theorem)라 한다. 모집단의 분포를 알지 못하는 경우에도 중심극한정리를 이용하면 다음과 같은 평균의 표본분포에 대한 유용한 정보를 얻을 수 있다.

(1) [그림 7-7]처럼 모집단이 정규분포이면 평균의 표본분포는 표본 크기에 상관없이 정규분포를 따른다.

(2) [그림 7-7]처럼 모집단이 정규분포가 아니더라도 표본 크기가 $n \geq 30$이면 평균의 표본분포는 정규분포에 가까워진다.

[그림 7-7] ┃모집단과 표본평균의 분포

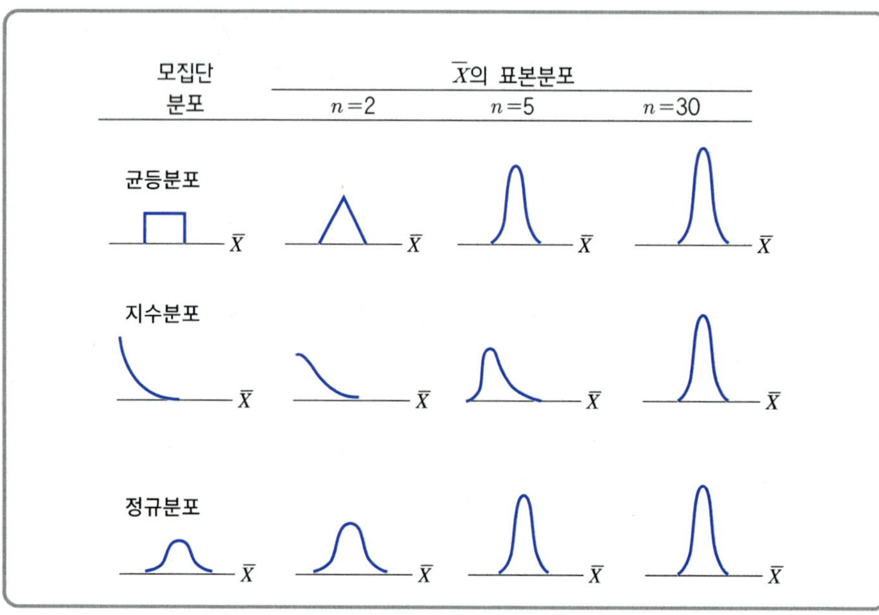

3) 대수의 법칙

[그림 7-4]와 [그림 7-5]에서 $n=2$보다 $n=3$일 때 즉, n이 커질수록 모평균(4)에 가까운 숫자가 뽑힐 확률은 높아지고 극단적으로 큰 값(7)이나 작은 값(1)이 뽑힐 확률은 작아진다. 왜냐하면, [그림 7-8]과 같이 표본이 커질수록 표준오차 $\sigma_{\overline{X}} = \dfrac{\sigma}{\sqrt{n}}$는 작아지므로 모평균에 근접한 표본평균을 얻을 확률이 높아지기 때문이다. 이를 대수의 법칙(law of large numbers)이라 한다.

[그림 7-8] ❙ 대수의 법칙

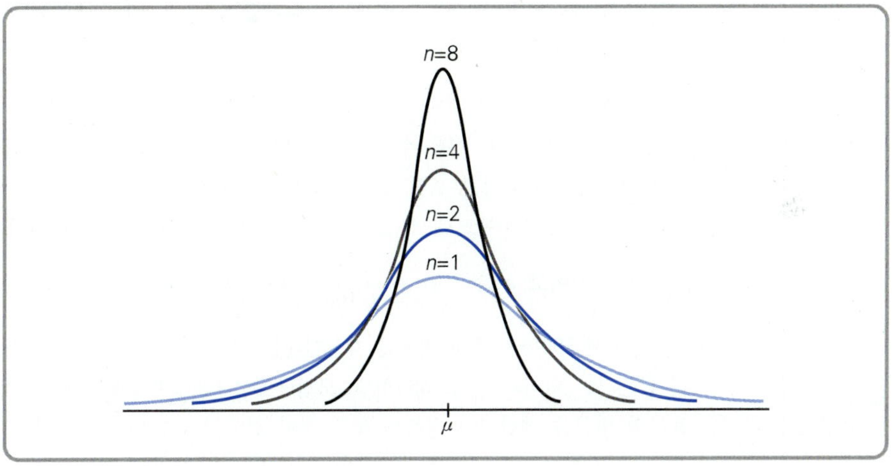

이상의 내용의 종합하면 n이 커질수록 중심극한정리에 의해 모집단의 분포에 상관없이 평균의 표본분포는 $\mu_{\overline{X}} = E(\overline{X}) = \mu$이고 $\sigma_{\overline{X}} = \dfrac{\sigma}{\sqrt{n}}$인 정규분포에 근접하고, 대수의 법칙에 의해 모평균에 가까운 표본평균을 얻을 확률이 높아진다.

예제 7-2

어느 마트의 소비자만족도점수는 평균이 80점이고 표준편차가 40점이라고 한다. 이 마트의 소비자 중 100명을 무작위로 뽑아 평균점수를 계산한다고 가정하고 다음에 답하라.

(1) 평균의 표본분포의 의미를 설명하라.

(2) 평균의 표본분포의 특성을 설명하라.

(3) 100명을 뽑아 평균점수를 계산했을 때 90점 이상일 확률을 구하라.

풀이

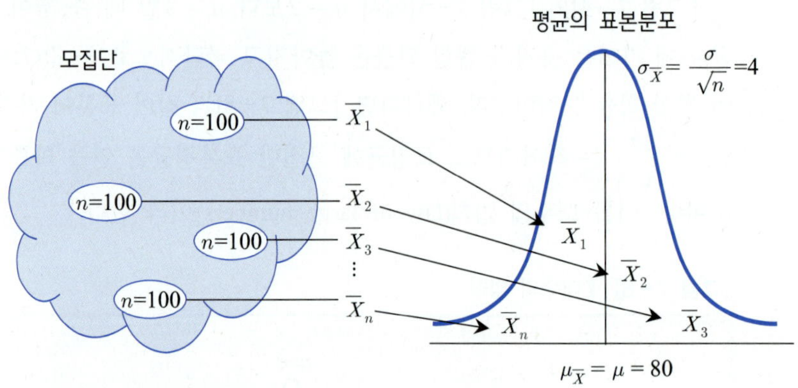

(1) 모집단에서 100명으로 뽑을 수 있는 모든 표본을 뽑아 각 표본에서 평균을 계산했을 때, 이 평균들의 분포를 평균의 표본분포라 한다.

(2) 표본의 크기가 100이므로 모집단의 분포모양에 상관없이 평균의 표본분포는 $\mu_{\overline{X}} = \mu = 80$이고 $\sigma_{\overline{X}} = \frac{\sigma}{\sqrt{n}} = \frac{40}{\sqrt{100}} = 4$인 정규분포이다.

(3) 모집단에서 100명을 뽑아 평균을 계산한다는 것은 평균의 표본분포에서 $\overline{X}$를 하나 뽑는다는 의미와 같다. 왜냐하면, 모집단에서 $n = 100$으로 뽑을 수 있는 모든 표본의 평균을 계산하여 정리해 놓은 것이 평균의 표본분포이기 때문이다.

$\mu_{\overline{X}} = \mu = 80$이고 $\sigma_{\overline{X}} = \frac{\sigma}{\sqrt{n}} = \frac{40}{\sqrt{100}} = 4$인 정규분포에서 90점을 Z로 환산하면 다음과 같다.

$$Z = \frac{\overline{X} - \mu_{\overline{X}}}{\sigma/\sqrt{n}} = \frac{90-80}{40/\sqrt{100}} = 2.5$$

표준정규분포에서 $Z = 2.5$에 해당되는 면적은 0.9938이다. 따라서 $1 - 0.9938 = 0.0062$이다. 무작위로 뽑은 100명의 소비자만족도점수 평균이 90점 이상일 확률은 0.62%이다.

3. 비율의 표본분포

특정 회사의 신제품에 대하여 호의적인 반응을 보이는 소비자의 비율, 납품받은 반도체 중 합격판정을 받은 비율 등에 대해서는 표본평균 대신 표본비율을 사용하여야 한다. 특정 표본비율은 모집단으로부터 n개의 원소로 구성된 표본비율들 중 하나이므로 비율의 표본분포(sampling distribution of proportion)에 대한 이해가 필요하다.

비율의 표본분포는 성공비율이 π인 모집단에서 동일한 크기로 모든 표본을 뽑아 각 표본에서 p를 계산했을 때 p값들의 분포를 나타낸다. 이를 그림으로 나타내면 [그림 7-9]와 같다.

[그림 7-9] **비율의 표본분포**

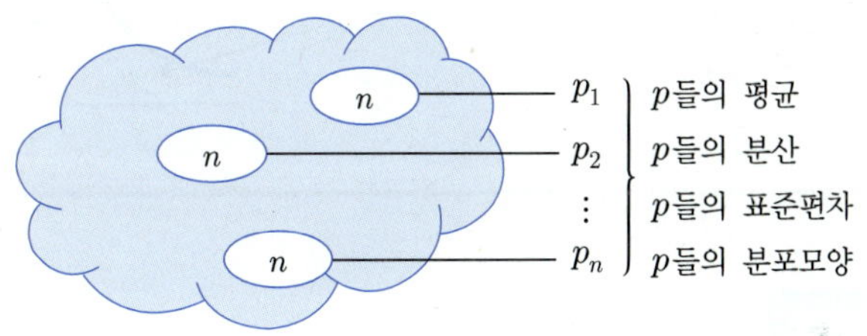

성공비율의 기대치와 분산 및 표준오차를 구하는 식은 다음과 같다.

$$E(p) = \pi$$

$$\sigma_p^2 = \frac{\pi(1-\pi)}{n}$$

$$\sigma_p = \sqrt{\frac{\pi(1-\pi)}{n}}$$

성공횟수의 기대치와 분산 및 표준오차를 구하는 식은 다음과 같다.

$$E(X) = n\pi$$

$$\sigma_X^2 = n\pi(1-\pi)$$

$$\sigma_X = \sqrt{n\pi(1-\pi)}$$

모집단의 성공비율 π가 0.5인 경우에는 좌우대칭인 종모양이나 π가 0.5에서 멀어질수록 좌우대칭인 종모양과는 상당한 차이를 나타낸다. 그러므로 π와 n을 동시에 고려하여 $n\pi \geq 5$이고 $n(1-\pi) \geq 5$이면 중심극한정리에 의해 비율의 표본분포는 정규분포에 의해서 어림되어질 수 있다. 이러한 비율의 표본분포의 특성을 [그림 7-10]이 보여주고 있다.

[그림 7-10] ▎비율의 표본분포의 특성

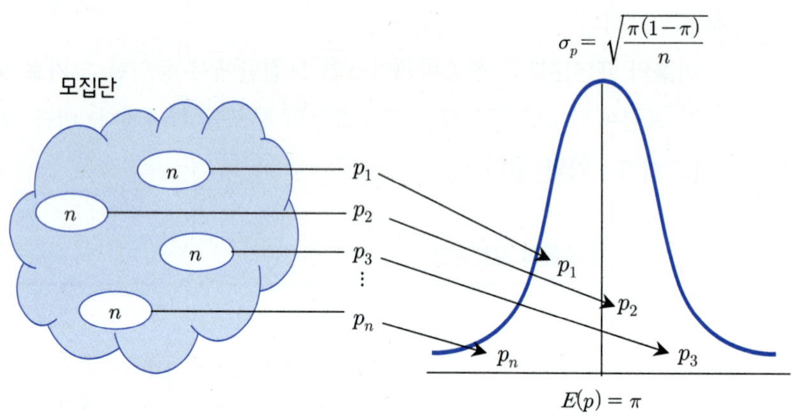

예제 7-3

ABC 회사는 2%(π)의 불량품 생산비율을 나타내고 있다. 400개를 무작위로 추출하였을 때 3% 이상이 불량품일 확률을 계산하라.

풀이

$$E(p) = \pi = 0.02$$

$$\sigma_p = \sqrt{\frac{\pi(1-\pi)}{n}} = \sqrt{\frac{0.02(0.98)}{400}} = 0.007$$

$n\pi \geq 5$이고 $n(1-\pi) \geq 5$이므로 비율의 표본분포는 $\pi = 0.02$이고 $\sigma_p = 0.007$인 정규분포이다. 0.03에 해당되는 Z값은 다음과 같다.

$$Z = \frac{p-\pi}{\sigma_p} = \frac{0.03-0.02}{0.007} = 1.4286$$

표준정규분포에서 $Z=1.43$에 해당되는 값은 0.9236이다. 따라서 불량품이 3% 이상일 확률은 $1-0.9236 = 0.0784$ 즉, 7.84%이다.

연습문제

01. 맞으면 ○, 틀리면 ×로 표시하라.

(1) n이 커지면 모집단의 분포에 관계없이 $\overline{X}$의 표본분포는 정규분포에 근접한다.

(2) 평균의 표준오차는 표본의 크기에 정비례하여 감소한다.

(3) n이 커질수록 $\mu_{\overline{X}}$와 $\sigma_{\overline{X}}$가 작아지므로 $\mu_{\overline{X}}$이 μ와 같을 가능성이 높아진다.

(4) 모집단이 정규분표이면 $\mu_{\overline{X}}$은 n에 영향을 받지 않는다.

(5) 표본이 추출된 모집단은 반드시 정규분포이어야 한다.

(6) 모집단이 정규분표이면 평균의 표본분포에 대한 분산은 n에 영향을 받는다.

(7) 비율의 표본분포가 정규분포이면 비율들의 평균은 n에 영향을 받는다.

(8) 비율의 표본분포는 n에 관계없이 정규분포이다.

(9) $n \geq 2$이면 평균의 표준오차는 항상 모집단의 표준편차보다 작다.

(10) 표본이 커지면 $\mu_{\overline{X}}$은 μ와 일치하므로 μ를 추정하는 데 있어 정확도가 높아진다.

02. 4개의 원소 3, 5, 7, 9로 구성된 모집단의 평균(μ)은 6이고 분산(σ^2)은 5이다. 복원추출로 n이 2와 3인 경우에 표본평균들의 평균($\mu_{\overline{X}}$)과 분산($\sigma^2_{\overline{X}}$) 및 분포모양을 살펴보고, 표본크기가 증가함에 따라 이들 표본평균들의 특성이 어떻게 변하는지를 설명하라.

03. 모집단에서 100명을 뽑아 평균을 계산한다는 것은 평균의 표본분포에서 $\overline{X}$를 하나 뽑는다는 의미와 같은 이유를 설명하라.

04. ABC 전자에서 생산하는 제품은 평균(μ)이 50kg이고 표준편차(σ)가 16kg이라고 한다. 이 회사 제품 중 64개를 무작위로 뽑아 평균 무게를 계산한다고 가정하고 다음에 답하라.

(1) 평균의 표본분포의 의미를 설명하라.

(2) 평균의 표본분포의 특성을 설명하라.

(3) 모집단에서 64개를 추출하여 평균을 계산한다는 것과 평균의 표본분포에서 $\overline{X}$를 하나 추출한다는 것과의 차이를 설명하라.

(4) 모집단에서 64개를 뽑아 평균 무게를 계산했을 때 56kg 이상일 확률을 구하라.

05. 모집단의 평균(μ)이 100이고 표준편차(σ)가 12인 정규분포에서 36개의 원소로 구성된 표본에 대하여 답하라.

(1) 평균의 표본분포를 구하라.

(2) 표본평균들이 104~106 사이의 값을 가지는 비율을 구하라.

(3) 모집단에서 36개를 뽑아 평균을 계산하면 그 값이 104~106 사이일 확률을 구하라.

(4) $n=36$인 평균의 표본분포에서 하나의 $\overline{X}$를 뽑으면 그 값이 104~106 사이일 확률을 구하라.

06. 어느 공장에서 생산되는 제품의 무게는 평균(μ)이 20kg이고 표준편차(σ)는 4kg인 정규분포를 이룬다고 한다. 이 중 100개를 선택하였을 때 다음에 답하라.

(1) 그 무게의 평균이 19.2~19.6 사이에 있을 확률은?

(2) 그 무게의 평균이 20.6 이상일 확률은 얼마인가?

07. ABC 전자에서 생산하는 제품은 평균(μ) 너비가 5mm이고 표준편차(σ)가 0.9mm이라고 한다. 이 회사 제품 중 81개를 무작위로 뽑아 평균 너비를 계산할 때 그 평균 너비가 4.8mm보다 작을 확률을 구하라.

08. $n=50$으로 얻은 평균의 표준오차($\sigma_{\overline{X}}$)가 20일 때 이 표준오차를 반으로 줄일려면 표본의 크기는 얼마가 되어야 하는가?

09. ABC 제품의 평균(μ) 무게는 8g이고 표준편차(σ)는 5g인 정규분포를 이룬다. 무작위로 뽑은 표본 n의 평균 무게가 8.4g보다 클 확률이 10%라고 한다. 이때 표본 크기는 얼마인가?

10. 어느 단체 회원들의 80%가 자기 직책에 만족한다고 한다. 만일 100명을 무작위로 추출했을 때 다음에 답하라.

(1) 직책에 만족하는 회원의 비율이 85% 이상일 확률은 얼마인가?

(2) 직책에 만족하는 회원이 100명 중 85명 이상일 확률은 얼마인가?

11. 불량률(π)이 1%인 ABC 회사에서 600개를 무작위로 추출하였을 때 불량품이 2% 이상일 확률을 계산하라.

08

단일모집단의 가설검정

1. 가설검정의 개념
2. 단측검정과 양측검정
3. 모집단 평균의 검정 : σ를 아는 경우
4. p값
5. 모집단 평균의 검정 : σ를 모르는 경우
6. 모집단 비율의 검정
7. 모집단 분산의 검정

1. 가설검정의 개념

가설검정의 원리

우리는 다음과 같은 주장이 맞는지를 판단해야 하는 상황에 직면하게 된다.

- ABC 전자회사는 자사 제품의 무게는 타사 제품보다 가벼운 20g 이하라고 주장한다.
- XYZ 전구회사는 자사 제품의 수명이 4,000시간 이상이라고 광고한다.
- ZYX 제약회사는 자사 제품에 A 물질의 함량이 정확히 0.04g이라고 광고한다.
- CBA 정유회사는 자사 직원들의 80% 이상이 현재의 인사정책에 만족한다고 주장한다.

이처럼 모집단 평균(μ) 또는 모집단 비율(π)과 같은 모수가 특정 값과 일치한다는 주장이 참인지 거짓인지를 그 모집단에서 추출된 표본자료를 이용하여 체계적으로 검정할 필요가 있다. 이러한 체계적인 검정절차를 가설검정(hypothesis testing)이라 한다. **가설검정**이란 모집단의 모수가 특정 값과 일치하는지를 그 모집단에서 추출된 표본자료를 이용하여 결론을 이끌어내는 절차이다.

예를 들어, 특수 복사용지를 생산하는 ABC 기업은 자사 제품의 평균 너비가 200mm라 주장한다. 과거 경험에 의하면 이 제품의 표준편차는 20mm였다. 이러한 주장을 검정하는 합리적인 방법은 ABC 기업 제품 중 100개를 추출하여 너비를 측정한 다음, 이 표본의 평균 너비를 ABC 기업이 주장하는 모평균 200mm와 비교하는 것이다.

이 회사의 가설($\mu = 200\text{mm}$)이 참인지 거짓인지는 모르지만 만약 가설이 참이라면 [그림 8-1]처럼 평균의 표본분포는 $\mu_{\overline{X}} = 200\text{mm}$, $\sigma_{\overline{X}} = \frac{\sigma}{\sqrt{n}} = \frac{20}{\sqrt{100}} = 2\text{mm}$인 정규분포가 되고 196mm~204mm에 있는 표본평균들의 비율은 95.44%이다. 따라서 가설이 참이라면 평균의 표본분포에서 무작위로 하나의 표본($\overline{X}$)을 추출했을 때 그 표본은 [그림 8-1]의 흰 부분(면적이 0.9544)에서 나올 것으로 예상한다. 만약 무작위로 추출한 표본평균이 199mm이라면 이 표본결과(증거)를 가지고는 회사의 가설(주장)을 부정할 근거가 부족하게 된다. 이런 결론에 의심나면 새로운

[그림 8-1] ▎$\mu = 200$에 대한 평균의 표본분포

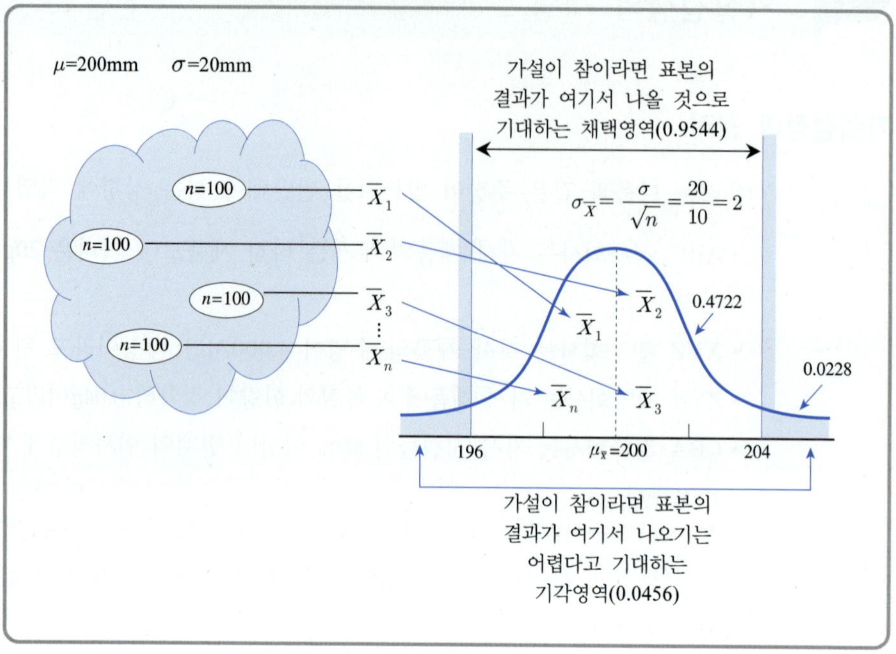

표본을 뽑아 다시 검정하여야 한다.

반대로 추출된 표본평균이 196mm보다 적은 190mm가 나왔다면 그 평균은 모평균이 200mm보다 작은 모집단에서 추출되었을 가능성이 높으므로 회사의 주장을 채택할 근거가 없게 된다. 같은 논리로 추출된 표본평균이 204mm보다 큰 210mm였다면 그 평균은 모평균이 200mm보다 큰 모집단에서 추출되었을 가능성이 높으므로 이 역시 회사의 주장을 받아들이기 어려울 것이다. 이러한 결론에 의심나면 새로운 표본을 뽑아 다시 검정하여야 한다.

즉, 196보다 작은 값과 204보다 큰 값은 가설이 참이라면 표본의 결과가 나오기 힘든 값이라 할 수 있다. 그러나 이러한 판단이 잘못될 확률은 4.56%이다. 왜냐하면, 모평균이 200mm이라는 주장이 실제로 참이라면 196mm~204mm 범위 밖에서 표본의 결과가 나올 확률이 4.56%이기 때문이다.

가설검정의 원리를 정리해 보면 다음과 같다.

첫째, 주장하는 가설이 참이라면 [그림 8-1]처럼 표본평균이 나오기 힘든 기각영역을 설정한다.

둘째, 표본평균이 기각영역에서 추출되었다면 가설을 기각하고 그렇지 않다면 가설을 채택한다.

셋째, 이러한 결론에 의심나면 새로운 표본을 뽑아 다시 검정한다.

가설의 유형

가설(hypothesis)이란 모집단 모수에 대한 검정이 가능한 가정을 의미한다. 이러한 가설은 다음과 같은 상호배타적인(mutually exclusive) 한 쌍의 진술이다.

H_0 : 귀무가설

H_1 : 대립가설

귀무가설(null hypothesis)이란 모집단 모수 값에 대한 가정으로 검정 대상이 되는 가설이다. 반면 **대립가설**(alternative hypothesis)은 귀무가설과 반대되는 주장으로 귀무가설이 기각되면 검정 없이 채택하는 가설이다. 일반적으로 귀무가설은 H_0로 대립가설은 H_1으로 표시한다.

귀무가설은 검정하여 옳지 않다는 것이 밝혀질 때까지는 참인 것으로 받아들이는 가설이고 대립가설은 귀무가설이 기각되면 자동적으로 받아들이는 가설이다. 이러한 의미에서 귀무가설이 기각되면 대립가설은 참임을 증명하지 않아도 참으로 간주한다. 그러나 이것으로 대립가설이 참으로 증명된 것은 아니다.

만약 귀무가설이 채택되면 귀무가설을 기각할 만한 증거가 없다고 보고 귀무가설을 '기각하지 않는다(do not reject)'고 결론을 내린다. '기각하지 않는다'는 '채택한다(accept)'보다 강력하지는 못하다.

가설검정은 때때로 재판과정과 유사하다. 피고는 증거가 유죄임이 증명될 때까지는 무죄라고 본다. 만일 증거가 유죄임을 나타낸다면 무죄라는 귀무가설은 기각되고 유죄라는 대립가설을 채택한다. 만약 귀무가설이 기각되면 그 피고인이 100% 유죄라기보다는 단지 무죄를 증명할 증거가 충분하지 않다는 것을 의미한다.

가설검정의 오류

1) 오류의 종류

통계학적인 의사결정은 일반적으로 오류를 범할 가능성을 내포하고 있는데 가설검정과 연관되어 있는 오류는 다음과 같이 제1종 오류와 제2종 오류로 세분된다.

[그림 8-2] ▌의사결정의 오류

		H_0	
		진실	거짓
결정	기각	제1종(α) 오류	올바른 결정
	채택	올바른 결정	제2종(β) 오류

H_0가 실제로 참인 경우에 표본자료로부터 H_0이라는 결론을 이끌어내면 올바른 결정이지만 H_1이라는 결론을 내리면 잘못된 결정이다. 이러한 잘못된 결정을 제1종(α) 오류라 한다. 다시 말하면 **제1종 오류**란 귀무가설이 참이므로 채택해야만 하는데도 이를 기각하는 오류를 말한다. 제1종 오류를 범할 확률을 α로 표시한다. 예를 들어, 특수 복사종이의 평균너비(μ)가 실제로 200mm일 때 귀무가설을 $H_0 : \mu = 200$mm으로 설정하고 표본평균을 근거로 귀무가설을 기각하면 제1종 오류가 발생하게 된다.

H_0가 실제로 거짓인 경우에 표본평균으로부터 H_1이라는 결론을 내리면 올바른 결정이지만 H_0이라는 결론을 내리면 잘못된 결정이다. 이러한 잘못된 결정을 제2종(β) 오류라 한다. 다시 말하면 **제2종 오류**란 귀무가설이 거짓이므로 기각해야만 하는데도 이를 채택하는 오류를 말한다. 제2종 오류를 범할 확률을 β로 표시한다. 예를 들어, 특수 복사종이의 평균너비(μ)가 실제로는 200mm가 아닌데도 $H_0 : \mu = 200$mm으로 설정하고 표본평균을 근거로 귀무가설을 채택하면 제2종 오류가 발생하게 된다.

2) 유의수준

유의수준(level of significance) 혹은 α는 귀무가설이 참인데도 기각하는 오류를 범할 가능성 즉, 제1종 오류를 범할 확률을 말한다. 따라서 유의수준이 작을수록 참인 귀무가설이 기각될 가능성이 낮아진다. 이는 유의수준이 낮을수록 보다 엄격한 기준으로 대립가설을 채택하겠다는 의미이다. 일반적으로 유의수준은 표본자료가 수집되기 전에 미리 결정된다. 보통 많이 사용되는 유의수준은 1%, 5%, 10%이다.

유의수준은 [그림 8-3]에서처럼 귀무가설이 참이면 평균의 표본분포에서 표본평균이 추출되기 어려운 부분을 의미한다. 이 부분에서 표본평균이 추출되면 귀무가설을 기각하므로 이 부분을 기각영역이라 하고 이외의 부분을 채택영역이라 한다. [그림 8-3]은 $\alpha = 0.05$에 대한 채택영역과 기각영역을 보여주고 있다.

[그림 8-3] ❙ α =0.05에 대한 채택영역과 기각영역

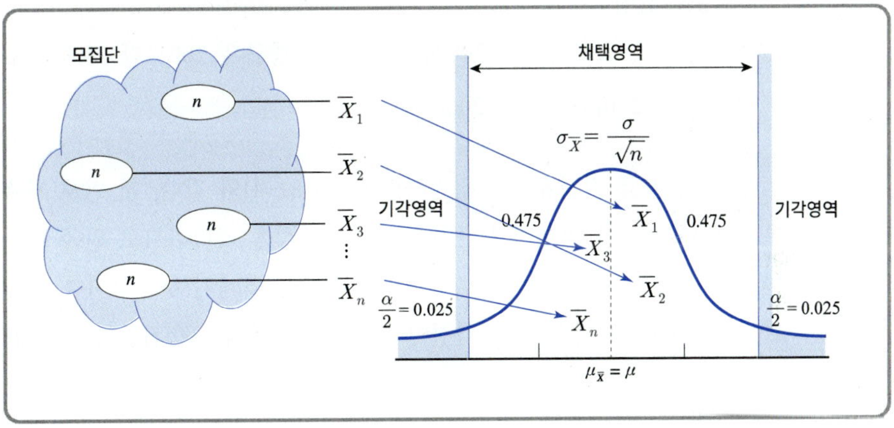

가설검정은 귀무가설이 참이면 표본평균은 채택영역에서 추출될 것으로 기대한다. 만일 무작위로 추출한 표본평균이 기각영역에 있는 표본평균들 중의 하나라면 비록 귀무가설이 실제로 참이라도 이 가설은 기각된다. 이러한 제1종 오류를 범할 가능성을 α 혹은 유의수준이라 하는데, 이는 기각영역의 범위를 결정한다.

2. 단측검정과 양측검정

가설검정의 유형

가설에 따라 다음의 세 가지 유형을 생각할 수 있다.

① 저측검정

$H_0 : \mu = 200$(모평균은 200이다. 또는 모평균은 200보다 크거나 같다)

$H_1 : \mu < 200$(모평균은 200보다 작다)

② 양측검정

$H_0 : \mu = 200$(모평균은 200이다)

$H_1 : \mu \neq 200$(모평균은 200보다 크거나 작다)

③ 고측검정

$H_0 : \mu = 200$(모평균은 200이다. 또는 모평균은 200보다 작거나 같다)

$H_1 : \mu > 200$(모평균은 200보다 크다)

가설에 따른 검정유형을 정리하면 [그림 8－4]와 같다. 첫 번째 저측검정의 경우 표본의 결과가 임계치보다 작으면 귀무가설을 기각하므로 왼쪽 꼬리 검정이라 한다. 두 번째 양측검정의 경우 표본의 결과가 임계치보다 크거나 작으면 귀무가설을 기각하므로 양쪽 꼬리 검정이라 한다. 세 번째 고측검증의 경우 표본의 결과

[그림 8－4] ❙ 가설에 따른 검정유형

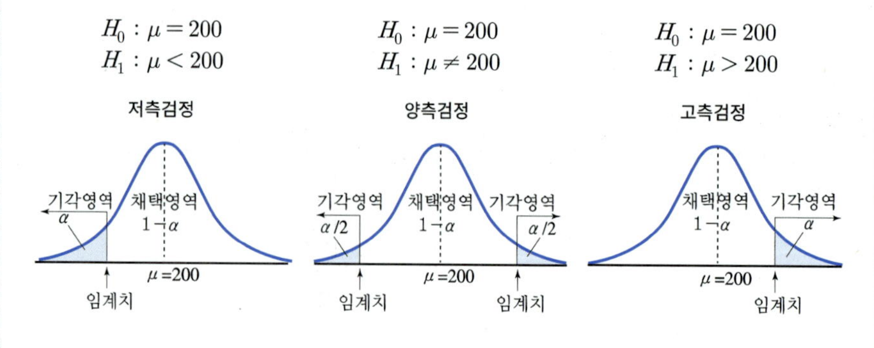

가 임계치보다 크면 귀무가설을 기각하므로 오른쪽 꼬리 검정이라 한다.

가설검정의 대상

저측검정의 경우 귀무가설의 실제 의미는 $\mu \geq 200$이지만 검정하는 부분이 $\mu=200$이므로 $H_0: \mu=200$으로 표시한다. [그림 8-5]는 $\mu=200$인 저측검정일 때 귀무가설의 형태를 보여 준다. 예를 들어, 표본의 결과가 60이 나오면 $\mu=200$이라는 가설은 기각되므로 $\mu=350$ 혹은 $\mu=500$이라는 가설은 당연히 기각되어야 한다. 따라서 $\mu \geq 200$에 대한 검정은 제일 작은 값에 해당되는 $\mu=200$을 검정하면 된다.

[그림 8-5] ❙ 저측검정의 귀무가설

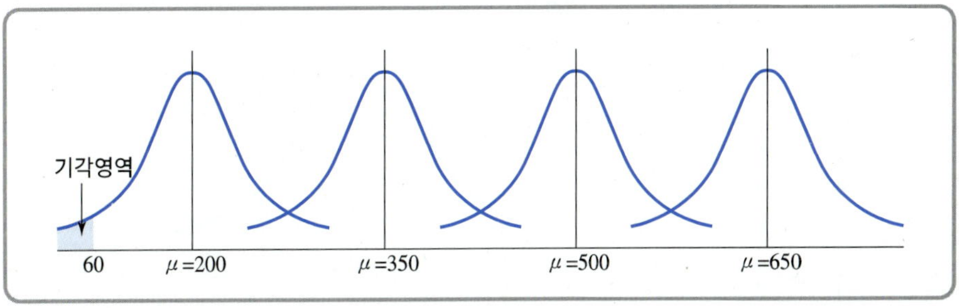

마찬가지로 고측검정의 실제 의미는 $\mu \leq 200$이지만 검정 대상이 $\mu=200$이므로 $H_0: \mu=200$으로 표시한다. [그림 8-6]은 $\mu=200$인 고측검정일 때 귀무가설의 형태를 보여준다. 예를 들어, 표본의 결과가 350이 나왔다면 $\mu=200$이라는 가설이 기각되므로 $\mu=150$ 혹은 $\mu=100$이라는 가설은 당연히 기각되어야 한다. 따라서 $\mu \leq 200$에 대한 검정은 제일 큰 값에 해당되는 $\mu=200$을 검정하면 된다.

[그림 8-6] ❙ 고측검정의 귀무가설

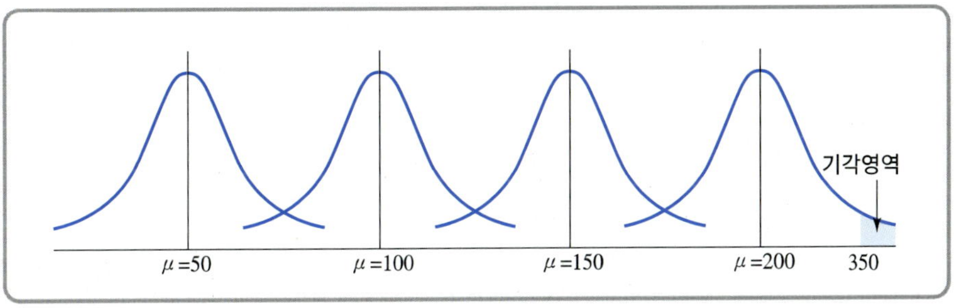

결론적으로 검정 대상이 귀무가설이기 때문에 저측검정에서는 귀무가설이 $\mu \geq 200$이지만 $\mu = 200$으로 표시하고 고측검정에서는 귀무가설이 $\mu \leq 200$이지만 $\mu = 200$으로 표시한다.

단측검정의 대립가설

단측검정에서 가설을 설정할 때 주장하려는 내용을 대립가설로 설정하는 것이 일반적이다. 예를 들어, $\mu = 200$kg 이상이라는 주장을 검정하려면 [그림 8-7]과 같이 두 가지 경우를 생각할 수 있다.

[그림 8-7] ❙ 단측검정에서의 가설

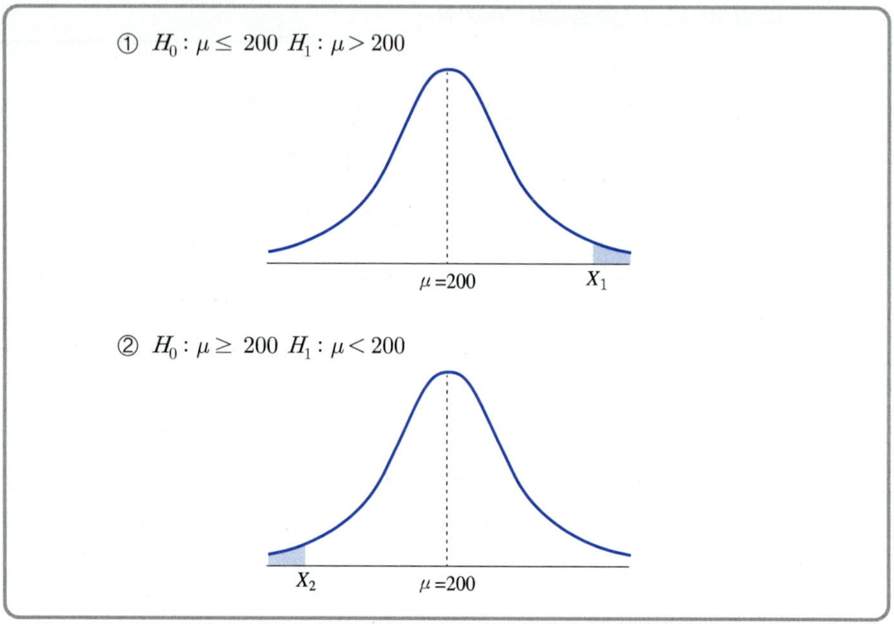

$\mu = 200$kg 이상이라고 주장하기 때문에 표본의 결과가 200kg보다 클 때 그 주장을 채택하여야 합리적이다. 첫 번째와 같이 가설을 설정하면 표본의 결과가 [그림 8-7] ①의 X_1보다 커야만 귀무가설을 기각하고 대립가설인 $\mu > 200$을 채택하게 된다. 그러나 두 번째와 같이 가설을 설정하면 표본의 결과가 [그림 8-7] ②의 X_2와 200 사이의 값 즉, 200보다 작은 값이 나와도 귀무가설인 $\mu \geq 200$이라는 주장을 받아들여야만 하는 비합리적인 결과를 초래할 수 있다.

따라서 첫 번째 가설의 경우가 보다 합리적이면서 엄격한 검정이 된다. 이러한 의미에서 단측검정의 경우에는 주장하는 내용을 대립가설에 표시하고 반대의 내용을 귀무가설에 표시한다.

3. 모집단 평균의 검정 : σ를 아는 경우

지금까지 다룬 이론들을 바탕으로 먼저 모집단의 표준편차를 아는 경우의 모집단 평균에 관한 가설검정을 살펴보기로 한다. 이를 위한 절차는 [그림 8-8]과 같다.

[그림 8-8] ❙ 모평균의 가설검정절차 : σ를 아는 경우

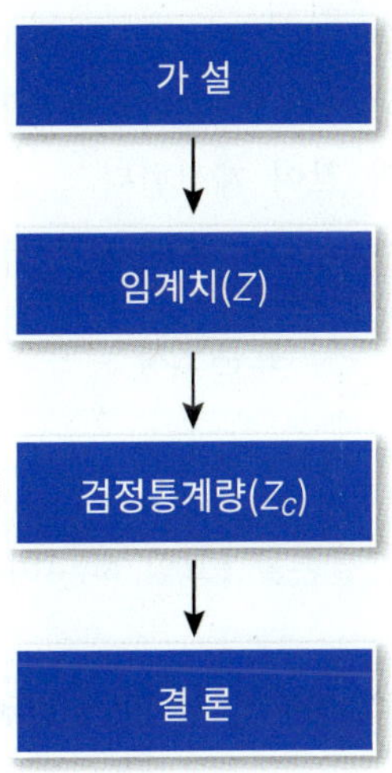

① 가설

예를 들어, 다음과 같은 귀무가설과 대립가설을 세운다.

저측검정	양측검정	고측검정
$H_0 : \mu = 200$	$H_0 : \mu = 200$	$H_0 : \mu = 200$
$H_1 : \mu < 200$	$H_1 : \mu \neq 200$	$H_1 : \mu > 200$

② 임계치

귀무가설을 기각하는 기준인 임계치를 Z로 나타낸다. 자주 이용하는 Z값은 [그림 8-9]와 같다.

[그림 8-9] ❙ 주요 Z값 : σ를 아는 경우

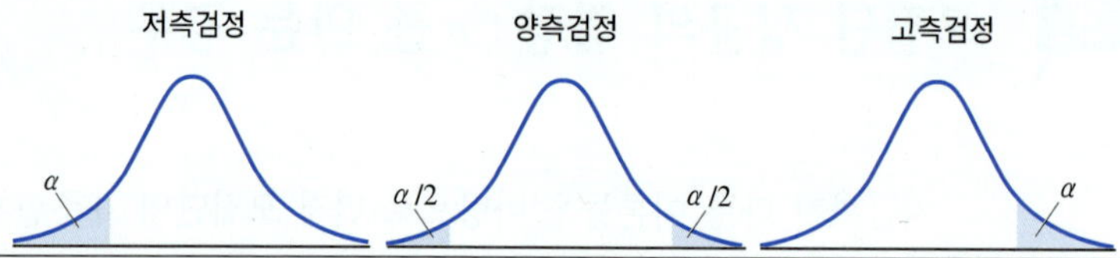

유의수준(α)	저측검정	양측검정	고측검정
0.10	−1.282	±1.645	+1.282
0.05	−1.645	±1.960	+1.645
0.01	−2.326	±2.576	+2.326

③ 검정통계량

검정통계량은 임계치와 비교하기 위하여 표본의 결과($\overline{X}$)를 Z로 변환한 값이다. 검정통계량은 다음과 같이 계산한다.

$$\text{검정통계량} = \frac{\text{통계량} - \text{모수}}{\text{표준오차}} = Z_c = \frac{\overline{X} - \mu}{\dfrac{\sigma}{\sqrt{n}}}$$

④ 결론

귀무가설에 대한 결론을 [그림 8-10]과 같이 내린다.

[그림 8-10] ❙ H_0 기각 기준 : σ를 아는 경우

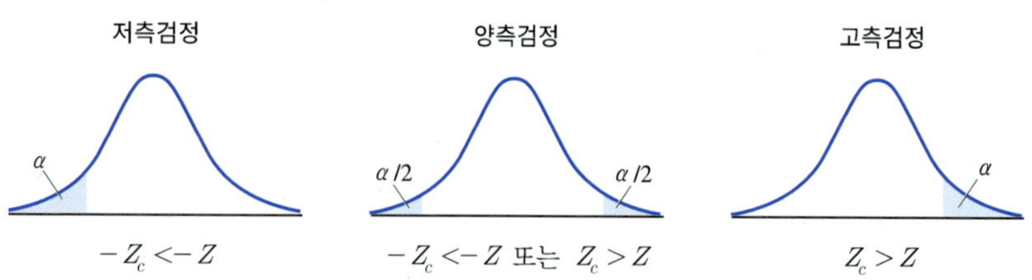

예제 8-1

XYZ 제약회사는 자사에서 생산하는 항생제는 함량이 부족하면 약효가 떨어지고 초과하면 부작용이 생기기 때문에 엄격한 품질관리를 하므로 항생제의 평균 함량이 정확히 20mg이라 주장한다. 소비자 단체에서 이를 검정하기 위해 36개 항생제의 함량을 측정해 보았더니 평균이 18.5mg이었다. 과거 자료에 의하면 XYZ사의 항생제 함량의 표준편차는 6mg이다. 5%의 유의수준에서 XYZ 제약회사의 주장을 검정하라.

풀이

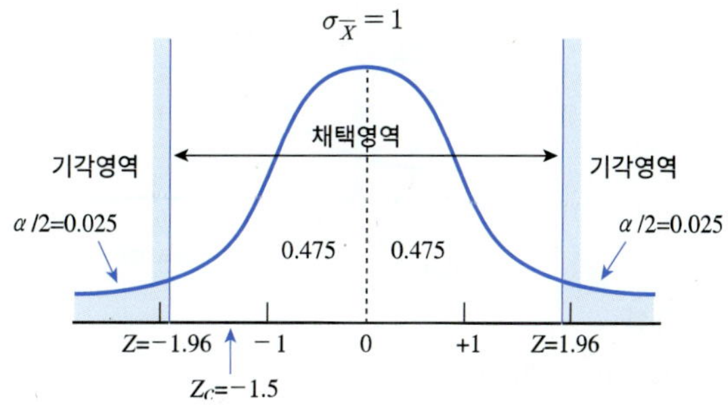

① 가설

$H_0 : \mu = 20$

$H_1 : \mu \neq 20$

② 임계치

$Z_{0.05/2} = \pm 1.96$

③ 검정통계량

$$Z_c = \frac{\overline{X} - \mu}{\frac{\sigma}{\sqrt{n}}} = \frac{18.5 - 20}{\frac{6}{\sqrt{36}}} = -1.5$$

④ 결론

$-Z_c < -Z$ 또는 $Z_c > Z$이면 H_0를 기각하고 H_1을 채택한다. $Z_c = -1.5 > Z = -1.96$이므로 귀무가설을 기각하지 않고 $\mu = 20$mg이라고 결론짓는다. 즉, 소비자 단체는 5% 정도 틀릴 수 있지만 평균함량이 20mg이 아니라고 결론내리기에는 표본결과가 충분하지 않다.

예제 8-2

스마트전자회사는 무게가 180g 이하인 새로운 제품을 개발하였다고 광고한다. 이를 확인하기 위하여 100개의 무작위 표본을 사용하여 무게를 측정해 본 결과 평균이 165g으로 나타났다. 모집단의 표준편차는 50g이라 가정하고 2%의 유의수준에서 검정하라.

풀이

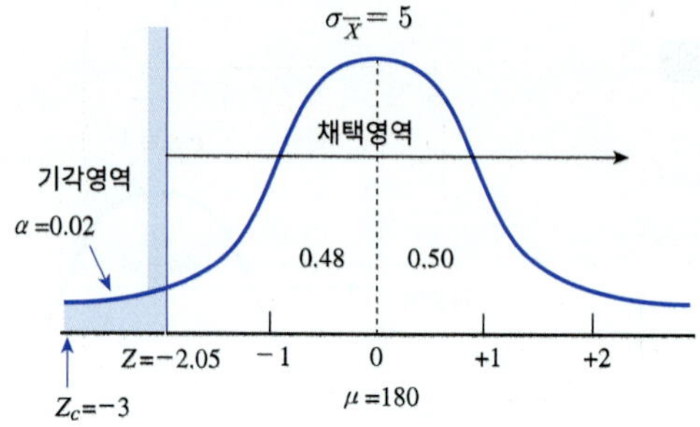

① 가설

$H_0 : \mu = 180$

$H_1 : \mu < 180$

② 임계치

$Z_{0.02} = -2.05$

③ 검정통계량

$$Z_c = \frac{\overline{X} - \mu}{\frac{\sigma}{\sqrt{n}}} = \frac{165 - 180}{\frac{50}{\sqrt{100}}} = -3$$

④ 결론

$-Z_c < -Z$ 이면 H_0를 기각하고 H_1을 채택한다. $Z_c = -3 < Z = -2.05$ 이므로 귀무가설을 기각하고 대립가설을 채택한다. 즉, $\mu < 180$이라고 결론짓는다.

4. p값

<예제 8 - 1>의 경우 5% 유의수준에서는 귀무가설이 기각되지 않았지만 10% 유의수준에서는 기각될지도 모른다. 또한 <예제 8 - 2>의 경우 2% 유의수준에서는 귀무가설이 기각되었지만 1% 유의수준에서는 기각되지 않을지도 모른다. 이러한 의문에 답하기 위해서는 새로운 유의수준에 맞는 임계치를 찾아 검정통계량과 비교하여 결론을 내려야 한다. 하지만 유의수준이 바뀔 때마다 매번 임계치를 계산한다는 것은 번거로운 일이다. 이러한 문제는 p값과 α값을 비교하여 해결할 수 있다. 다음처럼 p값이란 귀무가설이 기각될 수 있는 가장 작은 유의수준으로 검정통계량의 면적을 말한다.

$p > \alpha$이면 H_0를 채택

$p < \alpha$이면 H_1를 채택

p값을 이용하면 임계치를 이용하는 방법보다 더 유연하게 검정할 수 있다. p값의 활용방법에 대하여 양측검정과 단측검정으로 나누어 설명하면 다음과 같다.

양측검정

<예제 8 - 1>의 경우 적용된 분포는 정규분포이고 검정통계량은 $Z_c = -1.5$이므로 표준정규분포에서 $Z = -1.5$까지 왼쪽 면적을 구하여 2를 곱한 값이 p값이 된다. 부록표에서 $Z = -1.5$ 사이의 면적을 찾으면 0.0668이다. 따라서 p값은 [그림 8 - 11]과 같이 2(0.0668) = 0.1336이다.

[그림 8 - 11] ▎양측검정에서의 p값

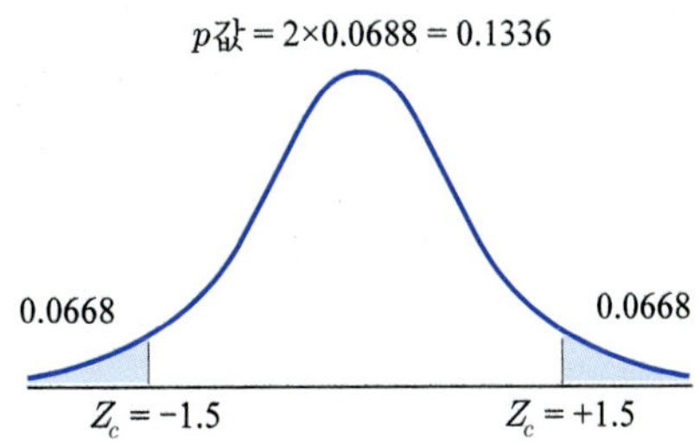

결과적으로 $p=0.1336>\alpha=0.05$이므로 귀무가설은 기각되지 않는다. 만약 $\alpha=0.2$이면 $p=0.1336<\alpha=0.2$이므로 귀무가설은 기각된다.

가설검정은 [그림 8-12]와 같이 임계치 Z와 검정통계량 Z_c를 비교하거나 또는 임계치 Z의 면적을 나타내는 α와 검정통계량 Z_c의 면적을 나타내는 p를 비교하여도 같은 결론에 도달한다.

[그림 8-12] ▌Z값과 면적의 관계

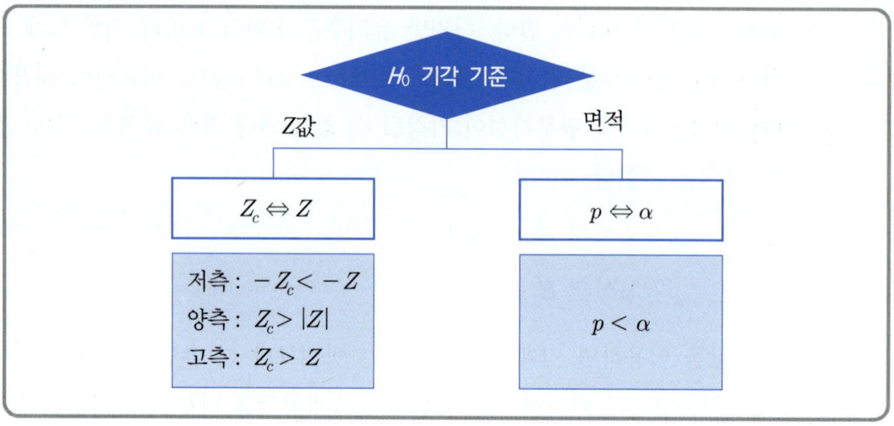

<예제 8-1>과 같이 양측검정의 경우 $Z_c=-1.5>Z=-1.96$이고 $p=0.1336>\alpha=0.05$이므로 H_0를 기각하지 않는다. 이를 도표로 나타내면 [그림 8-13]과 같다.

[그림 8-13] ▌양측검정에서의 p와 α 및 Z_c와 Z의 비교

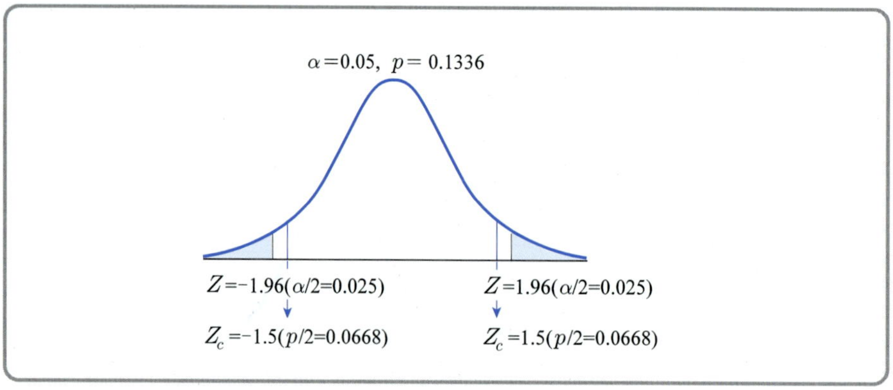

단측검정

<예제 8 - 2>의 경우 사용된 분포는 정규분포이고 검정통계량 $Z_c = -3$이므로 표준정규분포에서 왼쪽 면적을 구하면 그 값이 바로 p값이 된다. 부록표에서 $Z = -3$까지의 왼쪽 면적을 찾으면 [그림 8 - 14]처럼 0.0013이다. 그러므로 $p = 0.0013 < \alpha = 0.02$이므로 귀무가설은 기각된다.

[그림 8 - 14] ❙ 단측검정에서의 p값

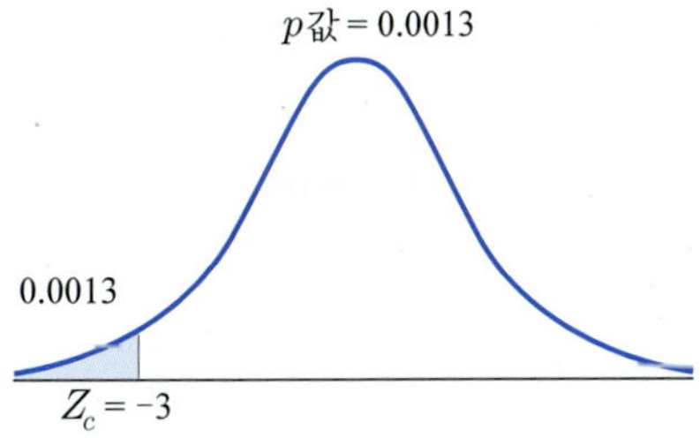

양측검정과 마찬가지로 단측검정도 임계치 Z와 검정통계량 Z_c를 비교하거나 또는 임계치 Z의 면적을 나타내는 α와 검정통계량 Z_c의 면적을 나타내는 p를 비교하여도 같은 결론에 도달한다. <예제 8 - 2>과 같이 단측검정의 경우 $Z_c = -3 < Z = -2.05$이고 $p = 0.0013 < \alpha = 0.02$이므로 H_0를 기각하고 H_1을 채택한다. 이를 도표로 나타내면 [그림 8 - 15]와 같다.

[그림 8 - 15] ❙ 저측검정에서의 p와 α 및 Z_c와 Z의 비교

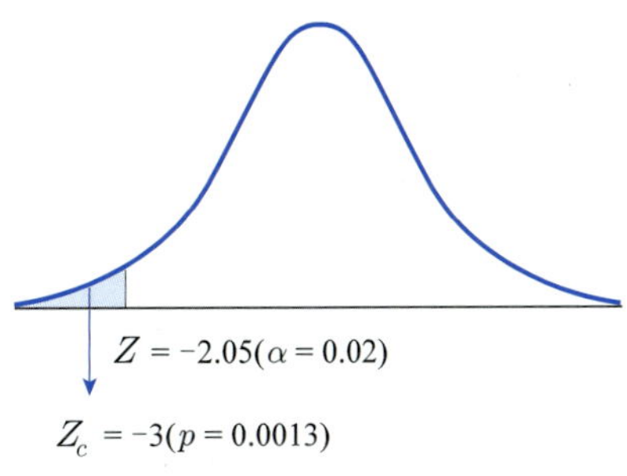

엑셀의 p 함수

<예제 8-1>의 양측검정에서 p값을 얻기 위한 엑셀함수는 다음과 같다.

=NORM.S.DIST(-1.5, 1) * 2=0.1336

- Z : -1.5
- cumulative : 1

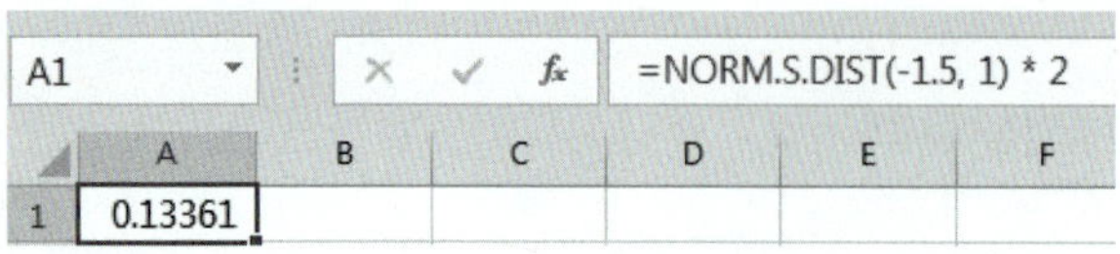

<예제 8-2>의 저측검정에서 p값을 얻기 위한 엑셀함수는 다음과 같다.

=NORM.S.DIST(-3, 1)=0.0014

- Z : -3
- cumulative : 1

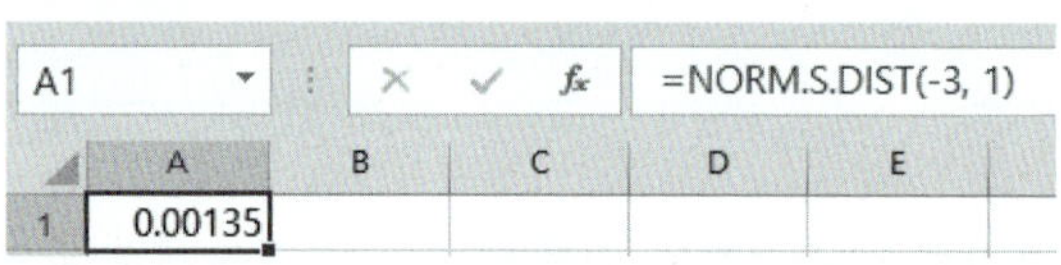

고측검정에서 p값을 얻기 위한 엑셀함수는 다음과 같다.

=1 - NORM.S.DIST(3, 1)=0.0014

- Z : 3
- cumulative : 1

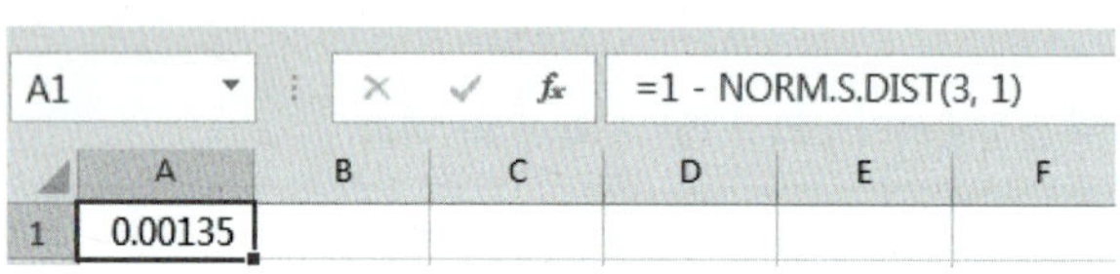

5. 모집단 평균의 검정 : σ를 모르는 경우

모집단의 표준편차(σ)를 모르는 경우 모집단이 정규분포이면 평균의 표본분포는 표본 크기에 관계없이 t-분포이고, 모집단이 정규분포가 아니면 평균의 표본분포는 중심극한정리에 의해 표본 크기가 30 이상일 때 t-분포를 따른다. σ를 모르는 경우 모집단 평균에 관한 가설검정절차는 [그림 8-16]과 같다.

① 가설

예를 들어, 다음과 같은 귀무가설과 대립가설을 세운다.

저측검정	양측검정	고측검정
$H_0 : \mu = 200$	$H_0 : \mu = 200$	$H_0 : \mu = 200$
$H_1 : \mu < 200$	$H_1 : \mu \neq 200$	$H_1 : \mu > 200$

② 임계치

$n-1$의 자유도를 가지고 t-분포를 따른다.

③ 검정통계량

σ값을 모르는 경우의 검정통계량(t_c)을 σ를 아는 경우의 검정통계량(Z_c)과 비교하면 다음과 같다.

[그림 8-16] 모평균에 대한 가설검정절차 : σ를 모르는 경우

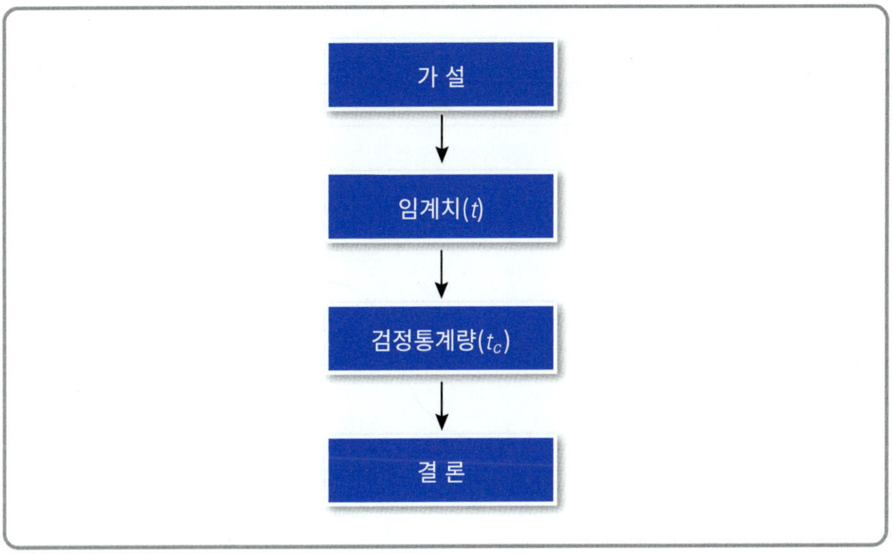

Z-분포 : σ를 아는 경우

$$Z_c = \frac{\overline{X} - \mu}{\frac{\sigma}{\sqrt{n}}}$$

t-분포 : σ를 모르는 경우

$$t_c = \frac{\overline{X} - \mu}{\frac{S}{\sqrt{n}}}$$

④ 결론

귀무가설에 대한 결론은 [그림 8-17]과 같이 내린다.

[그림 8-17] ▎H_0 기각 기준 : σ를 모르는 경우

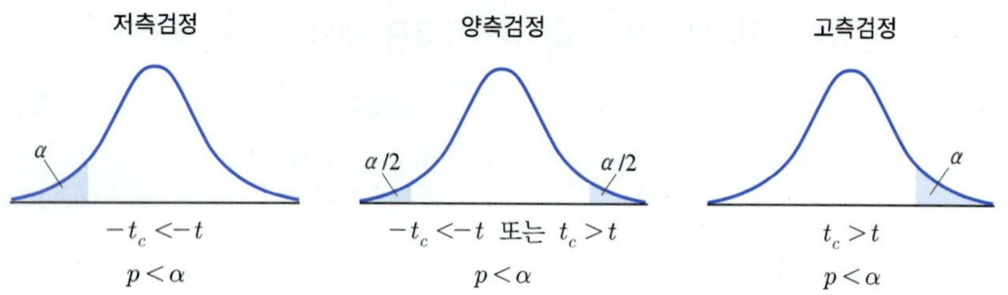

예제 8-3

ABC 항공사는 특정 노선의 승객 1인당 수화물의 평균 무게는 6kg 정도라고 믿고 있다. 이 사실을 검정하기 위하여 6명을 표본으로 선택하여 수화물의 무게를 조사하였더니 다음과 같은 결과가 나왔다. 5%의 유의수준에서 1인당 수화물의 평균 무게가 6kg 정도라는 귀무가설을 검정하라.

승객	1	2	3	4	5	6
무게	7	8	7	9	6	8

풀이

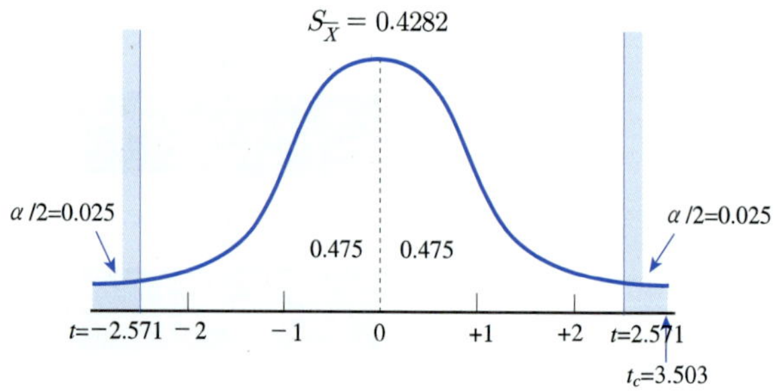

표본자료로부터 $\overline{X}$와 S를 계산하면 다음과 같다.

$$\overline{X}=\frac{\sum X}{n}=\frac{45}{6}=7.5$$

$$S=\sqrt{\frac{\sum(X-\overline{X})^2}{n-1}}=\sqrt{\frac{5.5}{6-1}}=1.0488$$

① 가설

$H_0 : \mu=6$

$H_1 : \mu\neq 6$

② 임계치

$t_{0.05/2,\,6-1}=\pm 2.571$

③ 검정통계량

$$t_c=\frac{\overline{X}-\mu}{\frac{S}{\sqrt{n}}}=\frac{7.5-6}{\frac{1.0488}{\sqrt{6}}}=3.5033$$

④ 결론

$-t_c<-t$ 또는 $t_c>t$이면 H_0를 기각하고 H_1을 채택한다. $t_c=3.5033>t=2.571$이므로 귀무가설을 기각하고 대립가설을 채택한다. 즉, 표본의 결과는 수화물의 무게가 6kg이라는 주장을 뒷받침하기에는 충분하지 않다.

예제 8-4

<예제 8-3>을 엑셀로 검정하라.

풀이

	A	B	C	D	E	F	G
1	승객	1	2	3	4	5	6
2	무게	7	8	7	9	6	8
3							
4	평균	7.50000	AVERAGE(B2:G2)				
5	표준편차	1.04881	STDEV.S(B2:G2)				
6	검정통계량	3.50325	(B4-6) / (B5 / SQRT(6))				
7	p값	0.01722	T.DIST.2T(B6, 5)				

$p=0.0172<\alpha=0.05$이므로 귀무가설을 기각하고 대립가설을 채택한다.

예제 8-5

ABC 전자에서 생산되는 부품의 평균 강도는 50kg 이상이라 주장한다. 이 회사의 부품을 납품받는 대기업은 이를 검정하기 위해 7개의 부품을 조사한 결과는 다음과 같다. α=0.05에서 ABC 전자의 주장을 검정하라.

부품	1	2	3	4	5	6	7
강도	70	80	60	50	40	90	30

풀이

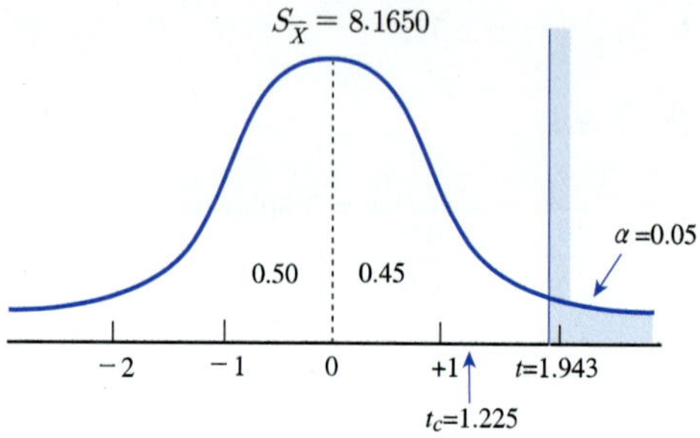

표본자료로부터 $\overline{X}$와 S를 계산하면 다음과 같다.

$$\overline{X} = \frac{\sum X}{n} = \frac{420}{7} = 60$$

$$S = \sqrt{\frac{\sum(X-\overline{X})^2}{n-1}} = \sqrt{\frac{2800}{7-1}} = 21.6025$$

① 가설

$H_0 : \mu = 50$

$H_1 : \mu > 50$

② 임계치

$t_{0.05,\,7-1} = 1.943$

③ 검정통계량

$$t_c = \frac{\overline{X}-\mu}{\frac{S}{\sqrt{n}}} = \frac{60-50}{\frac{21.6025}{\sqrt{7}}} = 1.2247$$

④ 결론

$t_c > t$이면 H_0를 기각하고 H_1을 채택한다. $t_c = 1.2247 < t = 1.943$이므로 귀무가설을 기각하지 않는다. 즉, 표본의 결과는 부품 강도가 60kg 이상이라는 주장을 뒷받침하기에 충분하지 않다.

예제 8-6

<예제 8 - 5>를 엑셀로 검정하라.

풀이

L30

	A	B	C	D	E	F	G	H
1	부품	1	2	3	4	5	6	7
2	강도	70	80	60	50	40	90	30
3								
4	평균	60.00000	AVERAGE(B2:H2)					
5	표준편차	21.60247	STDEV.S(B2:H2)					
6	검정통계량	1.22474	(B4-50) / (B5 / SQRT(7))					
7	p값	0.13014	T.DIST.RT(B6, 7)					

$p = 0.1301 > \alpha = 0.05$이므로 귀무가설을 채택한다.

6. 모집단 비율의 검정

대부분의 모비율(π)에 대한 검정은 이항분포에 대한 근사치로서 정규분포의 사용이 가능한 큰 표본을 사용하므로 비율에 대한 검정은 큰 표본($n\pi > 5, n(1-\pi) > 5$)의 경우로 국한시킨다. 모집단 비율의 검정도 [그림 8 - 18]과 같이 평균의 검정과 동일한 절차를 따른다.

[그림 8-18] **모집단 비율의 가설검정절차**

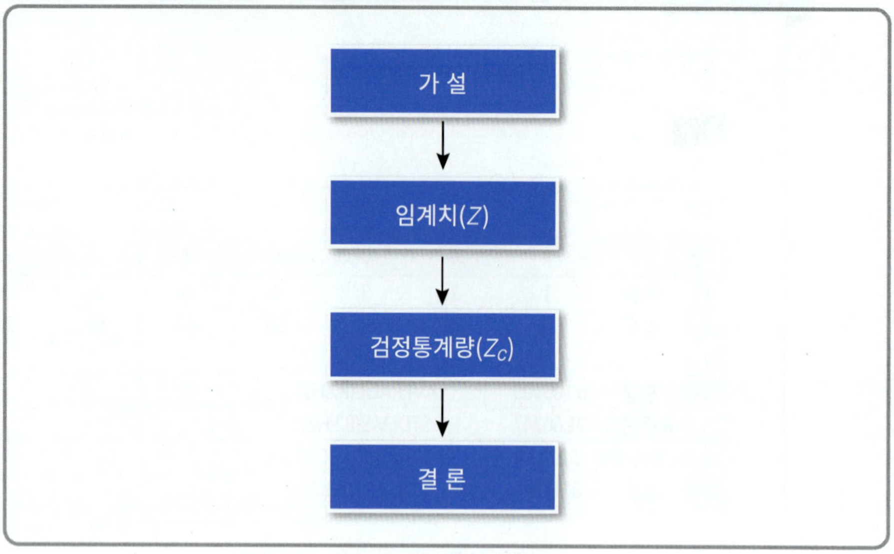

① 가설

예를 들어, 다음과 같은 귀무가설과 대립가설을 세운다.

저측검정	양측검정	고측검정
$H_0 : \pi = \pi_0$	$H_0 : \pi = \pi_0$	$H_0 : \pi = \pi_0$
$H_1 : \pi < \pi_0$	$H_1 : \pi \neq \pi_0$	$H_1 : \pi > \pi_0$

② 임계치

모비율 검정에 자주 이용하는 Z값은 [그림 8-19]와 같다.

[그림 8-19] **모비율의 검정에 사용되는 주요 Z값**

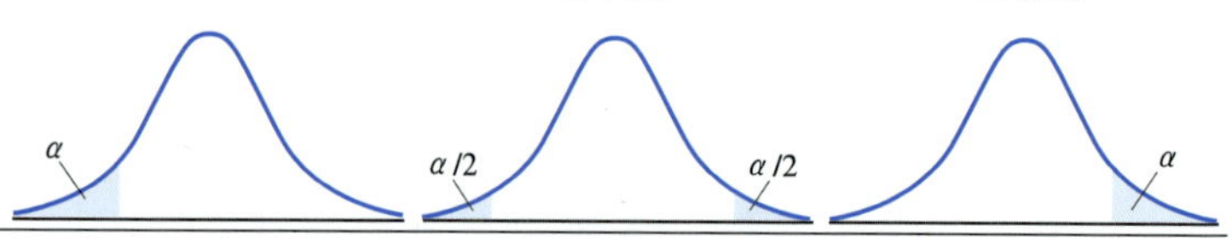

유의수준(α)	저측검정	양측검정	고측검정
0.10	−1.282	±1.645	+1.282
0.05	−1.645	±1.960	+1.645
0.01	−2.326	±2.576	+2.326

③ 검정통계량

모비율 π를 추정하는 표본비율 p는 다음과 같이 정의된다.

$$p = \frac{x}{n} = \frac{\text{성공개수}}{\text{표본크기}}$$

표본 크기가 큰 경우에는 표본비율이 정규분포를 따르기 때문에 검정통계량은 $Z-$분포를 따르게 된다. 검정통계량은 다음과 같이 표본비율 p와 가정된 모비율 π_0와의 차이를 표본비율의 표준오차 σ_p로 나누어주면 된다.

$$Z_c = \frac{p - \pi_0}{\sigma_p} = \frac{p - \pi_0}{\sqrt{\frac{\pi_0(1-\pi_0)}{n}}}$$

모집단 비율(π)의 참값을 모르므로 비율의 표준오차(σ_p)에 대한 참값 역시 알 수 없다. 그러므로 σ_p를 계산할 때 가설에서 주장하는 π_0를 사용하게 된다.

④ 결론

귀무가설에 대한 결론을 [그림 8-20]과 같이 내린다.

[그림 8-20] **모비율의 H_0 기각기준**

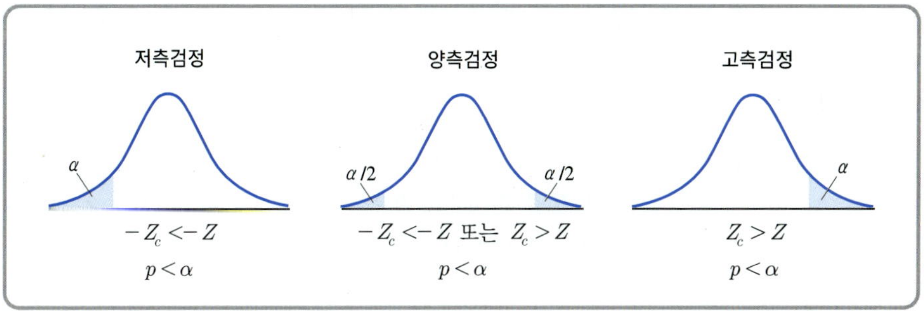

예제 8-7

ABC 가구는 자사의 소비자 중 20% 정도가 서비스에 불만을 가지는 것으로 지난 달 조사하였다. 이달에도 변함없는지를 알아보기 위해 200명을 조사한 결과 48명이 서비스에 불만을 가지는 것으로 나타났다. 불만고객의 비율이 변동되었다는 근거가 있는지를 5%의 유의수준에서 검정하라.

풀이

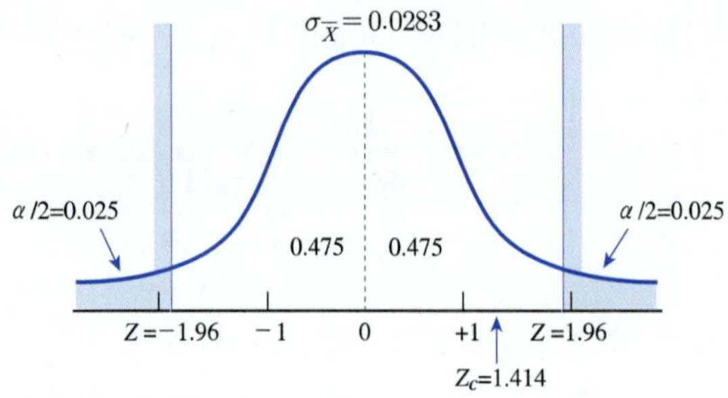

① 가설

$H_0 : \pi = 0.2$

$H_1 : \pi \neq 0.2$

② 임계치

$Z_{0.05/2} = \pm 1.96$

③ 검정통계량

$$Z_c = \frac{p-\pi_0}{\sqrt{\dfrac{\pi_0(1-\pi_0)}{n}}} = \frac{0.24-0.2}{\sqrt{\dfrac{0.2(1-0.2)}{200}}} = 1.4142$$

④ 결론

$Z_c > |Z|$이면 H_0를 기각하고 H_1을 채택한다. $Z_c = 1.4142 < Z = 1.96$이므로 귀무가설을 기각하지 않고 $H_0 : \pi = 0.2$이라고 결론짓는다. 즉, 표본의 결과는 불만고객의 비율이 20%가 아니라는 주장을 뒷받침하기에는 충분하지 않다.

예제 8-8

<예제 8-7>을 엑셀을 활용하여 p값으로 검정하라.

풀이

p값을 구하는 엑셀의 누적표준정규분포 함수는 다음과 같다.

=2 * (1 − NORM.S.DIST(1.4142, 1)) = 0.1573

- Z : 1.4142
- cumulative : 1

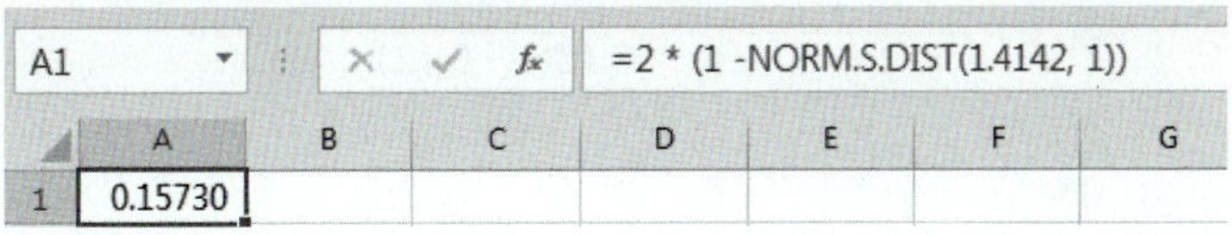

아래 그림은 $Z_c = 1.4142$일 때 양측검정에서의 p값을 보여준다.

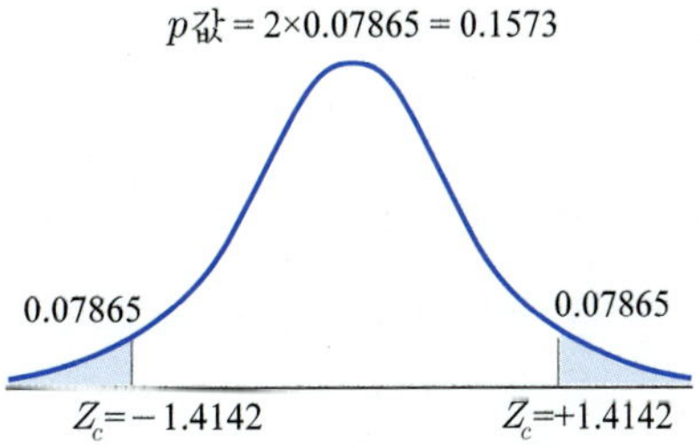

따라서 $p = 0.1573 > \alpha = 0.05$이므로 귀무가설을 채택한다.

예제 8-9

어느 드라마의 시청률이 12%를 초과하였다고 주장한다. 이를 확인하기 위해 400세대를 전화 조사한 결과 68세대가 이 드라마를 시청한 것으로 나타났다. 이 주장이 근거가 있는지를 2%의 유의수준에서 검정하라.

풀이

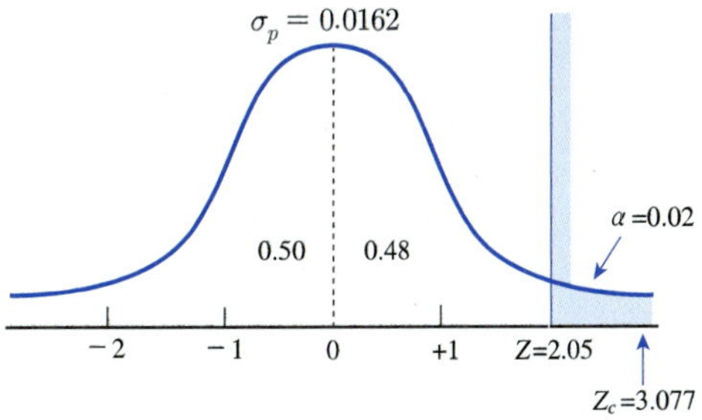

① 가설

$H_0 : \pi = 0.12$

$H_1 : \pi > 0.12$

② 임계치

$Z_{0.02}=2.05$

③ 검정통계량

$$Z_c=\frac{p-\pi_0}{\sqrt{\frac{\pi_0(1-\pi_0)}{n}}}=\frac{0.17-0.12}{\sqrt{\frac{0.12(1-0.12)}{400}}}=3.0773$$

④ 결론

$Z_c > Z$이면 H_0를 기각하고 H_1을 채택한다. $Z_c=3.0773>Z=2.05$이므로 귀무가설을 기각하고 대립가설을 채택한다. 즉, $H_1: \pi > 0.12$이라고 결론짓는다.

예제 8-10

<예제 8 - 9>를 엑셀을 활용하여 p값으로 검정하라.

풀이

p값을 구하는 엑셀의 누적표준정규분포 함수는 다음과 같다.

=1 − NORM.S.DIST(3.0773, 1) = 0.0010

- Z : 3.0773
- cumulative : 1

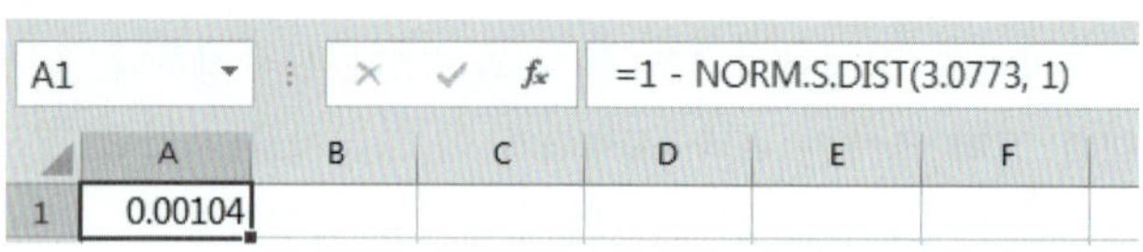

아래 그림은 $Z_c=3.0773$일 때 고측검정에서의 p값을 보여준다.

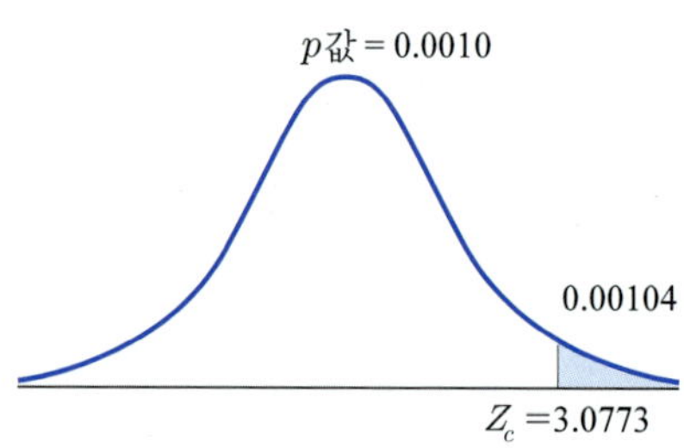

따라서 $p=0.0010<\alpha=0.05$이므로 귀무가설을 기각하고 대립가설을 채택한다.

7. 모집단 분산의 검정

두 모집단의 분산 σ_1^2과 σ_2^2의 동일성을 검정해야 하는 경우가 있다. 예를 들어, 두 식당의 고객대기시간의 분산이 같은지 또는 이달과 지난달 생산량의 분산이 같은지를 조사하는 경우이다. 이러한 모집단 분산비율의 가설검정은 [그림 8-21]과 같은 절차를 따른다.

[그림 8-21] ▎모집단 분산비율의 가설검정절차

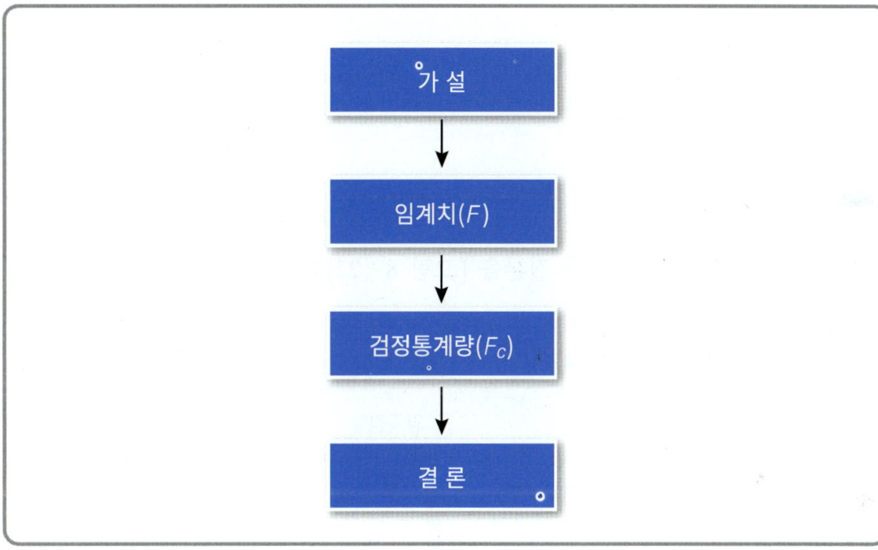

① 가설

다음과 같은 귀무가설과 대립가설을 세운다.

저측검정	양측검정	고측검정
$H_0 : \sigma_1^2 = \sigma_2^2$	$H_0 : \sigma_1^2 = \sigma_2^2$	$H_0 : \sigma_1^2 = \sigma_2^2$
$H_1 : \sigma_1^2 < \sigma_2^2$	$H_1 : \sigma_1^2 \neq \sigma_2^2$	$H_1 : \sigma_1^2 > \sigma_2^2$

가설을 설정하는 또 다른 방법은 다음과 같이 두 분산의 비율이 1에 가까운지를 비교하는 것이다.

저측검정	양측검정	고측검정
$H_0 : \frac{\sigma_1^2}{\sigma_2^2} = 1$	$H_0 : \frac{\sigma_1^2}{\sigma_2^2} = 1$	$H_0 : \frac{\sigma_1^2}{\sigma_2^2} = 1$
$H_1 : \frac{\sigma_1^2}{\sigma_2^2} < 1$	$H_1 : \frac{\sigma_1^2}{\sigma_2^2} \neq 1$	$H_1 : \frac{\sigma_1^2}{\sigma_2^2} > 1$

② 임계치

오른쪽 꼬리 임계치 : $F_{\alpha, df_1, df_2}(df_1 = n_1 - 1, df_2 = n_2 - 1)$

왼쪽 꼬리 임계치 : $F_{1-\alpha, df_1, df_2} = \dfrac{1}{F_{\alpha, df_2, df_1}}$

③ 검정통계량

$$F_c = \frac{S_1^2}{S_2^2}$$

④ 결론

귀무가설에 대한 결론을 [그림 8-22]와 같이 내린다.

[그림 8-22] ▎모분산의 H_0 기각기준

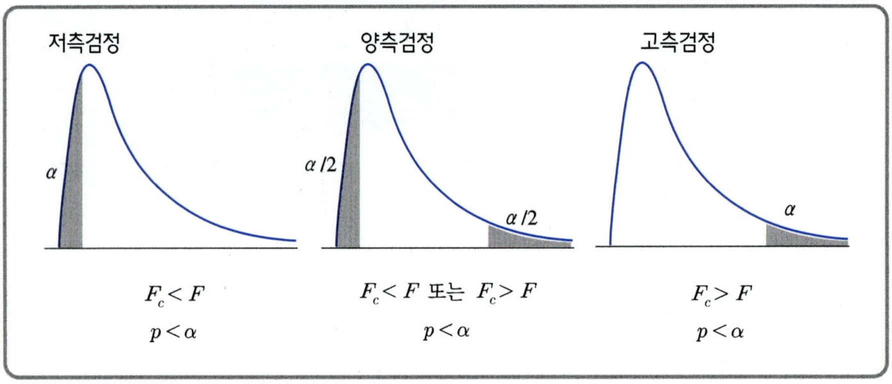

예제 8-11

ABC 화학은 주요 부품 중의 하나인 배터리를 협력업체 A나 B로부터 구매하고자 한다. 이를 위해 B기업 제품수명의 분산이 A기업보다 작다는 주장을 검정하기로 하였다. 무작위 표본을 제품수명검사한 결과 다음과 같은 분산의 추정치가 얻어졌다.

A기업 제품 : $n_1 = 15,\ S_1^2 = 450$
B기업 제품 : $n_2 = 11,\ S_2^2 = 150$

이들 분산의 추정치가 $\alpha = 0.01$수준에서 차이가 있다고 결론내릴 수 있는지 F-분포를 사용하여 검정하라.

풀이

① 가설

$H_0: \sigma_A^2 = \sigma_B^2$
$H_1: \sigma_A^2 > \sigma_B^2$

② 임계치

$F_{0.05,(15-1),(11-1)} = 2.86$

③ 검정통계량

$$F = \frac{S_1^2}{S_2^2} = \frac{450}{150} = 3$$

④ 결론

$F_c = 3 > F = 2.86$이므로 두 개의 분산이 같다는 귀무가설을 기각한다. 즉, $\alpha =$ 0.05 수준에서 표본들이 분산 값이 다른 모집단에서 추출되었다고 결론을 내릴 만큼 두 표본분산은 다르다.

예제 8-12

<예제 8-11>을 엑셀을 활용하여 p값으로 검정하라.

풀이

p값을 구하는 엑셀의 F-분포 함수는 다음과 같다.

=F.DIST.RT(3, 14, 10) = 0.0433

- X : 3
- deg_freedom1 : 14

- deg_freedom2 : 10

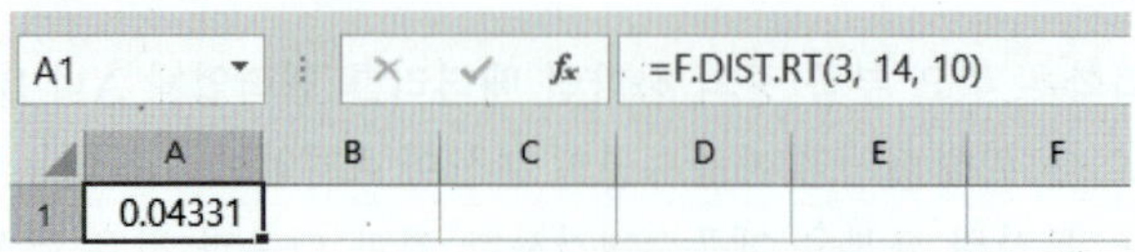

따라서 $p = 0.0433 < \alpha = 0.05$이므로 귀무가설을 기각하고 대립가설을 채택한다.

예제 8-13

ABC 전자는 신공법을 적용하여 생산하고자 한다. 다음의 자료를 가지고 신공법의 분산이 기존공법보다 작다는 주장을 $\alpha = 0.01$수준에서 검정하라.

기존공법(A)	56	76	45	55	45	55
신공법(B)	34	45	34	30	40	45

풀이

① 가설

$H_0 : \sigma_A^2 = \sigma_B^2$
$H_1 : \sigma_A^2 > \sigma_B^2$

② 임계치

$F_{0.05,(6-1),(6-1)} = 5.05$

③ 검정통계량

$$F = \frac{S_1^2}{S_2^2} = \frac{128.2667}{39.6} = 3.2391$$

④ 결론

$F_c = 3.2391 < F = 5.05$이므로 두 개의 분산이 같다는 귀무가설을 기각하지 않는다. 즉, α=0.05 수준에서 표본들이 분산 값이 다른 모집단에서 추출되었다고 결론을 내릴 만큼 두 표본분산은 다르지 않다.

예제 8-14

<예제 8-13>을 엑셀을 활용하여 p값으로 검정하라.

풀이

p값을 구하는 엑셀의 F-분포 함수는 다음과 같다.

B5 =F.DIST.RT(D4, 5, 5)

	A	B	C	D	E	F	G
1	A	56	76	45	55	45	55
2	B	34	45	34	30	40	45
3		A	B	A/B			
4	분산	128.26667	39.60000	3.23906			
5	p	0.11148					

따라서 $p = 0.1115 > \alpha = 0.05$이므로 귀무가설을 채택한다.

연습문제

01. 맞으면 ○, 틀리면 ×로 표시하라.

(1) α=0.05에서 양측검정을 할 때 검정통계량이 채택영역에 포함되면 H_0이 100% 참인 것을 증명한 것이다.

(2) 귀무가설에 사용되는 평균은 표본분포의 평균과 같다.

(3) 모비율 검정시 표본의 수가 작을 경우에는 t-분포가 사용된다.

(4) α=0.05에서 H_0이 채택되면 이는 가설이 참이거나 제2종 오류를 범하는 것이다.

(5) 양측검정에서 검정통계량이 Z=2.0이라면 이 검정통계량의 p값은 0.0456이다.

(6) α=0.1이면 채택영역의 면적은 0.9이다.

(7) 유의수준이 낮아지면 보다 엄격한 기준으로 대립가설을 채택하겠다는 의미이다.

(8) 자동차 회사에서 표본검사로 인해 불합격품이 출고되어 이를 모두 회수하여 고쳐준다면 이는 제1종 오류의 예이다.

(9) $\alpha = 0.01$이고 $p = 0.05$이면 귀무가설은 기각된다.

(10) 가설검정에서 β는 기각영역의 범위를 결정한다.

02. 가설검정에서 네 가지 가능한 결론은 무엇인가?

03. 가설검정에서 일어날 수 있는 두 가지 오류에 대해 설명하라.

04. 유의수준이 작을수록 어떤 효과를 가지는가?

05. 다음의 검정에 대하여 귀무가설과 대립가설을 설정하시오.

(1) ABC 마트에서 근무하는 근로자들의 근무연수는 23년이다.

(2) ABC 전자에서 생산하는 전동차의 수명은 30년 이상이다.

(3) ABC 대학생들 중 전공에 만족하는 비율은 80% 이하이다.

(4) ABC 공단에서 근무하는 근로자 중 3/5 이상이 현재 직무에 만족하고 있다.

06. XYZ 전자는 자사에서 생산하는 배터리의 평균 사용시간은 30시간 이상이라 주장한다. 소비자 단체가 이를 검정하기 위해 64개의 배터리를 조사하였더니 평균이 32시간이었다. 과거자료에 의하면 XYZ사의 배터리 사용시간의 표준편차는 8시간이었다. 5%의 유의수준에서 XYZ 전자의 주장을 검정하라.

07. ABC 조명은 자사 전구에 들어가는 물질 A는 엄격한 품질관리로 인해 정확히 5g이라 주장한다. 품질검사기관이 이를 검정하기 위해 36개의 표본을 측정해 보았더니 평균이 4.8g이었다. 과거자료에 의하면 ABC 조명에서 사용하는 물질 A의 표준편차는 0.6g이었다. 2%의 유의수준에서 ABC 조명의 주장을 검정하라.

08. 큰 표본을 사용하여 H_0 : $\mu=500$의 저측검정을 시행할 때 표준오차($\sigma_{\overline{X}}$)를 15로 가정하고 다음에 답하라.

(1) $\alpha=0.1$일 때 귀무가설을 채택하는 임계치는?

(2) $\overline{X}=480$이라면 귀무가설은 기각되는가?

(3) $\overline{X}=480$에 대응하는 p값은?

09. 다음의 Z_c에 대한 p값을 구하라.

(1) $Z_c=2.5$(양측) (2) $Z_c=-1.53$(양측)

(3) $Z_c=-1.89$(저측) (4) $Z_c=2.33$(양측) (5) $Z_c=2.5$(고측)

10. XYZ 가구는 하루에 특수용 마이크를 평균 70개 만든다. 정부의 새로운 정책이 시행된 후에 무작위로 뽑은 10일의 생산량이 다음과 같다. 유의수준 5%에서 하루의 평균 생산량이 과거와 같이 70개라고 결론을 내릴 수 있는가?

생산량 :	84	73	77	82	85	68	73	73	72	73

11. 문제 10번을 p값을 이용하여 검정하라.

12. 어느 택배 회사는 평균 6시간 이내에 배달한다고 선전하고 있다. 무작위로 뽑은 10번의 배달시간을 조사한 자료가 아래와 같다면 유의수준 1%에서 택배회사의 광고가 참인지를 검정하라.

시간 :	7	5	6	7	5	5	6	4	3	6

13. 문제 12번을 p값을 이용하여 검정하라.

14. ABC 대학은 금년도 신입생들 중 60%가 자신들의 전공에 만족한다고 믿고 있다. 이를 확인하기 위해 350명의 학생을 임의로 추출하여 조사해 본 결과 196명의 학생이 전공에 만족한다고 하였다. 유의수준 5%에서 ABC 대학의 주장을 검정하라.

15. 문제 14번을 p값을 이용하여 검정하라.

16. 어느 회사의 불만고객 비율은 9% 이하라고 한다. 이를 확인하기 위해 300명을 조사한 결과 24명이 불만을 가지는 것으로 나타났다. 회사의 주장이 근거 있는지를 2%의 유의수준에서 검정하라.

17. 문제 16번을 p값을 이용하여 검정하라.

18. 신경치료를 위한 기존 약은 환자의 70%가 효과를 보는 것으로 알려져 있다. 어느 제약회사가 신약을 개발하여 기존 약보다 치료효과가 우수하다고 주장한다. 이를 검정하기 위해 환자 200명을 대상으로 신약을 투입한 결과 160명이 효과를 보았다고 한다. 이 결과로 신약이 기존 약보다 우수한지를 5%의 유의수준에서 검정하라.

19. 문제 18번을 p값을 이용하여 검정하라.

20. ABC 화학은 주요 부품을 구매하고자 두 기업의 자료를 다음과 같이 수집하였다. B기업의 분산이 A기업보다 더 작은지를 $\alpha = 0.01$수준에서 검정하라.

A기업 제품 : $n_1 = 10,\ S_1^2 = 36$

B기업 제품 : $n_2 = 10,\ S_1^2 = 13$

21. 문제 20번을 p값을 이용하여 검정하라.

22. ABC 제약회사는 신약을 개발하여 고객만족도의 변동성이 감소하였다고 주장한다. 다음의 자료를 가지고 신약이 기존 약의 분산보다 작다는 주장을 $\alpha = 0.01$수준에서 검정하라.

기존약(A) :	5	8	9	4	5	3	4	
신 약(B) :	7	8	7	8	6	7	7	8

23. 문제 22번을 p값을 이용하여 검정하라.

09

두 모집단의 가설검정

1. 평균차이에 관한 검정
2. Z-검정 : 평균에 대한 두 집단
3. t-검정 : 등분산 가정 두 집단
4. t-검정 : 이분산 가정 두 집단
5. 짝지어진 두 표본의 평균차이에 관한 검정
6. 비율차이에 관한 검정

1. 평균차이에 관한 검정

제8장에서는 단일 모집단의 평균이나 비율에 관한 통계적인 검정방법에 관하여 다루고 있어 두 모집단 사이에 발생할 수 있는 여러 가지 검정은 불가능하였다. 예를 들면, 다음과 같은 질문에 답할 수 없었다.

- A공장과 B공장의 평균 생산량은 다른가?
- 보험회사에서 판매원의 성별에 따라 평균 계약체결능력은 차이가 있는가?
- X와 Y 두 마트의 평균 고객대기시간은 같은가?

이러한 문제를 해결하기 위해 본 장에서는 두 모집단과 관련된 상황을 다루기로 한다. 하나의 모집단으로부터 같은 크기의 표본을 추출하여 각 표본에서 평균을 계산하면 이들 표본평균은 일치하지 않는 경우가 대부분이다. 마찬가지로 평균이 다른 두 모집단에서 각각 표본을 뽑아 각 표본에서 평균을 계산하면 두 표본평균도 일치하지 않는 경우가 대부분이다. 그러므로 [그림 9-1]과 같이 두 표본평균($\overline{X}_1$과 $\overline{X}_2$)의 차이가 표본추출오차 때문인지 아니면 모집단의 평균차이 때문인지를 판단하기가 어렵다.

직감적으로는 두 모집단평균의 차이가 매우 커다면 두 표본평균 역시 큰 차이를 보일 것이지만 두 모집단평균이 같다면 두 표본평균은 비슷할 것으로 예상된다. 다음과 같은 정규분포를 이루고 있는 두 모집단이 있다고 가정하자.

모집단 A : $\mu_1,\ \sigma_1^2,\ n_1$

모집단 B : $\mu_2,\ \sigma_2^2,\ n_2$

[그림 9-1] **평균차이의 원인**

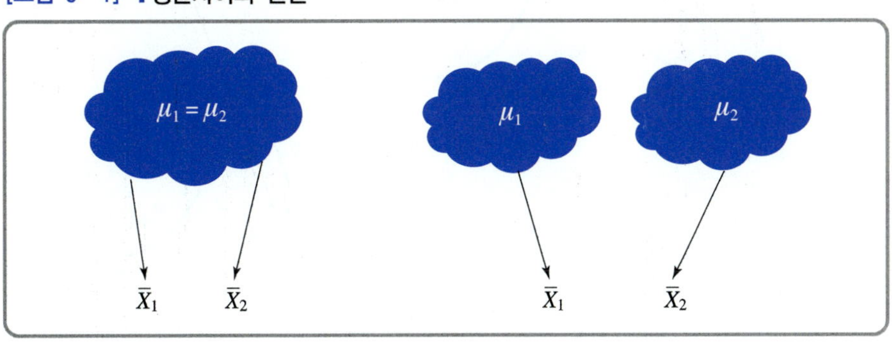

두 정규분포 모집단의 평균을 비교하기 위해 모집단 A에서 n_1, 모집단 B에서 n_2로 뽑은 각각의 평균을 $\overline{X}_1$과 $\overline{X}_2$라 하자. 두 모집단 모두 정규분포를 이루므로 모집단 A에서 추출된 평균의 표본분포는 $\mu_{\overline{X}_1} = \mu_1$이고 $\sigma^2_{\overline{X}_1} = \dfrac{\sigma_1^2}{n_1}$인 정규분포이고, 모집단 B에서 추출된 평균의 표본분포는 $\mu_{\overline{X}_2} = \mu_2$이고 $\sigma^2_{\overline{X}_2} = \dfrac{\sigma_2^2}{n_2}$인 정규분포를 이룬다. 두 평균의 표본분포가 독립적인 정규분포라 할 때 $\overline{X}_1 - \overline{X}_2$의 분포는 [그림 9-2]와 같은 특징이 있다.

1) $\overline{X}_1 - \overline{X}_2$의 표본분포의 기대치는 두 모집단의 평균차이와 같다.

$$\mu_{\overline{X}_1 - \overline{X}_2} = \mu_1 - \mu_2$$

2) $\overline{X}_1 - \overline{X}_2$의 표본분포의 분산은 각 표본분포의 분산의 합과 같다.

$$\sigma^2_{\overline{X}_1 - \overline{X}_2} = \sigma^2_{\overline{X}_1} + \sigma^2_{\overline{X}_2} = \frac{\sigma_1^2}{n_1} + \frac{\sigma_2^2}{n_2}$$

3) $\overline{X}_1 - \overline{X}_2$의 표준오차는 다음과 같다.

[그림 9-2] **평균차이의 표본분포**

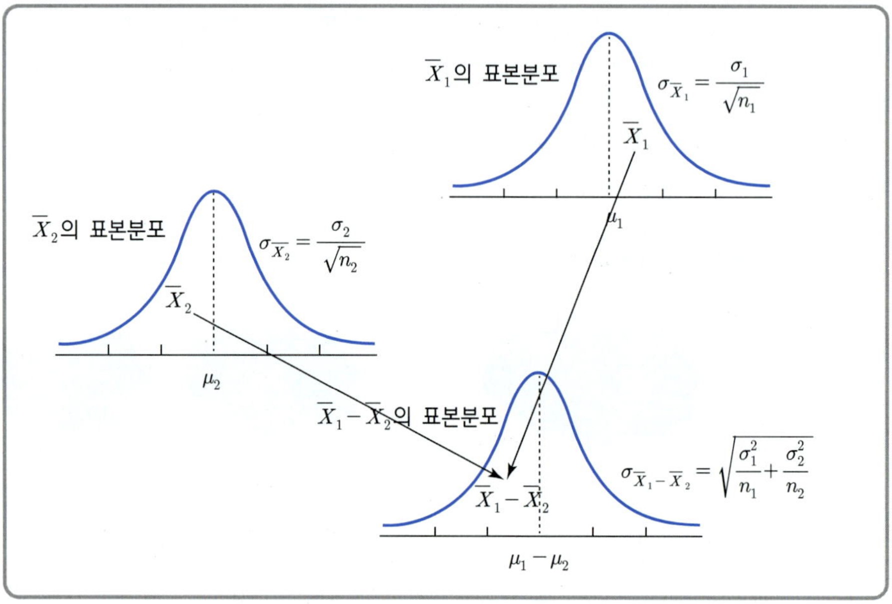

$$\sigma_{\overline{X}_1 - \overline{X}_2} = \sqrt{\frac{\sigma_1^2}{n_1} + \frac{\sigma_2^2}{n_2}}$$

4) 만약 두 모집단이 모두 정규분포이면 표본 크기에 관계없이 평균차이의 표본분포도 정규분포이다. 그러나 두 모집단이 정규분포가 아니면 각 표본의 크기가 30 이상일 때 중심극한정리에 의해 평균차이의 표본분포는 정규분포에 가까워진다.

두 표본자료가 독립적이라는 가정하에 두 모집단의 평균차이에 관한 가설검정은 단일 모집단의 경우와 마찬가지로 두 모집단의 분산을 아는 경우와 모르는 경우로 구분한다. 또한 모르는 경우에는 분산이 같다고 가정하는 경우와 다르다고 가정하는 경우로 나누어 검정한다. 두 모평균 차이에 대한 가설검정을 위한 엑셀 분석도구는 [그림 9－3]과 같이 3가지가 있다.

1) 두 모집단의 분산을 알고 있다면 [Z-검정: 평균에 대한 두 집단]을 사용한다.
2) 두 모집단의 분산을 모르지만 같다고 가정하면 [t-검정: 등분산 가정 두 집단]을 사용한다.

[그림 9－3] ❙ 두 모평균 차이 검정을 위한 엑셀의 분석도구

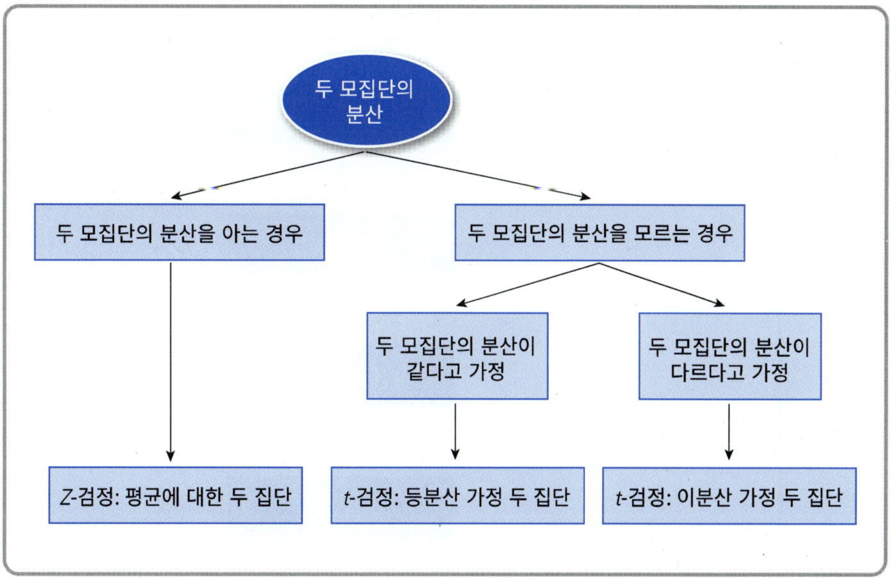

3) 두 모집단의 분산을 모르지만 다르다고 가정하면 [t-검정: 이분산 가정 두 집단]을 사용한다.

2. Z-검정 : 평균에 대한 두 집단

두 모집단의 분산을 알고 있는 경우에 평균차이의 표본분포는 첫째, 두 모집단이 모두 정규분포이면 표본 크기에 관계없이 평균차이의 표본분포는 정규분포이다. 둘째, 두 모집단이 정규분포가 아니더라도 각 표본의 크기가 30 이상이면 중심극한정리에 의해 평균차이의 표본분포는 정규분포를 이룬다. 정규분포를 이루는 두 모집단의 평균차이에 대한 가설검정을 위한 절차는 [그림 9-4]와 같다.

① 가설

두 모평균을 μ_1과 μ_2로 표기하면 가설의 유형은 다음과 같다.

저측검정	양측검정	고측검정
$H_0 : \mu_1 - \mu_2 = D_0$	$H_0 : \mu_1 - \mu_2 = D_0$	$H_0 : \mu_1 - \mu_2 = D_0$
$H_1 : \mu_1 - \mu_2 < D_0$	$H_1 : \mu_1 - \mu_2 \neq D_0$	$H_1 : \mu_1 - \mu_2 > D_0$

[그림 9-4] **평균차이의 가설검정절차**

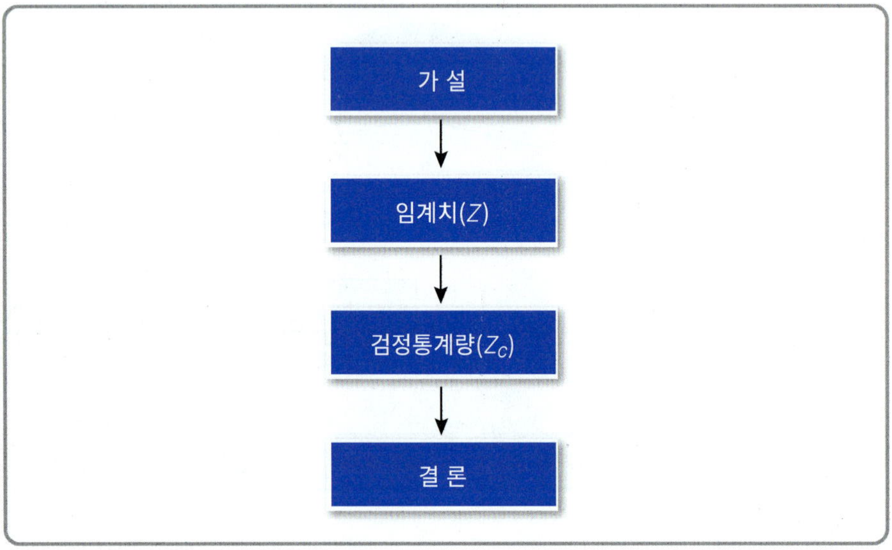

② 임계치

모평균차이 검정에 자주 사용되는 Z값은 [그림 9-5]와 같다.

[그림 9-5] ▎평균차이의 주요 Z값

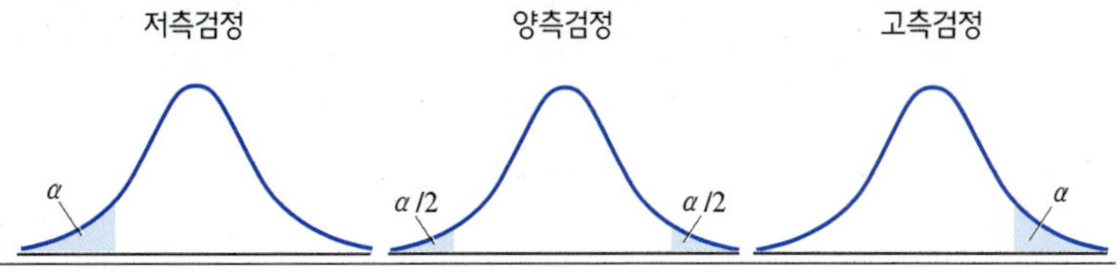

유의수준(α)	저측검정	양측검정	고측검정
0.10	−1.282	±1.645	+1.282
0.05	−1.645	±1.960	+1.645
0.01	−2.326	±2.576	+2.326

③ 검정통계량

임계치와 비교하기 위하여 표본의 결과를 Z로 변환한 값을 검정통계량이라 하고 이를 구하는 식은 다음과 같다.

$$Z_c = \frac{(\overline{X}_1 - \overline{X}_2) - (\mu_1 - \mu_2)}{\sqrt{\dfrac{\sigma_1^2}{n_1} + \dfrac{\sigma_2^2}{n_2}}}$$

④ 결론

귀무가설에 대한 결론을 [그림 9-6]과 같이 내린다.

[그림 9-6] ▎평균차이의 H_0 기각기준

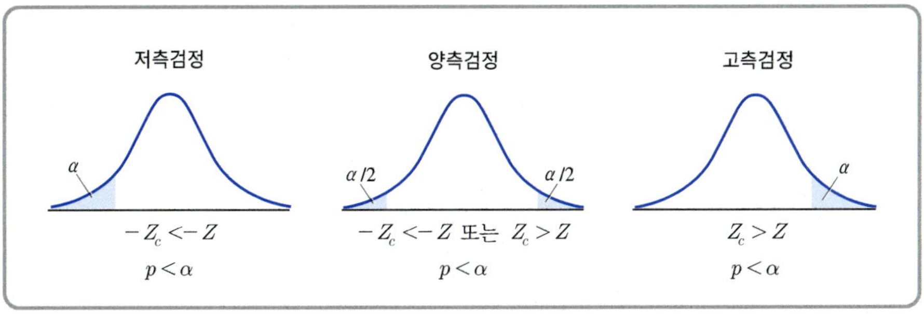

예제 9-1

서울과 부산공장 종업원의 숙련도를 비교하기 위해 각 공장에서 작업자를 무작위로 추출하여 그들의 일일 생산량을 조사하였다. 서울공장에서 32명의 작업자를 조사한 결과 평균 생산량이 80.5이고 부산공장에서 34명의 작업자를 조사한 결과 평균 생산량이 77.5로 나타났다. 과거 경험에 의하면 서울공장의 분산은 20이고 부산공장의 분산은 25로 알려져 있다. 두 공장 작업자들의 일일 생산량에는 차이가 존재하는지를 유의수준 5%에서 검정하라.

서울공장($n=32,\ \overline{X}=80.5,\ \sigma^2=20$)

71 79 90 77 88 73 80 90 68 88 70 82 90 78 88 75
80 89 69 88 71 82 90 72 88 90 68 88 76 80 77 81

부산공장($n=34,\ \overline{X}=77.5,\ \sigma^2=25$)

65 80 90 68 88 70 80 84 68 84 69 80 94 68 88 58 81
82 68 88 70 80 86 68 88 84 68 88 70 76 78 80 70 76

풀이

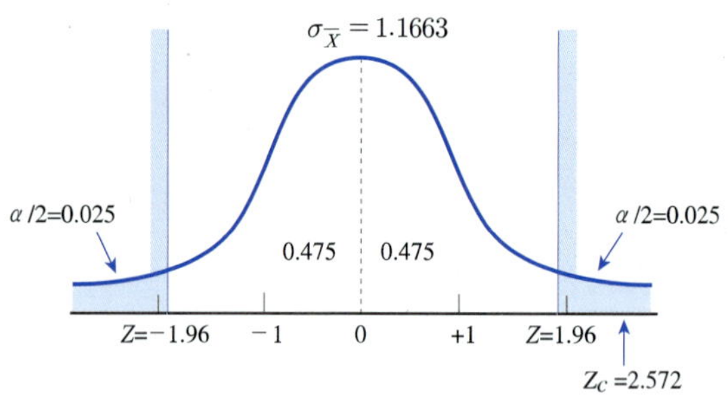

① 가설

$H_0: \mu_1-\mu_2=0$

$H_1: \mu_1-\mu_2\neq 0$

② 임계치

$Z_{0.05/2}=\pm 1.96$

③ 검정통계량

$$Z_c=\frac{(\overline{X}_1-\overline{X}_2)-(\mu_1-\mu_2)}{\sqrt{\frac{\sigma_1^2}{n_1}+\frac{\sigma_2^2}{n_2}}}=\frac{(80.5-77.5)-0}{\sqrt{\frac{20}{32}+\frac{25}{34}}}=2.5722$$

④ 결론

$-Z_c<-Z$ 또는 $Z_c>Z$이면 H_0를 기각하고 H_1을 채택한다. $Z_c=2.5722>Z=$

1.96이므로 귀무가설을 기각하고 대립가설을 채택한다. 즉, $H_1 : \mu_1 - \mu_2 \neq 0$이라고 결론짓는다. 이러한 결론은 5% 정도는 틀릴 것을 감수하여야 한다.

엑셀 활용 Z-검정

<예제 9-1>의 자료를 가지고 엑셀에 의한 Z-검정에 대해 살펴보기로 한다.

① 다음과 같이 두 공장의 생산량을 입력한다.

	A	B	C
1	서울공장	부산공장	
2	71	65	
3	79	80	
4	90	90	
5	77	68	
6	88	88	
7	73	70	
8	80	80	
9	90	84	
10	68	68	
11	88	84	
12	70	69	
13	82	80	
14	90	94	
15	78	68	
16	88	88	
17	75	58	
18	80	81	
19	89	82	
20	69	68	
21	88	88	
22	71	70	
23	82	80	
24	90	86	
25	72	68	
26	88	88	
27	90	84	
28	68	68	
29	88	80	
30	76	70	
31	80	76	
32	77	78	
33	81	80	
34		70	
35		76	

② [데이터] ➡ [데이터 분석]을 클릭하면 다음과 같은 [통계 데이터 분석] 창이 나타난다. 여기서 [Z-검정: 평균에 대한 두 집단]을 선택한 후 [확인]을 누른다.

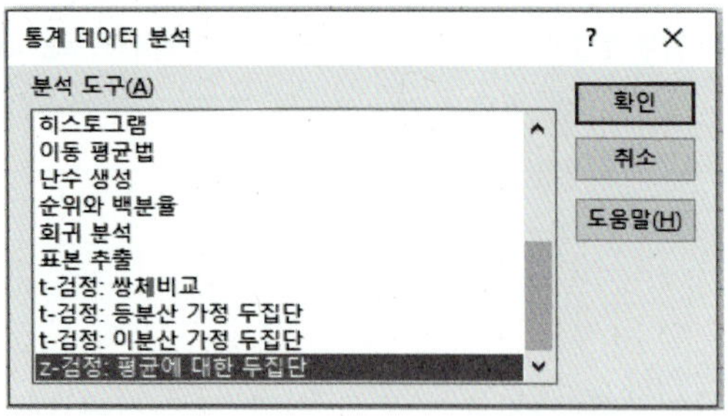

③ [Z-검정: 평균에 대한 두 집단] 대화상자가 나타나면, [변수 1 입력 범위]에 A1:A33을 [변수 2 입력 범위]에 B1:B35를 드래그하여 선택한다. [가설 평균차]에는 0을 [변수 1의 분산-가지값]에는 20을 [변수 2의 분산-가지값]에는 25를 입력한다. [이름표]를 체크하고 [유의 수준]과 [출력 범위]로 D1을 지정한 다음 [확인]을 누르면 결과물이 나타난다.

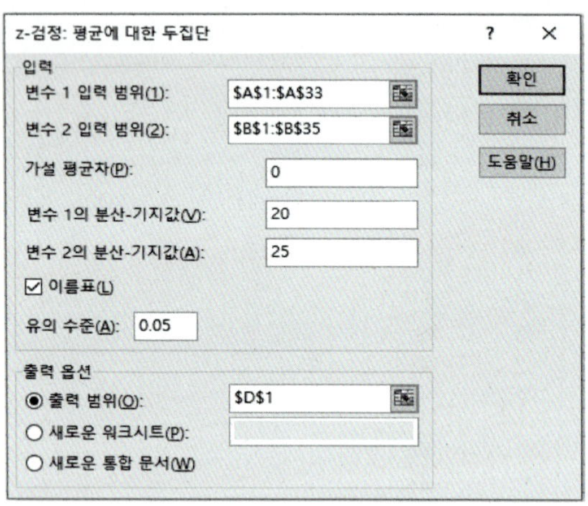

④ 결과물은 다음과 같다.

D	E	F
z-검정: 평균에 대한 두 집단		
	서울공장	부산공장
평균	80.5	77.5
기지의 분산	20	25
관측수	32	34
가설 평균차	0	
z 통계량	2.57220	
P(Z<=z) 단측 검정	0.00505	
z 기각치 단측 검정	1.64485	
P(Z<=z) 양측 검정	0.01011	
z 기각치 양측 검정	1.95996	

⑤ 다음과 같이 결과물을 해석한다.

먼저 서울과 부산공장 생산량의 평균, 분산, 관측수를 보여주고 있다. [기지의 분산]은 모집단분산의 추정치로 앞서 입력한 서울공장 20, 부산공장 25이다. [가설 평균차]는 두 모평균이 같다는 귀무가설에 의해 두 모평균의 차이는 0이라는 의미이다.

여기서는 양측검정이므로 임계치 Z(z 기각치 양측검정)는 1.96이고 검정통계량인 Z_c(z 통계량)는 2.5722이다. Z_c에 대한 면적인 p값(P(Z<=z) 양측검정)은 0.0101이다. 따라서 $p = 0.0101 < \alpha = 0.05$이고 $Z_c = 2.5722 > Z = 1.96$이므로 귀무가설을 기각하고 대립가설을 채택한다.

3. *t*–검정 : 등분산 가정 두 집단

두 모집단의 분산은 모르지만 같다고 가정한 경우에는 엑셀 분석도구 [*t*-검정 : 등분산 가정 두 집단]을 사용한다. 이 경우의 가설검정절차는 [그림 9－7]과 같다.

[그림 9－7] ❙ 등분산 가정 평균차이의 가설검정절차

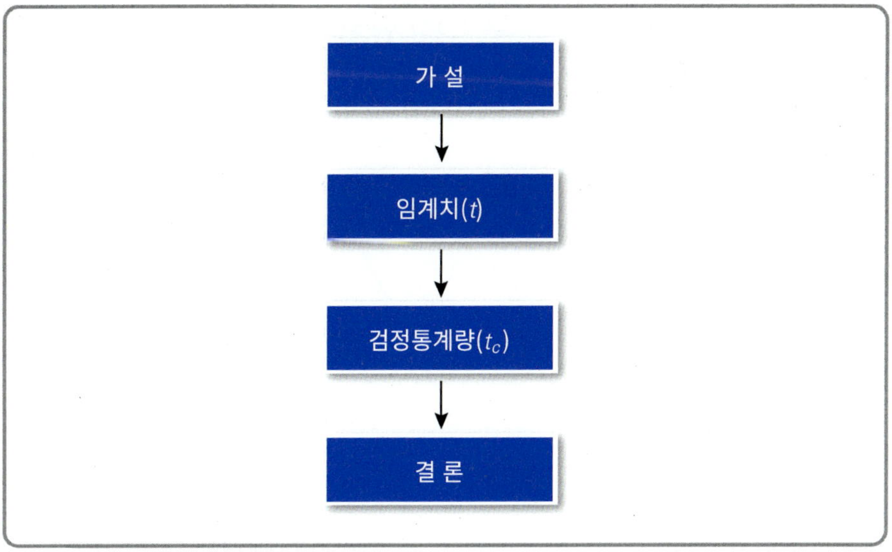

① 가설

두 모평균을 μ_1과 μ_2로 표기하면 가설의 종류는 다음과 같다.

저측검정	양측검정	고측검정
$H_0 : \mu_1 - \mu_2 = D_0$	$H_0 : \mu_1 - \mu_2 = D_0$	$H_0 : \mu_1 - \mu_2 = D_0$
$H_1 : \mu_1 - \mu_2 < D_0$	$H_1 : \mu_1 - \mu_2 \neq D_0$	$H_1 : \mu_1 - \mu_2 > D_0$

② 임계치

$n_1 + n_2 - 2$의 자유도를 가지고 t-분포를 따른다.

③ 검정통계량

$$t_c = \frac{(\overline{X}_1 - \overline{X}_2) - (\mu_1 - \mu_2)}{\sqrt{\dfrac{S_p^2}{n_1} + \dfrac{S_p^2}{n_2}}}$$

여기서 분모에 있는 S_p^2는 동일하다고 가정한 모집단 분산의 추정치로서 두 표본의 분산을 통합한 통합분산(pooled sample variation)을 말한다. 만약 첫 번째 표본분산을 S_1^2, 두 번째 표본분산을 S_2^2라 하면 S_p^2는 다음과 같다.

$$S_p^2 = \frac{(n_1 - 1)S_1^2 + (n_2 - 1)S_2^2}{n_1 + n_2 - 2}$$

④ 결론

귀무가설에 대한 결론을 [그림 9-8]과 같이 내린다.

[그림 9-8] ❙ 등분산 가정 평균차이의 H_0 기각기준

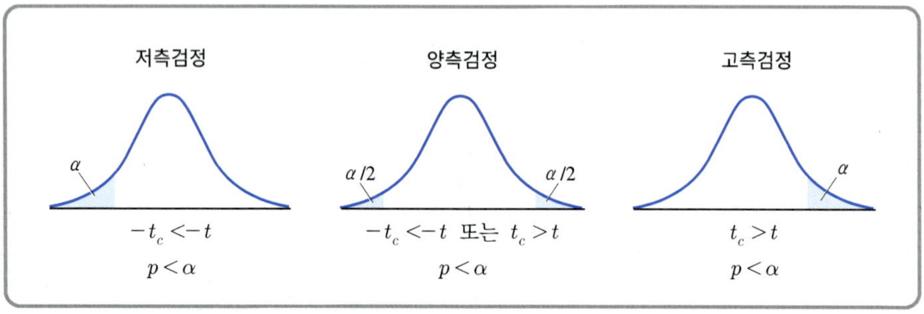

예제 9-2

회사 A와 B에서 생산한 두 제품의 강도가 같은지를 확인하기 위하여 두 회사에서 다음과 같은 자료를 제출받았다. 과거 경험에 의하면 두 회사의 분산은 같다. 두 회사 제품강도에 차이가 존재하는지를 유의수준 10%에서 검정하라.

	1	2	3	4	5	6	7	8	9	$\overline{X}$	S^2
회사 A	26	30	28	28	24	33	34			29	13
회사 B	18	20	25	26	26	29	28	21	23	24	14

풀이

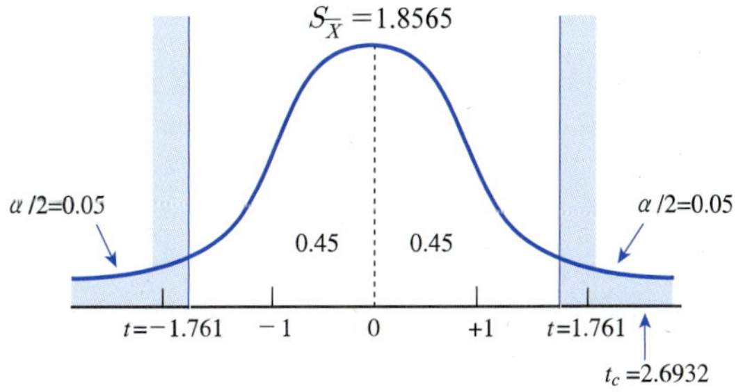

① 가설

$H_0: \mu_1-\mu_2=0$

$H_1: \mu_1-\mu_2\neq 0$

② 임계치

$t_{0.1/2,\,7+9-2}=\pm 1.761$

③ 검정통계량

$$S_p^2=\frac{(n_1-1)S_1^2+(n_2-1)S_2^2}{n_1+n_2-2}=\frac{(7-1)\times 13+(9-1)\times 14}{7+9-2}=13.5714$$

$$t_c=\frac{(\overline{X}_1-\overline{X}_2)-(\mu_1-\mu_2)}{\sqrt{\frac{S_p^2}{n_1}+\frac{S_p^2}{n_2}}}=\frac{(29-24)-0}{\sqrt{\frac{13.5714}{7}+\frac{13.5714}{9}}}=2.6932$$

④ 결론

$-t_c<-t$ 또는 $t_c>t$이면 H_0를 기각하고 H_1을 채택한다. $t_c=2.6932>t=1.761$이므로 귀무가설을 기각하고 대립가설을 채택한다. 즉, $H_1: \mu_1-\mu_2\neq 0$이라고 결론짓는다.

엑셀 활용 등분산 *t*-검정

<예제 9-2>의 자료를 가지고 엑셀에 의한 등분산 t-검정에 대해 살펴보기로 한다.

① 다음과 같이 두 회사 제품의 강도를 입력한다.

	A	B
1	회사A	회사B
2	26	18
3	30	20
4	28	25
5	28	26
6	24	26
7	33	29
8	34	28
9		21
10		23

② [데이터] ➡ [데이터 분석]을 선택하면 [통계 데이터 분석] 창이 나타난다. 여기서 [t-검정: 등분산 가정 두 집단]을 선택한 후 [확인]을 누른다.

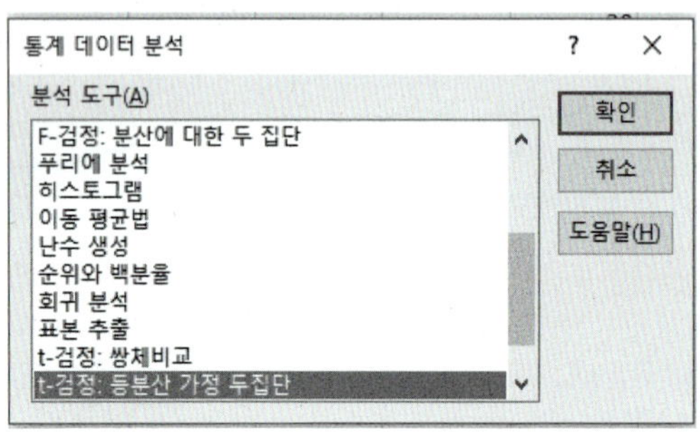

③ [t-검정: 등분산 가정 두 집단] 대화상자가 나타나면, [변수 1 입력 범위]에 A1:A8을 [변수 2 입력 범위]에 B1:B10을 드래그하여 선택하고 [가설 평균차]에는 0을 입력한다. [이름표]를 체크한 다음 [유의 수준]에 0.1을 [출력 범위]로 D1을 지정한 다음 [확인]을 누르면 결과물이 나타난다.

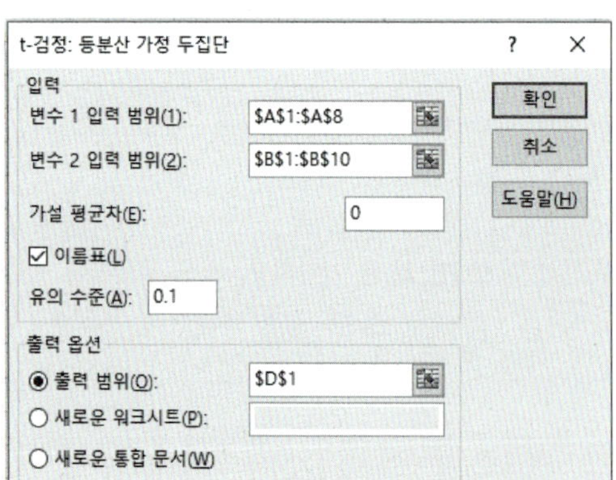

④ 결과물은 다음과 같다.

D	E	F
t-검정: 등분산 가정 두 집단		
	공장A	공장B
평균	29	24
분산	13	14
관측수	7	9
공동(Pooled) 분산	13.57143	
가설 평균차	0	
자유도	14	
t 통계량	2.69319	
P(T<=t) 단측 검정	0.00874	
t 기각치 단측 검정	1.34503	
P(T<=t) 양측 검정	0.01749	
t 기각치 양측 검정	1.76131	

⑤ 다음과 같이 결과물을 해석한다.

먼저 회사 A와 B의 평균, 분산, 관측수를 보여주고 있다. S_p^2(공동(Pooled) 분산)은 13.5714이다. 귀무가설이 $\mu_1 - \mu_2 = 0$이므로 [가설의 평균차]는 0이고 자유도는 $n_1 - n_2 - 2$이므로 $7 + 9 - 2 = 14$이다.

여기서는 양측검정이므로 임계치 t(t 기각치 양측검정)는 ±1.761이다. 검정통계량인 t_c(t 통계량)는 2.6932이고 이에 대한 면적인 p값(P(T<=t) 양측검정)은 0.0175이다. 따라서 $p = 0.0175 < \alpha = 0.05$이고 $t_c = 2.6932 > t = 1.761$이므로 귀무가설을 기각하고 대립가설을 채택한다.

4. t–검정 : 이분산 가정 두 집단

두 모집단의 분산을 모르지만 다르다고 가정한 경우에는 엑셀 분석도구로 [t-검정: 이분산 가정 두 집단]을 사용한다. 가설검정절차는 다음과 같다.

① 가설

두 모평균을 μ_1과 μ_2로 표기하면 가설의 종류는 다음과 같다.

저측검정	양측검정	고측검정
$H_0 : \mu_1 - \mu_2 = D_0$	$H_0 : \mu_1 - \mu_2 = D_0$	$H_0 : \mu_1 - \mu_2 = D_0$
$H_1 : \mu_1 - \mu_2 < D_0$	$H_1 : \mu_1 - \mu_2 \neq D_0$	$H_1 : \mu_1 - \mu_2 > D_0$

② 임계치

두 모집단의 분산을 모르지만 다르다고 가정하는 경우에는 다음과 같은 웰치의 조정자유도(Welch's adjusted degree of freedom)를 사용한다.

$$df = \frac{\left(\frac{S_1^2}{n_1} + \frac{S_2^2}{n_2}\right)^2}{\frac{\left(\frac{S_1^2}{n_1}\right)^2}{n_1 - 1} + \frac{\left(\frac{S_2^2}{n_2}\right)^2}{n_2 - 1}}$$ 의 자유도를 가지고 t-분포를 따른다.

③ 검정통계량

$$t_c = \frac{(\overline{X}_1 - \overline{X}_2) - (\mu_1 - \mu_2)}{\sqrt{\frac{S_1^2}{n_1} + \frac{S_2^2}{n_2}}}$$

④ 결론

귀무가설에 대한 결론을 [그림 9-9]와 같이 내린다.

[그림 9-9] ▌이분산 가정 평균차이의 H_0 기각기준

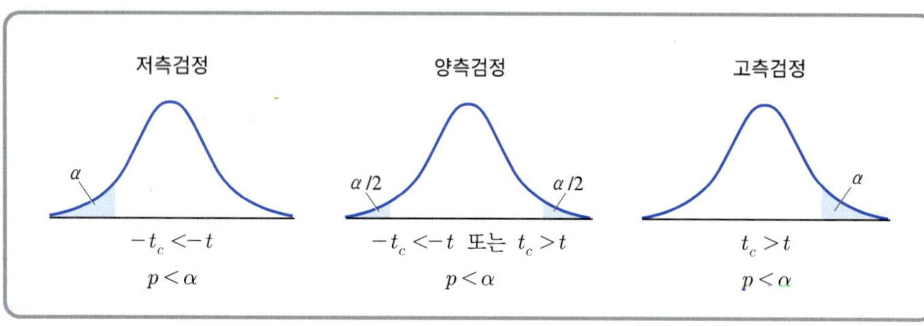

예제 9-3

<예제 9-2>의 자료를 사용하여 회사 A와 B에서 생산한 두 제품의 강도에 차이가 존재하는지를 유의수준 10%에서 검정하라. 단, 각 회사의 모분산은 모르

지만 다르다고 가정한다.

	1	2	3	4	5	6	7	8	9	$\overline{X}$	S^2
회사 A	26	30	28	28	24	33	34			29	13
회사 B	18	20	25	26	26	29	28	21	23	24	14

풀이

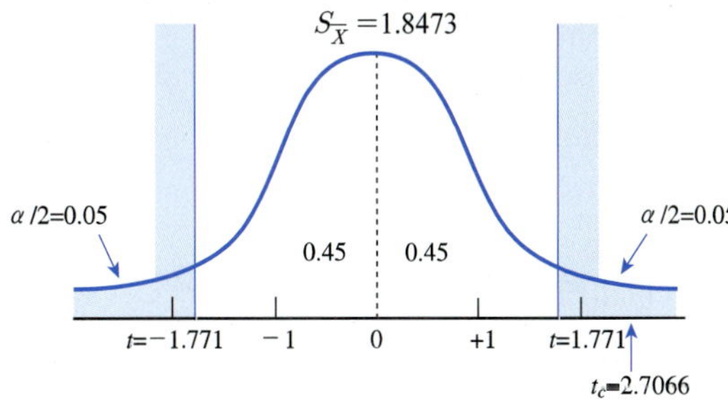

① 가설

$H_0 : \mu_1 - \mu_2 = 0$

$H_1 : \mu_1 - \mu_2 \neq 0$

② 임계치

$$df = \frac{\left(\dfrac{S_1^2}{n_1}+\dfrac{S_2^2}{n_2}\right)^2}{\dfrac{\left(\dfrac{S_1^2}{n_1}\right)^2}{n_1-1}+\dfrac{\left(\dfrac{S_2^2}{n_2}\right)^2}{n_2-1}} = \frac{\left(\dfrac{13}{7}+\dfrac{14}{9}\right)^2}{\dfrac{\left(\dfrac{13}{7}\right)^2}{6}+\dfrac{\left(\dfrac{14}{9}\right)^2}{8}} = 13.275$$

소수점을 제외한 정수를 사용하면 자유도는 13이다.

$t_{0.1/2,13} = \pm 1.771$

③ 검정통계량

$$t_c = \frac{(\overline{X}_1 - \overline{X}_2) - (\mu_1 - \mu_2)}{\sqrt{\dfrac{S_1^2}{n_1}+\dfrac{S_2^2}{n_2}}} = \frac{(29-24)-0}{\sqrt{\dfrac{13}{7}+\dfrac{14}{9}}} = 2.7066$$

④ 결론

$-t_c < -t$ 또는 $t_c > t$이면 H_0를 기각하고 H_1을 채택한다. $t_c = 2.7066 > t = 1.771$이므로 귀무가설을 기각하고 대립가설을 채택한다. 즉, $H_1 : \mu_1 - \mu_2 \neq 0$이라고 결론짓는다.

엑셀 활용 이분산 *t*-검정

<예제 9-2>의 자료를 가지고 엑셀에 의한 이분산 *t*-검정에 대해 살펴보기로 한다.

① 다음과 같이 두 회사 제품의 강도를 입력한다.

	A	B
1	회사A	회사B
2	26	18
3	30	20
4	28	25
5	28	26
6	24	26
7	33	29
8	34	28
9		21
10		23

② [데이터] ➡ [데이터 분석]을 클릭하면 다음과 같은 [통계 데이터 분석] 창이 나타난다. 여기서 [*t*-검정: 이분산 가정 두 집단]을 선택한 후 [확인]을 누른다.

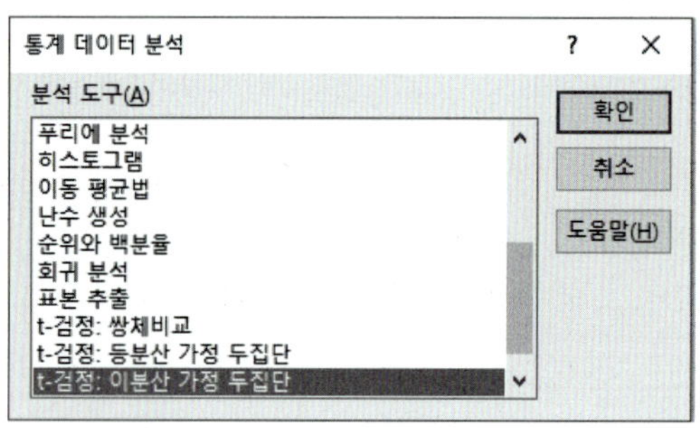

③ [*t*-검정: 이분산 가정 두 집단] 대화상자가 나타나면, [변수 1 입력 범위]에 A1:A8을 [변수 2 입력 범위]에 B1:B10을 드래그하여 선택하고, [가설 평균차]에는 0을 입력한다. [이름표]를 체크한 다음 [유의 수준]에 0.1을 [출력 범위]로 H1을 지정한 다음 [확인]을 누르면 결과물이 나타난다.

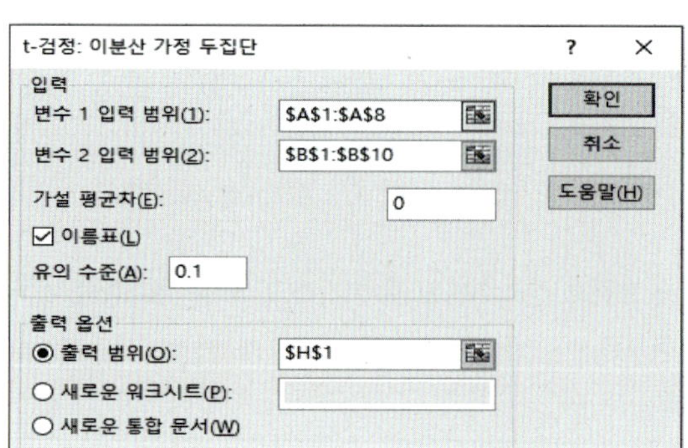

④ 결과물은 다음과 같다.

H	I	J
t-검정: 이분산 가정 두 집단		
	공장A	공장B
평균	29	24
분산	13	14
관측수	7	9
가설 평균차	0	
자유도	13	
t 통계량	2.70658	
P(T<=t) 단측 검정	0.00898	
t 기각치 단측 검정	1.35017	
P(T<=t) 양측 검정	0.01797	
t 기각치 양측 검정	1.77093	

⑤ 결과물을 해석하면 다음과 같다.

먼저 회사 A와 B의 평균, 분산, 관측수를 보여주고 있다. 귀무가설이 $\mu_1 - \mu_2 = 0$이므로 [가설 평균차]는 0이고 웰치의 조정된 자유도는 13이다.

양측검정이므로 임계치 t(t 기각치 양측검정)는 1.771이다. 검정통계량인 t_c(t 통계량)는 2.7066이고 이에 대한 면적인 p값(P(T<=t) 양측검정)은 0.0180이다. 따라서 $p = 0.0180 < \alpha = 0.1$이고 $t_c = 2.7066 > t = 1.771$이므로 귀무가설을 기각하고 대립가설을 채택한다.

5. 짝지어진 두 표본의 평균차이에 관한 검정

앞 절에서 다룬 두 평균 간의 차이를 검정하는 데 사용된 t-분포는 첫째, 각 표본들이 서로 독립적이고 둘째, 두 표본 모두 정규분포를 가지는 모집단으로부터 추출되었다는 가정하에서 검정되었다. 만일 첫 번째 가정이 위배되어 표본들이 독립적이지 않으면 다른 검정절차를 따라야 한다. 예를 들어, 회사에서 자체 개발한 교육이 종업원들의 업무만족도에 영향을 미치는지를 살펴보고자 하는 경우 다음의 두 가지 방법을 이용하여 교육효과를 검정할 수 있다.

첫째, 두 개의 독립된 표본을 이용하는 경우이다. 즉, 한 표본은 자체 개발한

[그림 9-10] ▌짝지어진 평균차이의 가설검정절차

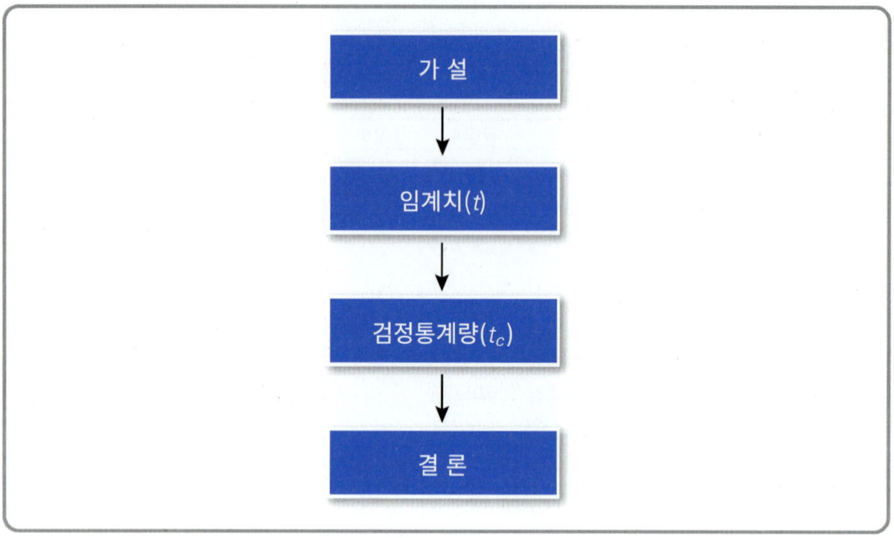

교육을 실시한 집단이고 두 번째 표본은 교육을 실시하지 않은 집단이다. 이러한 두 개의 독립적인 표본의 업무만족도를 측정하여 앞 절에서 설명한 평균차이를 검정하는 것이다.

둘째, 하나의 표본에 대해 교육을 실시하기 전과 후의 업무만족도를 측정하여 평균차이를 검정하는 것이다. 즉, 표본 내의 동일한 사람들(짝지어진 표본)에 대해 교육을 받기 전과 후에 나타나는 차이를 비교하는 것이다.

두 번째 경우와 같이 짝지어진 표본에 대한 검정은 표본 크기가 같아야 하기 때문에 독립된 표본의 경우보다 검정절차가 간단하다. 이 경우 가설검정의 절차는 [그림 9-10]과 같다.

① 가설

$d = X_1 - X_2$로 정의하면 가설의 종류는 다음과 같다.

저측검정	양측검정	고측검정
$H_0 : \mu_d = D_0$	$H_0 : \mu_d = D_0$	$H_0 : \mu_d = D_0$
$H_1 : \mu_d < D_0$	$H_1 : \mu_d \neq D_0$	$H_1 : \mu_d > D_0$

② 임계치

$n-1$의 자유도를 가지고 t-분포를 따른다.

③ 검정통계량

$$t_c = \frac{\bar{d} - \mu_d}{\frac{S_d}{\sqrt{n}}}$$

여기서 $\bar{d} = \frac{\sum_{i=1}^{n} d_i}{n}$, $S_d = \sqrt{\frac{\sum_{i=1}^{n}(d_i - \bar{d})^2}{n-1}}$

평균차이에 대한 표준오차는 원래의 값들 대신 값 간의 차이를 사용한다는 점을 제외하고는 $\overline{X}$값에 대한 표준오차를 계산하는 것과 비슷한 방법으로 구한다.

④ 결론

귀무가설에 대한 결론을 [그림 9-11]과 같이 내린다.

[그림 9-11] ┃짝지어진 평균차이의 H_0 기각기준

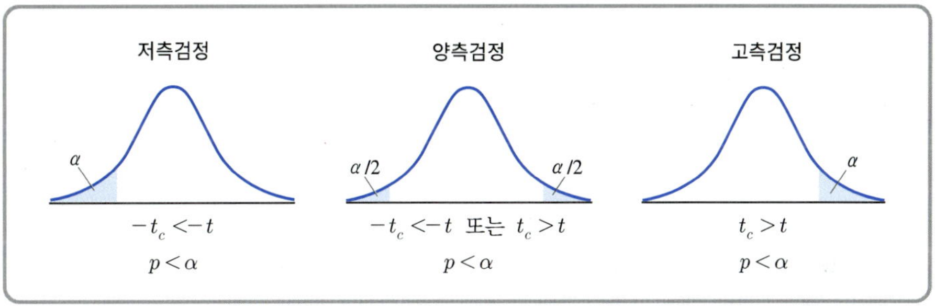

예제 9-4

ABC 병원은 새로이 개발한 식이요법의 효과를 측정하기 위해 10명을 대상으로 식이요법 전과 후의 몸무게에 대한 다음과 같은 자료를 제출받았다. 10명의 몸무게는 식이요법 전과 후에 차이가 존재하는지를 유의수준 5%에서 검정하라.

	1	2	3	4	5	6	7	8	9	10
식이요법 전	68	56	45	56	56	85	65	70	53	78
식이요법 후	64	55	44	55	53	86	66	70	52	77
차이	4	1	1	1	3	-1	-1	0	1	1

풀이

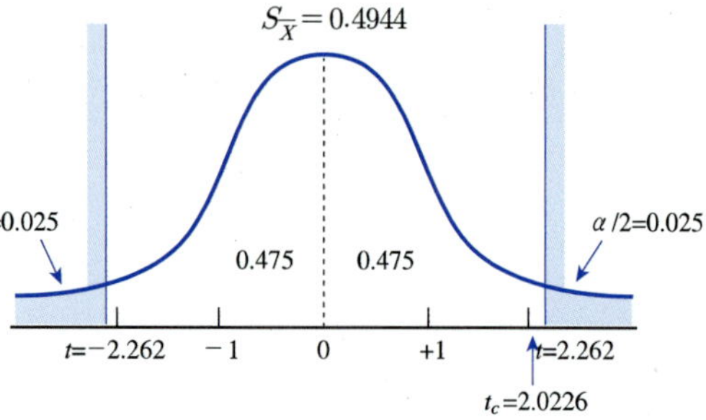

① 가설

$H_0 : \mu_d = 0$
$H_1 : \mu_d \neq 0$

② 임계치

$t_{0.05/2,\,10-1} = \pm 2.262$

③ 검정통계량

$$\bar{d} = \frac{\sum_{i=1}^{n} d_i}{n} = \frac{10}{10} = 1$$

$$S_d = \sqrt{\frac{\sum_{i=1}^{n}(d_i - \bar{d})^2}{n-1}} = \sqrt{\frac{22}{10-1}} = 1.5635$$

$$t_c = \frac{\bar{d} - \mu_d}{\frac{S_d}{\sqrt{n}}} = \frac{1-0}{\frac{1.5635}{\sqrt{10}}} = 2.0226$$

④ 결론

$-t_c < -t$ 또는 $t_c > t$이면 H_0를 기각하고 H_1을 채택한다. $t_c = 2.0226 < t = 2.262$ 이므로 귀무가설을 채택한다.

엑셀 활용 쌍체비교

<예제 9 - 4>의 자료를 가지고 엑셀에 의한 쌍체비교 t-검정에 대해 살펴보기로 한다.

① 다음과 같이 식이요법 전과 후의 몸무게를 입력한다.

	A	B
1	식이요법 전	식이요법 후
2	68	64
3	56	55
4	45	44
5	56	55
6	56	53
7	85	86
8	65	66
9	70	70
10	53	52
11	78	77

② [데이터] ➡ [데이터 분석]을 클릭하면 다음과 같은 [통계 데이터 분석] 창이 나타난다. 여기서 [t-검정: 쌍체비교]를 선택한 후 [확인]을 누른다.

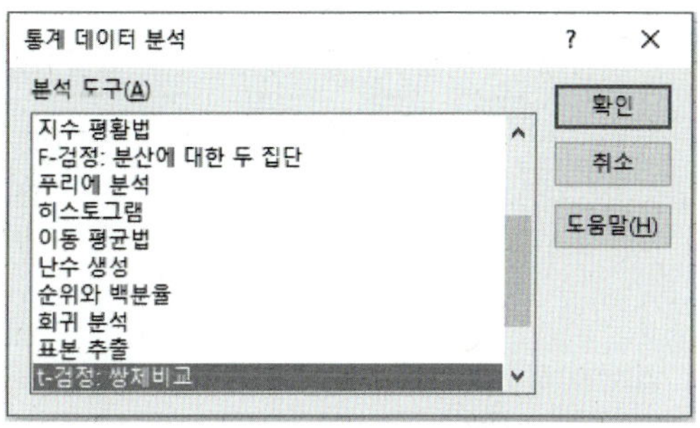

③ [t-검정: 쌍체비교] 대화상자가 나타나면, [변수 1 입력 범위]에 A1:A11을 [변수 2 입력 범위]에 B1:B11을 드래그하여 선택한다. [가설 평균차]에는 0을 입력하고 [이름표]를 체크한 다음 [유의 수준]에 0.05를 [출력 범위]로 D1을 지정한 다음 [확인]을 누르면 결과물이 나타난다.

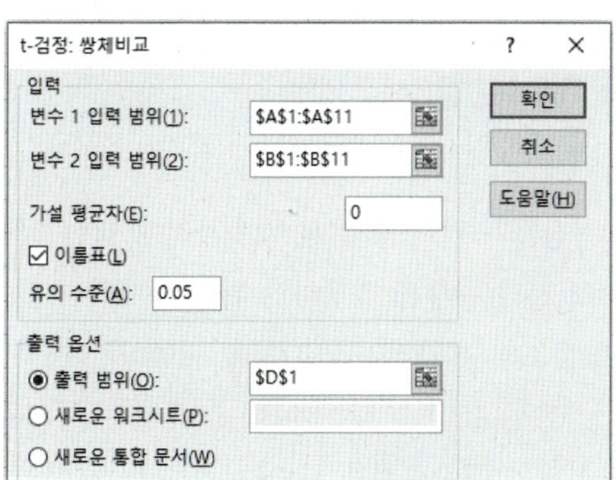

④ 결과물은 다음과 같다.

D	E	F
t-검정: 쌍체 비교		
	식이요법전	식이요법후
평균	63.2	62.2
분산	150.84444	165.28889
관측수	10	10
피어슨 상관 계수	0.99331	
가설 평균차	0	
자유도	9	
t 통계량	2.02260	
P(T<=t) 단측 검정	0.03691	
t 기각치 단측 검정	1.83311	
P(T<=t) 양측 검정	0.07381	
t 기각치 양측 검정	2.26216	

⑤ 결과물을 해석하면 다음과 같다.

식이요법 전과 후의 평균, 분산, 관측수를 보여주고 있다. 식이요법 전과 후의 상관계수는 0.9933으로 매우 강한 선형관계를 가진다. 귀무가설이 '식이요법 전과 후의 몸무게는 차이가 없다'이므로 [가설 평균차]는 0이다. 자유도는 $n-1=9$이다.

양측검정이므로 임계치 t(t 기각치 양측검정)는 2.262이다. 검정통계량인 t_c(t 통계량)는 2.0226이고 이에 대한 면적인 p값(P(T<=t) 양측검정)은 0.0738이다. 따라서 $p=0.0738>\alpha=0.05$이고 $t_c=2.0226<t=2.262$이므로 귀무가설을 기각하지 않는다.

6. 비율차이에 관한 검정

지금까지 다룬 검정들과 같이 두 표본 비율차이에 대한 검정도 두 모집단 비율차이에 기인하는 것인지의 여부를 결정하기 위한 통계학적인 절차이다. 표본이 크면 정규분포가 이항분포의 효과적인 근사치를 제공하기 때문에 비율차이에 관한 검정은 큰 표본을 사용한다.

본 절에서는 모집단의 표준편차를 모르는 경우 큰 표본을 사용하여 비율차이에 관한 검정을 하는 경우를 다루기로 한다. 모집단의 표준편차를 모르는 경우에

[그림 9-12] **비율차이의 가설검정절차**

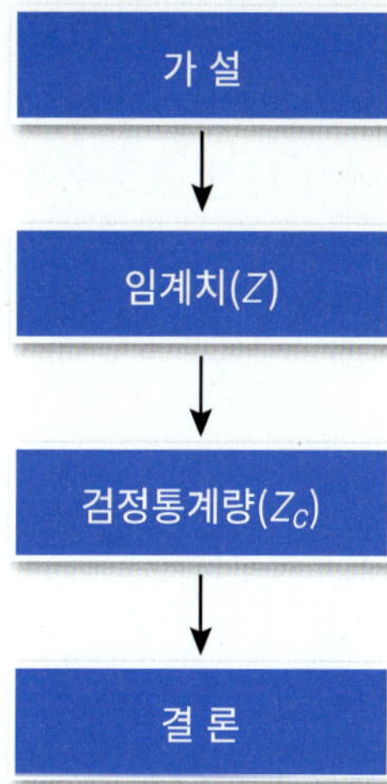

독립적인 큰 표본들의 비율차이를 검정하는 절차는 [그림 9-12]와 같다.

① 가설

두 모비율을 π_1과 π_2로 표기하면 가설의 종류는 다음과 같다.

저측검정	양측검정	고측검정
$H_0 : \pi_1 - \pi_2 = D_0$	$H_0 : \pi_1 - \pi_2 = D_0$	$H_0 : \pi_1 - \pi_2 = D_0$
$H_1 : \pi_1 - \pi_2 < D_0$	$H_1 : \pi_1 - \pi_2 \neq D_0$	$H_1 : \pi_1 - \pi_2 > D_0$

② 임계치

비율차이 검정에 자주 사용되는 Z값은 [그림 9-13]과 같다.

[그림 9-13] **비율차이의 주요 Z값**

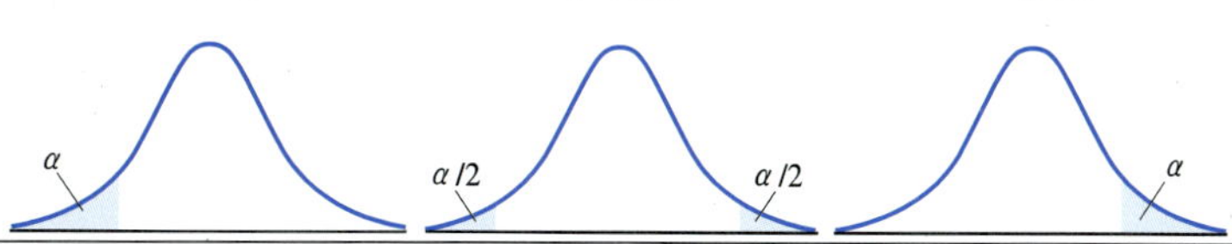

유의수준(α)	저측검정	양측검정	고측검정
0.10	−1.282	±1.645	+1.282
0.05	−1.645	±1.960	+1.645
0.01	−2.326	±2.576	+2.326

③ 검정통계량

$$Z_c = \frac{(p_1 - p_2) - (\pi_1 - \pi_2)}{S_{p_1 - p_2}}$$

여기서 두 비율차이에 대한 표준오차의 추정치는 다음과 같다.

$$S_{p_1 - p_2} = \sqrt{\frac{\hat{p}\hat{q}}{n_1} + \frac{\hat{p}\hat{q}}{n_2}},\ \hat{p} = \frac{X_1 + X_2}{n_1 + n_2},\ \hat{q} = 1 - \hat{p}$$

④ 결론

귀무가설에 대한 결론을 [그림 9-14]와 같이 내린다.

[그림 9-14] 비율차이의 H_0 기각기준

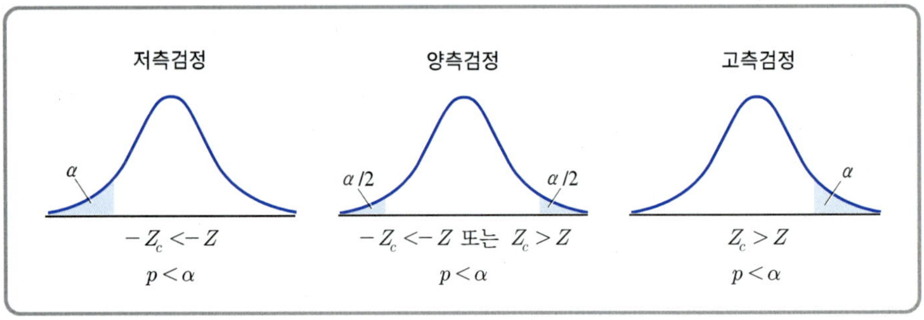

예제 9-5

ABC 무역은 수출용 컴퓨터 구매를 위해 두 회사에서 각각 100대를 무작위로 추출하여 품질검사를 실시한 결과는 다음과 같다. 5% 유의수준에서 두 회사의 불량비율이 같은지를 검정하라.

	n	불량품	불량비율
회사 X	100	20	$p_1 = 20/100 = 0.20$
회사 Y	100	25	$p_2 = 25/100 = 0.25$

풀이

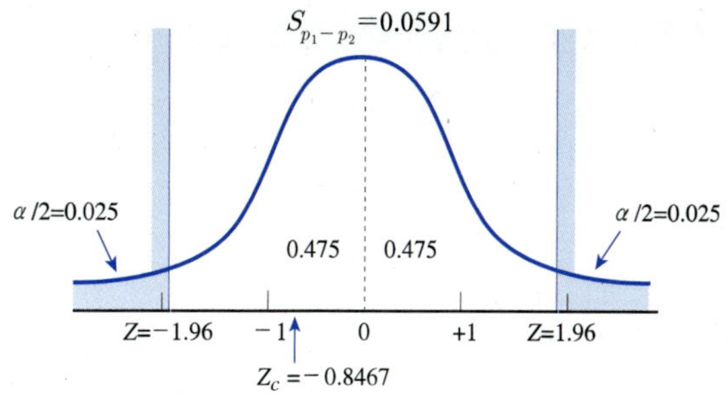

① 가설

$H_0 : \pi_1 = \pi_2$

$H_1 : \pi_1 \neq \pi_2$

② 임계치

$Z_{0.05/2} = \pm 1.96$

③ 검정통계량

$$\hat{p} = \frac{X_1 + X_2}{n_1 + n_2} = \frac{20+25}{100+100} = 0.225$$

$$S_{p_1-p_2} = \sqrt{\frac{\hat{p}\hat{q}}{n_1} + \frac{\hat{p}\hat{q}}{n_2}} = \sqrt{\frac{(0.225)(0.775)}{100} + \frac{(0.225)(0.775)}{100}} = 0.0591$$

$$Z_c = \frac{(p_1 - p_2) - (\pi_1 - \pi_2)}{S_{p_1-p_2}} = \frac{(0.20-0.25)-0}{0.0591} = -0.8466$$

④ 결론

$Z_c > |Z|$이면 H_0를 기각하고 H_1을 채택한다. $Z_c = -0.8466 > Z = -1.96$이므로 귀무가설을 기각하지 않는다. 즉, $H_0 : \pi_1 = \pi_2$이라고 결론짓는다.

예제 9-6

<예제 9 - 5>의 자료를 엑셀로 검정하라.

풀이

	A	B	C	D	E	F	G	H
1		n	불량품	불량비율				
2	회사 X	100	20	0.2				
3	회사 Y	100	25	0.25				
4								
5	임계치	-1.95996		NORM.S.INV(0.025)				
6	phat	0.225		(C2 + C3) / (B2 + B3)				
7	Sp1-p2	0.05906		SQRT((B6 * (1 - B6) / B3)+(B6 * (1 - B6) / B3))				
8	Zc	-0.84667		(D2 - D3) / B7				
9	p값	0.19859						

$Z_c = -0.8467 > Z = -1.96$이고 $p = 0.1986 > \alpha = 0.05$이므로 귀무가설을 기각하지 않고 $\pi_1 = \pi_2$이라고 결론짓는다.

연습문제

01. 맞으면 ○, 틀리면 ×로 표시하라.

(1) 두 표본이 독립적인가 종속적인가에 따라 평균차이에 관한 검정방법은 다르다.

(2) 두 표본 가설검정도 단일 표본 가설검정과 같이 α가 p보다 크면 귀무가설을 채택한다.

(3) 두 모집단 모두 정규분포이면 n에 관계없이 평균차이의 표본분포는 정규분포이다.

(4) 평균차이의 검정에서 두 표본평균이 27과 23일 때 귀무가설은 $\mu_1 - \mu_2 = 4$이다.

(5) 비율차이 검정시 표본 1은 90개 중 9개, 표본 2는 80개 중 8개가 성공이면 가중평균 비율은 17/170이다.

(6) 짝지어진 두 표본의 평균차이에 대한 검정에서 표본크기가 15이면 자유도는 13이다.

(7) 두 모집단의 평균차이에 관한 양측검정에서 검정통계량 $Z_c = 2.24$이면 $p = 0.025$이다.

(8) 짝지어진 두 표본 평균차이에 관한 검정은 두 표본이 서로 종속적이고 두 표본의 크기가 같아야 한다.

(9) 정규분포인 두 모집단의 분산이 각각 4와 3이면 두 모집단으로부터 40개씩 추출된 두 표본의 평균차이분포의 분산은 7/40이다.

(10) 귀무가설이 $\mu_1 = \mu_2$인 평균차이에 관한 양측검정에서 가정된 두 모집단의 평균차이는 0이 아니다.

02. 어느 자동차판매회사는 남성과 여성사원의 판매능력에 차이가 있는지 알아보기 위하여 그들의 판매실적을 조사한 결과는 다음과 같다. 과거의 경험에 의하면 남자의 분산은 17이고 여자의 분산은 23이다. 남녀 간에 판매량에 차이가 있는지를 α=0.10로 검정하라.

남자 :	10	18	13	15	14	15	16	18	22	20	15
여자 :	23	10	26	22	25	23	18	17	25	22	20

03. 문제 2번을 엑셀분석도구로 검정하라.

04. ABC 정밀화학은 재료혼합법에 따라 제품강도의 효과가 다른지를 알기 위하여 두 가지 방법을 시험해 보기로 하였다. 첫 번째 방법을 제품 125개에 적용한 결과 제품 강도는 27이고 두 번째 방법을 제품 65개에 적용한 결과 제품강도는 32였다. 그리고 과거자료에 의하면 첫 번째 방법에 대한 표준편차(σ_1)가 0.2이고, 두 번째 방법에 대한 표준편차(σ_2)가 0.4이었다. α=0.05에서 재료혼합법에 따라 제품강도에 진정한 차이가 있는지를 검정하라.

05. 다음의 자료를 사용하여 두 회사 제품 무게의 평균이 같은지를 유의수준 1%에서 검정하라. 단, 과거 경험에 의하면 두 회사의 분산은 모르지만 같다고 가정한다.

A :	24	24	24	25	24	24	25	23	24	23
B :	27	25	24	20	24	26	29	23	30	32

06. 문제 5번을 엑셀분석도구로 검정하라.

07. 문제 5번의 자료를 사용하여 두 회사의 제품 무게의 평균이 같은지를 유의수준 1%에서 검정하라. 단, 과거 경험에 의하면 두 회사의 분산은 모르지만 다르다고 가정한다.

08. 문제 7번을 엑셀분석도구로 검정하라.

09. 어느 회사는 생산량이 작업방법에 영향을 받는다고 생각하여 두 가지 작업방법을 비교하기로 하였다. 무작위로 선출한 8명은 작업방법 A를, 10명은 작업방법 B를 적용하여 작업하도록 한 뒤 생산량을 조사하여 다음과 같은 결과를 얻었다. 두 작업방법의 평균 생산량이 같은지를 유의수준 5%에서 검정하라. 단, 두 작업방법의 모분산은 모르지만 같다고 가정한다.

A :	5	6	7	5	7	6	6	7		
B :	7	8	9	8	7	6	7	5	6	7

10. 문제 9번의 자료를 사용하여 두 작업방법의 평균 생산량이 같은지를 유의수준 5%에서 두 작업방법의 모분산은 모르지만 다르다고 가정하고 검정하라.

11. ABC 회사는 새로이 개발한 신약의 효과를 측정하기 위해 8명을 대상으로 신약 복용 전과 후의 몸무게에 관한 다음과 같은 자료를 제출받았다. 8명의 몸무게는 신약

복용 전과 후에 차이가 존재하는지를 유의수준 0.05에서 검정하라.

복용 전 :	92	88	87	87	88	92	91	88
복용 후 :	90	87	86	88	89	87	89	86

12. 문제 11번의 자료를 사용하여 신약의 효과를 유의수준 5%에서 엑셀도구로 검정하라.

13. ABC 전구는 새로이 개발한 신물질의 효과를 측정하기 위해 신물질 첨가 전과 후의 강도에 관한 다음과 같은 자료를 제출받았다. 신물질 첨가 전과 후에 강도에 차이가 존재하는지를 유의수준 0.01에서 검정하라.

첨가 전 :	8	9	7	8	6	7	6	7	8	7
첨가 후 :	7	6	5	7	5	8	5	4	5	6

14. 문제 13번의 자료를 사용하여 신물질 첨가의 효과를 유의수준 1%에서 엑셀도구로 검정하라.

15. ABC 제약은 새로이 개발한 신약의 효과를 측정하기 위해 20명을 대상으로 신약 복용 전과 후의 몸무게에 관한 다음과 같은 자료를 제출받았다. 신약 복용 전과 후에 차이가 존재하는지를 유의수준 0.1에서 검정하라.

A :	64	75	70	66	60	68	65	67	66	63	74	46	66	67	63	68	62	54	69	67
B :	61	68	62	65	58	64	68	62	67	65	66	41	65	62	60	64	59	53	59	63

16. 문제 15번의 자료를 사용하여 신약 복용의 효과를 유의수준 10%에서 엑셀도구로 검정하라.

17. ABC 무역이 수출용 계산기 구매를 위해 두 회사에서 각각 100대를 무작위로 추출하여 품질검사를 실시한 결과는 다음과 같다. 5% 유의수준에서 두 회사의 불량비율이 같은지를 검정하라.

	n	불량품	불량비율
회사 X	200	47	$p_1 = 47/200 = 0.235$
회사 Y	200	41	$p_1 = 41/200 = 0.205$

10

분산분석

1. 분산분석의 개념
2. 일원분산분석
3. 이원분산분석

1. 분산분석의 개념

분산분석(analysis of variance : ANOVA)은 두 개 이상의 집단 간 평균 차이에 대한 통계적 유의성을 검증하는 기법이다. 예를 들어, 다음과 같은 두 개 이상의 모집단 평균이 서로 같은지 다른지를 알아보는 데 사용되는 통계적 기법이 분산분석이다.

- 대구, 부산, 서울 공장의 생산량은 서로 다른가?
- 편의점 A, B, C, D에 따라 고객만족도는 서로 다른가?
- 신문, 라디오, TV의 광고효과는 서로 다른가?

분산분석은 [그림 10-1]처럼 **종속변수**(dependent variable) 혹은 **반응변수**(response variable) Y에 대해 하나 또는 그 이상의 **요인**(factor) 또는 **범주형 독립변수**(categorical independent variable)의 효과를 분석하는 기법이다.

[그림 10-1] **분산분석 모형**

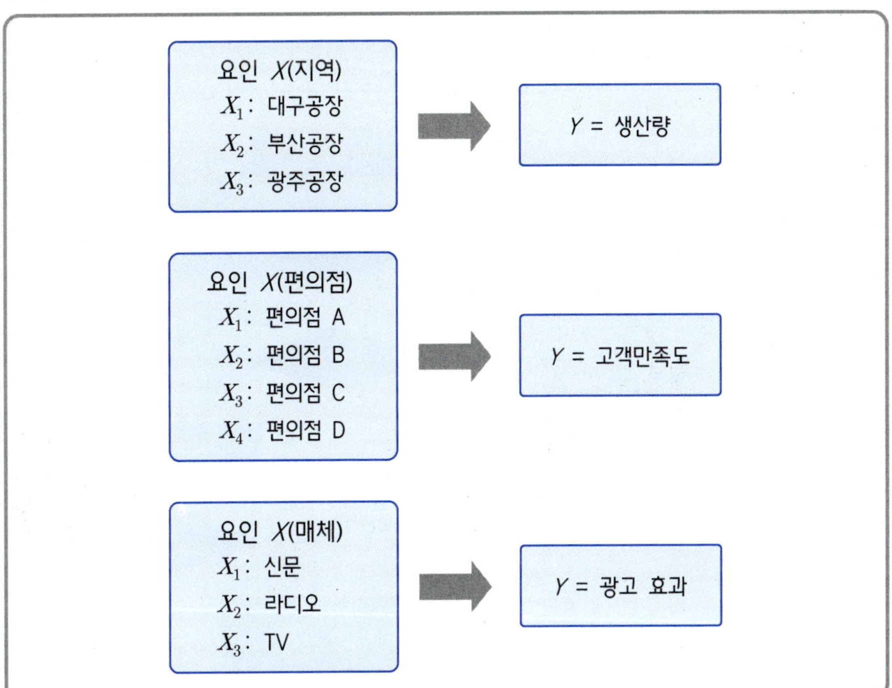

[그림 10 - 1]에서 지역, 편의점, 매체는 요인(범주형 독립변수)이 되고 생산량, 고객만족도, 광고효과는 종속변수(반응변수)가 되어 모평균이 된다. 종속변수에 영향을 미치는 요인의 수준을 집단(요인수준, 처리, 실험요소)이라 한다. 여기서 지역을 요인이라 한다면 대구, 부산, 서울을 집단(처리)이라 한다. 또한 매체를 요인이라 한다면 신문, 라디오, TV를 집단(처리)이라 한다. 분산분석에서 요인은 명목 또는 서열척도로 측정한 범주형 자료이고 종속변수는 등간 또는 비율척도로 측정한 연속 자료이다.

분산분석은 종속변수와 요인의 수에 따라 [그림 10 - 2]와 같이 분류된다. 지역이라는 하나의 요인과 생산량이라는 하나의 종속변수 간의 관계를 분석하는 것이 **일원분산분석**(one-factor ANOVA)이고, 지역과 성별이라는 두 가지 요인이 생산량이라는 하나의 종속변수에 미치는 영향을 분석하는 것을 **이원분산분석**(two-factor ANOVA)이라 한다. 이원분산분석은 집단마다 1개의 관측치가 있어 주효과만을 분석하는 **반복 없는 이원분산분석**과 관측치가 2개 이상인 집단이 있어 주효과뿐만 아니라 상호작용효과도 분석하는 **반복 있는 이원분산분석**이 있다. 반면 1개 이상의 요인이 2개 이상의 종속변수에 미치는 영향 즉, 지역과 성별이라는 두 가지 요인이 생산량과 고객만족도라는 두 개의 종속변수에 미치는 영향을 분석할 때는

[그림 10 - 2] **분산분석의 종류**

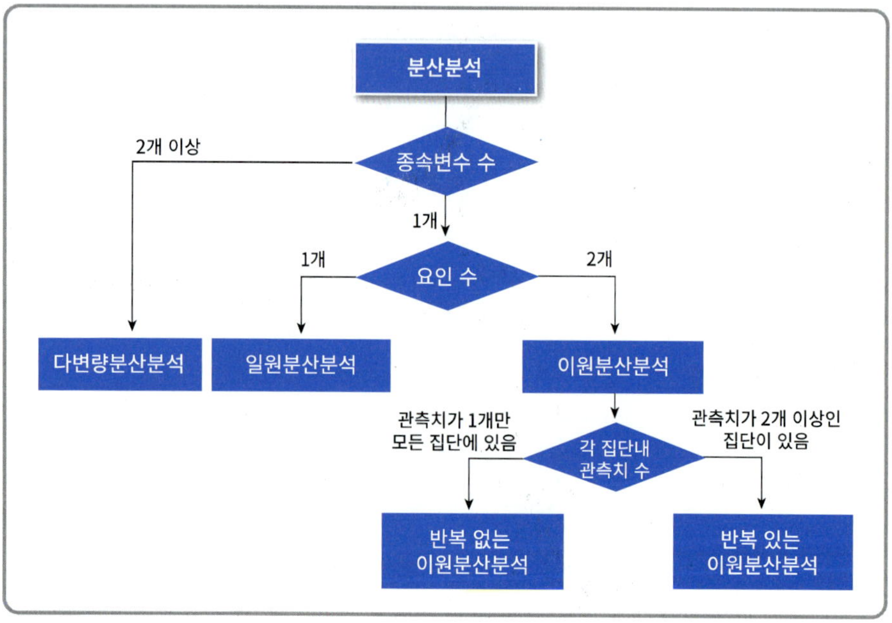

[그림 10-3] ❙ 분산분석 종류의 예

지역에 따라 생산량은 다른가?

지역	종속변수
대구공장	9, 5, 2, 7, ...6
부산공장	6, 3, 6, 2, ...3
광주공장	4, 5, 3, 2, ...5

일원요인분산분석

지역과 성별에 따라 생산량은 다른가?

성별 / 지역	남	여
대구공장	6	4
부산공장	7	5
광주공장	6	5

반복 없는 이원요인분산분석

지역과 성별 및 상호작용에 따라 생산량은 다른가?

성별 / 지역	남	여
대구공장	6, 8	3, 5
부산공장	4, 3	6, 5
광주공장	5, 3	2, 3

반복 있는 이원요인분산분석

다변량분산분석을 사용하여야 한다. [그림 10-3]은 분산분석의 종류에 따른 예를 보여주고 있다.

분산분석은 검정대상이 표본평균 간의 차이지만 실제 검정은 모집단분산에 대한 두 개의 추정된 표본분산이기 때문에 분산분석이라 한다.

2. 일원분산분석

일원분산분석의 개념

일원분산분석은 다음과 같은 두 개 이상의 집단 또는 처리의 평균들을 비교하는 데 관심을 가진다.

μ_1 = 집단 1 또는 처리 1의 평균

μ_2 = 집단 2 또는 처리 2의 평균

⋮

μ_c = 집단 c 또는 처리 c의 평균

일원분산분석에서 귀무가설은 다음과 같이 c개의 모집단 평균이 같다는 것이고 대립가설은 이들이 모두 같지는 않다는 것이다.

$H_0 : \mu_1 = \mu_2 = ... = \mu_c$(모든 평균이 같다)

$H_1 :$ 모든 평균이 같지는 않다(적어도 하나의 평균은 다르다)

대립가설인 '모든 평균이 같지는 않다'에는 여러 가지 뜻이 포함되어 있다. 예를 들어, 모집단이 3개인 경우에는 $\mu_1 \neq \mu_2$, $\mu_1 \neq \mu_3$, $\mu_2 \neq \mu_3$, $\mu_1 \neq \mu_2 \neq \mu_3$ 중 적어도 하나는 참이라는 뜻을 포함한다.

일원분산분석은 다음과 같은 몇 가지 가정을 두고 있다.

첫째, c개 모집단은 정규분포이다.
둘째, c개 모집단의 분산은 같다.
셋째, c개 모집단에서 추출되는 표본은 서로 독립적이다.

일원분산분석은 정규분포의 가정에서 약간 벗어나도 크게 영향을 받지 않고, 동일분산의 가정도 표본의 크기가 비슷하면 크게 중요하지 않으므로 분산분석이 널리 사용되고 있다.

하나의 요인에 의해 구분되는 c개의 집단 평균을 비교할 때 사용하는 일원분산분석은 <표 10-1>과 같은 열 또는 행으로 자료가 구성된다.

〈표 10-1〉 일원분산분석의 자료 형태

열 형태의 자료

A_1	A_2	.....	A_c
X_{11}	X_{12}	.....	X_{1c}
X_{21}	X_{22}	.....	X_{2c}
X_{31}	X_{32}	.....	X_{3c}
⋮	⋮	⋮	⋮
X_{n1}	X_{n2}	.....	X_{nc}
$\overline{X}_1$	$\overline{X}_2$	.....	$\overline{X}_c$

행 형태의 자료

A_1	X_{11}	X_{21}	X_{31}	.....	X_{n1}	$\overline{X}_1$
A_2	X_{12}	X_{22}	X_{32}	.....	X_{n2}	$\overline{X}_2$
⋮	⋮	⋮	⋮	⋮	⋮	⋮
A_c	X_{1c}	X_{2c}	X_{3c}	.....	X_{nc}	$\overline{X}_c$

일원분산분석의 원리

예를 들어, 대구와 부산에 위치한 공장은 3가지 재료의 효과(생산량)가 다른지를 검정하고자 한다. 두 공장은 3가지 재료를 사용하여 6번의 현장실험을 한 결과 <표 10-2>와 같은 자료를 얻었다고 가정하자.

〈표 10-2〉 각 공장의 재료에 따른 생산량

	대구공장			부산공장		
반복횟수	재료 A	재료 B	재료 C	재료 A	재료 B	재료 C
1	10	20	28	20	23	24
2	13	20	28	19	20	20
3	14	22	26	20	21	22
4	11	21	27	21	22	23
5	12	19	30	18	19	21
6	12	18	29	22	21	22
평균	12	20	28	20	21	22
분산	2	2	2	2	2	2
전체평균	20			21		

대구공장의 경우는 [그림 10-4] (a)처럼 3가지 재료의 평균 생산량은 차이가 커서 표본 결과는 [그림 10-5] (a)처럼 서로 다른 재료(모집단)에서 나왔을 가능성이 높다. 따라서 대구공장은 재료에 따른 생산량은 차이가 있다고 할 수 있다.

반면 부산공장의 경우 [그림 10-4] (b)처럼 3가지 재료의 평균 생산량은 차이가 작아 표본 결과는 [그림 10-5] (b)처럼 동일한 하나의 재료(모집단)에서 나왔을 가능성이 높다. 따라서 부산공장은 재료에 따른 생산량은 차이가 없다고 할 수 있다.

[그림 10-4] ▎각 공장의 변동 크기

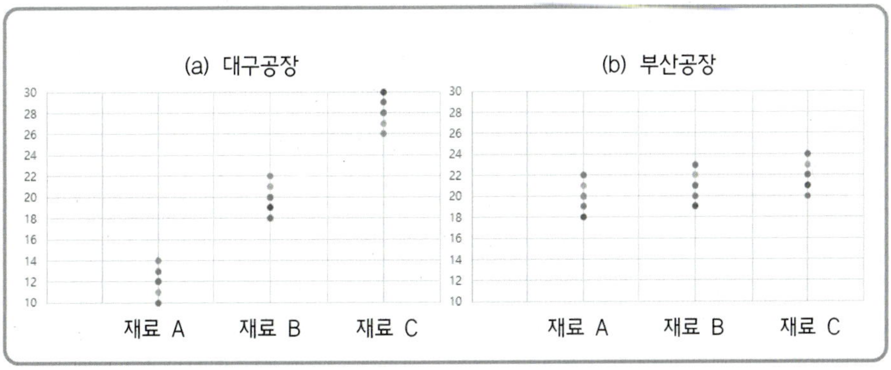

[그림 10-5] ▌재료별 모집단 구조

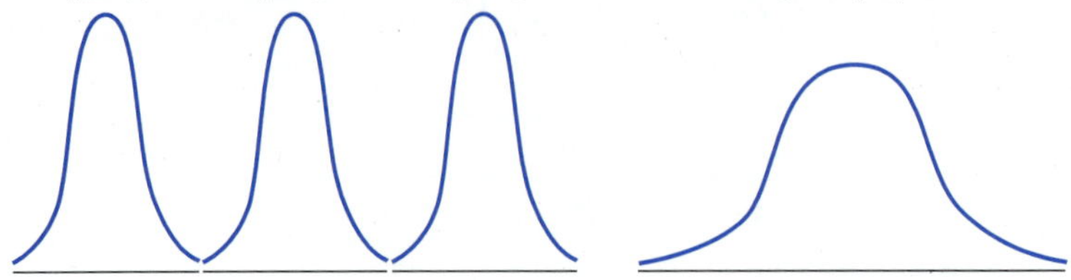

[그림 10-5]에서와 같이 대구공장은 귀무가설이 기각되어 평균이 다른 3개의 모집단 즉, 효과가 다른 3가지 재료(모집단)에서 표본이 추출되었고 반면 부산공장은 귀무가설이 채택되므로 평균이 같은 하나의 모집단 즉, 효과가 같은 하나의 재료(모집단)에서 3개의 표본이 추출되었다고 할 수 있다.

제곱합의 분해

각 집단평균은 다음과 같이 관측치의 합을 표본 수로 나누어 계산한다.

$$\overline{X}_j = \frac{1}{T}\sum_{i=1}^{n_j} X_{ij}$$

전체평균은 다음과 같이 모든 관측치를 더하여 전체 표본 수 n으로 나누거나 또는 c개 집단의 평균을 가중 평균한다.

$$\overline{\overline{X}} = \frac{1}{T}\sum_{j=1}^{c}\sum_{i=1}^{n_j} X_{ij} = \frac{1}{T}\sum_{j=1}^{c} n_j \overline{X}_j$$

관측치 X_{ij}와 전체평균 $\overline{\overline{X}}$와의 차이를 나타내는 총 편차를 분해하면 다음과 같다.

$$(X_{ij} - \overline{\overline{X}}) = (\overline{X}_j - \overline{\overline{X}}) + (X_{ij} - \overline{X}_j)$$

총 편차 = 설명되는 편차 + 설명되지 않는 편차

이는 위 식의 우변에 $\overline{X}_j$를 더한 다음 다시 빼준 것이다. 위 식의 우변에서 첫 번째 항은 집단평균과 전체평균의 편차로서 이를 설명되는 편차 또는 처리(집단

간) 편차라고 한다. 두 번째 항은 관측치와 집단평균의 편차로서 이를 설명되지 않는 편차 또는 잔차(집단 내) 편차라 한다.

<표 10-2>의 대구공장의 예에서 현장실험마다 생산량이 다름으로 인해 편차가 발생한다. 재료 A의 첫 번째 현장실험의 생산량은 10, 재료 A의 집단평균은 12, 전체평균은 20이므로 총 편차는 10-20=-10이다. 이러한 총 편차는 다음과 같이 재료라는 요인으로 설명되는 편차와 설명되지 않는 편차로 나누어진다.

$$(10-20) \;=\; (12-20) \;+\; (10-12)$$

위 식의 우변에서 첫 번째 항은 재료에 의해 설명되는 편차이다. 두 번째 항은 재료에 의해 설명되지 않으므로 재료 이외의 온도, 습도, 성별, 기계 등과 같은 변수들이나 알려지지 않은 무작위 변동을 고려해야만 설명되는 부분이다.

이러한 편차는 양수나 음수를 가질 수 있으므로 제곱한 값을 활용하여 분석한다. 위 식을 제곱하여 더하면 다음과 같다.

$$\sum_{j=1}^{c}\sum_{i=1}^{n_j}(X_{ij}-\overline{\overline{X}})^2 = \sum_{j=1}^{c}\sum_{i=1}^{n_j}(\overline{X}_j-\overline{\overline{X}})^2 + \sum_{j=1}^{c}\sum_{i=1}^{n_j}(X_{ij}-\overline{X}_j)^2$$

위의 식을 [그림 10-6]과 같이 나타낼 수 있다. 예제에서 종속변수의 총 제곱합은 현장실험마다 생산량이 다름으로 인해 발생한다. 총 제곱합이 재료의 특성에 의해 설명되는지 아니면 재료 이외의 다른 요인에 의해 설명되는지를 판단하여야

[그림 10-6] **일원분산분석에서 총제곱합의 분해**

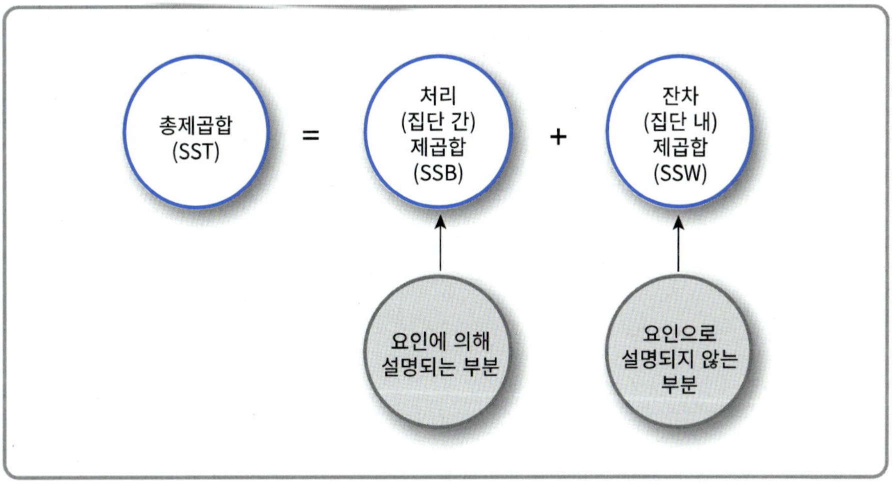

한다. 이를 위해 일원분산분석에서는 총 제곱합(SST)을 첫째, 처리 즉 재료에 의해 설명되는 제곱합(SSB) 둘째, 잔차 즉 재료에 의해 설명되지 않는 제곱합(SSW)으로 분류한다. 전자를 처리(집단 간) 제곱합이라 하고 후자를 잔차(집단 내) 제곱합이라 한다.

일원분산분석표

지금까지 설명한 내용을 요약하여 분산분석표를 작성해 보면 <표 10－3>과 같다.

〈표 10－3〉 일원분산분석표

변동원인	제곱합	자유도	제곱평균	F_c
처리	$SSB=\sum_{j=1}^{c} n_j(\overline{X}_j-\overline{\overline{X}})^2$	$c-1$	$MSB=\frac{SSB}{c-1}$	$F_c=\frac{MSB}{MSW}$
잔차	$SSW=\sum_{j=1}^{c}\sum_{i=1}^{n_j}(X_{ij}-\overline{X}_j)^2$	$T-c$	$MSW=\frac{SSW}{T-c}$	
합계	$SST=\sum_{j=1}^{c}\sum_{i=1}^{n_j}(X_{ij}-\overline{\overline{X}})^2$	$T-1$		

대구공장의 일원분산분석표는 다음과 같다.

변동원인	제곱합	자유도	제곱평균	F_c
처리	2044	2	1022	292
잔차	52.5	15	3.5	
합계	2096.5	17		

부산공장의 일원분산분석표는 다음과 같다.

변동원인	제곱합	자유도	제곱평균	F_c
처리	91	2	45.5	0.6531
잔차	1045	15	69.6667	
합계	1136	17		

귀무가설이 사실이라면 [그림 10－7] (a)처럼 평균과 분산이 같은 하나의 모집단에서 3개의 표본이 추출되었을 것이고, 귀무가설이 사실이 아니면 [그림 10－7] (b)나 (c)처럼 분산은 같지만 평균이 다른 모집단에서 표본이 추출되었을 것이다.

잔차(집단 내) 분산(*MSW*)은 (a), (b), (c) 모두 비슷할 것으로 예상된다. 왜냐하면, c개 모집단의 분산은 같다고 가정하기 때문이다. 하지만 처리(집단 간) 분산(*MSB*)은 (a) < (b) < (c)의 순으로 큰 값을 가질 것이다. 왜냐하면, *MSB*는 전체평균($\overline{\overline{X}}$)과 특정 집단평균($\overline{X}_j$) 간의 차이이므로 처리(집단 간)의 평균 차이가 클수록 *MSB*는 커지기 때문이다. 따라서 (a), (b), (c) 모두 분모의 값인 *MSW*는 비슷하지만 분자의 값인 *MSB*는 (a) < (b) < (c)의 순으로 큰 값을 가지므로 두 분산의 비율인 *F*-통계량 역시 (a) < (b) < (c)의 순으로 큰 값을 가질 것이다. 따라서 처리(집단 간)의 평균 차이가 클수록 *MSB*는 커지므로 두 분산의 비율인 *F*-통계량은 커지게 된다.

[그림 10－7] ▍집단 간 분산과 집단 내 분산의 영향

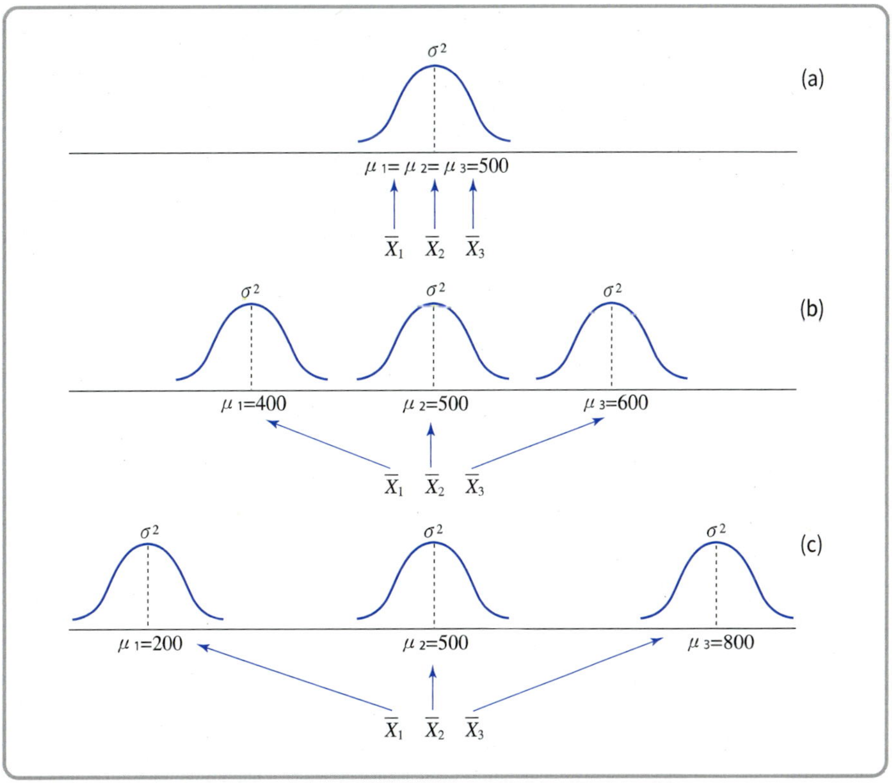

예를 들어, 각 처리(집단 간)의 표본평균이 같다면 *MSB*는 0이 된다. 즉, $\overline{X}_1 = \overline{X}_2 = ... = \overline{X}_c$이면 $MSB = 0$이다. 이 경우 *F*-통계량은 0에 가까워지므로 H_0를 기각할 수 없게 된다. 반대로 처리(집단 간)의 평균 차이가 커지면 *MSB*는 큰 값을 가지게 될 것이다. 이 경우 *F*-통계량이 커지게 되므로 H_0를 기각하게 될 것이다.

일원분산분석의 가설검정

<표 10-2>의 자료를 가지고 일원분산분석의 가설검정절차를 살펴보기로 한다. 일원분산분석의 가설검정절차는 [그림 10-8]과 같다.

[그림 10-8] **일원분산분석의 가설검정절차**

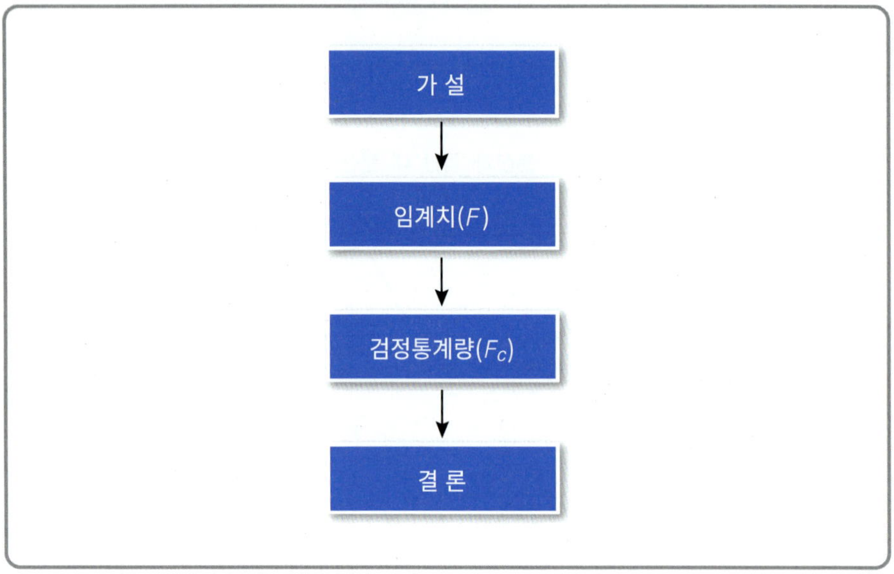

① 가설

$H_0 : \mu_1 = \mu_2 = \mu_3$(3가지 재료의 평균 생산량은 같다)

H_1 : 3가지 재료의 평균 생산량이 모두 같지는 않다(적어도 하나의 평균은 다르다)

② 임계치

F-분포는 두 분산의 비율이므로 분산분석은 *F*-분포를 따른다. *F*값이 얼마나

커야 H_0를 기각할 것인지를 결정하는 검정기준인 임계치가 필요하다. [그림 10-9]에서 임계치는 $F_{\alpha,\, df_1,\, df_2}$ 또는 $F_{\alpha,\, c-1,\, T-c}$이다.

[그림 10-9] ▌일원분산분석의 H_0의 기각기준

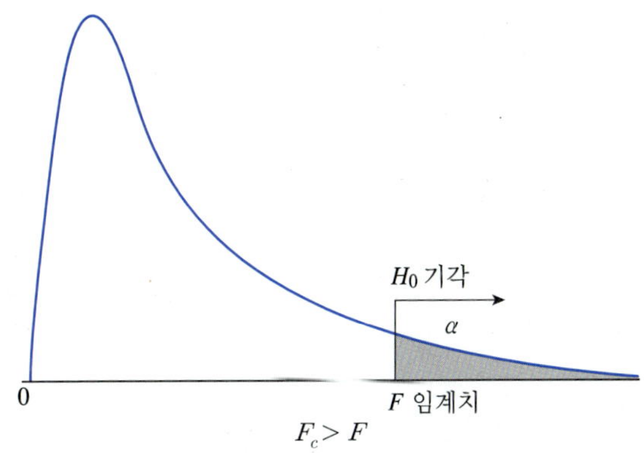

주어진 유의수준 α=0.05에서 F-분포의 오른쪽 꼬리 확률을 얻기 위해서는 다음과 같이 부록표나 엑셀함수를 이용할 수 있다.

		분자의 자유도									
	df_2 \ df_1	1	2	3	4	5	6	7	8	9	10
분모의 자유도	1	161.45	199.50	215.71	224.58	230.16	233.99	236.77	238.88	240.54	241.88
	2	18.51	19.00	19.16	19.25	19.30	19.33	19.35	19.37	19.38	19.40
	⋮										
	12	4.75	3.89	3.49	3.26	3.11	3.00	2.91	2.85	2.80	2.75
	13	4.67	3.81	3.41	3.18	3.03	2.92	2.83	2.77	2.71	2.67
	14	4.60	3.74	3.34	3.11	2.96	2.85	2.76	2.70	2.65	2.60
	15	4.54	3.68	3.29	3.06	2.90	2.79	2.71	2.64	2.59	2.54
	16	4.49	3.63	3.24	3.01	2.85	2.74	2.66	2.59	2.54	2.49

=F.INV.RT(0.05, 2, 15)=3.6823

- probability : 0.05
- deg_freedom1 : 2
- deg_freedom2 : 15

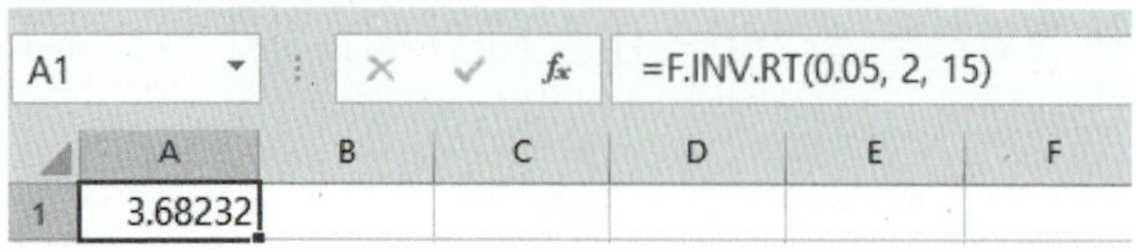

따라서 $\alpha = 0.05$ 수준에서 예제 공장의 검정기준인 임계치는 $F_{0.05,\ 3-1,\ 18-3} = 3.68$이다.

③ 검정통계량

$$\text{대구공장의 } F_c = \frac{MSB}{MSW} = \frac{384}{2} = 192$$

$$\text{부산공장의 } F_c = \frac{MSB}{MSW} = \frac{6}{2} = 3$$

④ 결론

$F_c > F$이면 H_0를 기각하고 H_1을 채택한다. 대구공장의 경우 다음 [그림 10-10]과 같이 $F_c = 192 > F = 3.68$이므로 H_0를 기각하고 H_1을 채택한다.

[그림 10-10] ▌대구공장의 가설검정

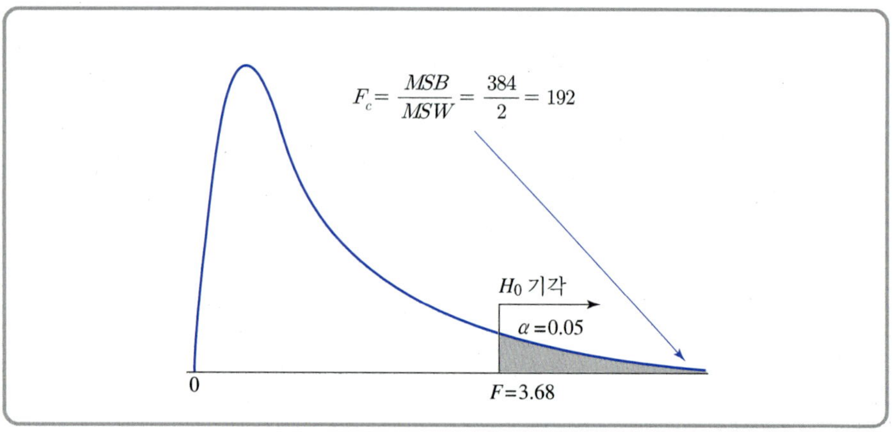

반면 부산공장은 $F_c = 3 < F = 3.68$이므로 H_0를 기각하지 않는다.

예제 10-1

ABC 화장품회사는 최근 세 회사로부터 10개의 샘플을 납품받아 이들의 무게를 조사해 보았더니 다음과 같은 결과가 나왔다. 이들 회사 제품의 평균 무게가 같은지를 α=0.05에서 검정하라.

회사 \ 무게	단위 : g				합계	평균	분산
1($n=3$)	2	3	4		9	3	1
2($n=3$)	4	5	6		15	5	1
3($n=4$)	3	4	2	3	12	3	0.6667

풀이

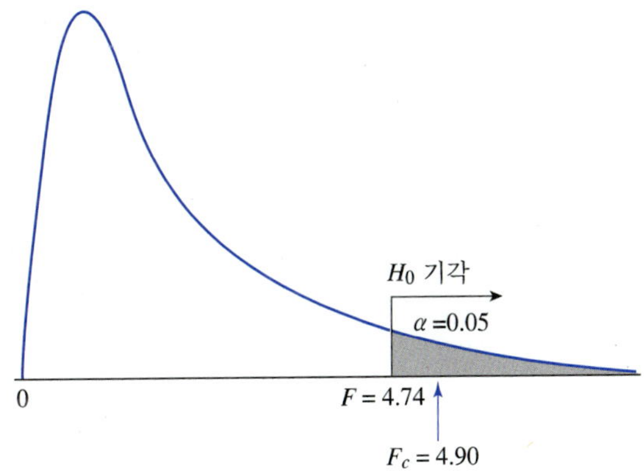

① 가설

$H_0 : \mu_1 = \mu_2 = \mu_3$(평균은 모두 같다)

H_1 : 모든 평균이 같지는 않다(적어도 하나의 평균은 다르다)

② 임계치

집단이 3개이므로 c=3이 되고 총 표본 수는 10개이므로 T=10이 된다. 따라서 F분포의 분자 자유도는 $df_1 = c-1 = 3-1 = 2$가 되고 분모 자유도는 $df_2 = T-c = 10-3 = 7$이 된다. 부록표에서 임계치 $F_{0.05,3-1,10-3} = 4.74$를 찾을 수 있다.

엑셀함수를 이용하여 임계치를 계산하면 다음과 같다.

=F.INV.RT(0.05, 2, 7)=4.7374

- probability : 0.05
- deg_freedom1 : 2
- deg_freedom2 : 7

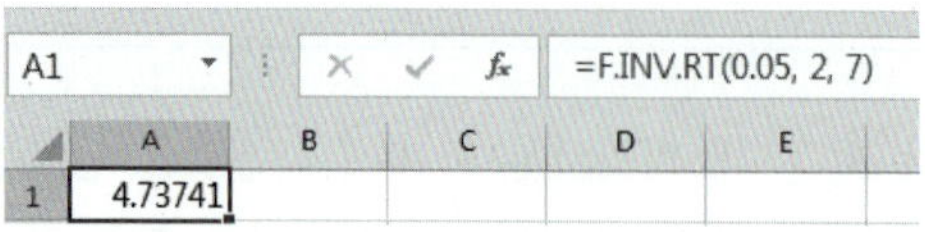

③ 검정통계량

총평균 $\overline{\overline{X}} = \dfrac{9+15+12}{10} = 3.6$

집단평균 $\overline{X}_1 = \dfrac{9}{3} = 3$

$\overline{X}_2 = \dfrac{15}{3} = 5$

$\overline{X}_3 = \dfrac{12}{4} = 3$

$$SSB = \sum_{j=1}^{3} n_j(\overline{X}_j - \overline{\overline{X}})^2 = 3(3-3.6)^2 + 3(5-3.6)^2 + 4(3-3.6)^2 = 8.4$$

$$\begin{aligned} SSW = \sum_{j=1}^{3}\sum_{i=1}^{n_j}(X_{ij} - \overline{X}_j)^2 &= (2-3)^2 + (3-3)^2 + (4-3)^2 \\ &+ (4-5)^2 + (5-5)^2 + (6-5)^2 \\ &+ (3-3)^2 + (4-3)^2 + (2-3)^2 + (3-3)^2 \\ &= 6 \end{aligned}$$

$$\begin{aligned} SST = \sum_{j=1}^{3}\sum_{i=1}^{n_j}(X_{ij} - \overline{\overline{X}})^2 &= (2-3.6)^2 + (3-3.6)^2 + (4-3.6)^2 \\ &+ (4-3.6)^2 + (5-3.6)^2 + (6-3.6)^2 \\ &+ (3-3.6)^2 + (4-3.6)^2 + (2-3.6)^2 + (3-3.6)^2 \\ &= 14.4 \end{aligned}$$

$$F_c = \frac{SSB/(c-1)}{SSW/(T-c)} = \frac{8.4/2}{6.0/7} = 4.9$$

이상의 내용을 분산분석표로 정리하면 다음과 같다.

변동원인	제곱합	자유도	제곱평균	F_c
처리	8.4	2	4.2	4.9002
잔차	6	7	0.8571	
합계	14.4	9		

④ 결론

$F_c > F$이면 H_0를 기각하고 H_1을 채택한다. $F_c = 4.9002 > F = 4.74$이므로 귀무가설을 기각하고 대립가설을 채택한다. 5% 정도는 틀릴 수도 있지만 세 회사 제품의 평균 무게가 같다고 결론을 내리기에는 현재의 자료들이 충분치 못하다.

엑셀 활용 일원분산분석

<표 10-2>의 자료를 가지고 엑셀을 활용한 일원분산분석의 가설검정절차를 살펴보기로 한다.

① 다음과 같이 자료를 입력한다.

	A	B	C	D	E	F	G
1		대구공장			부산공장		
2	반복횟수	재료 A	재료 B	재료 C	재료 A	재료 B	재료 C
3	1	14	20	27	27	14	23
4	2	17	20	28	15	22	33
5	3	18	22	24	10	30	29
6	4	15	21	26	14	23	28
7	5	16	19	27	10	10	33
8	6	16	18	24	20	21	10

② [데이터] ➡ [데이터 분석]을 클릭하면 다음과 같은 [통계 데이터 분석] 창이 나타난다.. 여기서 [분산 분석: 일원 배치법]을 선택하고 [확인] 버튼을 누른다.

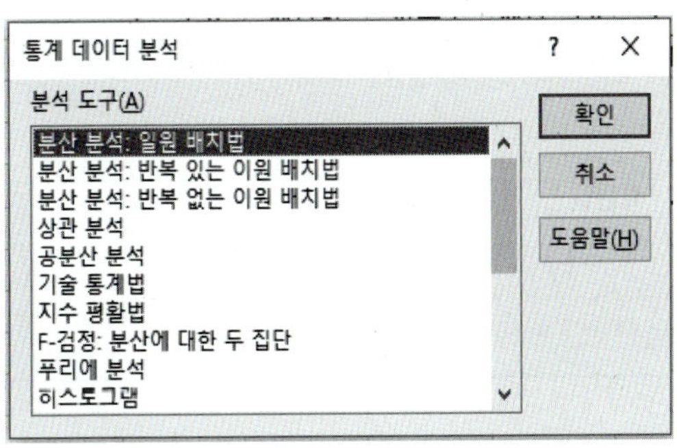

③ 다음과 같은 [분산 분석: 일원 배치법] 대화상자가 나타나면 입력범위로 B2:D8의 범위를 드래그하여 입력한다. [데이터의 방향]으로 열을 지정하고 입력 범위의 첫 행이 문자열이므로 [첫째 행 이름표 사용]을 체크한다. 유의수준은 0.05로 지정하고 출력옵션은 [출력범위]로 L1을 지정한 후 [확인] 버튼을 누른다.

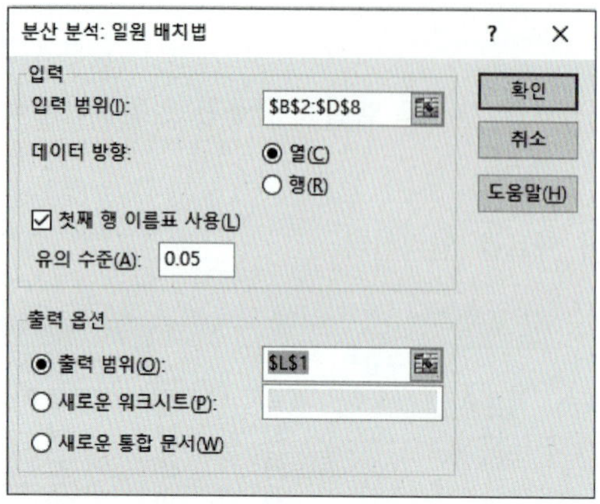

④ 이상의 과정을 마치면 일원분산분석의 결과가 다음과 같이 나타난다.

L	M	N	O	P	Q	R
분산 분석: 일원 배치법						
요약표						
인자의 수준	관측수	합	평균	분산		
재료 A	6	72	12	2		
재료 B	6	120	20	2		
재료 C	6	168	28	2		
분산 분석						
변동의 요인	제곱합	자유도	제곱 평균	F 비	P-값	F 기각치
처리	768	2	384	192	2.06E-11	3.68232
잔차	30	15	2			
계	798	17				

⑤ 결과를 해석하면 다음과 같다.

일원분산분석의 결과는 크게 두 가지로 나눌 수 있다. 하나는 [요약표]로 각 집단의 요약 통계량을 보여주고 다른 하나는 가설검정에 필요한 정보를 담은 [분산분석표]이다.

[요약표]

각 재료의 관측수, 합, 평균, 분산을 보여준다. 예를 들어, 대구공장의 재료 A는 6번의 현장 실험한 결과의 합은 72, 평균은 12 그리고 분산은 2임을 보여주고 있다.

[분산분석표]

가) 제곱합

총 제곱합 798은 재료마다 생산량이 다름으로 인해 발생하는 편차의 제곱합이다. 이러한 총 제곱합이 재료의 특성에 의해 설명되는지 아니면 다른 요인으로 설명되는지를 판단하여야 한다. 처리 즉 재료에 의해 설명되는 제곱합은 768이고, 잔차 즉 재료 이외에 다른 요인에 의해 설명되는 제곱합은 30이다.

나) 자유도

처리 자유도는 집단 수 − 1 = 3 − 1 = 2이고, 잔차 자유도는 총 자료수 − 집단 수 = 18 − 3 = 15이다. 합계 자유도는 총 자료 수 − 1 = 18 − 1 = 17 또는 처리 자유도 + 잔차 자유도 = 2 + 15 = 17이다.

다) 제곱평균

제곱합을 자유도를 나누면 제곱평균이 된다. 처리 제곱평균은 768/2 = 368이고 잔차 제곱평균은 35/15 = 2이다.

라) F비

검정통계량 F비(F_c)는 처리 제곱평균(MSB)을 잔차 제곱평균(MSW)으로 나눈 348/2 = 192이다.

마) P-값

P-값(p)은 F비($F_c = 192$)의 면적을 말한다. 따라서 $p < \alpha$이면 H_0를 기각하고 H_1을 채택한다. 여기서는 P-값$(p) = 0.0000 < \alpha = 0.05$이므로 H_0를 기각하고 H_1을 채택한다.

바) F 기각치

임계치를 나타내는 F 기각치(F)는 $\alpha = 0.05$에 해당하는 F값을 말한다. 따라서 F비(F_c)>F 기각치(F)이면 H_0를 기각하고 H_1을 채택한다. 여기서는 F비 $(F_c) = 192 >$ F 기각치$(F) = 3.68$이므로 H_0를 기각하고 H_1을 채택한다.

〈재료에 따른 생산량 차이 검정〉

• 가설

$H_0 : \mu_1 = \mu_2 = \mu_3$(3가지 재료의 평균 생산량은 같다)

H_1 : 3가지 재료의 평균 생산량이 모두 같지는 않다(적어도 하나의 평균은 다르다)

• 결론

$F_c(F\text{비}) > F(F$ 기각치) 또는 P-값$(p) < \alpha$이면 H_0를 기각하고 H_1을 채택한다. 대구공장의 결과는 $F_c = 192 > F = 3.68$ 또는 $p = 0.0000 < \alpha = 0.05$이므로 H_0를 기각한다.

같은 방법으로 부산공장의 일원분산분석의 결과를 다음과 같이 얻을 수 있다.

T	U	V	W	X	Y	Z
분산 분석: 일원 배치법						
요약표						
인자의 수준	관측수	합	평균	분산		
재료 A	6	120	20	2		
재료 B	6	126	21	2		
재료 C	6	132	22	2		
분산 분석						
변동의 요인	제곱합	자유도	제곱 평균	F 비	P-값	F 기각치
처리	12	2	6	3	0.08018	3.68232
잔차	30	15	2			
계	42	17				

부산공장의 경우는 결과가 다음과 같아 H_0를 기각하지 못한다.

$$F_c = 3 < F = 3.68 \text{ 또는 } p = 0.0802 > \alpha = 0.05$$

예제 10-2

<예제 10-1>의 자료를 $\alpha = 0.05$에서 엑셀로 검정하라.

풀이

① 다음과 같이 자료를 입력한다.

	A	B	C	D	E
1	회사1	2	3	4	
2	회사2	4	5	6	
3	회사3	3	4	2	3

② [데이터] ➡ [데이터 분석] ➡ [통계 데이터 분석] ➡ [분산 분석: 일원 배치법]을 지정한 후 [확인] 버튼을 누른다.

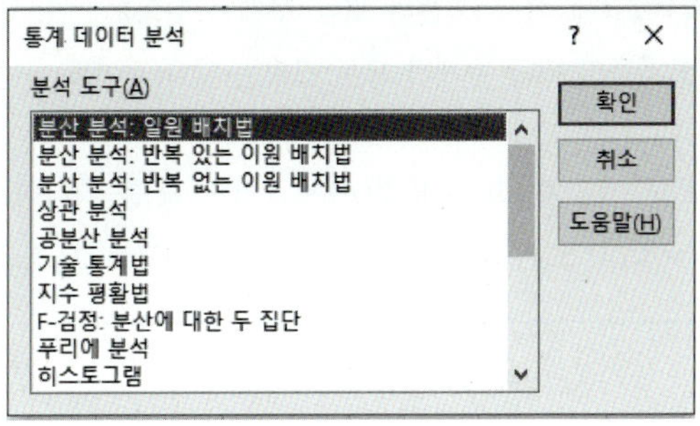

③ [입력범위] ➡ [데이터 방향] ➡ [첫째 행 이름표 사용] ➡ [유의수준] ➡ [출력범위]를 입력한 후 [확인] 버튼을 누른다.

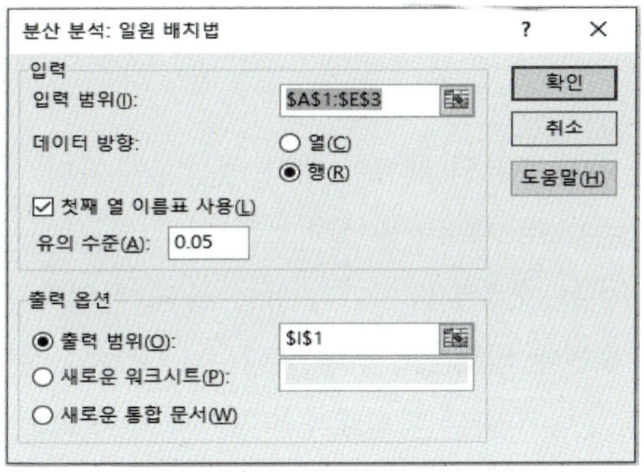

④ 이상의 과정을 마치면 일원분산분석의 결과가 다음과 같이 나타난다.

I	J	K	L	M	N	O
분산 분석: 일원 배치법						
요약표						
인자의 수준	관측수	합	평균	분산		
회사1	3	9	3	1		
회사2	3	15	5	1		
회사3	4	12	3	0.66667		
분산 분석						
변동의 요인	제곱합	자유도	제곱 평균	F 비	P-값	F 기각치
처리	8.4	2	4.2	4.9	0.04669	4.73741
잔차	6	7	0.85714			
계	14.4	9				

⑤ 결과를 해석하면 다음과 같다.

- 가설

  $H_0 : \mu_1 = \mu_2 = \mu_3$(세 회사 제품의 평균 무게는 같다)

  H_1 : 세 회사 제품의 평균 무게가 모두 같지는 않다(적어도 하나의 평균은 다르다)

- 결론

  $F_c(F\text{비}) > F(F$ 기각치) 또는 P-값$(p) < \alpha$이면 H_0를 기각하고 H_1을 채택한다.

  $F_c = 4.9 > F = 4.74$ 또는 $p = 0.0470 < \alpha = 0.05$이므로 H_0를 기각한다.

3. 이원분산분석

이원분산분석의 개념

앞 절에서는 세 가지 종류의 재료에 따른 생산량의 차이 즉, 생산량에 영향을 미치는 요인(독립변수)으로 재료만을 살펴보는 일원분산분석에 대해 살펴보았다. 그러나 생산량의 차이는 재료뿐만 아니라 예를 들면, 작업자의 성별이나 경력 또는 나이 등과 같은 요인에 의해서도 영향을 받는다. 재료와 성별에 따른 생산량의 차이 혹은 과목과 교수법에 따른 학습효과의 차이와 같이 2개 요인에 의한 종속변수의 변동을 분석하는 것을 **이원분산분석**(two-factor ANOVA)이라 한다. 한편 성별, 경력, 나이 등과 같은 3개 이상의 요인에 의한 생산량의 변동을 살펴보는 것을 **다원분산분석**(multi-factor ANOVA)이라 한다.

이원분산분석의 분류는 [그림 10－11]과 같다. 2개의 요인 중 하나의 요인에만 관심이 있고 다른 요인은 분산을 줄이기 위해 **블럭요인**(통제변수)으로 사용하는 경우에 각 집단에 관측치가 1개만을 가지는 이원분산분석모형을 **무작위블록모형**(randomized block design: RBD)이라 한다. 여기서 관심을 가지는 요인을 **실험요인**이라 하고 분산을 줄이기 위해 사용된 요인을 블록요인이라 한다. 블럭요인은 종속변수에 영향을 미친다고 인정되지만 단지 실험단위를 집단화하여 잔차(집단내) 분산을 줄이기 위해 사용되는 변수이다. 따라서 무작위블럭모형은 실험요인이 종속변수에 영향을 미치는지를 보다 분명하게 규명할 수 있다. 이러한 무작위블럭모형은 이원분산분석과 계산과정은 같지만 해석은 일원분산분석과 유사하다. 즉,

[그림 10-11] ▌이원분산분석의 분류

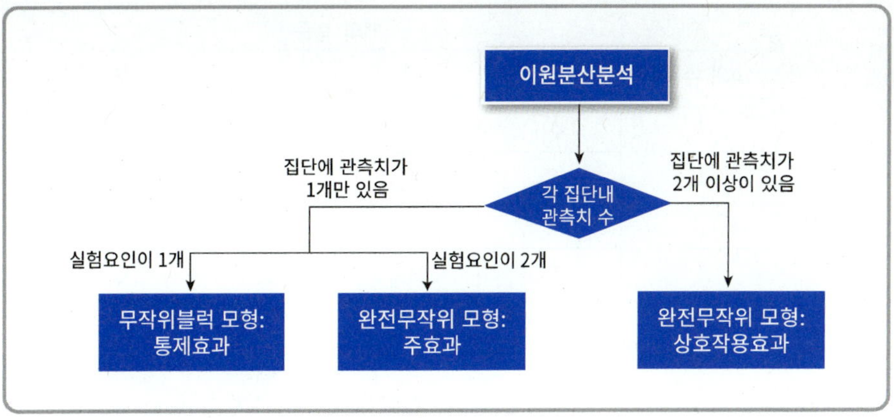

실험요인의 가설김정은 관심의 대상이지만 블록요인의 가설검정은 관심의 대상은 아니다.

반면 **완전무작위모형**(completely randomized design: CRD)은 2개 요인 모두 종속변수에 미치는 주효과나 상호작용효과를 분석하고자 할 때 사용한다. **주효과**는 2개 요인 각각이 종속변수에 미치는 영향을 말하며 **상호작용효과**는 2개 요인이 동시에 작용하여 종속변수에 미치는 영향을 이른다. 이러한 이원분산분석은 반복이 없는 경우와 있는 경우로 구분한다.

반복 없는 경우는 두 요인에 의하여 구분되는 각 집단에 관측치가 오직 1개씩만 있지만 반복 있는 경우는 2개 이상의 관측치가 있는 집단이 있어야 한다. 여기서 관측치 수가 2개 이상인 집단이 적어도 1개 이상이면 되지만 관측치 수가 2개 이상인 집단이 적을수록 유의한 상호작용효과를 기대하기는 어렵다. 빈복 없는 경우는 두 요인의 주효과만을 분석하지만 반복 있는 경우는 두 요인의 주효과와 상호작용효과를 동시에 분석할 수 있다.

이원분산분석: 주효과

1) 주효과의 개념

r개의 집단(행)을 가진 요인 A와 c개의 집단(열)을 가진 요인 B가 종속변수 Y에 영향을 미친다고 가정하면 이들의 자료 구조는 <표 10-4>와 같이 r개의 행과 c개의 열을 가진다.

〈표 10-4〉 이원분산분석 : 주효과

	B의 수준				
A의 수준	B_1	B_2	.....	B_c	행 평균
A_1	X_{11}	X_{12}	.....	X_{1c}	$\overline{X}_{1.}$
A_2	X_{21}	X_{22}	.....	X_{2c}	$\overline{X}_{2.}$
⋮	⋮	⋮	⋮	⋮	⋮
A_r	X_{r1}	X_{r2}	.....	X_{rc}	$\overline{X}_{r.}$
열 평균	$\overline{X}_{.1}$	$\overline{X}_{.2}$	.....	$\overline{X}_{.c}$	$\overline{\overline{X}}$

각 집단에 종속변수의 관측치가 1개만 존재하면 이를 주효과만을 살펴보는 반복 없는 이원분산분석 모형이라 한다. 예를 들어, 3가지 종류의 기계(A_1, A_2, A_3)와 성별(B_1, B_2)에 따른 생산량의 차이를 분석하는 경우 기계종류는 3가지 집단으로 구분되고 성별은 남녀라는 2가지 집단으로 구분되므로 3×2=6가지의 실험을 하여야 한다. 각 집단에는 1개의 관측치가 있고 두 요인 간에는 상호작용은 없다고 가정한 이원분산분석의 선형모형은 다음과 같다.

$$X_{ik} = \mu + A_j + B_k + \varepsilon_{jk}$$

여기서 X_{jk} = j행과 k열에 있는 관측치
μ = 모든 집단에 대한 전체평균
A_j = 요인 A의 효과($j=1,2,.....,r$)
B_k = 요인 B의 효과($k=1,2,.....,c$)
ε_{jk} = 무작위 오차

2) 주효과의 검정

주효과를 분석하는 반복 없는 이원분산분석의 가설검정절차는 [그림 10-12]와 같다.

① 가설

반복 없는 이원분산분석에서 검정하고자 하는 가설은 다음과 같다.

• 요인 A

$H_0 : A_1 = A_2 = ... = A_r$(각 행의 평균은 같다)

[그림 10-12] **이원분산분석: 주효과의 가설검정절차**

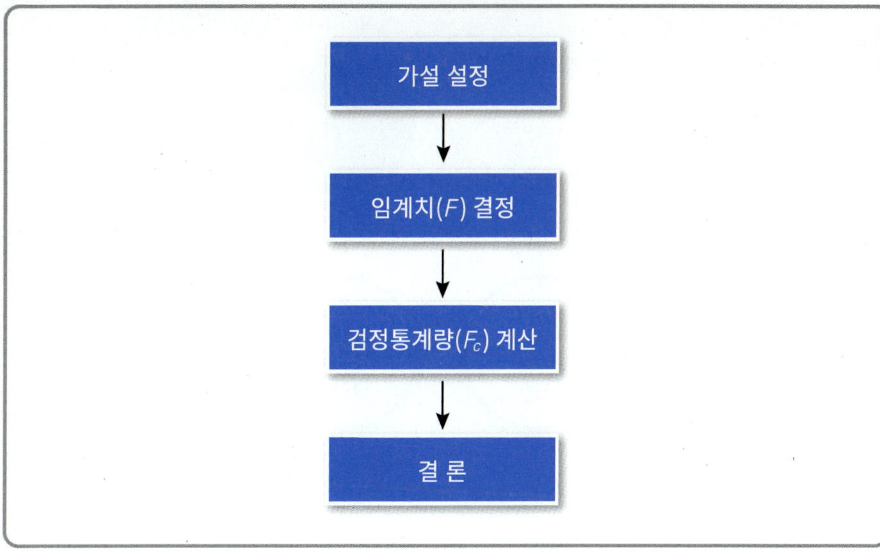

H_1 : 적어도 하나는 나머지와 같지 않다(각 행의 평균이 모두 같지는 않다)

- 요인 B

  $H_0 : B_1 = B_2 = ... = B_c$(각 열의 평균은 같다)

  H_1 : 적어도 하나는 나머지와 같지 않다(각 열의 평균이 모두 같지는 않다)

② 임계치

F-검정은 요인에 따라 서로 다른 임계치를 요구한다. 분자의 자유도는 요인수준에 따라 다르지만 분모의 사유도는 같다.

- 요인 A : $df_1 = r-1,\ df_2 = (r-1)(c-1) \sim F_{(r-1),(r-1)(c-1)}$
- 요인 B: $df_1 = c-1,\ df_2 = (r-1)(c-1) \sim F_{(c-1),(r-1)(c-1)}$

③ 검정통계량

이원분산분석에서도 일원분산분석과 유사하게 총 제곱합(sum of squares total : SST)은 요인 A 제곱합(sum of squares between factor A: SSA), 요인 B 제곱합(sum of squares between factor B: SSB), 잔차 제곱합(sum of squares error: SSE)을 모두 합한 즉, $SST = SSA + SSB + SSE$로 [그림 10-13]과 같다.

[그림 10-13] ▎이원분산분석에서 총제곱합의 분해

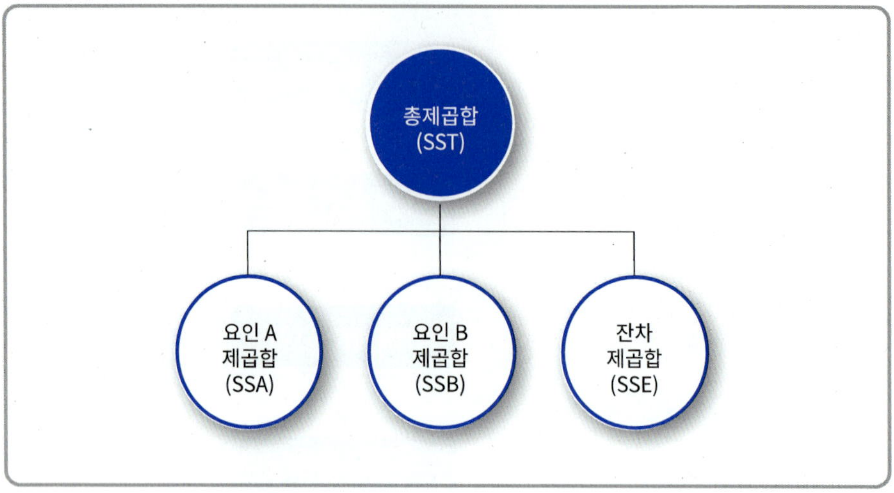

각 제곱합을 구하는 식은 다음과 같다.

$$SSA = c\sum_{j=1}^{r}(\overline{X}_{j.} - \overline{\overline{X}})^2$$

$$SSB = r\sum_{k=1}^{c}(\overline{X}_{.k} - \overline{\overline{X}})^2$$

$$SSE = \sum_{j=1}^{r}\sum_{k=1}^{c}(X_{jk} - \overline{X}_{j.} - \overline{X}_{.k} + \overline{\overline{X}})^2$$

$$SST = \sum_{j=1}^{c}\sum_{k=1}^{r}(X_{jk} - \overline{\overline{X}})^2$$

여기서 r = 요인 A의 집단 수 　　$\overline{X}_{j.}$ = 요인 A의 집단 j 평균

c = 요인 B의 집단 수 　　$\overline{X}_{.k}$ = 요인 B의 집단 k 평균

$rc = T$ = 전체 관측치 수 　　$\overline{\overline{X}}$ = 전체 평균

앞의 제곱합을 각각의 자유도로 나누어 주면 다음과 같이 요인 A의 제곱평균(MSA), 요인 B의 제곱평균(MSB), 잔차의 제곱평균(MSE)을 구할 수 있다.

$$MSA = SSA \ / \ r-1$$

$$MSB = SSB \ / \ c-1$$

$$MSE = SSE \ / \ (r-1)(c-1)$$

〈표 10-5〉 반복 없는 이원분산분석표

변동원인	제곱합	자유도	제곱평균	F_c
요인 A	$SSA = c\sum_{j=1}^{r}(\overline{X}_{j.} - \overline{\overline{X}})^2$	$r-1$	$MSA = \frac{SSA}{r-1}$	$F_A = \frac{MSA}{MSE}$
요인 B	$SSB = r\sum_{k=1}^{c}(\overline{X}_{.k} - \overline{\overline{X}})^2$	$c-1$	$MSB = \frac{SSB}{c-1}$	$F_B = \frac{MSB}{MSE}$
잔차	$SSE = \sum_{j=1}^{r}\sum_{k=1}^{c}(X_{jk} - \overline{X}_{j.} - \overline{X}_{.k} + \overline{\overline{X}})^2$	$(r-1)(c-1)$	$MSE = \frac{SSE}{(r-1)(c-1)}$	
합계	$SST = \sum_{j=1}^{c}\sum_{k=1}^{r}(X_{jk} - \overline{\overline{X}})^2$	$rc-1$		

지금까지의 내용을 가지고 분산분석표를 작성하면 <표 10-5>와 같다. 요인에 의해 설명되지 않는 변동을 측정하는 SSE가 매우 큰 값을 가지면 요인의 효과가 없다는 H_0를 기각할 수 없다. 하지만 SSE가 매우 작은 값을 가지면 요인 중 적어도 1개는 Y를 예측하는 데 유용한 요인임을 의미하므로 H_0를 기각할 수 있다. H_0를 기각하지 못하는 경우 SSA나 SSB 또는 둘 다 상대적으로 작은 값을 가질 것으로 예상할 수 있다. 반대로 H_0를 기각하는 경우 SSA나 SSB 또는 둘 다 상대적으로 큰 값을 가질 것으로 예상할 수 있다.

④ 결론

다음 [그림 10-14]와 같이 $F_c > F$이면 H_0를 기각하고 H_1을 채택한다.

[그림 10-14] ▎반복 없는 이원분산분석의 H_0 기각기준

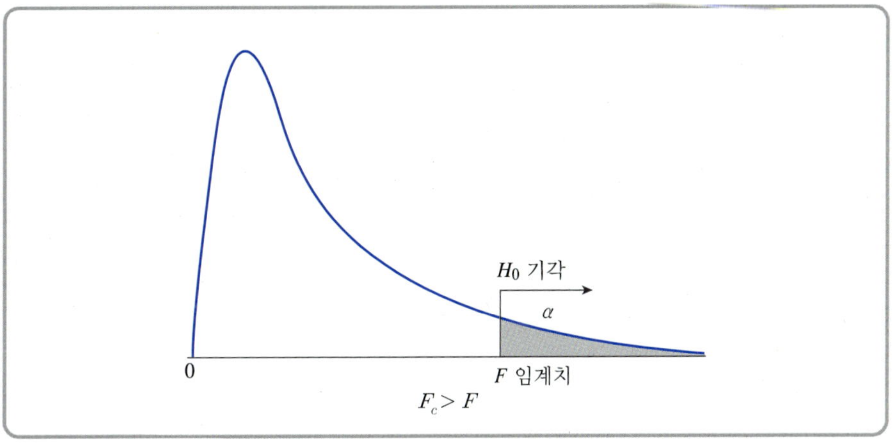

예제 10-3

자동차의 종류(B1, B2, B3)와 성별(A1, A2)에 따른 제동거리를 알아보기 위해 반복 없는 이원분산분석모형을 실험하였다. 실험은 6회 완전무작위설계하여 실시한 후 다음과 같은 자료를 얻었다.

		자동차			
		B1	B2	B3	평균
성별	A1	10	15	26	17
	A2	6	9	18	11
	평균	8	12	22	14

이 자료로부터 다음의 두 가지 주효과에 대해 유의수준 $\alpha=0.05$에서 검정하라.

(1) 성별에 따라 제동거리에 차이가 있다고 할 수 있는가?

(2) 자동차의 종류에 따라 제동거리에 차이가 있다고 할 수 있는가?

풀이

제곱합을 계산하면 다음과 같다.

$$SST=\sum_{j=1}^{c}\sum_{k=1}^{r}(X_{jk}-\overline{\overline{X}})^2$$
$$=(10-14)^2+(15-14)^2+(26-14)^2+(6-14)^2+(9-14)^2+(18-14)^2$$
$$=266$$

$$SSA=c\sum_{j=1}^{r}(\overline{X}_{j.}-\overline{\overline{X}})^2$$
$$=3(17-14)^2+3(11-14)^2=54$$

$$SSB=r\sum_{k=1}^{c}(\overline{X}_{.k}-\overline{\overline{X}})^2$$
$$=2(8-14)^2+2(12-14)^2+2(22-14)^2=208$$

$$SSE=\sum_{j=1}^{r}\sum_{k=1}^{c}(X_{jk}-\overline{X}_{j.}-\overline{X}_{.k}+\overline{\overline{X}})^2$$
$$=(10-17-8+14)^2+(15-17-12+14)^2+(26-17-22+14)^2+(6-11-8+14)^2+(9-11-12+14)^2+(18-11-22+14)^2=4$$

제곱합을 각각의 자유도로 나누면 다음과 같은 제곱평균을 얻을 수 있다.

$$MSA=\frac{SSA}{r-1}=\frac{54}{1}=54$$

$$MSB = \frac{SSB}{c-1} = \frac{208}{2} = 104$$

$$MSE = \frac{SSE}{(r-1)(c-1)} = \frac{4}{(2-1)(3-1)} = 2$$

요인들의 F_c는 다음과 같다.

$$F_A = \frac{MSA}{MSE} = \frac{54}{2} = 27$$

$$F_B = \frac{MSB}{MSE} = \frac{104}{2} = 52$$

이상의 내용을 정리하여 분산분석표를 작성하면 다음과 같다.

변동원인	제곱합	자유도	제곱평균	F_c
요인 A	54	1	54	27
요인 B	208	2	104	52
잔차	4	2	2	
합계	266	5		

〈성별에 따른 제동거리의 차이검정〉

① 가설

H_0 : 성별에 따라 제동거리는 차이가 없다

H_1 : 성별에 따라 제동거리는 차이가 있다

② 임계치

$F_{0.05,2-1,(2-1)(3-1)} = 18.51$

③ 검정통계량

$$F_c = \frac{MSA}{MSE} = \frac{54}{2} = 27$$

④ 결론

$F_c > F$이면 H_0를 기각하고 H_1을 채택한다. $F_c = 27 > F = 18.51$이므로 귀무가설을 기각하고 대립가설을 채택한다. 따라서 성별에 따라 제동거리는 차이가 있다.

〈자동차 종류에 따른 제동거리의 차이검정〉

① 가설

H_0 : 자동차 종류에 따라 제동거리는 차이가 없다

H_1 : 자동차 종류에 따라 제동거리는 차이가 있다

② 임계치

$$F_{0.05,\,3-1,\,(2-1)(3-1)} = 19.00$$

③ 검정통계량

$$F_c = \frac{MSB}{MSE} = \frac{104}{2} = 52$$

④ 결론

$F_c > F$이면 H_0를 기각하고 H_1을 채택한다. $F_c = 52 > F = 19.00$이므로 귀무가설을 기각하고 대립가설을 채택한다. 따라서 자동차 종류에 따라 제동거리는 차이가 있다.

3) 엑셀 활용 주효과의 검정

<예제 10-3>을 엑셀을 활용하여 검정하는 방법에 대해 살펴보기로 한다.

① 다음과 같이 자료를 입력한다.

	A	B	C	D	E
1			자동차		
2			B1	B2	B3
3	성별	A1	10	15	26
4		A2	6	9	18

② [데이터] ➡ [데이터 분석]을 클릭하면 다음과 같은 [통계 데이터 분석 창]이 나타난다. 여기서 [분산분석: 반복 없는 이원 배치법]을 선택한 후 [확인] 버튼을 누른다.

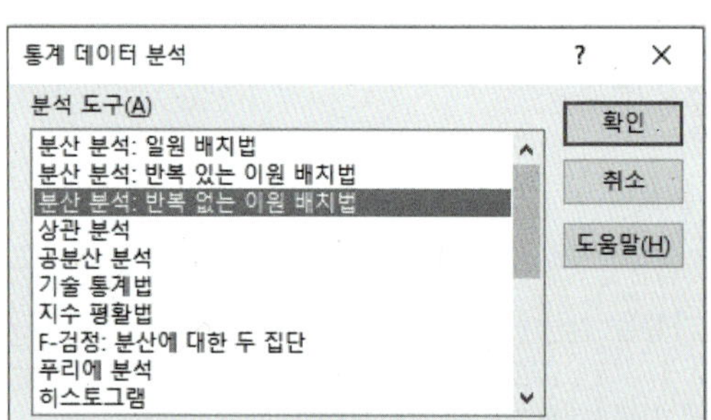

③ [분산 분석: 반복 없는 이원 배치법] 대화상자가 나오면 [입력범위]로 B2:E4를 입력하고, [이름표]를 체크한 후 유의수준은 0.05로 지정하고 [출력범위]를 G1로 지정한 다음 [확인] 버튼을 누른다.

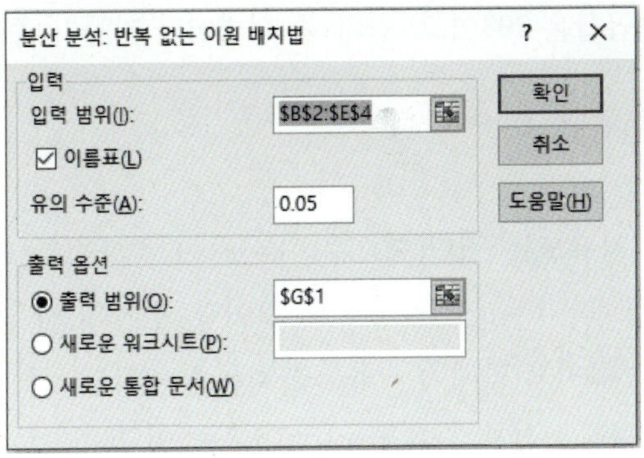

④ 이상의 과정을 마치면 반복 없는 이원분산분석의 결과가 다음과 같이 나타난다.

분산 분석: 반복 없는 이원 배치법

요약표	관측수	합	평균	분산
A1	3	51	17	67
A2	3	33	11	39
B1	2	16	8	8
B2	2	24	12	18
B3	2	44	22	32

분산 분석

변동의 요인	제곱합	자유도	제곱 평균	F 비	P-값	F 기각치
인자 A(행)	54	1	54	27	0.03510	18.51282
인자 B(열)	208	2	104	52	0.01887	19
잔차	4	2	2			
계	266	5				

⑤ 결과의 해석은 다음과 같다.

[분산분석표]

가) 제곱합

총 제곱합 266은 운전자의 성별이나 자동차의 종류에 따라 제동거리가 다름으로 인해 발생하는 편차의 제곱합이다. 이러한 총 제곱합이 성별이나 자동차 종류에 의해 설명되는지 아니면 다른 요인으로 설명되는지를 판단하여야 한다. 인자 A(행) 즉 성별에 의해 설명되는 제곱합은 54이고, 인자 B(열) 즉 자동차의 종류에 의해 설명되는 제곱합은 208이고, 잔차 즉 성별이나 자동차 종류로 설명되지 않는 제곱합은 4이다.

나) 자유도

인자 A(행)의 자유도는 집단(행) 수 $-1 = r-1 = 2-1 = 1$이고 인자 B(열)의 자유도는 집단(열) 수 $-1 = c-1 = 3-1 = 2$이다. 잔차의 자유도는 $(r-1)(c-1) = (2-1)(3-1) = 2$이고 합계의 자유도는 $rc-1 = 2\times3-1 = 5$ 또는 인자 A 자유도 + 인자 B 자유도 + 잔차 자유도 $= 1+2+2 = 5$이다.

다) 제곱평균

제곱합을 자유도를 나누면 제곱평균이 된다. 인자 A(행)의 제곱평균은 $54/1 = 54$이고, 인자 B(열)의 제곱평균은 $208/2 = 104$이며, 잔차의 제곱평균은 $4/2 = 2$이다.

라) F비

인자 A(행)의 검정통계량 F비(F_c)는 인자 A의 제곱평균을 잔차의 제곱평균으로 나눈 $54/2 = 27$이다. 인자 B(열)의 검정통계량 F비(F_c)는 인자 B의 제곱평균을 잔차의 제곱평균으로 나눈 $104/2 = 52$이다.

마) P-값

인자 A(행)의 P-값(p)은 F비($F_c = 27$)의 면적을 말한다. $p < \alpha$이면 H_0를 기각하고 H_1을 채택한다. 여기서는 P-값$(p) = 0.035 < \alpha = 0.05$이므로 H_0를 기각하고 H_1을 채택한다. 인자 B(열)의 P-값(p)은 F비($F_c = 52$)의 면적을 말한다. P-값$(p) = 0.019 < \alpha = 0.05$이므로 H_0를 기각하고 H_1을 채택한다.

바) F 기각치

인자 A(행)의 F 기각치(F)는 $\alpha = 0.05$에 해당하는 F값 즉 임계치를 말한다. F비(F_c) > F 기각치(F)이면 H_0를 기각하고 H_1을 채택한다. 여기서는 F비$(F_c) = 27 >$ F 기각치$(F) = 18.51$이므로 H_0를 기각하고 H_1을 채택한다. 인자 B(열)의 F 기각치(F)는 $\alpha = 0.05$에 해당하는 F값 즉 임계치를 말한다. F비$(F_c) = 54 >$ F 기각치$(F) = 19$이므로 H_0를 기각하고 H_1을 채택한다.

〈성별에 따른 생산량의 차이검정〉

• 가설

H_0 : 남녀 간에 제동거리는 차이가 없다

H_1 : 남녀 간에 제동거리는 차이가 있다

• 결론

$F_c > F$ 또는 $p < \alpha$이면 H_0를 기각하고 H_1을 채택한다. $F_c = 27 > F = 18.51$이고 $p = 0.0351 < \alpha = 0.05$이므로 귀무가설을 기각하고 대립가설을 채택한다. 따라서 성별에 따라 제동거리는 차이가 있다.

〈자동차 종류에 따른 제동거리의 차이검정〉

• 가설

H_0 : 자동차 종류에 따라 제동거리는 차이가 없다

H_1 : 자동차 종류에 따라 제동거리는 차이가 있다

• 결론

$F_c > F$ 또는 $p < \alpha$이면 H_0를 기각하고 H_1을 채택한다. $F_c = 52 > F = 19$이고 $p = 0.0189 < \alpha = 0.05$이므로 귀무가설을 기각하고 대립가설을 채택한다. 따라서 자동차의 종류에 따라 제동거리는 차이가 있다.

이원분산분석: 통제효과

기계의 종류에 따른 생산량 차이에 대한 무작위블럭설계를 적용해 보기로 한다. <표 10-6>은 3가지 종류의 기계에 따른 생산량을 보여주고 있다.

〈표 10-6〉 기계에 따른 생산량

작업자	기계 A	기계 B	기계 C
1	21	20	21
2	19	20	18
3	18	22	24
4	15	21	26
5	16	19	20
6	21	20	18
평균	18.3333	20.3333	21.6667

기계 종류에 따라 생산량에 차이가 있는지를 엑셀로 검정한 일원분산분석의 결과는 다음과 같다.

F	G	H	I	J	K	L
분산 분석: 일원 배치법						
요약표						
인자의 수준	관측수	합	평균	분산		
기계 A	6	110	18.33333	6.26667		
기계 B	6	122	20.33333	1.06667		
기계 C	6	127	21.16667	10.56667		
분산 분석						
변동의 요인	제곱합	자유도	제곱 평균	F 비	P-값	F 기각치
처리	25.44444	2	12.72222	2.13222	0.15311	3.68232
잔차	89.5	15	5.96667			
계	114.9444	17				

$F_c = 2.1322 < F = 3.68$이고 $p = 0.1531 > \alpha = 0.05$이므로 귀무가설을 기각하지 않는다. 따라서 $\alpha = 0.05$에서 기계 종류에 따른 생산량의 차이는 없다고 할 수 있다. 하지만 작업자의 근무기간에 따라 생산량은 차이가 있을 것으로 보고, <표 10-6>의 기계 종류에 따른 18번의 생산량을 다음과 같이 근무기간에 따라 6개 집단으로 구분하였다.

블록 1 : 근무기간 5년 이하
블록 2 : 근무기간 6-10년
블록 3 : 근무기간 11-15년
블록 4 : 근무기간 16-20년
블록 5 : 근무기간 21-25년
블록 6 : 근무기간 26 이상

여기서 근무기간은 블록역할을 하는데 근무기간에 따라 생산량이 다르다는 가정하에 일원분산분석에서의 잔차(집단 내)의 분산을 줄이기 위해 사용된다. 여기서 관심의 대상은 일원분산분석과 같이 기계별 생산량 차이를 검정하는 것이다. 각 블록에는 근무기간이 비슷한 3명의 작업자를 할당하여 <표 10-6>의 생산량을 재배치하면 <표 10-7>과 같다.

〈표 10-7〉 기계와 근무기간에 따른 생산량

근무기간	기계 A	기계 B	기계 C
5년 이하	16	20	18
6-10년	15	19	18
11-15년	18	20	20
16-20년	19	20	21
21-25년	21	21	26
26 이상	21	22	24
평균	18.3333	20.3333	21.6667

무작위블럭설계를 이용한 이원분산분석에서 검정하고자 하는 가설은 일원분산분석과 같이 3가지 기계에 따라 평균 생산량에 차이가 있는지의 여부이다. 엑셀을 활용한 검정방법은 다음과 같다.

① 다음과 같이 자료를 입력한다.

	A	B	C	D
1	근무기간	기계 A	기계 B	기계 C
2	5년 이하	16	20	18
3	6-10년	15	19	18
4	11-15년	18	20	20
5	16-20년	19	20	21
6	21-25년	21	21	26
7	26 이상	21	22	24

② [데이터] ➡ [데이터 분석] ➡ [통계 데이터 분석] ➡ [분산분석: 반복 없는 이원 배치법]을 지정한 후 [확인] 버튼을 누른다.

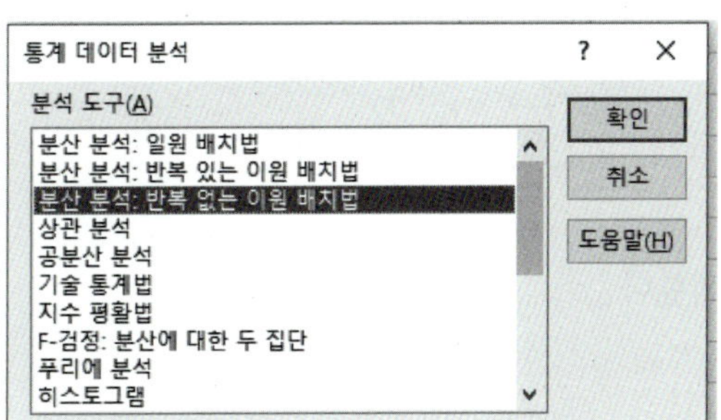

③ [입력범위] ➡ [이름표] ➡ [유의수준] ➡ [출력범위]를 입력한 후 [확인] 버

튼을 누른다.

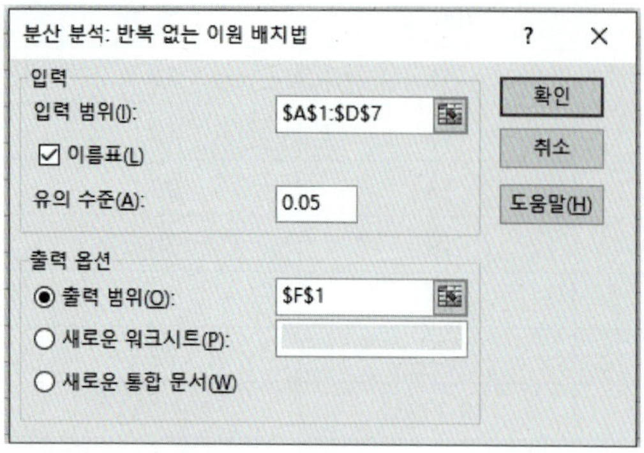

④ 이상의 과정을 마치면 결과가 다음과 같이 나타난다.

F	G	H	I	J	K	L
분산 분석: 반복 없는 이원 배치법						
요약표	관측수	합	평균	분산		
5년 이하	3	54	18	4		
6-10년	3	52	17.33333	4.33333		
11-15년	3	58	19.33333	1.33333		
16-20년	3	60	20.00000	1.00000		
21-25년	3	68	22.66667	8.33333		
26 이상	3	67	22.33333	2.33333		
기계 A	6	110	18.33333	6.26667		
기계 B	6	122	20.33333	1.06667		
기계 C	6	127	21.16667	10.56667		
분산 분석						
변동의 요인	제곱합	자유도	제곱 평균	F 비	P-값	F 기각치
인자 A(행)	72.27778	5	14.45556	8.39355	0.00238	3.32583
인자 B(열)	25.44444	2	12.72222	7.38710	0.01072	4.10282
잔차	17.22222	10	1.72222			
계	114.94444	17				

⑤ 결과를 해석한다.

가) 제곱합

총 제곱합 114.9444는 작업자의 근무기간과 기계 종류에 따라 생산량이 다름으로 인해 발생하는 편차의 제곱합이다. 이러한 총 제곱합이 근무기간이나 기계 종류에 의해 설명되는지 아니면 다른 요인으로 설명되는지를 판단하여야 한다. 인자 A(행) 즉 근무기간에 의해 설명되는 제곱합은 72.2778이고, 인자 B(열) 즉 기계 종류에 의해 설명되는 제곱합은 25.4444이고, 잔차 즉 근무기간이나 기계 종류로는 설명되지 않는 제곱합은 17.2222이다.

나) 자유도

인자 A(행)의 자유도는 집단(행) 수 − 1 = $r-1=6-1=5$이고 인자 B(열)의 자유도는 집단(열) 수 − 1 = $c-1=3-1=2$이다. 잔차의 자유도는 $(r-1)(c-1)=(6-1)(3-1)=10$이고 합계의 자유도는 $rc-1=6\times3-1=17$ 또는 인자 A 자유도 + 인자 B 자유도 + 잔차 자유도 = $5+2+10=17$이다.

다) 제곱평균

제곱합을 자유도를 나누면 제곱평균이 된다. 인자 A(행)의 제곱평균은 $72.2778/5=14.4556$이고, 인자 B(열)의 제곱평균은 $25.4444/2=12.7222$이며, 잔차의 제곱평균은 $17.2222/10=1.7222$이다.

라) F비

인자 A(행)의 검정통계량 F비(F_c)는 인자 A의 제곱평균을 잔차의 제곱평균으로 나눈 $14.4556/1.7222=8.3936$이다. 인자 B(열)의 검정통계량 F비(F_c)는 인자 B의 제곱평균을 잔차의 제곱평균으로 나눈 $12.7222/1.7222=7.3871$이다.

마) P-값

인자 A(행)의 P-값(p)은 F비($F_c=8.3936$)의 면적을 말한다. $p<\alpha$이면 H_0를 기각하고 H_1을 채택한다. 여기서는 P-값(p) $=0.0024<\alpha=0.05$이므로 H_0를 기각하고 H_1을 채택한다. 인자 B(열)의 P-값(p)은 F비($F_c=7.3871$)의 면적을 말한다. P-값(p) $=0.0107<\alpha=0.05$이므로 H_0를 기각하고 H_1을 채택한다.

바) F 기각치

인자 A(행)의 F 기각치(F)는 $\alpha=0.05$에 해당하는 F값 즉 임계치를 말한다. F비(F_c) > F 기각치(F)이면 H_0를 기각하고 H_1을 채택한다. 여기서는 F비(F_c)= 8.3936 > F 기각치(F)= 3.33이므로 H_0를 기각하고 H_1을 채택한다. 인자 B(열)의 F 기각치(F)는 $\alpha=0.05$에 해당하는 F값 즉 임계치를 말한다. F비(F_c) = 7.3871 > F

기각치(F)= 4.10이므로 H_0를 기각하고 H_1을 채택한다.

〈기계 종류에 따른 생산량 차이 검정〉

- 가설

  H_0 : 기계 종류에 따라 생산량의 차이는 없다

  H_1 : 기계 종류에 따라 생산량의 차이는 있다

- 결론

F비(F_c) = 7.3871 > F 기각치(F)= 4.10이고 P-값(p) = 0.0107 < α = 0.05이므로 H_0를 기각하고 H_1을 채택한다. 즉, 근무기간을 통제한다면 기계 종류에 따라 생산량의 차이는 있다고 할 수 있다.

예제 10-4

어느 병원에서 동일한 질병의 환자를 대상으로 약에 따라 체중에 차이가 있는지를 조사한 결과는 다음과 같다. 약에 따른 체중 차이에 대해 무작위블럭설계를 적용해 보기 위해 다음과 같이 나이에 따라 6개 집단으로 나누었다. 나이에 따라 체중이 다르다는 가정하에 잔차(집단 내) 분산을 줄이기 위해 나이는 블록역할을 하는데 사용된다.

일원분산분석				이원분산분석			
반복횟수	약 A	약 B	약 C	나이	약 A	약 B	약 C
1	50	58	62	20대	60	58	72
2	45	48	59	30대	54	64	62
3	54	58	53	40대	50	57	58
4	46	64	72	50대	45	58	59
5	45	45	56	60대	46	48	56
6	60	57	58	70대	45	45	53

(1) 약에 따라 체중 차이가 있는지를 α=0.05에서 일원분산분석으로 검정하라.

(2) 약에 따른 체중 차이에 대해 무작위블럭설계를 적용하여 α=0.05에서 이원분산분석으로 검정하라.

풀이

(1)

J	K	L	M	N	O	P
분산 분석: 일원 배치법						
요약표						
인자의 수준	관측수	합	평균	분산		
약 A	6	300	50	36.4		
약 B	6	330	55	50.4		
약 C	6	360	60	43.6		
분산 분석						
변동의 요인	제곱합	자유도	제곱 평균	F 비	P-값	F 기각치
처리	300	2	150	3.45092	0.05849	3.68232
잔차	652	15	43.46667			
계	952	17				

• 가설

$H_0 : \mu_1 = \mu_2 = \mu_3$(3가지 약에 따른 평균 체중은 같다)

H_1 : 모든 평균이 같지는 않다(적어도 하나의 평균은 다르다)

• 결론

$F_c = 3.4509 < F = 3.68$이고 $p = 0.0585 > \alpha = 0.05$이므로 귀무가설을 채택한다. 즉, 약에 따라 체중의 차이는 없다고 할 수 있다.

(2)

R	S	T	U	V	W	X
분산 분석: 반복 없는 이원 배치법						
요약표	관측수	합	평균	분산		
20대	3	190	63.33333	57.33333		
30대	3	180	60	28		
40대	3	165	55	19		
50대	3	162	54	61		
60대	3	150	50	28		
70대	3	143	47.66667	21.33333		
약 A	6	300	50	36.4		
약 B	6	330	55	50.4		
약 C	6	360	60	43.6		
분산 분석						
변동의 요인	제곱합	자유도	제곱 평균	F 비	P-값	F 기각치
인자 A(행)	522.6667	5	104.5333	8.08247	0.00275	3.32583
인자 B(열)	300	2	150	11.59794	0.00248	4.10282
잔차	129.3333	10	12.93333			
계	952	17				

• 가설

H_0 : 약에 따라 체중의 차이는 없다

H_1 : 약에 따라 체중의 차이는 있다

• 결론

$F_c = 11.5979 > F = 4.10$이고 $p = 0.0025 < \alpha = 0.05$이므로 귀무가설을 기각한다. 즉, 나이를 통제한다면 약에 따라 체중은 차이는 있다고 할 수 있다.

이원분산분석: 상호작용효과

1) 상호작용효과의 개념

반복 있는 이원분산분석 중 두 개 요인에 의해 형성되는 각 집단에 두 개 이상의 동일한 관측치 수가 있는 경우만을 본 절에서 살펴보기로 한다. <표 10 - 8>과 같이 요인 A는 r개의 집단을 요인 B는 c개의 집단을 가지고 있다면 두 요인의 조합에 의한 집단 수인 $r \times c$에는 각각 m개의 독립적이며 반복적인 관찰치가 있게 된다.

〈표 10－8〉 반복 있는 이원분산분석의 자료구조

	요인 B				
요인 A	B_1	B_2		B_c	열 평균
A_1	xxx xxx xxx	xxx xxx xxx	....	xxx xxx xxx	$\bar{X}_{1.}$
A_2	xxx xxx xxx	xxx xxx xxx	....	xxx xxx xxx	$\bar{X}_{2.}$
⋮	⋮	⋮	⋮	⋮	⋮
A_r	xxx xxx xxx	xxx xxx xxx	....	xxx xxx xxx	$\bar{X}_{r.}$
행 평균	$\bar{X}_{.1}$	$\bar{X}_{.2}$	.....	$\bar{X}_{.c}$	$\bar{\bar{X}}$

반복을 통해 주효과뿐만 아니라 상호작용효과도 검정할 수 있다. 이를 선형모형으로 나타내면 다음과 같다.

$$Y_{ijk} = \mu + A_j + B_k + AB_{jk} + \varepsilon_{ijk}$$

여기서 Y_{ijk} = j행과 k열에 있는 관측치($i=1,2,.....,m$)
μ = 전체 평균
A_j = j행에 있는 요인 A의 효과($j=1,2,.....,r$)
B_k = k행에 있는 요인 B의 효과($k=1,2,.....,c$)
AB_{jk} = 요인 A와 요인 B의 상호작용효과
ε_{ijk} = 무작위 오차(평균이 0이고 분산이 집단 간에 같고 정규분포로 가정)

반복이 없는 경우와 유사하게 반복이 있는 이원분산분석에서도 총 제곱합(SST)은 요인 A 제곱합(SSA), 요인 B 제곱합(SSB), 상호작용 제곱합($SSAB$), 그리고 잔차 제곱합(SSE)을 모두 합한 다음과 같다.

$$SST = SSA + SSB + SSAB + SSE$$

반복 있는 경우의 이원분산분석표는 <표 10-9>와 같다.

〈표 10-9〉 반복 있는 이원분산분석표

변동원인	제곱합	자유도	제곱평균	F_c
요인 A	$SSA = cm\sum_{j=1}^{r}(\overline{X}_{j.} - \overline{\overline{X}})^2$	$r-1$	$MSA = \frac{SSA}{r-1}$	$F_A = \frac{MSA}{MSE}$
요인 B	$SSB = rm\sum_{k=1}^{c}(\overline{X}_{.k} - \overline{\overline{X}})^2$	$c-1$	$MSB = \frac{SSB}{c-1}$	$F_B = \frac{MSB}{MSE}$
상호작용 ($A \times B$)	$SSI = m\sum_{j=1}^{r}\sum_{k=1}^{c}(\overline{X}_{jk} - \overline{X}_{j.} - \overline{X}_{.k} + \overline{\overline{X}})^2$	$(r-1)(c-1)$	$MSI = \frac{SSI}{(r-1)(c-1)}$	$F_I = \frac{MSI}{MSE}$
잔차	$SSE = \sum_{i=1}^{m}\sum_{j=1}^{r}\sum_{k=1}^{c}(X_{jk} + \overline{X}_{jk})^2$	$rc(m-1)$	$MSE = \frac{SSE}{rc(m-1)}$	
합계	$SST = \sum_{i=1}^{m}\sum_{j=1}^{r}\sum_{k=1}^{c}(X_{ijk} - \overline{\overline{X}})^2$	$rcm-1$		

두 요인 사이에 상호작용이 있는지의 여부를 알려면 각 집단의 평균을 그래프에 표시해 보면 된다. 과목(통계학, 회계학)과 교수법(교수법1, 교수법2)에 따라 학습효과에 차이가 있는지를 알아보기 위하여 각 집단의 평균을 연결한 꺾은선 그림

[그림 10 - 15] ▎상호작용효과의 유무

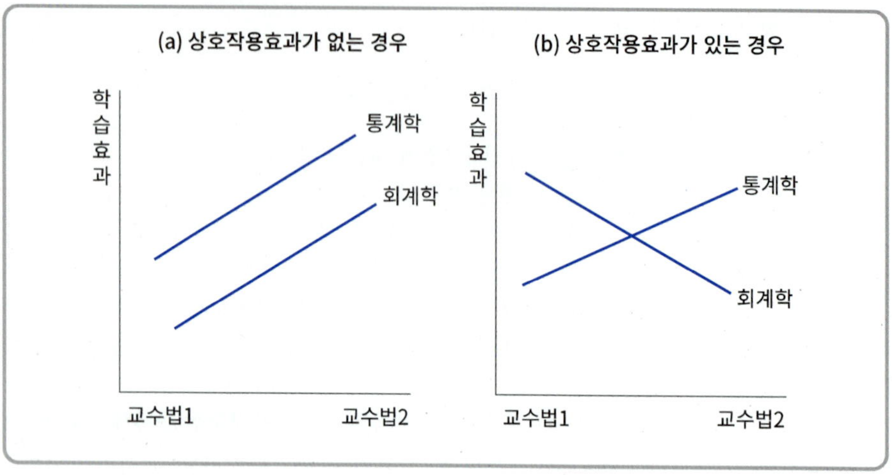

은 [그림 10 - 15]와 같다. [그림 10 - 15] (a)의 경우 각 집단의 평균을 연결한 꺾은선이 평행하여 과목과 교수법에 따라 일정하게 학습효과가 증가하므로 과목과 교수법 두 요인 사이에는 상호작용이 없다는 것을 의미한다. 반면 (b)의 경우에는 각 집단의 평균을 연결한 꺾은선이 교차하여 교수법1에서는 회계학의 학습효과가 크고 교수법2에서는 통계학의 학습효과가 크므로 과목과 교수법 두 요인 사이에는 상호작용효과가 존재한다는 것을 의미한다. 결론적으로 [그림 10 - 15] (a)의 상호작용효과가 없는 경우에는 각 집단의 평균을 연결한 꺾은선이 평행하고 반면에 (b)의 상호작용효과가 있는 경우에는 꺾은선이 교차를 한다.

[그림 10 - 16]은 상호작용효과의 다양한 유형을 보여주고 있다. 평행하는 경우에는 상호작용이 없고 평행에서 많이 벗어나거나 교차하는 경우에는 상호작용효과가 있다고 할 수 있다.

[그림 10-16] ❙ 상호작용의 형태

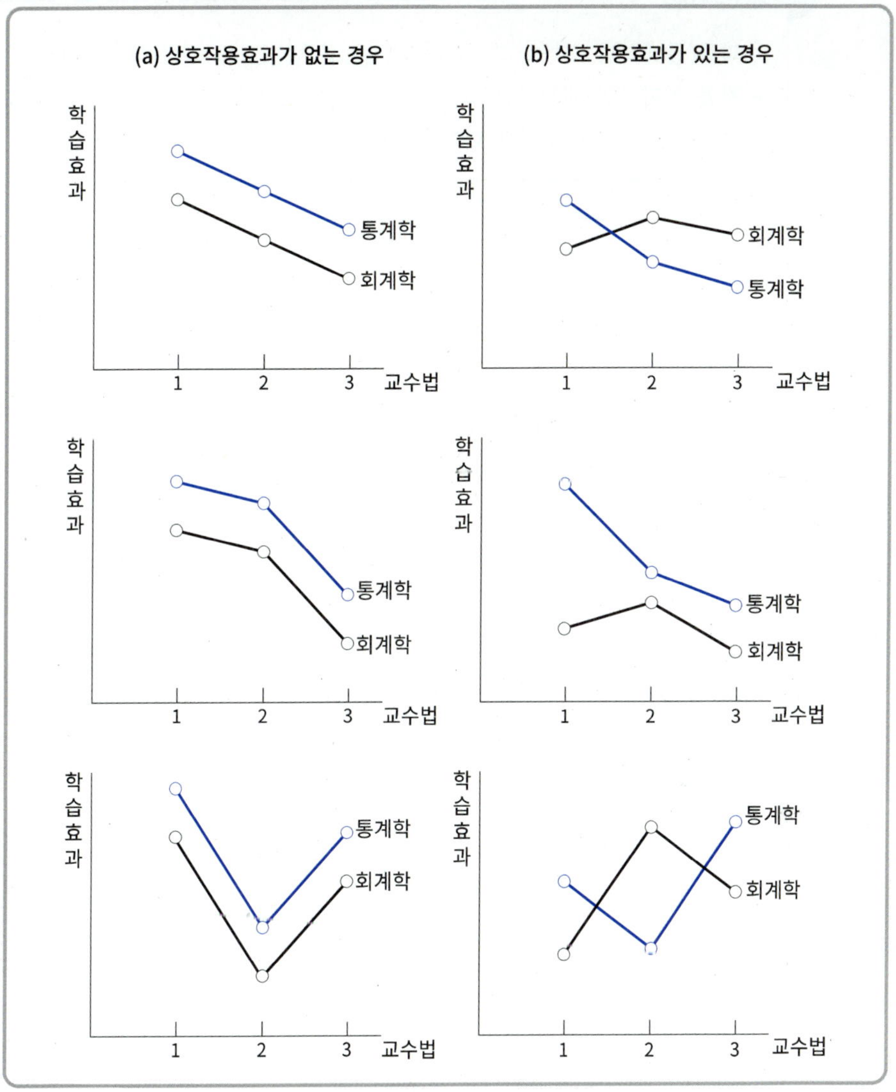

2) 상호작용효과의 검정

<예제 10-5>를 통해 주효과와 상호작용효과를 동시에 검정하는 방법에 대해 살펴보기로 한다.

예제 10-5

과목(통계학과 회계학)과 교수법(방법1과 방법2)에 따라 학습효과에 차이가 있는지를 알아보기 위하여 두 과목에서 무작위로 2명의 학생을 추출하여 조사한 결과를 가지고 $\alpha=0.05$에서 다음을 검정하라.

		교수법		
		B_1(방법1)	B_2(방법2)	
과목	A_1(통계학)	82	76	$\overline{X}_1=80.5$
		78	86	
		$\overline{X}_{11}=80$	$\overline{X}_{12}=81$	
	A_2(회계학)	62	82	$\overline{X}_2=69.5$
		50	84	
		$\overline{X}_{21}=56$	$\overline{X}_{22}=83$	
		$\overline{X}_1=68$	$\overline{X}_2=82$	

① 과목에 따라 학습효과에 차이가 있는지?

② 교수법에 따라 학습효과에 차이가 있는지?

③ 과목과 교수법 간에 상호작용이 있는지?

풀이

$$SST=\sum_{i=1}^{m}\sum_{j=1}^{r}\sum_{k=1}^{c}(X_{ijk}-\overline{\overline{X}})^2$$

$$=(82-75)^2+(78-75)^2+(62-75)^2+(50-75)^2+$$

$$(76-75)^2+(86-75)^2+(82-75)^2+(84-75)^2=1104$$

$$SSA=cm\sum_{j=1}^{r}(\overline{X}_{j.}-\overline{\overline{X}})^2$$

$$=4(80.5-75)^2+4(69.5-75)^2=242$$

$$SSB=rm\sum_{k=1}^{c}(\overline{X}_{.k}-\overline{\overline{X}})^2$$

$$=4(68-75)^2+4(82-75)^2=392$$

$$SSI=m\sum_{j=1}^{r}\sum_{k=1}^{c}(\overline{X}_{jk}-\overline{X}_{j.}-\overline{X}_{.k}+\overline{\overline{X}})^2$$

$$=(80-80.5-68+75)^2+(81-80.5-82+75)^2+$$

$$(56-69.5-68+75)^2+(83-69.5-82+75)^2=338$$

$$SSE = \sum_{i=1}^{m}\sum_{j=1}^{r}\sum_{k=1}^{c}(X_{jk} - \overline{X}_{jk})^2$$
$$= (82-80)^2 + (78-80)^2 + (62-56)^2 + (50-56)^2 +$$
$$(76-81)^2 + (86-81)^2 + (82-83)^2 + (84-83)^2 = 132$$

이상의 내용을 정리하면 다음과 같다.

변동요인	제곱합	자유도	제곱평균	F_c
요인 A	242	1	242	7.3333
요인 B	392	1	392	11.8788
상호작용	338	1	338	10.2424
잔차	132	4	33	
합계	1104	7		

〈과목에 따른 학습효과의 차이검정〉

① 가설

H_0 : 과목에 따라 학습효과의 차이는 없다

H_1 : 과목에 따라 학습효과의 차이는 있다

② 임계치

$F_{0.05,\,2-1,\,(2)(2)(2-1)} = 7.71$

③ 검정통계량

$$F_c = \frac{MSA}{MSE} = \frac{242}{33} = 7.3333$$

④ 결론

$F_c = 7.3333 < F = 7.71$ 이므로 귀무가설을 채택한다. 따라서 과목에 따라 학습효과는 차이가 없다.

〈교수법에 따른 학습효과의 차이검정〉

① 가설

H_0 : 교수법에 따라 학습효과의 차이는 없다

H_1 : 교수법에 따라 학습효과의 차이는 있다

② 임계치

$F_{0.05,\,2-1,\,(2)(2)(2-1)} = 7.71$

③ 검정통계량

$$F_c = \frac{MSB}{MSE} = \frac{392}{33} = 11.8788$$

④ 결론

$F_c = 11.8788 > F = 7.71$ 이므로 귀무가설을 기각하고 대립가설을 채택한다. 따라서 교수법에 따라 학습효과는 차이가 있다.

〈상호작용효과의 검정〉

① 가설

H_0 : 과목과 교수법에 따라 학습효과의 차이는 없다

H_1 : 과목과 교수법에 따라 학습효과의 차이는 있다

② 임계치

$$F_{0.05,(2-1)(2-1),(2)(2)(2-1)} = 7.71$$

③ 검정통계량

$$F_c = \frac{MSA}{MSE} = \frac{338}{33} = 10.2424$$

④ 결론

$F_c = 10.2424 > F = 7.71$ 이므로 귀무가설을 기각하고 대립가설을 채택한다. 따라서 과목과 교수법 간에 상호작용효과는 있다.

3) 엑셀 활용 상호작용효과의 검정

<예제 10-5>를 엑셀을 활용하여 검정하는 방법에 대해 살펴보기로 하자.

① 다음과 같이 자료를 입력한다.

	A	B	C
1		방법1	방법2
2	통계학	82	76
3		78	86
4	회계학	62	82
5		50	84

② [데이터] ➡ [데이터 분석] ➡ [통계 데이터 분석 창] ➡ [분산분석: 반복 있는 이원배치법]을 지정한 후 [확인] 버튼을 누른다.

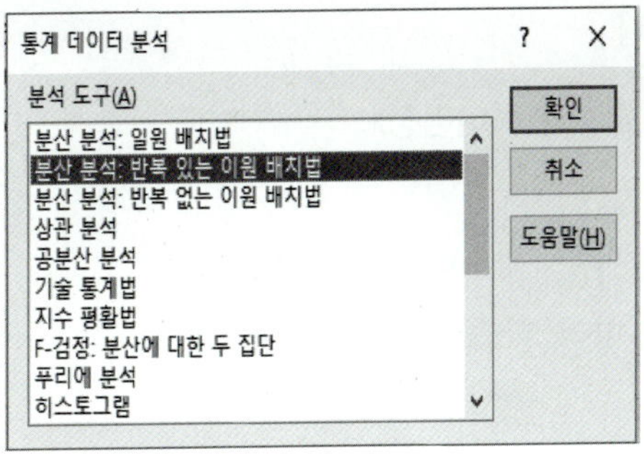

③ [입력범위] ➡ [표본당 행수] ➡ [유의수준] ➡ [출력범위]를 입력한 후 [확인] 버튼을 누른다.

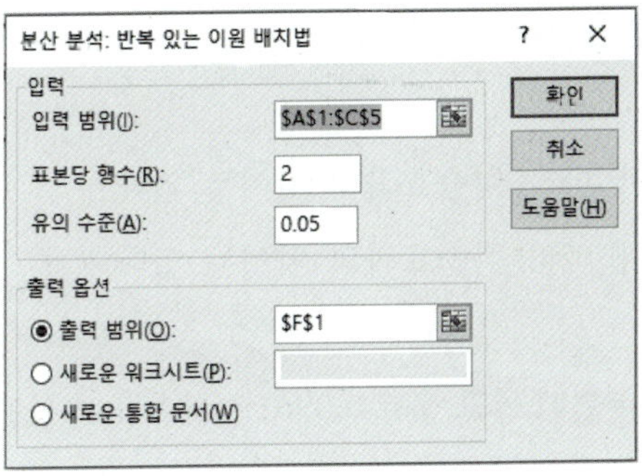

④ 이상의 과정을 마치면 분산분석의 결과가 다음과 같이 나타난다.

F	G	H	I	J	K	L
분산 분석: 반복 있는 이원 배치법						
요약표	방법1	방법2	계			
통계학						
관측수	2	2	4			
합	160	162	322			
평균	80	81	80.5			
분산	8	50	19.66667			
회계학						
관측수	2	2	4			
합	112	166	278			
평균	56	83	69.5			
분산	72	2	267.6667			
계						
관측수	4	4				
합	272	328				
평균	68	82				
분산	218.6667	18.66667				
분산 분석						
변동의 요인	제곱합	자유도	제곱 평균	F 비	P-값	F 기각치
인자 A(행)	242	1	242	7.33333	0.05365	7.70865
인자 B(열)	392	1	392	11.87879	0.02614	7.70865
교호작용	338	1	338	10.24242	0.03289	7.70865
잔차	132	4	33			
계	1104	7				

⑤ 결과를 해석한다.

〈과목에 따른 학습효과의 차이검정〉

• 가설

H_0 : 과목에 따라 학습효과의 차이는 없다

H_1 : 과목에 따라 학습효과의 차이는 있다

• 결론

$F_c = 7.3333 < F = 7.71$이고 $p = 0.0536 > \alpha = 0.05$이므로 귀무가설을 채택한다. 따라서 과목에 따라 학습효과는 차이가 없다.

〈교수법에 따른 학습효과의 차이검정〉

• 가설

H_0 : 교수법에 따라 학습효과의 차이는 없다

H_1 : 교수법에 따라 학습효과의 차이는 있다

• 결론

$F_c = 11.8788 > F = 7.71$이고 $p = 0.0261 < \alpha = 0.05$이므로 귀무가설을 기각하고 대립가설을 채택한다. 따라서 교수법에 따라 학습효과는 차이가 있다.

〈상호작용효과의 검정〉

• 가설

H_0 : 과목과 교수법에 따라 학습효과의 차이는 없다

H_1 : 과목과 교수법에 따라 학습효과의 차이는 있다

• 결론

$F_c = 10.2424 > F = 7.71$이고 $p = 0.0389 < \alpha = 0.05$이므로 귀무가설을 기각하고 대립가설을 채택한다. 따라서 과목과 교수법 간에 상호작용효과는 있다.

연습문제

01. 맞으면 ○, 틀리면 ×로 표시하라.

(1) F-분포는 하나의 자유도에 따라 모양이 변한다.

(2) 임계치의 F값이 클수록 대립가설이 채택되지 않을 가능성이 높다.

(3) 일원분산분석에서 자료의 총수는 집단 내 자유도에다 집단의 수를 더한 값이다.

(4) 이원분산분석에서 반복 없는 경우는 두 요인의 주효과만을 분석할 수 있다.

(5) 분산분석은 2개 이상의 모집단분산이 같은지 검정하는 데 이용된다.

(6) 분산분석에서 F는 두 분산의 차이를 나타낸다.

(7) 분산분석에 있어 표본 간 크기는 반드시 같아야 한다.

(8) 일원분산분석에서 귀무가설이 참이면 각 모집단의 분포는 같은 모양이다.

(9) 일원분산분석에서 집단 간의 평균차이가 클수록 집단 내 분산보다 집단 간 분산은 더욱 커진다.

(10) 일원분산분석에서 각 집단의 분산을 평균한 것을 집단 내 분산이라 한다.

02. 다음에 맞는 F값을 엑셀을 이용하여 구하라.

(1) $df_1 = 12, df_2 = 17, \alpha = 0.05$

(2) $df_1 = 7, df_2 = 12, \alpha = 0.95$

(3) $df_1 = 27, df_2 = 45, \alpha = 0.01$

(4) $df_1 = 15, df_2 = 25, \alpha = 0.99$

03. 다음의 분산분석표를 가지고 물음에 답하라.

변동원인	제곱합	자유도	제곱평균	F비	P-값	F 기각치
처리	ⓐ	2	20	ⓔ	0.001	5.14
잔차	12	ⓑ	ⓒ			
합계	ⓓ	8				

(1) 위의 빈 칸을 완성하라.

(2) 분산분석에 사용된 집단의 수는?

(3) 분산분석에 사용된 자료의 수는?

(4) 귀무가설과 대립가설은?

(5) α=0.05에서의 검정결과는?

04. ABC는 최근 세 회사로부터 8개의 샘플을 납품받아 이들의 평균 비행거리를 조사해 보았더니 다음과 같은 결과가 나왔다. 이들 세 회사 제품의 평균 비행거리가 같은지 α= 0.01에서 검정하라.

회사	비행거리			n	합계	평균	분산
1	3	5		2	8	4	2
2	5	7	6	3	18	6	1
3	7	8	9	3	24	8	1

05. 문제 4번을 엑셀도구로 분석하라.

06. ABC 정유회사는 최근 개발한 새 휘발유의 연비를 알아보기 위하여 3가지 자동차 모델을 선택하여 조사한 결과는 아래와 같다. 유의수준 0.05에서 3가지 모델의 평균연비가 같다는 가설을 검정하라.

모델1	29.2	28.4	32.3	32.5	35.4	30.6	30.5	33.5	35.6	30.2
모델2	32.2	30.5	35.4	33.2	31.2	29.9	31.2	30.1	36.5	33.4
모델3	30.2	32.5	28.3	38.4	32.1	31.1	32.6	29.8	37.2	36.6

07. 작업장(A1, A2, A3)과 재료(B1, B2)에 따른 생산량을 알아보기 위해 반복 없는 이원배치모형을 실험하였다. 실험은 6회 완전무작위설계하여 실시한 후 다음과 같은 자료를 얻었다.

		재료		평균
		B1	B2	
작업장	A1	9	15	12
	A2	6	9	7.5
	A3	6	12	9
평균		7	12	9.5

이 자료로부터 다음의 두 가지 주효과에 대해 $\alpha = 0.05$에서 검정하라.

(1) 작업장에 따라 생산량에 차이가 있다고 할 수 있는가?

(2) 재료에 따라 생산량에 차이가 있다고 할 수 있는가?

08. 문제 7번을 엑셀분석도구로 검정하라.

09. 광고매체 종류(TV · 신문 · 인터넷)와 판매방식(1, 2, 3, 4)에 따라 판매량에 차이가 있는지를 알아보기 위하여 다음과 같은 자료를 수집하였다. 이를 $\alpha = 0.01$에서 검정하라.

		판매방식			
		B1	B2	B3	B4
광고매체	A1	18	21	19	16
	A2	28	26	25	26
	A3	22	23	18	18

10. 어느 공장에서 재료의 종류에 따라 생산량에 차이가 있는지를 조사한 결과는 다음과 같다.

일원분산분석				이원분산분석			
반복횟수	재료 A	재료 B	재료 C	공급자	재료 A	재료 B	재료 C
1	160	160	160	A	170	170	186
2	150	150	170	B	150	160	180
3	140	160	180	C	160	160	170
4	170	170	186	D	140	150	160

(1) 재료에 따라 생산량에 차이가 있는지를 α=0.05에서 일원분산분석으로 검정하라.

(2) 재료에 따른 생산량의 차이에 대해 무작위블럭설계를 적용하기 위해 공급자에 따라 4개 집단으로 나누었다. α=0.05에서 이원분산분석으로 검정하라.

11. 어느 병원에서 동일한 질병의 환자를 대상으로 투약방법과 음식에 따라 체중에 차이가 있는지를 알아보기 위해 조사한 결과는 다음과 같다. $\alpha = 0.05$에서 다음을 검정하라.

	음식1	음식2
투약방법1	50	40
	50	50
투약방법2	64	46
	65	42

(1) 투약방법에 따라 체중에 차이가 있는가?

(2) 음식에 따라 체중에 차이가 있는가?

(3) 투약방법과 음식 간에는 상호작용이 있는가?

12. 어느 회사에서 동일한 제품을 대상으로 공장과 방법에 따라 강도에 차이가 있는지를 알아보기 위해 조사한 결과는 다음과 같다. $\alpha = 0.05$에서 다음을 검정하라.

	방법1	방법2
한국 공장	6	4
	6	4
	7	3
	5	4
미국 공장	6	6
	7	7
	7	6
	6	6

(1) 공장에 따라 강도에 차이가 있는가?

(2) 방법에 따라 강도에 차이가 있는가?

(3) 공장과 방법 간에는 상호작용이 있는가?

11

단순선형회귀분석

1. 상관분석
2. 단순회귀분석
3. 결정계수
4. 회귀모형검정
5. 엑셀을 활용한 회귀모형검정

1. 상관분석

상관관계

지금까지는 하나의 변수에 대한 기술적 분석과 통계적 추론에 관심을 가져왔다. 그러나 다음과 같은 의사결정을 할 때는 두 변수 간의 관계를 고려하여야 한다.

- 몸무게와 키는 관계가 있는가?
- 광고비와 매출액은 관계가 있는가?
- 기온과 냉방비는 관계기 있는가?
- 이자율과 주택건설은 관계가 있는가?
- 담배가격과 흡연율은 관계가 있는가?

두 변수 사이에 한쪽이 증가하면 다른 쪽은 증가 또는 감소하는 경향이 있을 때 이 두 변수 사이에는 **상관관계**(correlation)가 있다고 한다. 예를 들면, 키가 큰 사람은 작은 사람에 비하여 일반적으로 몸무게가 무겁다. 이와 같이 한쪽이 증가하면 다른 쪽도 증가하는 관계를 **양의 상관관계**라고 한다. 반면 제품 가격을 올리면 판매량은 감소하는 경향이 있듯이, 한쪽이 증가하면 다른 쪽이 감소하는 관계를 **음의 상관관계**라고 한다. 다음은 양의 상관관계와 음의 상관관계의 예를 보여주고 있다.

- 양의 상관관계 : 키와 몸무게, 광고비와 매출액, 소득과 소비, 소득과 세금, 기온과 냉방비
- 음의 상관관계 : 이자율과 주택건설, 가격과 판매량, 기온과 난방비, 담배가격과 흡연율

하나의 변수가 다른 변수와 어떠한 관계를 갖고 있는지를 이해하면 하나의 변수를 이용하여 다른 변수, 예를 들어 광고비로 판매액을, 기온으로 전기사용량을, 이자율로 주택건설을 예측하는 데 많은 도움을 얻을 수 있다. 두 변수 간의 관계를 파악하는 가장 간단한 방법은 다음에 설명될 상관도를 이용하는 것이다.

상관도

상관도(scatter diagram)란 두 변수 X, Y 사이의 관계를 알아보기 위하여 이들 X, Y를 쌍으로 하는 점 (X, Y)을 좌표 위에 나타낸 [그림 11-1]과 같은 도표를 말한다.

[그림 11-1] ▎상관도의 예

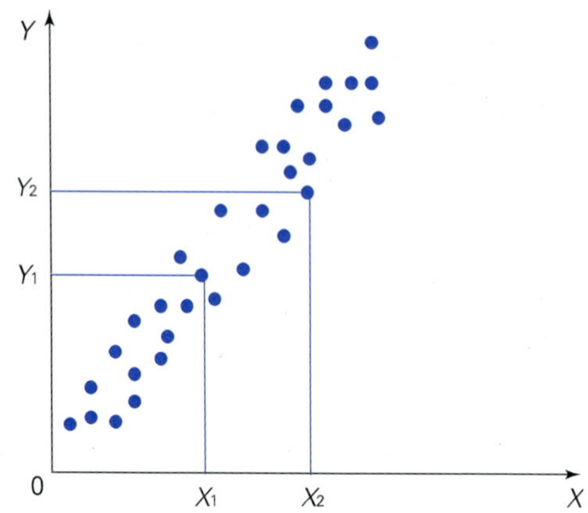

[그림 11-2]는 다양한 유형의 상관관계를 보여주는 상관도들이다. 각 상관도에 그려져 있는 곡선이나 직선은 이해를 돕기 위하여 추가된 것으로 표본자료에서 직접 구해지는 것은 아니다.

[그림 11-2] (a)와 (c)는 X값이 증가하면 Y값도 증가하는 정의 상관관계를 나타낸다. (a)는 (c)보다 자료들이 직선 가까이에 많이 모여 있어 더 강한 선형관계를 나타낸다. 반면 그림 (b)와 (d)는 X값이 증가할수록 Y값은 감소하는 음의 상관관계를 나타낸다. (b)는 (d)보다 자료들이 직선 가까이에 많이 모여 더 강한 음의 선형관계를 나타낸다.

그림 (e), (f), (g)는 X와 Y 간에는 어떠한 관계도 있지 않음을 보여주고 있다. 따라서 X값은 Y값을 예측하는데 도움이 되지 않으며 이 자료를 가지고 더 이상 어떤 분석을 하는 것은 의미가 없다. 끝으로 그림 (h)는 X와 Y 간의 관계가 직선이 아니라 곡선으로 나타나고 있음을 보여주고 있다. 따라서 이 관계는 직선으로는 적절히 묘사될 수 없으므로 좀 더 복잡한 상관분석이 필요하게 된다.

[그림 11－2] ┃다양한 상관도

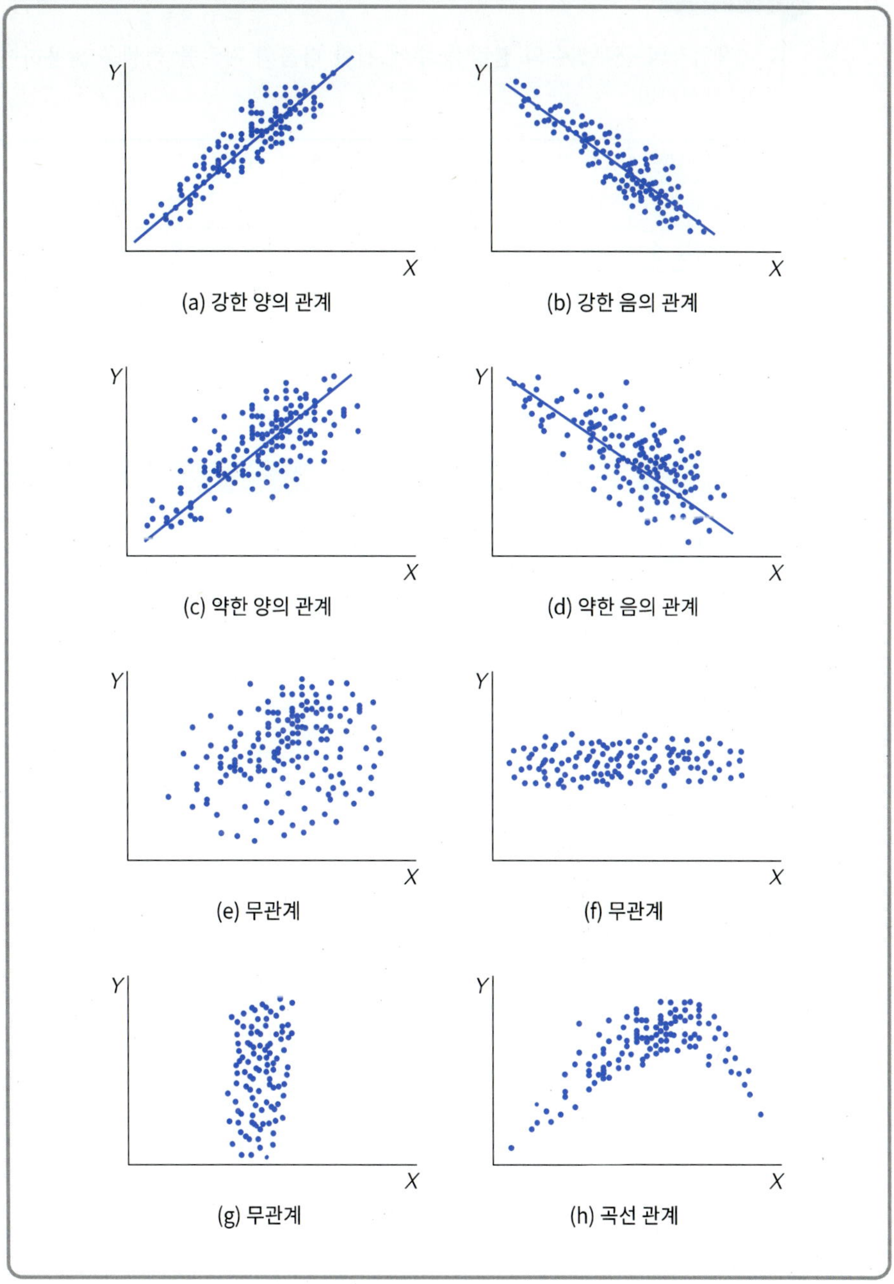

예제 11-1

작업자의 근무연수와 불량품 수에 관한 다음의 자료를 엑셀을 활용하여 상관도를 작성하라.

작업자	1	2	3	4	5	6	7	8	9	10
근무연수	12	5	13	10	17	19	15	20	12	6
불량품 수	5	10	4	6	2	2	3	1	6	8

풀이

자료의 행(A1:K2)을 블록으로 지정한 다음 메뉴에서 [삽입] ➡ [분산형 차트]를 선택한다. 차트요소에서 [축제목]과 [차트제목]을 수정한 후 [추세선]을 추가한다.

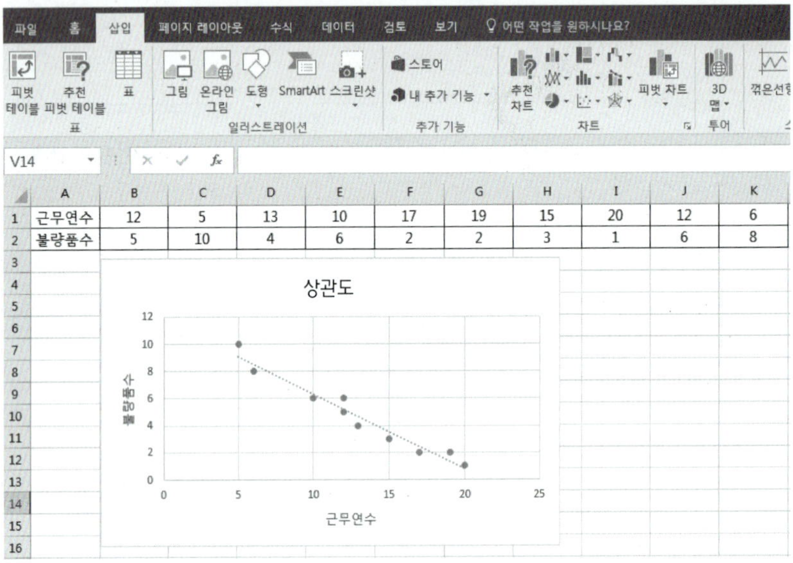

근무연수가 증가할수록 생산한 불량품의 수는 감소하고 추세선에 자료들이 모여 있으므로 두 변수 간에는 강한 음의 선형관계가 있음을 알 수 있다.

상관계수

두 변수 사이의 상관관계를 분석하는 데 직관이나 상관도를 사용하기도 하지만 보다 객관적인 분석을 위해서는 변수 간의 관련성을 수치적으로 나타내는 **상관분석**(correlation analysis)을 하여야 한다. 상관분석을 통해 계산한 수치를 상관계

[그림 11－3] ▎단순상관계수의 특성

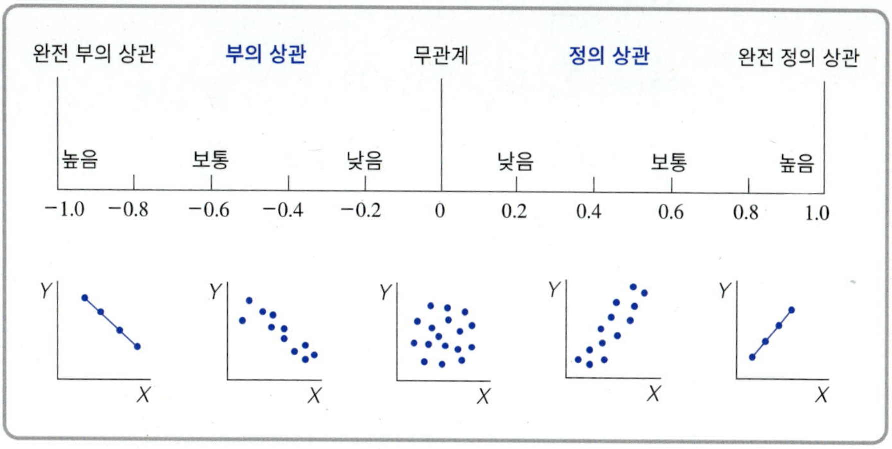

수라 한다. 단순선형상관계수(simple linear correlation coefficient : r)는 [그림 11－3]처럼 두 변수가 얼마나 강한 선형의 관계를 가지고 있는지를 측정하는 -1부터 +1 사이의 상대적인 숫자이다.

상관계수는 첫째, 두 변수 간의 관계가 정(+)인지 부(－)인지를 알려준다. 즉 r값이 양수이면 X값이 증가함에 따라 Y값도 증가하고, 음수이면 X값이 증가함에 따라 Y값은 감소한다. 둘째, 직선에 얼마나 많은 자료들이 모여 있는지를 나타내 준다. 즉, r이 +1 또는 -1에 근접할수록 자료들이 직선 가까이 모여 있어 강한 선형관계를 나타낸다.

상관계수는 변수 간의 선형관계에만 관심을 두고 있기 때문에 어느 변수가 독립변수이고 종속변수인지를 구별하지 않는다. 표본상관계수는 다음과 같이 구해진다.

$$r = \frac{\sum_{i=1}^{n}(X_i - \overline{X})(Y_i - \overline{Y})}{\sqrt{\sum_{i=1}^{n}(X_i - \overline{X})^2}\sqrt{\sum_{i=1}^{n}(Y_i - \overline{Y})^2}}$$

제곱합의 표기를 다음과 같이 정의하기로 한다.

$$SS_{XX} = \sum_{i=1}^{n}(X_i - \overline{X})^2$$

$$SS_{YY} = \sum_{i=1}^{n}(Y_i - \overline{Y})^2$$

$$SS_{XY} = \sum_{i=1}^{n}(X_i - \overline{X})(Y_i - \overline{Y})$$

표본상관계수의 공식을 위의 식을 사용하여 쓰면 다음과 같다.

$$r = \frac{SS_{XY}}{\sqrt{SS_{XX}}\sqrt{SS_{YY}}}$$

예제 11-2

<예제 11 - 1>의 자료에 대한 상관계수를 계산하라.

근무연수	12	5	13	10	17	19	15	20	12	6
불량품수	5	10	4	6	2	2	3	1	6	8

풀이

	근무연수	불량품수	$(X-\overline{X})$	$(X-\overline{X})^2$	$(Y-\overline{Y})$	$(Y-\overline{Y})^2$	$(X-\overline{X})(Y-\overline{Y})$
1	12	5	-0.9	0.81	0.3	0.09	-0.27
2	5	10	-7.9	62.41	5.3	28.09	-41.87
3	13	4	0.1	0.01	-0.7	0.49	-0.07
4	10	6	-2.9	8.41	1.3	1.69	-3.77
5	17	2	4.1	16.81	-2.7	7.29	-11.07
6	19	2	6.1	37.21	-2.7	7.29	-16.47
7	15	3	2.1	4.41	-1.7	2.89	-3.57
8	20	1	7.1	50.41	-3.7	13.69	-26.27
9	12	6	-0.9	0.81	1.3	1.69	-1.17
10	6	8	-6.9	47.61	3.3	10.89	-22.77
평균/합	12.9	4.7		228.90		74.10	-127.30

$$r = \frac{SS_{XY}}{\sqrt{SS_{XX}}\sqrt{SS_{YY}}} = \frac{-127.3}{\sqrt{228.9}\sqrt{74.1}} = -0.9775$$

이는 근무연수가 길수록 생산한 불량품의 수는 감소하는 강한 음의 선형관계라 할 수 있다.

상관계수의 엑셀함수

CORREL 함수

용도 : 표본의 상관계수를 구함
=CORREL(array1, array2)
• array1 : 필수요소로 첫 번째 셀 범위
• array2 : 필수요소로 두 번째 셀 범위

예제 11-3

<예제 11 - 1>의 자료를 엑셀함수를 사용하여 두 변수 간의 상관계수를 구하라.

풀이

상관계수를 구하는 엑셀함수는 다음과 같다.

=CORREL(B2:K2, B3:K3) = − 0.9775

• array1 : B2:K2

• array2 : B3:K3

A4 =CORREL(B2:K2, B3:K3)

	A	B	C	D	E	F	G	H	I	J	K
1	작업자	1	2	3	4	5	6	7	8	9	10
2	근무연수	12	5	13	10	17	19	15	20	12	6
3	불량품수	5	10	4	6	2	2	3	1	6	8
4	-0.97745										

상관분석의 엑셀메뉴

CORREL 함수는 변수가 두 개일 때 상관계수를 계산하기 위해 사용한다. 하지만 변수가 3개 이상의 상관계수를 동시에 계산하기 위해서는 상관분석 메뉴를 사용하여야 한다.

예제 11-4

다음 10명 학생의 과목성적 간의 상관계수를 구하라.

학생	1	2	3	4	5	6	7	8	9	10
영어	60	35	90	50	75	35	80	60	55	65
수학	90	80	60	90	45	90	40	50	60	80
통계학	80	85	40	95	50	95	35	40	85	80

풀이

① 다음과 같이 자료를 입력한다.

	A	B	C	D	E	F	G	H	I	J	K
1	학생	1	2	3	4	5	6	7	8	9	10
2	영어	60	35	90	50	75	35	80	60	55	65
3	수학	90	80	60	90	45	90	40	50	60	80
4	통계학	80	85	40	95	50	95	35	40	85	80

② [데이터] ➡ [데이터 분석] ➡ [통계 데이터 분석] ➡ [상관분석]을 지정한 후 [확인] 버튼을 누른다.

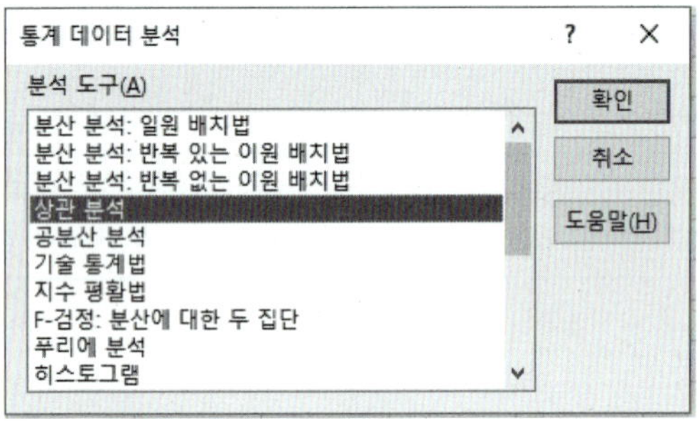

③ [입력범위] ➡ [데이터 방향] ➡ [첫째 열 이름표 사용] ➡ [출력범위]를 입력한 후 [확인] 버튼을 누른다.

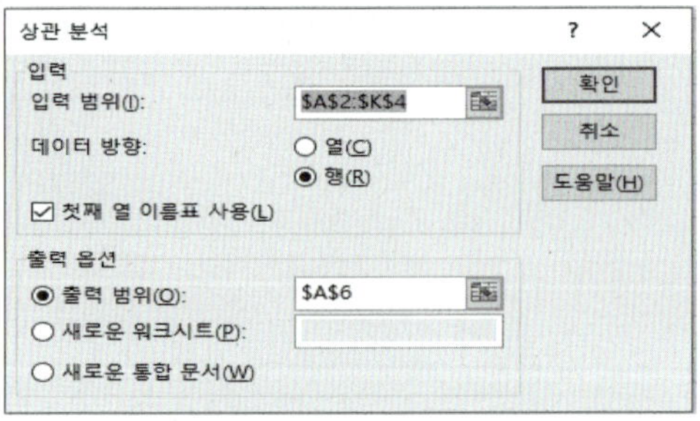

④ 이상의 과정을 마치면 상관분석의 결과가 다음과 같이 나타난다.

6		영어	수학	통계학
7	영어	1		
8	수학	-0.66185	1	
9	통계학	-0.80464	0.86494	1

⑤ 결과를 해석한다.

영어성적과 수학성적의 상관계수는 −0.6619, 영어성적과 통계학성적의 상관계수는 −0.8046, 그리고 수학성적과 통계학성적은 0.8649이다. 따라서 영어와 수학 그리고 영어와 통계학의 성적은 음의 상관관계를, 수학과 통계학의 성적은 양의 상관관계를 가진다.

상관분석의 한계

상관계수를 해석할 때 다음과 같은 점에 주의하여야 한다.

첫째, 상당히 높은 상관계수가 나타나면 두 변수 사이에 어떤 인과관계(cause and effect relationship)가 있는 것으로 생각하기 쉽다. 예를 들어, 자동차의 속도와 제동거리 간의 관계를 분석하여 양의 상관관계가 나오면 '자동차 속도가 빠를수록 제동거리는 늘어난다'라고 해석할 수 있다. 하지만 산불화재 건수와 평균 수명 간의 관계를 분석하여 양의 상관관계가 나왔다고 '산불이 많이 나면 오래 산다'라고 해석해서는 안 된다. 산불화재 건수와 평균 수명은 실제로는 관계가 없으나 우연히 상관계수가 높게 나올 수 있다. 이처럼 상관관계는 때때로 의사관계(spurious relationship), 즉 실제로 두 변수 간에는 상관관계가 없지만 높은 r값을 보여준다. 상관계수란 단순히 두 변수 간의 관계를 규명하는 통계학적인 절차이지 특정 변수가 다른 변수에 대한 어떠한 원인이 됨을 규명하지는 않는다.

둘째, 상관계수에 대한 결론은 현재 관심의 대상이 되고 있는 변수의 범위에 국한시켜야만 한다. 다시 말해서 현재 분석 중인 표본의 결과는 다른 시점이나 다른 모집단에 대해서는 같은 결론을 적용할 수는 없다.

2. 단순회귀분석

변수의 종류

단순회귀분석은 다음과 같은 질문에 답할 수 있도록 2개 변수 간의 관계를 분석하는 방법 중의 하나이다.

- 광고비로 5억 원을 지출하면 매출액은 얼마나 될까?
- 월 소득이 3백만 원인 가정이 여가비용으로 얼마나 지출할까?
- 이자율이 연 5%이면 신규주택은 얼마나 증가할까?

매출액, 여가비용, 신규주택 등과 같이 다른 변수에 의해 영향을 받는 변수, 즉 예측하고자 하는 변수를 **종속변수**(dependent variable)라 하고 Y로 표시한다. 광고비, 소득, 이자율 등과 같이 다른 변수에 영향을 주는 변수, 즉 종속변수의 값을 예측하는 데 사용되는 변수를 **독립변수**(independent variable)라 하고 X로 표시한다.

ABC 전자는 광고효과를 측정하기 위해 광고비와 매출액의 관계를 조사한 결과를 [그림 11－4]와 같이 제시하였다. [그림 11－4] (a)와 같이 매출액의 자료만 가지고 내년 매출액을 예측한다면 가장 합리적인 추정치는 표본 평균인 130(억)원이

[그림 11－4] **광고비와 매출액**

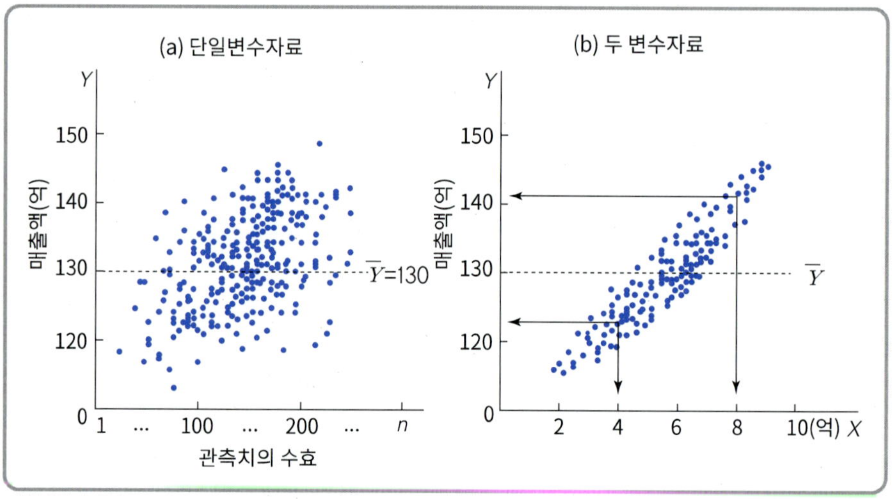

될 것이다. 왜냐하면 단일변수자료에서 가장 좋은 추정치는 평균이기 때문이다.

그러나 매출액은 단순히 결정되는 것이 아니고 다른 변수인 광고비와의 함수 관계에 의해 달라진다는 것을 알 수 있다. 즉, 광고비가 많으면 매출액은 증가할 것이고 광고비가 적으면 매출액은 감소할 것으로 예상할 수 있다. 이러한 경우 광고비를 이용하면 매출액을 예측하는 것이 훨씬 용이해진다.

만일 광고비와 매출액에 대한 자료를 수집한다면 [그림 11-4] (b)처럼 광고비가 4(억)원이면 매출액은 124(억)원이 될 것이고 광고비가 8(억)원이면 매출액은 142(억)원이 될 것으로 예측할 수 있다. 이와 같이 두 변수가 예측과 관련된 경우에는 상관분석과는 달리 종속변수와 독립변수를 구분하여야 한다. [그림 11-4] (b)에서는 매출액이 Y이고 광고비가 X이다.

회귀분석의 종류

회귀분석(regression analysis)은 독립변수(X)가 종속변수(Y)에 미치는 영향력의 크기를 측정하는 방법으로 X로부터 Y의 값을 추정하는 방법이다. 가장 기본적인 형태의 회귀분석은 **단순회귀분석**(simple regression analysis)이다. 이는 종속변수 Y의 값을 추정하는 데 단지 하나의 독립변수 X를 사용한다. 매출액에 대한 예에서 광고비 이외에 가격, 경기, 품질, 판매원 수 등과 같은 변수를 동시에 고려한다면 **다중회귀분석**(multiple regression)을 사용하여야 한다.

일반적인 회귀분석에서는 종속변수와 독립변수 모두 등간이나 비율척도로 측정된 양적 자료를 요구하기 때문에 명목이나 서열척도로 측정된 범주형 자료는 그대로 사용할 수 없다. 예를 들어, 성별의 경우 남자는 0으로 여자는 1로 표시하는 변수를 도입한다. 이처럼 범주를 구분할 수 있도록 가상적으로 만든 **더미변수**(dummy variable)를 독립변수로 이용하는 회귀분석을 일반회귀분석과 구별하기 위해 더미변수 회귀분석이라 한다.

또한 일반적인 회귀분석에서는 독립변수와 종속변수 간의 관계를 선형으로 간주한다. 예를 들어, 공부시간과 학업성적의 관계는 독립변수의 값이 일정한 폭으로 증가하면 종속변수의 값도 일정한 폭으로 증가하는 직선의 형태인 선형관계로 나타낸다. 하지만 독립변수의 값이 일정한 폭으로 증가하여도 종속변수의 값이 일정한 폭으로 증가하거나 감소하지 않으면 비선형관계를 확인해 볼 필요가 있다. 예를 들어, 공부시간과 학업성적의 관계에서 알정수준까지는 공부시간이 증가하면 학업성적도 일정하게 증가하지만 특정 수준이 넘어가면 공부시간이 일정한 폭으로 증가하더라도 학업성적은 일정한 폭으로 증가하지 않는다.

이처럼 회귀분석은 <표 11-1>처럼 다양한 종류가 존재하는데, 본 장에서는 단순선형회귀분석을 제12장에서는 다중선형회귀분석을 중심으로 다루기로 한다.

〈표 11-1〉 회귀분석의 종류

기 준	종 류	
X의 수	1개 : 단순회귀분석	2개 이상 : 다중회귀분석
X의 자료	연속형 자료 : 일반회귀분석	범주형 자료 : 더미변수 회귀분석
X와 Y의 관계	선형 : 선형회귀분석	비선형 : 비선형회귀분석

회귀식과 회귀모형

1) 모집단

[그림 11-4]의 예에서 광고비(X)와 매출액(Y)에 관한 모든 자료를 조사했다면 두 변수 간의 관계는 다음과 같은 **모집단회귀식**으로 표시할 수 있다.

$$E_{(Y|X)} = \beta_0 + \beta_1 X$$

위의 회귀식에서 알려지지 않은 모수인 β_0는 절편이고 β_1은 기울기라고 한다. 모집단회귀식을 결정하는 것은 β_0와 β_1이므로 β_0와 β_1값을 알면 독립변수의 값이 주어졌을 때 종속변수의 값을 예측할 수 있다.

그러나 [그림 11-4]에서와 같이 모집단회귀식을 가지고 매출액을 정확히 예측할 수 없다. 왜냐하면, X변수 이외에 다른 변수들이 Y변수에 영향을 미칠 수 있기 때문이다. 즉, 광고비가 같아도 경기, 가격, 판매원 수, 날씨 등과 같이 회귀식에 포함되지 않은 변수들의 영향으로 인해 매출액에 차이가 발생할 수 있다. 따라서 정확한 매출액은 오차 ϵ(그리스문자로 엡실런)을 고려하여 다음과 같은 **모집단회귀모형**으로 표시하여야 한다.

$$Y_i = \beta_0 + \beta_1 X_i + \epsilon_i$$

모집단회귀모형에서 Y_i는 회귀식 $\beta_0 + \beta_1 X_i$와 오차 ϵ_i의 합으로 표현된다. 실제 매출액은 모집단회귀식을 통해 구한 종속변수의 예측 값에 오차 ϵ_i를 더해주어야 한다. 따라서 오차 ϵ_i는 실제 매출액과 모집단회귀식에 의해 예측된 값의 차이를 말한다.

2) 표본

모집단 전체의 자료를 가지고 있다면 모집단회귀식의 β_0와 β_1를 구할 수 있지만 현실적으로는 불가능한 일이다. 따라서 표본자료를 가지고 β_0와 β_1를 추정해야 한다. 표본자료로 β_0와 β_1를 추정했을 때의 회귀식을 **표본회귀식**이라고 하며 다음과 같이 표시한다.

$$\hat{Y} = b_0 + b_1 X$$

표본회귀식에서 b_0, b_1는 각각 모집단의 회귀계수 β_0, β_1의 추정치이다. 여기서 b_0와 b_1의 값을 구하게 되면 X값이 주어졌을 때 $\hat{Y}$(Y hat)의 값을 예측할 수 있다. 그러나 모집단회귀식과 마찬가지로 표본회귀식에서의 $\hat{Y}$값은 실제 매출액과 일치하지 않기 때문에 실제 매출액 Y는 오차 e를 고려하여 다음과 같은 **표본회귀모형**으로 표시하여야 한다.

$$Y_i = b_0 + b_1 X_i + e_i$$

표본회귀모형의 오차항 e_i는 모집단회귀모형의 오차항 ϵ_i의 추정치인데 이것을 잔차(residual)라고 한다. 모집단의 회귀모형과 회귀식의 차이가 ϵ_i인 것처럼 표본의 회귀모형과 회귀식의 차이는 e_i이다. 따라서 실제 매출액은 표본회귀식을 통해 구한 종속변수의 값에 잔차 e_i를 더한 값이 된다.

모집단회귀식의 β_0와 β_1는 상수이지만 b_0와 b_1는 표본을 이용하여 계산하므로 표본이 어떻게 추출되는가에 따라 b_0와 b_1의 값은 달라지기 때문에 b_0와 b_1는 확률변수이다.

3) 회귀모형의 가정

회귀식을 정확히 이해하기 위해서는 회귀모형과 오차에 관한 가정들을 살펴볼 필요가 있다. 먼저 회귀모형의 기본가정은 다음과 같다.

첫째, 오차는 정규적으로 분포되어 있다.

둘째, 각 X값에 대한 Y값들은 상호독립적인 정규분포를 이룬다.

[그림 11-5] **주어진 X값에 대한 Y값의 확률분포**

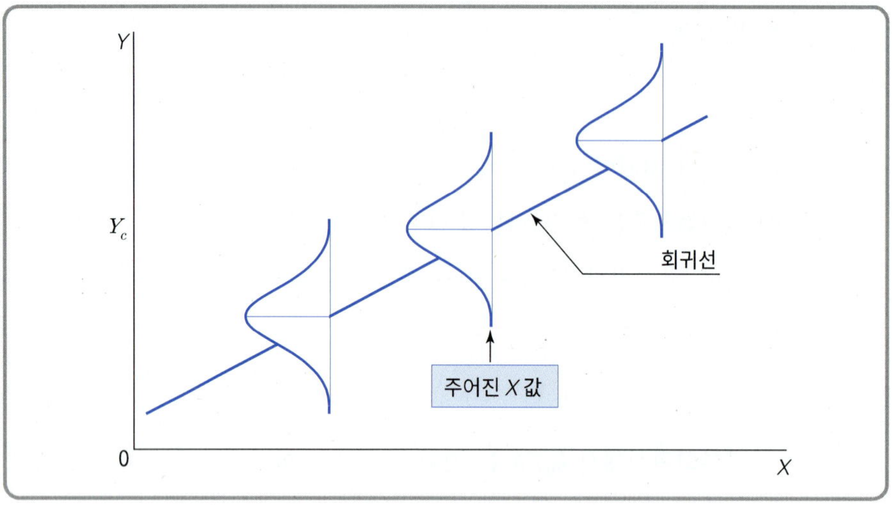

셋째, Y값들이 이루는 정규분포의 평균은 [그림 11-5]에서처럼 회귀선상에 놓여 있다.

넷째, Y값들이 이루는 정규분포의 분산은 같다.

$Y_i = \beta_0 + \beta_1 X_i + \epsilon_i$에서 오차 ϵ는 독립변수 X가 설명하지 못하는 종속변수 $Y_i = \beta_0 + \beta_1 X_i$의 일부분이다. 회귀모형의 오차($\epsilon$)와 관련된 가정은 다음과 같다.

첫째, 오차는 정규적으로 분포되어 있다.
둘째, 오차의 기대치는 0이다. 즉, $E(\epsilon) = 0$.
셋째, 모든 X의 값에 대하여 오차의 분산은 일정하다.
넷째, 오차들은 통계학적으로 서로 독립이다.

예를 들어, 온도(X)와 냉방비(Y)의 관계를 모집단 전체를 대상으로 조사한 결과 $E_{(Y|X)} = \beta_0 + \beta_1 X = 5 + 0.6X$를 얻었다고 하자. 그러면 온도가 30도일 때 냉방비는 23(만)원이라고 할 수 있다. 그러나 온도가 30도일 때 모든 가정의 냉방비가 23(만)원이라는 것을 의미하지는 않는다. 즉, 온도가 30도일 때 어떤 가정은 20(만)원이고 어떤 가정은 30(만)원이 될 수도 있다. 왜냐하면, 온도 이외에 가족의 수, 집의 크기, 가족의 나이 등에 따라 냉방을 하는 정도가 다르기 때문이다. 첫 번째 가정은 이러한 차이들의 분포가 정규분포를 이룬다는 것이다. 두 번째

가정은 이러한 차이들의 평균이 0이라는 것을 의미한다. 세 번째 가정은 모든 X 값(온도)에 대응하는 모든 오차의 분포는 평균은 서로 다르지만 분산이 같은 정규 분포를 형성한다는 의미이다. 마지막 가정은 온도가 20도인 냉방비의 오차와 30도인 냉방비의 오차와는 아무런 관계가 없다는 의미이다.

회귀식의 도출

자료들이 수집되고 상관도를 통하여 변수 간의 관계가 선형임이 확인되면 회귀식을 계산한다. 회귀분석은 상관도에 있는 모든 자료들을 가장 공평하게 통과하는 하나의 직선을 찾는 방법이다. 자료들을 통과하는 직선의 수는 무수히 많이 존재하는데 [그림 11-6]은 그 중에서 세 가지 직선을 보여주고 있다.

회귀분석에서 [그림 11-6]의 다양한 직선 중에서 예측을 하는 데 가장 적합한 직선을 찾는 방법을 **최소자승법**(least square method)이라고 한다. 독립변수의 값(X)에 대응하는 실제 종속변수의 값(Y)과 회귀방정식에서 얻어진 종속변수의 값($\hat{Y}$)과의 차이를 잔차라 한다. 양의 잔차는 음의 잔차에 의해 상쇄되기 때문에 잔차의 합은 다음과 같이 항상 0이 된다.

$$\sum_{i=1}^{n} e_i = \sum_{i=1}^{n} (Y - \hat{Y}) = 0$$

[그림 11-6] **표본 회귀식**

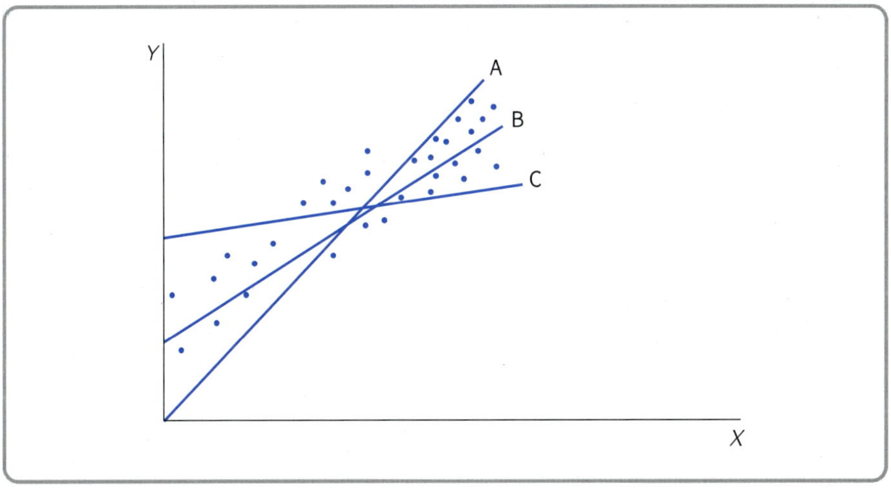

따라서 잔차를 제곱한 값을 활용하여 분석한다. 즉, 추정된 선형모형 $\hat{Y}=b_0+b_1X$이 가장 작은 잔차 제곱합(sum of squared error : SSE)을 갖도록 추정계수 b_0와 b_1을 선택한다. 이를 식으로 표현하면 다음과 같다.

$$\min\sum_{i=1}^{n}e_i^2=\min\sum_{i=1}^{n}(Y-\hat{Y})^2$$

b_0와 b_1에 대하여 각각 편미분하여 연립방정식을 풀면 다음과 같은 추정량을 구할 수 있다.

$$b_1=\frac{\sum_{i=1}^{n}(X_i-\overline{X})(Y_i-\overline{Y})}{\sum_{i=1}^{n}(X_i-\overline{X})^2}$$

$$b_0=\overline{Y}-b_1\overline{X}$$

최소자승법에 의해 구해진 회귀선은 [그림 11-7]에서 볼 수 있듯이 다음과 같은 특성을 가지고 있다.

① 회귀선은 $\overline{X}$와 $\overline{Y}$ 모두를 통과한다.

② 회귀선에 대한 오차의 합은 0이다. 즉, $\sum e=\sum(Y-\hat{Y})=0$이다.

[그림 11-7] ▎회귀선의 특성

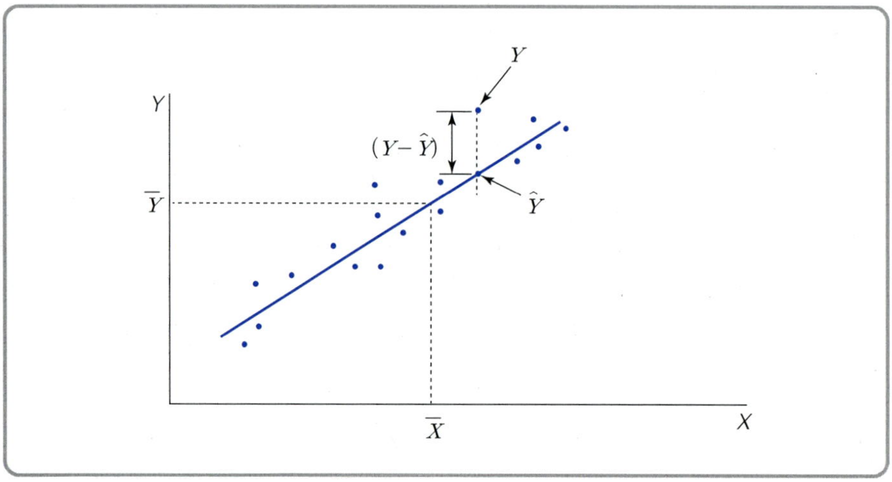

③ 회귀선에 대한 오차의 제곱합은 최소가 된다.

즉, $\min\sum e^2 = \min\sum(Y-\hat{Y})^2$ 이다.

예제 11-5

다음은 학생 10명에 대한 공부시간과 통계학성적에 관한 자료이다. 회귀식을 도출하라.

학생	A	B	C	D	E	F	G	H	I	J
공부시간	12	10	5	6	4	13	3	5	12	10
통계학성적	94	85	40	55	45	95	26	40	85	85

풀이

두 변수 간의 관계를 알아보기 위하여 10명의 공부시간(X)과 통계학성적(Y)이 교차하는 지점에 점으로 표시된 것이 다음의 상관도이다. 그림에서 보듯이 두 변수 간의 관계는 양의 선형관계임을 알 수 있다. 즉, 공부시간이 증가함에 따라 통계학성적 역시 증가하므로 직선은 양의 방향을 나타낸다. 그러나 모든 점이 하나의 직선상에 위치하지는 않으므로 완벽한 선형관계로 볼 수는 없다.

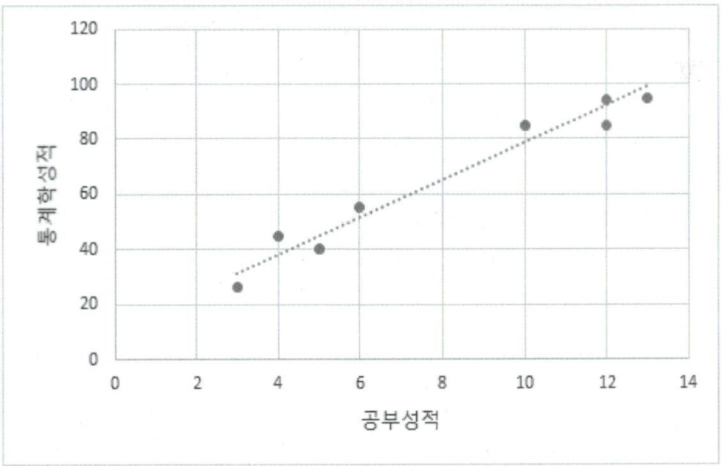

회귀선의 기울기와 절편은 앞서 주어진 식을 이용하면 쉽게 구할 수 있다.

학생	공부시간 (X)	통계학성적 (Y)	$X-\overline{X}$	$Y-\overline{Y}$	$(X-\overline{X})(Y-\overline{Y})$	$(X-\overline{X})^2$
A	12	94	4	29	116	16
B	10	85	2	20	40	4
C	5	40	-3	-25	75	9
E	6	55	-2	-10	20	4
G	4	45	-4	-20	80	16
H	13	95	5	30	150	25
I	3	26	-5	-39	195	25
J	5	40	-3	-25	75	9
K	12	85	4	20	80	16
L	10	85	2	20	40	4
합계	80	650	0	0	871	128
평균	8	65				

주어진 식을 사용하여 회귀식의 기울기와 절편을 구하면 다음과 같다.

$$\text{추정된 기울기 : } b_1 = \frac{\sum_{i=1}^{n}(X_i-\overline{X})(Y_i-\overline{Y})}{\sum_{i=1}^{n}(X_i-\overline{X})^2} = \frac{871}{128} = 6.8047$$

$$\text{추정된 절편 : } b_0 = \overline{Y} - b_1\overline{X} = 65-(6.8047)(8) = 10.5625$$

그러므로 회귀식은 다음과 같다.

$$\widehat{Y} = 10.563 + 6.805X$$

회귀식의 엑셀함수

INTERCEP 함수

용도 : 회귀식에서 b_0를 구함

=INTERCEPT(known_y's, known_x's)

- known_y's : 필수요소로 종속변수의 자료집합
- known_x's : 필수요소로 독립변수의 자료집합

SLOPE 함수

용도 : 회귀식에서 b_1을 구함

=SLOPE(known_y's, known_x's)

- known_y's : 필수요소로 종속변수의 자료집합
- known_x's : 필수요소로 독립변수의 자료집합

예제 11-6

<예제 11-5>의 자료를 가지고 엑셀함수를 활용하여 회귀식을 도출하라.

풀이

절편과 기울기를 구하는 엑셀함수는 다음과 같다.

=INTERCEPT(C2:C11, B2:B11)=10.5625

- known_y's : C2:C11
- known_x's : B2:B11

=SLOPE(C2:C11, B2:B11)=6.8047

- known_y's : C2:C11
- known_x's : B2:B11

C13 =INTERCEPT(C2:C11, B2:B11)

	A	B	C	D	E	F
1		공부시간	통계학성적			
2		12	94			
3		10	85			
4		5	40			
5		6	55			
6		4	45			
7		13	95			
8		3	26			
9		5	40			
10		12	85			
11		10	85			
12						
13		절편	10.56250			
14		기울기	6.80469			

C14 =SLOPE(C2:C11, B2:B11)

	A	B	C	D	E	F
1		공부시간	통계학성적			
2		12	94			
3		10	85			
4		5	40			
5		6	55			
6		4	45			
7		13	95			
8		3	26			
9		5	40			
10		12	85			
11		10	85			
12						
13		절편	10.56250			
14		기울기	6.80469			

회귀식을 이용한 예측

회귀식의 절편과 기울기 값은 다음과 같은 정보를 제공한다.

통계학성적= 10.563+6.805(공부시간)	추가적으로 공부를 1시간 더 하면 평균적으로 시험성적이 6.805점(기울기) 더 상승한다는 것을 의미한다. 공부를 전혀 하지 않은 항상은 약 10.563점(절편)을 받는다고 예상할 수 있다.
정지거리= 5+0.9(속도)	추가적으로 자동차 속도를 1km 더 높이면 평균적으로 정지거리가 0.9m(기울기) 더 필요하다는 것을 의미한다. 자동차 속도가 0인 경우의 정지거리는 예측하지 않으므로 절편은 의미가 없다.
음식비용= 20+15(가족수)	추가적으로 가족의 수가 1명 늘어나면 평균적으로 월 음식비용이 15(만)원(기울기) 늘어난다. 나홀로 가정에는 평균적으로 35(만)원 정도 지출하게 된다. 음식비용 역시 가족 수가 0명인 경우는 예측하지 않으므로 절편은 의미가 없다.

회귀식이 도출되면 주어진 X값에 대한 $\hat{Y}$의 값을 추정한다. 만일 점추정을 한다면 단순히 회귀식 X에 특정 값을 대입하여 $\hat{Y}$에 관하여 풀어주면 된다.

통계학성적= 10.563+6.805(공부시간)	만약 어떤 학생이 10시간 공부한다면 예상되는 통계학성적은? 통계학성적=10.563+6.805(10)=78.613점
정지거리= 5+0.9(속도)	만약 자동차 속도가 100km이면 정지하는데 필요한 예상 거리는? 정지거리=5+0.9(100)=95m
음식비용= 20+15(가족수)	만약 가족의 수가 5명이라면 예상되는 음식비용은? 음식비용=20+15(5)=95(만)원

예측할 때 표본자료의 범위를 벗어나면 회귀식과 동일한 관계가 성립되지 않을 수도 있다. 따라서 모든 추정치는 표본자료의 범위 내의 값으로 한정되어야 한다. 예를 들어, 자동차 속도가 900km인 경우의 제동거리는 표본자료의 범위를 벗어나므로 유용한 추정을 할 수 없다.

제곱합의 분해

관측치(Y)와 Y의 평균($\overline{Y}$)과의 차이를 나타내는 총 편차를 분해하면 다음과 같다.

$$(Y - \overline{Y}) = (\hat{Y} - \overline{Y}) + (Y - \hat{Y})$$

총 편차 = 설명되는 편차 + 설명되지 않는 편차

이는 위 식의 우변에 $\hat{Y}$을 더한 다음 다시 빼준 것이다. 위 식의 우변에서 첫 번째 항은 X에 의해 설명되는 편차이고 두 번째 항은 X에 의해서도 설명되지 않는 편차이다.

[그림 11-8]처럼 X를 고려하지 않으면 예측치는 $\overline{Y}$가 되지만 X를 고려하면 예측치는 $\hat{Y}$가 된다. 먼저 X를 고려하지 않으면 관측치 Y와 예측치 $\overline{Y}$의 차이를 나타내는 총 편차($Y - \overline{Y}$)가 발생한다. 이러한 총 편차는 X를 고려하면 두 가지로 구분할 수 있다. 첫 번째는 X를 고려한 예측치 $\hat{Y}$과 X를 고려하지 않은 예측치 $\overline{Y}$의 차이 즉, X로 설명되는 편차($\hat{Y} - \overline{Y}$)이다. 두 번째는 관측치 Y와 예측치 $\hat{Y}$의 차이 즉, X로 설명되지 않는 편차($Y - \hat{Y}$)이다.

<예제 11-5>의 공부시간과 통계학성적의 예에서 총 편차는 학생마다 통계학성적이 다름으로 인해 발생한다. 첫 번째 학생의 통계학성적은 94점이고 평균점수는 65점이므로 편차는 94점-65점=29점이다. 이러한 편차는 공부시간이라는 X

[그림 11-8] ▍제곱합의 분해

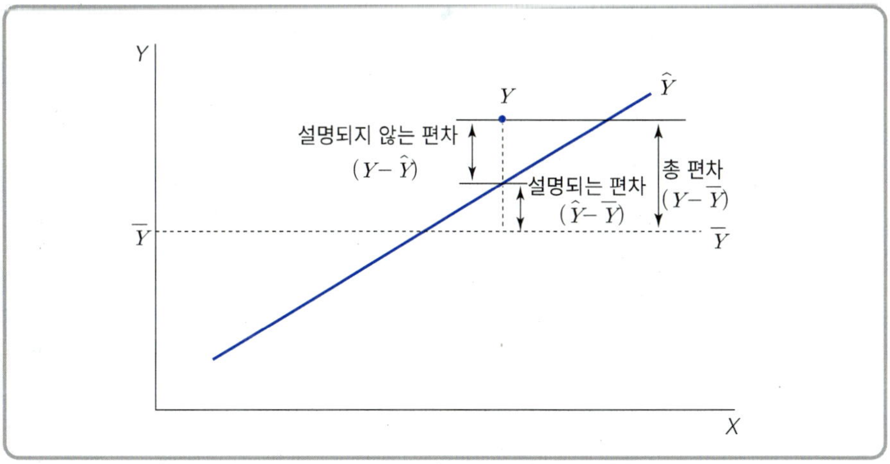

로 설명되어진다. 첫 번째 학생은 12시간 공부하였으므로 회귀식에 의한 예측 점수는 10.563 + 6.805(12) = 91점이다. 따라서 공부시간을 고려하면 설명되는 편차는 94점 - 91점 = 3점이다. 26점만큼 편차가 감소하였는데 이는 공부시간에 의해 설명되는 편차이다. 반면 나머지 3점은 X에 의해서도 설명되지 않는 편차이다. 설명되지 않는 편차는 공부시간 이외의 지능지수, 적성, 기초지식, 동기 등과 같은 변수들이나 알려지지 않은 무작위변동을 고려해야만 설명되는 부분이다. 첫 번째 학생의 경우 다음의 식이 성립한다.

$$(94-65) = (91-65) + (94-91)$$

이러한 편차는 양수나 음수를 가질 수 있으므로 제곱한 값을 활용하여 분석한다. 위 식을 제곱하여 더하면 다음과 같다.

$$\sum(Y-\overline{Y})^2 = \sum(\hat{Y}-\overline{Y})^2 + \sum(Y-\hat{Y})^2$$

총 제곱합 = 회귀 제곱합 + 잔차 제곱합

총 제곱합은 학생마다 통계학성적이 다르기 때문에 발생하는데 $(Y_i-\overline{Y})$의 제곱합을 말한다. 회귀분석에서 총 제곱합은 <표 11-2>와 같이 X로 설명되는 회귀 제곱합과 X로 설명되지 않는 잔차 제곱합으로 분류한다. 총 제곱합 $SST = \sum_{i=1}^{n}(Y_i-\overline{Y})^2$ 중에서 $SSR = \sum_{i=1}^{n}(\hat{Y}-\overline{Y})^2$는 X로 설명되는 회귀 제곱합이고 $SSE = \sum(Y-\hat{Y})^2$는 X로 설명되지 않는 잔차 제곱합이다.

〈표 11-2〉 제곱합의 분해

총 제곱합	회귀 제곱합	잔차 제곱합
SST	SSR	SSE
Y와 $\overline{Y}$ 사이의 제곱합	$\hat{Y}$와 $\overline{Y}$ 사이의 제곱합	Y와 $\hat{Y}$ 사이의 제곱합
$\sum(Y-\overline{Y})^2$	$\sum(\hat{Y}-\overline{Y})^2$	$\sum(Y-\hat{Y})^2$
X를 고려하기 전의 제곱합	X로 설명되는 제곱합	X로 설명되지 않는 제곱합

3. 결정계수

결정계수의 개념

[그림 11－9]는 3개 회사의 광고비용(X)과 매출액(Y)을 나타내는 상관도와 회귀선이다. A 회사는 B나 C 회사보다 Y값들이 회귀선에 많이 모여져 있기 때문에 좀 더 정확한 예측을 할 수 있다. 이와 같이 회귀선이 예측에 얼마나 적합한지를 나타내는 수치가 결정계수이다.

[그림 11－9] ❙ 광고비와 매출액에 관한 각 회사의 회귀식

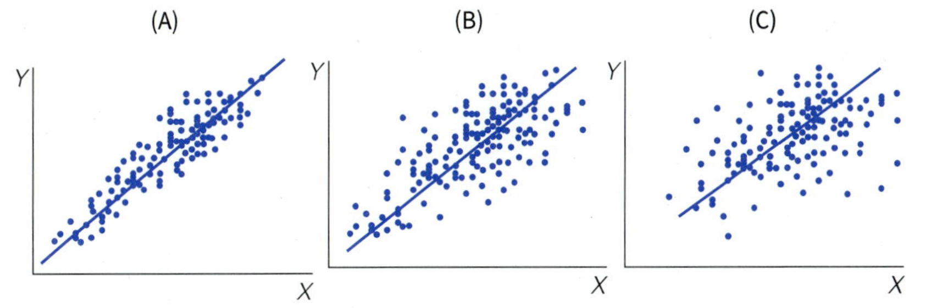

표본에서 구한 회귀선이 관측된 자료에 얼마나 부합하는지를 측정하는 방법 중의 하나가 **결정계수**(coefficient of determination : r^2)이다. 즉, 결정계수는 표본자료들이 회귀선에 얼마나 가까이 모여 있는지를 나타내므로 값이 클수록 회귀선을 가지고 정확한 예측을 할 수 있다. Y의 총 변동은 다음과 같이 표현된다.

$$SST = SSR + SSE$$

양변을 SST로 나누어주면 두 비율의 합은 1이 된다.

$$\frac{SST}{SST} = \frac{SSR}{SST} + \frac{SSE}{SST} \quad \text{또는} \quad 1 = \frac{SSR}{SST} + \frac{SSE}{SST}$$

위 식의 첫 번째 비율 $\frac{SSR}{SST}$를 결정계수 또는 r^2이라 한다. 따라서 r^2로 표시되는 결정계수는 설명되는 제곱합이 총 제곱합에 대해 차지하는 비율을 의미한다.

$$r^2 = \frac{SSR}{SST} \text{ 또는 } r^2 = 1 - \frac{SSE}{SST}$$

$$r^2 = \frac{\text{설명되는 제곱합}}{\text{총 제곱합}} \text{ 또는 } r^2 = 1 - \frac{\text{설명되지 않는 제곱합}}{\text{총 제곱합}}$$

결정계수의 범위는 $0 \le r^2 \le 1$이다. [그림 11-10]과 같이 모든 점자료가 회귀선상에 놓이게 되면 회귀선이 완벽한 적합도를 보이므로 $SSE = 0$이고 $SST = SSR$이므로 $r^2 = 1$이 된다.

$$r^2 = 1 - \frac{SSE}{SST} = 1 - \frac{0}{SST} = 1$$

$$r^2 = \frac{SSR}{SST} = 1 \ (\because SSR = SST)$$

[그림 11-10] ❙ $r^2 = 1$인 경우

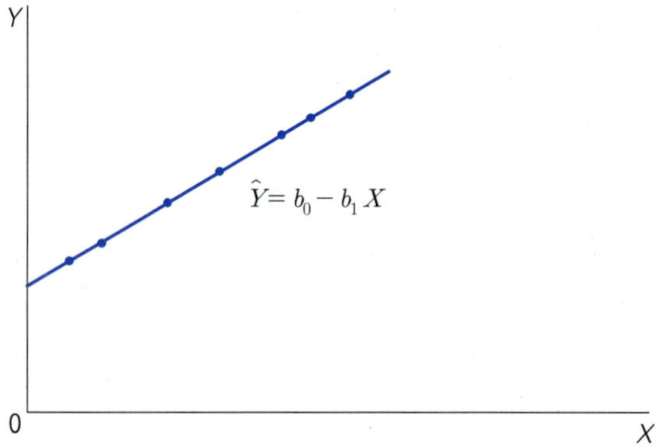

따라서 r^2이 1에 가까울수록 회귀선의 설명력이 높아지고 그만큼 정확한 예측이 가능하다는 것을 의미한다. 반면 [그림 11-11]과 같이 X값이 Y값을 예측하는데 전혀 도움을 주지 않는 경우에는 $SSE = SST$이 되고 $SSR = 0$이 된다. 따라서 r^2값은 0이다.

$$r^2 = 1 - \frac{SSE}{SST} = 0 \ (\because SSE = SST)$$

[그림 11-11] ▎$r^2=0$인 경우

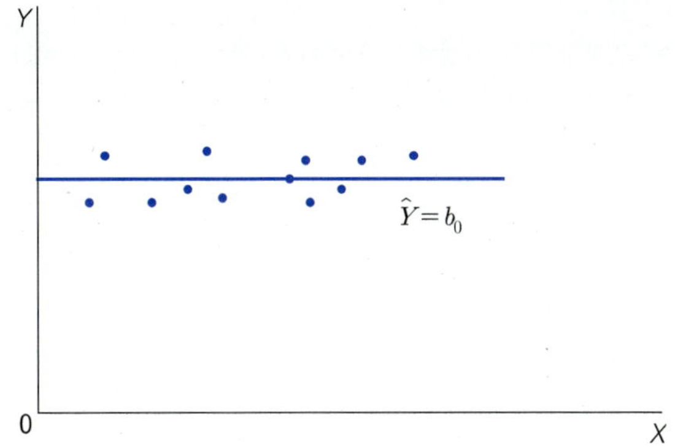

예제 11-7

<예제 11-5>의 자료에 대한 결정계수를 구하고 그 의미를 해석하라.

공부시간	12	10	5	6	4	13	3	5	12	10
통계학성적	94	85	40	55	45	95	26	40	85	85

풀이

학생	공부시간	통계학성적	$\hat{Y}$	$Y-\hat{Y}$	$(Y-\hat{Y})^2$	$\hat{Y}-\overline{Y}$	$(\hat{Y}-\overline{Y})^2$	$Y-\overline{Y}$	$(Y-\overline{Y})^2$
A	12	94	92.219	1.781	3.173	27.219	740.860	29	841
B	10	85	78.609	6.391	40.840	13.609	185.215	20	400
C	5	40	44.586	-4.586	21.031	-20.414	416.734	-25	625
E	6	55	51.391	3.609	13.028	-13.609	185.215	-10	100
G	4	45	37.781	7.219	52.110	-27.219	740.860	-20	400
H	13	95	99.023	-4.023	16.188	34.023	1157.594	30	900
I	3	26	30.977	-4.977	24.766	-34.023	1157.594	-39	1521
J	5	40	44.586	-4.586	21.031	-20.414	416.734	-25	625
K	12	85	92.219	-7.219	52.110	27.219	740.860	20	400
L	10	85	78.609	6.391	40.840	13.609	185.215	20	400
					$SSE=$ 285.117		$SSR=$ 5926.883		$SST=$ 6212

$$r^2 = \frac{SSR}{SST} = \frac{5926.883}{6212} = 1 - \frac{SSE}{SST} = 1 - \frac{285.117}{6212} = 0.9541$$

즉, 표본값들은 결정계수 0.9541을 갖는다. 이는 통계학성적에 대한 제곱합 중 약 95.41%를 주어진 공부시간이 설명할 수 있음을 의미한다.

결정계수와 상관계수

결정계수(r^2)는 앞에서 언급된 상관계수(r)의 제곱이므로 결정계수로 상관계수의 값은 계산할 수 있지만 상관계수의 부호는 결정계수로부터 확인할 수 없다. 상관계수의 부호는 회귀선의 기울기가 양이냐 음이냐에 따라 상관계수의 부호가 + 나 − 로 결정된다. 따라서 상관계수와 회귀선의 기울기는 같은 부호를 갖는다. b_1과 r의 수학적인 관계는 다음과 같다.

$$b_1 = \left(\frac{Y\text{의 표준편차}}{X\text{의 표준편차}}\right) \times r^2$$

따라서 $b_1 = 0$이면 $r = 0$이므로 반대의 관계도 성립한다.

예제 11-8

다음의 자료를 이용하여 상관계수를 구하라.

$$\hat{Y} = 5 - 3.8X$$
$$r^2 = 0.82$$

풀이

$r = \sqrt{r^2} = \sqrt{0.82} = 0.9055$이고 회귀식의 b_1이 음수이므로 상관계수의 부호 또한 − 이다. 따라서 $r = -0.9055$이다.

결정계수의 엑셀함수

RSQ 함수

용도 : 상관계수의 제곱인 결정계수를 구함

=RSQ(known_y's, known_x's)

- known_y's : 필수요소로 종속변수의 자료집합
- known_x's : 필수요소로 독립변수의 자료집합

예제 11-9

<예제 11 - 5>의 결정계수를 엑셀함수로 구하라.

풀이

결정계수를 구하는 엑셀함수는 나음과 같다.

=RSQ(B1:K1, B2:K2)=0.9541

- known_y's : B1:K1
- known_x's : B2:K2

A4 =RSQ(B1:K1, B2:K2)

	A	B	C	D	E	F	G	H	I	J	K
1	공부시간	12	10	5	6	4	13	3	5	12	10
2	통계학성적	94	85	40	55	45	95	26	40	85	85
3											
4	0.95410										

4. 회귀모형검정

회귀선의 표준오차

회귀모형의 적합도를 측정하는 표준오차(standard error : S_e)는 다음과 같이 계산된다.

$$S_e = \sqrt{\frac{SSE}{n-2}} = \sqrt{MSE}$$

만약 $SSE = 0$이면 추정된 모형의 예측이 완벽할 것이므로 $S_e = 0$이 될 것이다. 일반적으로 S_e값이 작을수록 우수한 적합도를 의미한다. S_e는 전체적인 적합도를 측정하기 때문에 결정계수 r^2과 비슷한 역할을 수행한다. S_e는 종속변수의 측정단위에 의존하지만 r^2은 항상 0과 1 사이이다. 따라서 r^2이 적합도 측정도구로 더 많이 사용된다.

표준오차 S_e는 주로 신뢰구간 구축에 사용된다. 표준오차 S_e가 주어지면 추정계수에 대한 표준오차를 다음과 같이 계산할 수 있다.

$$S_{b_1} = \frac{S_e}{\sqrt{\sum_{i=1}^{n}(X-\overline{X})^2}}$$

$$S_{b_0} = S_e\sqrt{\frac{1}{n} + \frac{\overline{X}^2}{\sum_{i=1}^{n}(X-\overline{X})^2}}$$

이러한 표준오차는 자유도 $df = n-2$인 t-분포와 주어진 유의수준 α를 이용하여 기울기와 절편에 대한 신뢰구간을 다음과 같이 구축하는 데 사용한다.

$$b_1 - t_{\frac{\alpha}{2}} S_{b_1} \le \beta_1 \le b_1 + t_{\frac{\alpha}{2}} S_{b_1}$$

$$b_0 - t_{\frac{\alpha}{2}} S_{b_0} \le \beta_1 \le b_0 + t_{\frac{\alpha}{2}} S_{b_0}$$

예제 11-10

<예제 11 - 5>의 자료를 가지고 기울기와 절편의 모수에 대한 95% 신뢰구간을 구하라.

풀이

$$S_e = \sqrt{\frac{SSE}{n-2}} = \sqrt{\frac{285.117}{10-2}} = 5.9699$$

$$S_{b_1} = \frac{S_e}{\sqrt{\sum_{i=1}^{n}(X-\overline{X})^2}} = \frac{5.9699}{\sqrt{128}} = 0.5277$$

$$S_{b_0} = S_e \sqrt{\frac{1}{n} + \frac{\overline{X}^2}{\sum_{i=1}^{n}(X-\overline{X})^2}} = 5.9699\sqrt{\frac{1}{10} + \frac{(8)^2}{128}} = 4.6243$$

자유도는 $n-2=10-2=8$이므로 t-분포표에서 95% 신뢰구간을 위해 $t_{0.05/2,\,10-2} = \pm 2.306$을 찾는다. 기울기 모수에 대한 95% 신뢰구간은 다음과 같다.

$$b_1 - t_{\frac{\alpha}{2}} S_{b_1} \le \beta_1 \le b_1 + t_{\frac{\alpha}{2}} S_{b_1}$$

$$6.805-(2.306)(0.528) \le \beta_1 \le 6.805+(2.306)(0.528)$$

$$5.5874 \le \beta_1 \le 8.0226$$

절편 모수에 대한 95% 신뢰구간은 다음과 같다.

$$b_0 - t_{\frac{\alpha}{2}} S_{b_0} \le \beta_0 \le b_0 + t_{\frac{\alpha}{2}} S_{b_0}$$

$$10.563-(2.306)(4.624) \le \beta_0 \le 10.563+(2.306)(4.624)$$

$$-0.0999 \le \beta_0 \le 21.2259$$

신뢰구간의 폭을 줄이기 위해서는 표본 크기를 늘려야 한다. 표본 크기를 증가시키면 t값과 표준오차가 작아지기 때문에 신뢰구간의 폭은 좁아진다.

기울기에 대한 t-검정

만일 [그림 11-2]의 (e)(f)(g)와 같이 X와 Y가 관련이 없다면 이들 변수를 통과하는 참 회귀선의 기울기는 0이 되므로 X는 Y를 예측하는 데 도움이 되지 않는다. 하지만 [그림 11-2]의 (e)(f)(g)와 같은 모집단에서 무작위로 뽑은 표본회귀선은 우연히도 기울기가 0이 아닐 수도 있다. 따라서 표본회귀선의 기울기가 우연히 생긴 것인지 아니면 X와 Y 사이의 유효한 관계에 의한 것인가를 알기 위해서는 모집단회귀식의 기울기에 대한 가설검정을 할 필요가 있다. 회귀선의 기울기에 대한 검정절차는 [그림 11-12]와 같다.

[그림 11-12] ❙ 기울기 대한 가설검정절차

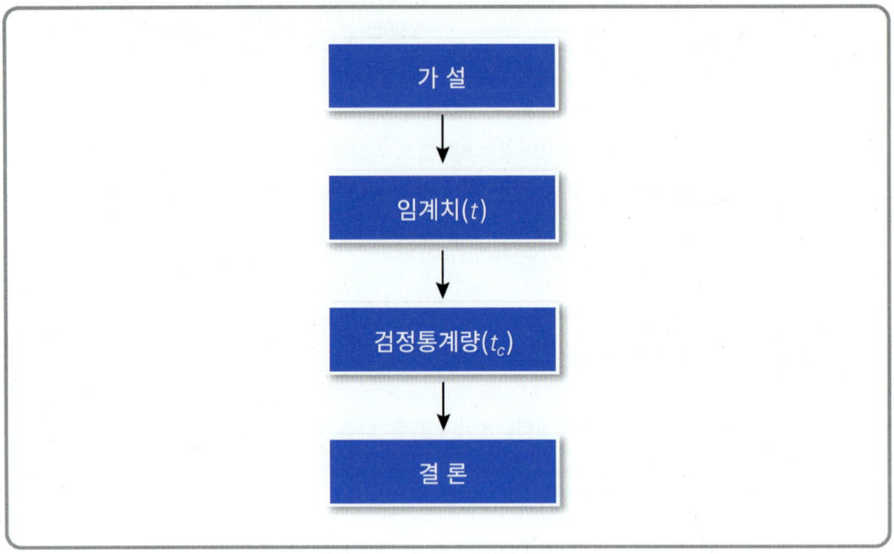

① 가설

귀무가설과 대립가설은 다음과 같다.

저측검정	양측검정	고측검정
$H_0 : \beta_1 = 0$	$H_0 : \beta_1 = 0$	$H_0 : \beta_1 = 0$
$H_1 : \beta_1 < 0$	$H_1 : \beta_1 \neq 0$	$H_1 : \beta_1 > 0$

각 가설의 의미는 다음과 같다.

$H_0 : \beta_1 = 0$(X는 Y에 영향을 미치지 않는다)

$H_1 : \beta_1 \neq 0$(X는 Y에 영향을 미친다)

$H_1 : \beta_1 > 0$(X는 Y에 정(+)의 영향을 미친다)

$H_1 : \beta_1 < 0$(X는 Y에 부(−)의 영향을 미친다)

만약 β_1=0이면 X는 Y에 영향을 미치지 않고 회귀모형은 다음과 같이 절편 β_0와 오차항의 합으로 나타낸다.

$$Y = \beta_0 + (0)X + \epsilon = \beta_0 + \epsilon$$

양측검정에서 귀무가설이 기각된다면 항상 단측검정에서도 기각되기 때문에 일반적으로 양측검정을 먼저 실시하는 경우가 많다. 하지만 단측검정에서 귀무가설이 기각된다고 양측검정에서도 항상 기각되는 것은 아니다.

② 임계치

자유도 $df = n-2$ 의 t-분포를 따른다.

③ 검정통계량

$$t_c = \frac{b_1 - \beta}{S_{b_1}} = \frac{b_1 - 0}{S_{b_1}}$$

여기서 기울기의 표준오차는 다음과 같다.

$$S_{b_1} = \frac{S_e}{\sqrt{\sum_{i=1}^{n}(X-\overline{X})^2}}, \quad S_e = \sqrt{\frac{SSE}{n-2}}$$

④ 결론

귀무가설에 대한 결론을 [그림 11－13]과 같이 내린다.

[그림 11－13] ❙ 기울기의 H_0 기각기준

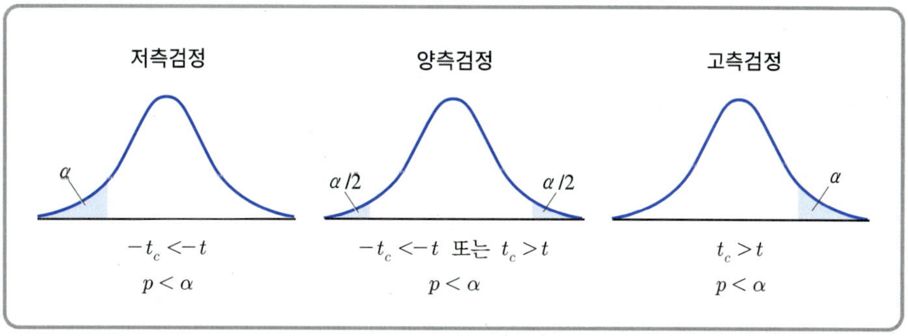

예제 11-11

<예제 11 - 5>에서 도출된 회귀식의 기울기가 0인지를 $\alpha = 0.05$에서 검정하라.

풀이

① 가설

$H_0 : \beta_1 = 0$(X는 Y에 영향을 미치지 않는다)

$H_1 : \beta_1 \neq 0$(X는 Y에 영향을 미친다)

② 임계치

$\alpha = 0.05$이고 $df = 10 - 2 = 8$이면 양측검정에서는 $t_{0.05/2,\ 10-2} = \pm 2.306$

③ 검정통계량

학생	공부시간	통계학성적	$(X-\overline{X})^2$	$(Y-\hat{Y})^2$
A	12	94	16	3.173
B	10	85	4	40.84
C	5	40	9	21.031
E	6	55	4	13.028
G	4	45	16	52.11
H	13	95	25	16.188
I	3	26	25	24.766
J	5	40	9	21.031
K	12	85	16	52.11
L	10	85	4	40.84
평균/합	8	665	128	285.117

$$S_e = \sqrt{\frac{SSE}{n-2}} = \sqrt{\frac{285.117}{10-2}} = 5.9699$$

$$S_{b_1} = \frac{S_e}{\sqrt{\sum_{i=1}^{n}(X-\overline{X})^2}} = \frac{5.9699}{\sqrt{128}} = 0.5277$$

$$t_c = \frac{b_1 - 0}{S_{b_1}} = \frac{6.805 - 0}{0.5277} = 12.8959$$

④ 결론

$t_c > |t|$이면 H_0를 기각한다. $t_c = 12.8959 > t = 2.306$이므로 $H_0 : \beta_1 = 0$이라는 귀무

가설을 기각한다. 즉, 공부시간과 통계학성적 사이에는 선형관계가 있다. 다시 말해서 평균적으로 보아 공부시간이 길면 통계학성적 또한 높다고 볼 수 있다.

예제 11-12

<예제 11-11>을 엑셀함수를 이용하여 검정하라.

풀이

주어진 t값과 자유도에 해당하는 면적을 구하는 엑셀함수는 다음과 같다.

=T.DIST.RT(12.8959, 8) = 0.0000

- X : 12.8959
- deg_freedom : 8

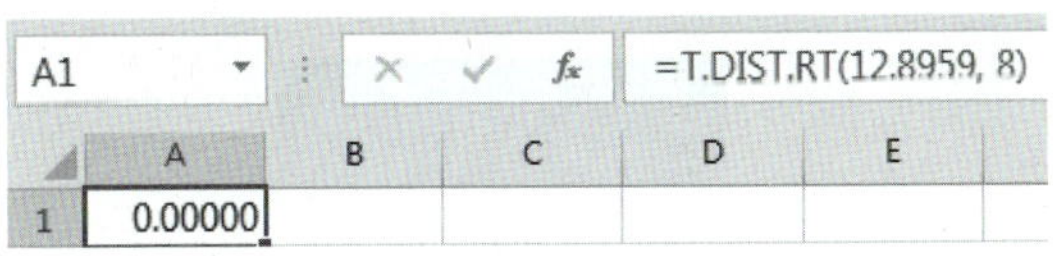

$p = 0.0000 < \alpha = 0.05$이므로 귀무가설을 기각한다.

기울기에 대한 *F*-검정

앞 절에서 t-검정을 이용하여 β_1에 대한 가설검정을 하였다. 본 절에서는 분산분석에 의한 F-검정을 이용하여 β_1에 대한 가설검정방법을 살펴보기로 한다. 단순회귀분석에서의 분산분석은 Y값들 사이의 총 제곱합(SST)을 다음과 같이 독립변수를 고려함으로써 설명되는 제곱합(SSR)과 설명되지 않는 제곱합(SSE)으로 나누어서 검정한다.

$$SST = SSR + SSE$$

분산분석을 위해서는 SST, SSR, SSE의 자유도를 계산하여야 한다. 총 제곱합 SST의 자유도는 SST를 계산하기 위해 $\overline{Y}$가 계산되어야 하므로 $n-1$이 되며, 잔차 제곱합 SSE의 자유도는 SSE를 계산하기 위해 b_0와 b_1의 값을 계산하여야 하므로 $n-2$가 되며, 회귀 제곱합 SSR의 자유도는 SSR의 자유도와 SSE의 자유도를 합한 것이 SST의 자유도와 일치하여야 하므로 1이 된다. 분산분석에 의한 가설검정의 과정을 분산분석표로 나타내면 <표 11-3>과 같다.

〈표 11-3〉 단순회귀분석의 분산분석표

원인	제곱합	자유도	제곱평균	F_c
회귀	$SSR=\sum_{i=1}^{n}(\hat{Y}_i-\overline{Y})^2$	1	$MSR=\frac{SSR}{1}$	$F_c=\frac{MSR}{MSE}$
잔차	$SSE=\sum_{i=1}^{n}(Y_i-\hat{Y})^2$	$n-2$	$MSE=\frac{SSE}{n-2}$	
합계	$SST=\sum_{i=1}^{n}(Y_i-\overline{Y})^2$	$n-1$		

분산분석에 의한 기울기(β_1)의 가설검정절차는 [그림 11-14]와 같다.

[그림 11-14] ❙ 분산분석에 의한 기울기의 가설검정절차

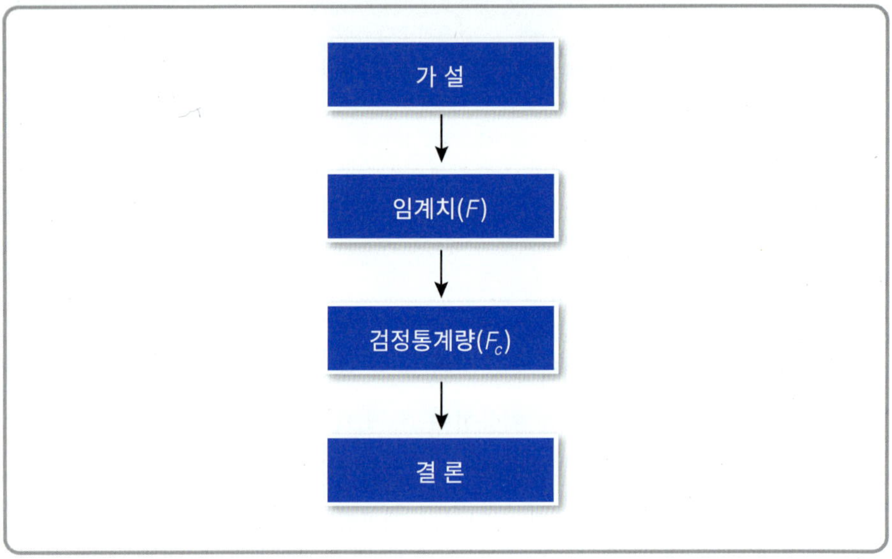

① 가설

$H_0 : \beta_1 = 0$(X는 Y에 영향을 미치지 않는다)

$H_1 : \beta_1 \neq 0$(X는 Y에 영향을 미친다)

② 임계치

검정에 이용되는 두 가지 제곱평균의 비율 MSR/MSE는 두 분산의 비율이므로, 이는 자유도 1과 $n-2$를 가진 F-분포를 따르게 된다.

③ 검정통계량

단순회귀모형의 경우 F-검정통계량은 다음과 같다.

$$F_c = \frac{MSR}{MSE} = \frac{SSR/1}{SSE/(n-2)} = (n-2)\frac{SSR}{SSE}$$

F-검정통계량은 식에서 보는 것처럼 SSE에 비해 SSR의 값이 상대적으로 크면 F-검정통계량이 커지므로 적합도가 우수하여 H_0를 기각하고 H_1을 채택한다. 반면에 SSE에 비해 SSR의 값이 상대적으로 작다면 F-검정통계량이 작아지므로 적합도가 낮아 H_0를 받아들인다.

④ 결론

귀무가설에 대한 결론을 [그림 11-15]와 같이 내린다.

[그림 11-15] **분산분석에 의한 기울기의 H_0 기각기준**

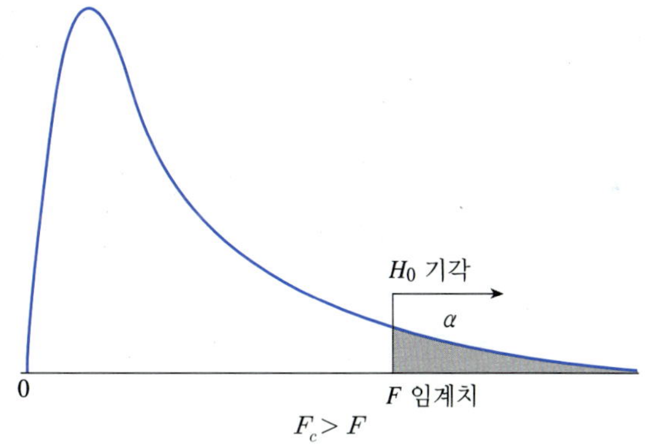

예제 11-13

<예제 11-5>에서 도출된 회귀선의 기울기가 0과 다른지 $\alpha = 0.05$에서 분산분석에 의해 검정하고 <예제 11-11>의 결과와 비교하라.

풀이

	자유도	제곱합	제곱평균	F_c
회귀	1	5926.883	5926.883	166.299
잔차	8	285.117	35.640	
합계	9	6212		

① 가설

$H_0 : \beta_1 = 0$

$H_1 : \beta_1 \neq 0$

② 임계치

$F_{0.05,1,10-2} = 5.32$

③ 검정통계량

$$F_c = \frac{MSR}{MSE} = \frac{5926.883}{35.640} = 166.2986$$

④ 결정

$F_c > F$이면 H_0를 기각한다. $F_c = 166.2986 > F = 5.32$이므로 H_0를 기각한다. <예제 11-11>의 경우와 같은 결론에 도달한다는 것을 알 수 있다. 여기서 임계치 $F_{0.05,10-2} = 5.32$는 $t_{0.05/2,10-2} = \pm 2.306$을 제곱한 값이고, 검정통계량 $F_c = \dfrac{MSR}{MSE} = 166.2986$은 $t_c = \dfrac{b_1 - 0}{S_{b_1}} = 12.896$을 제곱한 값이므로 같은 결론을 얻을 수 있다.

따라서 다음의 관계가 성립된다.

$$(t_c)^2 = \left(\frac{b_1 - 0}{S_{b_1}}\right)^2 = F_c = \frac{MSR}{MSE}$$

상관계수에 대한 검정

표본상관계수 r은 모상관계수 ρ(그리스문자 rho)에 대한 추정치이다. 상관계수에 대한 가설검정을 위한 절차는 [그림 11-16]과 같다.

① 가설

귀무가설과 대립가설은 다음과 같다.

$H_0 : \rho = 0$(두 변수 사이에 상관관계가 없다)

$H_1 : \rho \neq 0$(두 변수 사이에 상관관계가 있다)

[그림 11-16] **상관계수에 대한 가설검정절차**

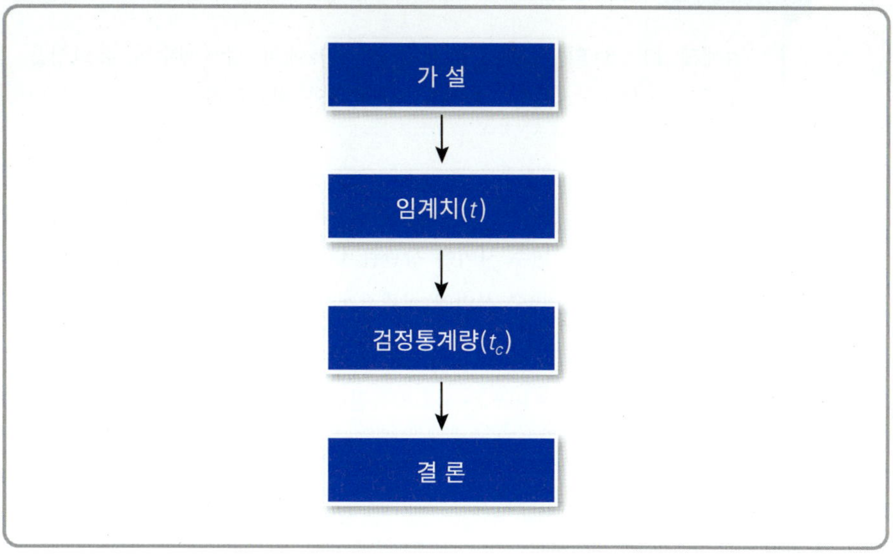

② 임계치

자유도 $df = n-2$ 의 t-분포를 따른다.

③ 검정통계량

상관계수의 유의성 즉, $H_0 : \rho = 0$을 검정하기 위한 검정통계량은 다음과 같다.

$$t_c = r\sqrt{\frac{n-2}{1-r^2}}$$

④ 결론

귀무가설에 대한 결론을 [그림 11-17]과 같이 내린다.

[그림 11-17] **상관계수의 H_0 기각기준**

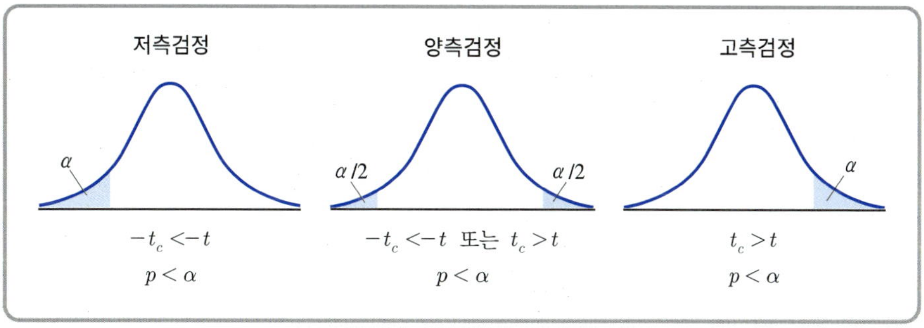

예제 11-14

<예제 11 - 5>의 자료를 가지고 α=0.05에서 상관계수의 유의성을 검정하고 <예제 11 - 11>과 <예제 11 - 13>의 결과와 비교하라.

풀이

① 가설

$H_0 : \rho = 0$(두 변수 사이에 상관관계가 없다)

$H_1 : \rho \neq 0$(두 변수 사이에 상관관계가 있다)

② 임계치

자유도 $df = n-2 = 10-2 = 8$의 양측검정에서 $t_{0.05/2,\,10-2} = \pm 2.306$을 부록표에서 찾을 수 있다.

③ 검정통계량

$$t_c = r\sqrt{\frac{n-2}{1-r^2}} = 0.9768\sqrt{\frac{10-2}{1-(0.9768)^2}} = 12.8959$$

④ 결론

$-t_c < -t$ 또는 $t_c > t$이면 H_0를 기각하고 H_1을 수용한다. $t_c = 12.8959 > t = 2.306$ 이므로 5% 유의수준에서 귀무가설을 기각한다.

<예제 11 - 11>과 <예제 11 - 13>의 결과와 동일하다. 분산분석에 의한 F-검정이나 t-검정은 같다. 왜냐하면 $(t_c)^2 = (12.8959)^2 = F_c = 166.2986$이고 $b = (\frac{Y\text{의 표준편차}}{X\text{의 표준편차}}) \times r$이기 때문이다.

5. 엑셀을 활용한 회귀모형검정

<예제 11 - 5>의 자료를 가지고 $H_0 : \beta_1 = 0$인지를 $\alpha = 0.05$ 수준에서 엑셀로 검정하는 방법은 다음과 같다.

① 다음과 같이 자료를 입력한다.

D	E
공부시간	통계학성적
12	94
10	85
5	40
6	55
4	45
13	95
3	26
5	40
12	85
10	85

② [데이터] ➡ [데이터 분석] ➡ [통계 데이터 분석 창] ➡ [회귀분석]을 지정한 후 [확인] 버튼을 누른다.

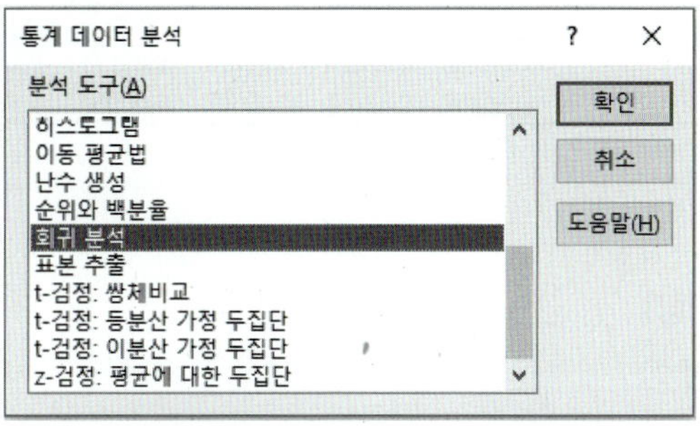

③ [Y축 입력 범위] ➡ [X축 입력 범위] ➡[이름표] ➡ [신뢰수준] ➡ [출력범위]를 입력한 후 [확인] 버튼을 누른다.

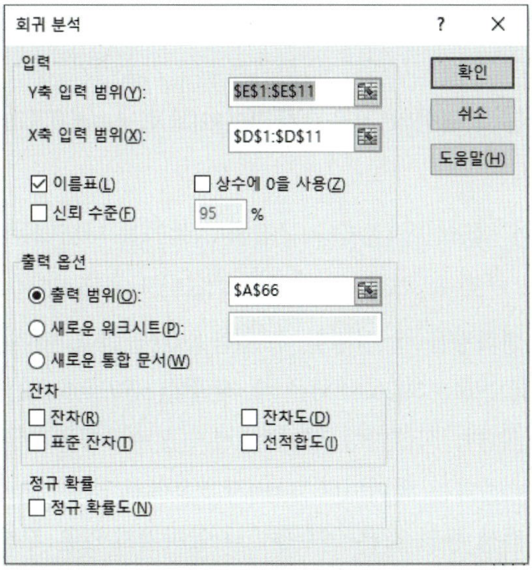

④ 이상의 과정을 마치면 회귀분석의 결과가 다음과 같이 나타난다.

66	요약 출력						
67							
68	회귀분석 통계량						
69	다중 상관계수	0.97678					
70	결정계수	0.95410					
71	조정된 결정계수	0.94836					
72	표준 오차	5.96990					
73	관측수	10					
74							
75	분산 분석						
76		자유도	제곱합	제곱 평균	F 비	유의한 F	
77	회귀	1	5926.883	5926.883	166.3003	0.00000	
78	잔차	8	285.1172	35.63965			
79	계	9	6212				
80							
81		계수	표준 오차	t 통계량	P-값	하위 95%	상위 95%
82	Y 절편	10.56250	4.62426	2.28415	0.05174	-0.10106	21.22606
83	공부시간	6.80469	0.52767	12.89575	0.00000	5.58788	8.02149

⑤ 결과를 해석한다.

[회귀분석 통계량]

가) 다중상관계수

다중회귀분석에서 방향이 서로 다른 독립변수들 사이의 상관관계를 종합적으로 측정하는 값이다. 따라서 단순상관계수처럼 상관관계의 방향을 나타내는 부호(+, −)는 존재하지 않고 항상 양(+)의 값을 취한다. 단순회귀분석에서는 회귀계수의 기울기에 따라 상관계수의 기울기가 결정된다. 즉, 회귀계수의 기울기가 양수이면 상관계수도 양수이고 반대로 회귀계수의 기울기가 음수이면 상관계수도 음수이다. 여기서는 회귀선의 기울기가 양수이므로 $r = +0.9768$이다.

나) 결정계수

표본자료들이 회귀선에 얼마나 근접해 있는가를 나타내는 수치로 0과 1 사이의 값을 가진다. r^2로 표시되는 결정계수의 값이 1에 근접할수록 회귀선을 가지고 종속변수 Y의 변화량을 잘 설명할 수 있음을 나타낸다. 여기서는 $r^2 = 0.9541$이다. 회귀 제곱합($SSR = 5926.883$)을 총 제곱합($SST = 6212$)으로 나누면 결정계수 0.9541을 얻는다. 학생마다 통계학 성적(Y)이 다른 이유를 공부시간(X)이 95.41%를 설명해준다는 의미이다. 나머지 5.59%는 공부시간이 설명해주지 못하고 동기, 경험, 적성 등과 같은 변수들이나 알려지지 않은 무작위변동을 고려해야만 설명된다.

다) 조정된 결정계수

다중회귀분석의 경우 독립변수가 추가되면 그 독립변수가 유의하든 안 하든 결정계수는 증가하는 단점을 가지고 있어 이를 보완하는 계수이다. 이러한 조정된 결정계수는 독립변수의 수가 서로 다른 회귀모형들을 비교하기 위해 사용될 수 있다.

라) 표준오차

적합도를 측정하는 방법 중의 하나로 표준오차가 작을수록 실제 값과 추정 값 간의 차이가 작다고 할 수 있다. 분산분석표에서 잔차 행의 제곱평균(MSE)의 제곱근이 표준오차가 된다. 즉, $\sqrt{MSE} = \sqrt{35.6397} = 5.9699$ 이다.

마) 관측 수

X, Y 사이의 관계를 알아보기 위하여 이들 X, Y를 쌍으로 하는 자료의 수를 말한다. 여기서는 10명의 공부시간과 통계학성적에 관한 자료를 사용하였다.

[분산분석표]

가) 자유도

회귀 자유도는 독립변수의 수 = 1이고 잔차의 자유도는 자료의 수 - 2 = $n-2$ = 8이다. 합계 자유도는 회귀 자유도(1)와 잔차 자유도(8)를 합한 9이다. 또한 합계 자유도는 자료 수 - 1 = $n-1$ = 9로도 계산된다.

나) 제곱합

총 제곱합 6212는 학생마다 통계학성적이 다르기 때문에 발생하는 편차의 제곱합이다. 이러한 총 제곱합이 공부시간에 의해 설명되는지 아니면 공부시간 이외의 요인으로 설명되는지를 판단하여야 한다. 회귀 제곱합 즉 공부시간에 의해 설명되는 제곱합은 5926.883이고 잔차 즉 공부시간에 의해 설명되지 않는 제곱합은 285.1172이다.

다) 제곱평균

제곱합을 자유도를 나누면 제곱평균이 된다. 회귀의 제곱평균은 5926.883/1 = 5926.883이고 잔차의 제곱평균은 285.117/8 = 35.6397이다.

라) F비

F비(F_c)는 검정통계량으로 회귀 제곱평균을 잔차 제곱평균으로 나눈 5926.883/35.6397 = 166.3003이다.

마) 유의한 F

유의한 F(p)는 검정통계량 F비(F_c = 166.3003)의 면적을 말한다. $p < \alpha$이면 H_0를 기각하고 H_1을 채택한다. 여기서는 유의한 F(p) = 0.0000 < $\alpha = 0.05$이므로 H_0를 기각하고 H_1을 채택한다.

[회귀분석표]

가) 계수

표본회귀식에서의 b_0과 b_1의 값을 보여준다. 따라서 표본회귀식은 Y = 10.5625 + 6.8047X이다.

나) 표준오차

표준오차가 크다는 것은 그만큼 실제 값과 추정치 간의 차이가 크다는 의미이다. 따라서 표준오차가 작을수록 모형의 적합도는 높다고 할 수 있다.

다) t 통계량

t 통계량은 회귀계수 값을 표준오차로 나눈 값이다. 기울기에 대한 t 통계량은 6.8047/0.5277 = 12.8958이다. t 통계량(t_c)은 t 임계치(t)와 비교하여 $t_c > |t|$이면 H_0를 기각한다. $t_c = 12.8958 > t_{0.05/2,\,10-2} = \pm 2.306$이므로 H_0를 기각한다. 따라서 $H_1: \beta_1 \neq 0$이므로 기울기는 의미가 있어 X는 Y에 영향을 미친다. 단순회귀분석에서 t 통계량은 분산분석에서의 F비를 제곱한 값과 일치한다. 따라서 (t 통계량)^2 = $(12.8958)^2$ = (F비) = 166.3003이 성립한다.

라) P-값

t 통계량(t_c)에 대한 면적을 의미한다. 기울기의 t 통계량(t_c)은 12.8958이고 이에 대한 면적은 0.0000이다. P-값(p)은 α와 비교하여 $p < \alpha$이면 H_0를 기각하고 H_1을 채택한다. 여기서는 P-값(p) = 0.0000 < $\alpha = 0.05$이므로 H_0를 기각하고 H_1을 채택한다. 이는 분산분석에 의한 F-검정과 같은 결론에 도달한다. 단순회귀분석에서 기울기의 P-값은 분산분석에서의 유의한 F값과 일치한다.

마) 하위 및 상위 95%

기울기에 대한 양측검정은 β_1에 대한 신뢰구간을 계산하여 그 신뢰구간에 0을 포함하면 H_0을 채택하고 포함하지 않는다면 H_1을 채택한다. 여기서 기울기에 대한 신뢰구간은 5.5879 ~ 8.02149로 0을 포함하지 않으므로 $H_1 : \beta_1 \neq 0$를 채택한다. 따라서 t 통계량이나 P-값에 의한 검정과 일치하므로 세 가지 방법 중 하나를 사용하여 검정하면 된다.

〈기울기 검정〉

• 가설

$H_0 : \beta_1 = 0$(X는 Y에 영향을 미치지 않는다)

$H_1 : \beta_1 \neq 0$(X는 Y에 영향을 미친다)

• 결론

$t_c > |t|$ 또는 $p < \alpha$이면 H_0를 기각한다. $t_c = 12.8958 > t = 2.306$이고 $p = 0.0000 < \alpha = 0.05$이므로 H_0를 기각하고 H_1을 채택한다. 즉, 공부시간과 시험성적 사이에는 선형관계가 있어 공부시간은 시험성적에 영향을 미친다.

예제 11-15

다음은 <예제 11 - 1>의 근무연수와 불량품의 수에 관한 엑셀의 결과물이다. $\alpha = 0.05$ 수준에서 $H_0 : \beta_1 = 0$과 $H_0 : \rho = 0$을 검정하라.

E	F	G	H	I	J	K
요약 출력						
회귀분석 통계량						
다중 상관ㄱ	0.97745					
결정계수	0.95542					
조정된 결ㄱ	0.94984					
표준 오차	0.64261					
관측수	10					
분산 분석						
	자유도	제곱합	제곱 평균	F 비	유의한 F	
회귀	1	70.79637	70.79637	171.43920	0.00000	
잔차	8	3.30363	0.41295			
계	9	74.1				
	계수	표준 오차	t 통계량	P-값	하위 95%	상위 95%
Y 절편	11.87418	0.58439	20.31893	0.00000	10.52657	13.22179
근무연수	-0.55614	0.04247	-13.09348	0.00000	-0.65408	-0.45819

풀이

$F_c = 171.4392$에 대해서는 $p = 0.0000 < \alpha = 0.05$이고 $t_c = -13.0935$에 대해서는 $p = 0.0000 < \alpha = 0.05$이므로 귀무가설을 부정한다. 따라서 근무연수가 길수록 불량품을 적게 생산한다. 이는 근무연수가 1년 증가할 때마다 불량품 수는 0.5561단위만큼 감소한다는 의미이다. 상관계수는 근무연수의 기울기가 음수이므로 $r = -0.9775$이다.

분산분석에 의한 F-검정이나 t-검정의 결과는 같다. 왜냐하면, $(t_c)^2 = (-13.0935)^2 = F_c = 171.4392$이기 때문이다.

연습문제

01. 맞으면 ○, 틀리면 ×로 표시하라.

(1) 상관분석과 회귀분석은 인과관계를 결정하는 데 이용된다.

(2) 설명되는 제곱합은 설명되지 않는 제곱합보다 항상 크다.

(3) 결정계수란 회귀선에 의해 설명되는 제곱합이 총 제곱합에 대해 차지하는 비율이다.

(4) $r=0.8$이면 회귀식이 총 제곱힙의 80%를 설명한 수 있다는 것이다.

(5) r값이 작다는 것은 X와 Y 사이에 선형관계가 없음을 의미한다.

(6) r은 단지 X와 Y변수 간의 선형관계의 강도를 측정한다.

(7) $\overline{X}$와 $\overline{Y}$를 통과하면서 $\sum(Y-\hat{Y})^2$의 최소화는 회귀선의 특징이다.

(8) 만일 r^2이 0.64라면 상관계수는 0.8이다.

(9) $\beta=0$이면 $\rho=0$이다.

(10) 설명되지 않는 제곱합이 총 제곱합에 차지하는 비율이 3/4이면 결정계수 r^2은 1/4이다.

02. 다음의 자료를 이용하여 상관도와 상관계수 및 결정계수를 구하고 그 의미를 설명하라.

x	4	5	8	12	5	7	8	12
y	22	18	12	10	20	17	15	11

03. 다음의 자료는 임의로 선정된 학생 10명의 성적이다. 상관도와 상관계수 및 결정계수를 구하고 그 의미를 설명하라.

	1	2	3	4	5	6	7	8	9	10
중간고사	78	88	56	67	45	90	75	68	35	95
기말고사	68	78	67	59	38	85	80	75	50	90

04. 다음은 학생 50명의 신장(X)과 체중(Y)에 관한 통계량이다.

$(X-\overline{X})^2 = 36$, $(Y-\overline{Y})^2 = 84$, $(X-\overline{X})(Y-\overline{Y}) = 24$

(1) 표본의 상관계수를 구하라.

(2) 두 변수 간에 상관관계가 존재한다는 것을 $\alpha = 0.05$에서 검정하라.

05. ABC 전자대리점은 최근 광고지 광고를 시작하였다. 대리점의 책임자는 다음의 자료를 가지고 판매량을 예측해 보고자 한다.

	1	2	3	4	5	6	7	8	9	10
광고지	50	60	75	50	45	60	85	50	40	50
판매량	60	70	60	60	50	50	40	70	30	45

(1) 회귀식을 구하라.

(2) 두 변수 간에 상관관계가 존재한다는 것을 $\alpha = 0.05$에서 검정하라.

(3) 광고지가 50매일 때 판매량을 추정하라.

06. 다음은 행정구역 내 아파트 단지 수와 커피점 수를 조사한 자료이다.

아파트 단지 수(X)	70	60	75	50	45	60	85	90	40	50
커피점 수(Y)	65	50	60	60	38	30	80	80	30	45

(1) 상관계수를 구하라.

(2) 결정계수를 구하라.

(3) 회귀식을 구하라.

(4) 아파트 단지 수가 80단위일 때 커피점 수를 추정하라.

(5) $\alpha = 0.02$에서 $H_0 : \rho = 0$을 검정하라.

(6) $\alpha = 0.05$에서 $H_0 : \beta_1 = 0$을 검정하라.

07. 다음 분산분석표를 완성하라.

	제곱합	자유도	제곱평균	F비
회귀	ⓐ	ⓑ	ⓒ	ⓕ
잔차	ⓓ	5	2	
계	30	ⓔ		

08. 다음은 공부시간(X)과 성적(Y)에 관한 엑셀의 분석 결과이다.

회귀분석 통계량	
다중 상관계수	0.84515
결정계수	0.71429
조정된 결정계수	0.67857
표준 오차	1.09545
관측수	10

분산 분석

	자유도	제곱합	제곱평균	F비	유의한 F
회귀	1	24	24	20	0.00208
잔차	8	9.6	1.2		
계	9	33.6			

	계수	표준 오차	t 통계량	P-값
Y 절편	−0.8	1.38564	−0.57735	0.57958
판매액	1	0.22361	4.47213	0.00208

(1) 분석에 사용된 자료의 수는?

(2) 독립변수의 수는?

(3) 회귀식은?

(4) X=10일 때 Y는?

(5) $\alpha = 0.01$에서 $H_0 : \rho = 0$을 검정하라.

(6) $\alpha = 0.05$에서 $H_0 : \beta_1 = 0$을 검정하라.

09. 다음은 10개 지역에 대한 판매원 수와 판매량에 관한 자료이다.

판매원 수	17	15	16	15	15	16	22	25	13	15
판매량	42	35	42	33	35	40	40	56	21	28

(1) 상관계수를 구하라.

(2) 결정계수를 구하라.

(3) 회귀식을 구하라.

(4) 판매원 수가 20일 때 판매량을 추정하라.

(5) $\alpha = 0.05$ 에서 $H_0 : \rho = 0$을 검정하라.

(6) $\alpha = 0.05$ 에서 $H_0 : \beta_1 = 0$을 검정하라

12

다중회귀분석

1. 다중회귀식
2. 다중회귀분석을 위한 엑셀도구
3. 다중회귀모형의 적합도검정
4. 다중회귀모형의 추정
5. 다중회귀모형의 검정
6. 범주형 예측변수
7. 다중공선성

1. 다중회귀식

제11장에서는 회귀분석과 상관분석을 통해 두 변수 간의 관계를 분석하는 방법에 관하여 살펴보았다. 그러나 다음의 예와 같이 어느 한 변수의 값을 예측할 때 관련된 여러 변수를 동시에 고려한다면 보다 나은 예측을 할 수 있을 것이다.

- 자동차의 제동거리를 예측하기 위해 차량의 속도 외에 차량무게, 음주량, 타이어마모상태, 노면상태 등을 추가로 고려한다.
- 회사의 판매량을 예측하기 위해 영업활동비 외에 영업사원 수, 광고비, 가격 등을 추가로 고려한다.
- 작업자의 품질수준을 예측하기 위해 근무연수뿐만 아니라 기온, 습도, 성별 등을 추가로 고려한다.

이와 같은 상황에서는 단순회귀분석의 논리적인 연장인 다중회귀분석을 사용하여 변수들 간의 관계를 살펴볼 수 있다. 단순회귀분석에서는 종속변수를 예측하기 위해 하나의 독립변수를 사용하고 나머지 효과들은 원인이 설명되지 않는 오차라는 항목에서 총괄하여 다루는 데 반하여 **다중회귀분석**에서는 원인이 설명되지 않는 오차를 줄여 보다 나은 예측을 위하여 필요한 독립변수를 추가한다.

종속변수는 다음과 같은 선형방정식에 의해 k개의 독립변수와 관련되어 있는데 이 선형방정식을 **모집단다중회귀모형**(population multiple regression model)이라 한다.

$$Y = \beta_0 + \beta_1 X_1 + \beta_2 X_2 + \ldots.. + \beta_k X_k + \epsilon$$

여기서 $\beta_0, \beta_1, \beta_2, \ldots.., \beta_k$는 모수로서 알려지지 않은 회귀모형의 계수이며 그리스문자로 표시한다. 반면 ϵ는 오차항으로 모형에 포함되지 않은 내용 즉, 원인이 설명되지 않는 오차를 나타낸다. 제동거리에 관한 모형의 경우 차량속도(β_1), 차량무게(β_2), 음주량(β_3), 타이어마모상태(β_4), 노면상태(β_5)로 나타낼 수 있다. 하지만 운전자의 연령이나 운동신경 등과 같이 회귀분석모형에 포함되지 않은 것은 ϵ에 포함될 수 있다. 오차들은 0의 평균과 σ^2의 분산을 가진 서로 독립적인 정규분포로 가정한다. 이러한 가정 하에 최소자승법으로 모수에 대한 추정치를 다음과 같이 얻을 수 있다.

$$\hat{Y} = b_0 + b_1X_1 + b_2X_2 + ... + b_kX_k$$

회귀계수에 대한 표본추정치(sample estimates)는 로마문자 b_0, b_1, b_2,....., b_k로 표시한다. 여기서 표본자료들로부터 도출된 계수 b_0와 계수 b_j의 의미는 다음과 같다.

- b_0는 절편계수로 모든 X_j값들이 0일 때 기대되는 Y의 예상 값이다.
- b_j는 다른 X변수들이 일정할 때 X_j변수 한 단위가 변할 때 종속변수 Y의 예상 변화분이다.

예를 들어 판매량을 Y, 영업사원 수를 X_1, 영업활동비를 X_2 그리고 광고비를 X_3으로 두고 모형을 다음과 같이 추정한다.

$$\hat{Y} = 5 + 10X_1 + 7X_2 + 15X_3$$

위의 모형에서 $10X_1$은 영업사원 수가 한 명 증가되면 판매량은 10단위 증가됨을 의미하는데, 이때 영업활동비와 광고비가 판매량에 미치는 효과는 일정하다고 보는 것이다. 마찬가지로 $7X_2$도 동일한 방법으로 해석이 가능한데 영업활동비가 한 단위 증가한다면 판매량은 7단위 증가된다는 의미이다. 이 경우에도 영업사원 수와 광고비의 효과는 같다고 가정한다.

2. 다중회귀분석을 위한 엑셀도구

회귀모형을 추정하기 위해서는 종속변수 Y와 독립변수 X_1, X_2, ...X_k에 대해 n개의 관측치를 필요로 한다. 즉, <표 12-1>과 같이 Y값에 대한 하나의 열과 X값에 대한 k개의 열을 가지므로 $n \times k$ 행렬 구조로 자료는 구성된다.

〈표 12-1〉 다중회귀분석의 자료형태

종속변수	독립변수			
Y	X_1	X_2	.....	X_k
Y_1	X_{11}	X_{12}	.....	X_{1k}
Y_2	X_{21}	X_{22}	.....	X_{2k}
⋮	⋮	⋮	⋮	⋮
Y_n	X_{n1}	X_{n2}	.....	X_{nk}

예를 들어, ABC 상사에서 판매량을 예측하기 위해 10명의 직원을 대상으로 <표 12-2>의 자료를 수집하였다.

〈표 12-2〉 ABC 상사의 판매량 예측자료

직원	A	B	C	E	F	G	H	I	J	K
판매량(Y)	34	35	42	15	27	31	32	28	39	29
교육점수(X_1)	75	82	80	20	40	75	70	60	75	60
영업활동비(X_2)	7	8	9	2.5	4	5	5	4	8.2	4

종속변수는 판매량이고 독립변수는 교육점수와 영업활동비이다. 따라서 이 예제의 다중회귀모형은 다음과 같다.

$$Y = \beta_0 + \beta_1 X_x + \beta_2 X_2 + \epsilon$$

여기서 Y : 판매량
X_1 : 교육점수
X_2 : 영업활동비(백만 원)
ϵ : 오차항

위의 모형으로부터 도출되는 추정회귀식은 다음과 같다.

$$\hat{Y} = b_0 + b_1 X_1 + b_2 X_2$$

엑셀의 [데이터 분석] 도구를 이용하여 다중회귀분석을 수행하는 방법에 대해 살펴보기로 하자.

① 자료입력

다음과 같이 판매량 예측에 필요한 자료를 입력한다.

	A	B	C	D
1	직원	판매량	교육점수	영업활동비
2	A	34	75	7
3	B	35	82	8
4	C	42	80	9
5	E	15	20	2.5
6	F	27	40	4
7	G	31	75	5
8	H	32	70	5
9	I	28	60	4
10	J	39	75	8.2
11	K	29	60	4

② [데이터] ➡ [데이터 분석]을 클릭하여 [통계 데이터 분석] 대화상자에서 [회귀 분석]을 선택하고 [확인] 버튼을 누른다.

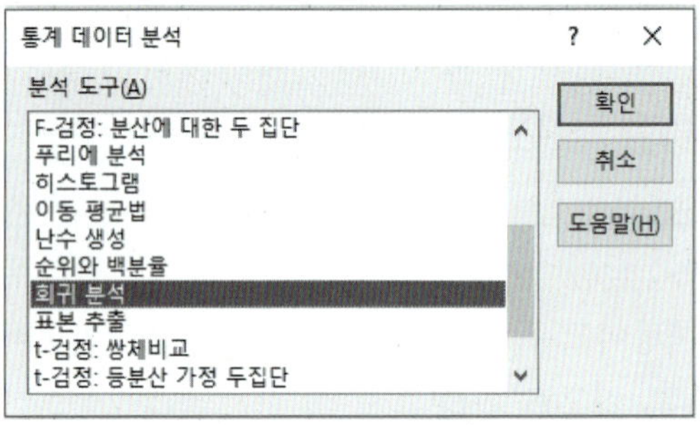

③ [Y축 입력 범위]에는 셀 범위 B1:B11을 [X축 입력 범위]에는 셀 범위 C1:D11을 마우스로 드래그하여 입력한다. [이름표]를 체크하고 신뢰 수준이 95%일 경우에는 기본으로 설정된 값을 그대로 사용한다. 출력옵션으로 [출력범위]를 선택하고 출력범위의 시작점으로 F1을 지

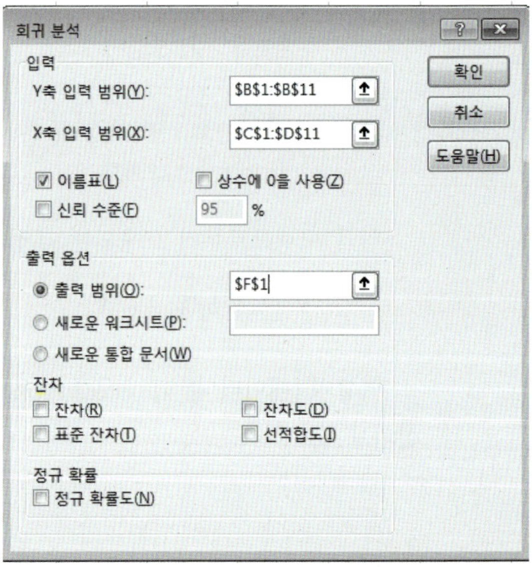

정한다. 끝으로 [확인] 버튼을 누른다.

④ 다음과 같은 다중회귀분석 결과가 출력된다.

F	G	H	I	J	K	L
요약 출력						
회귀분석 통계량						
다중 상관계수	0.95698					
결정계수	0.91581					
조정된 결정계수	0.89176					
표준 오차	2.44144					
관측수	10					
분산 분석						
	자유도	제곱합	제곱 평균	F 비	유의한 F	
회귀	2	453.87567	226.93783	38.07287	0.00017	
잔차	7	41.72433	5.96062			
계	9	495.60000				
	계수	표준 오차	t 통계량	P-값	하위 95%	상위 95%
Y 절편	9.76078	2.73264	3.57193	0.00907	3.29912	16.22243
교육점수	0.17768	0.07029	2.52769	0.03937	0.01146	0.34389
영업활동비	1.78504	0.62889	2.83839	0.02510	0.29795	3.27214

3. 다중회귀모형의 적합도검정

분산분석에 의한 검정

전체 적합도 검정이란 하나의 종속변수 Y와 k개의 독립변수 $X_1, X_2, \ldots\ldots, X_k$의 관계를 한꺼번에 검정하는 것이다. 즉, k개의 독립변수가 모여 종속변수 Y에 의미 있는 영향을 미치는지를 검정하는 것이다. 따라서 k개의 독립변수를 가진 다중회귀모형의 전체 적합도 검정을 위한 가설은 다음과 같다.

H_0 : $\beta_1 = \beta_2 = \ldots\ldots = \beta_k = 0$(모든 계수는 0이다)

H_1 : 적어도 하나의 계수는 0이 아니다.

만일 전체 적합도 검정에서 H_0가 기각되지 않는다면 이는 k개의 회귀계수

$\beta_i(i=1,2,.....,k)$가 모두 0이라는 의미이므로 현재의 k개 독립변수 모두가 종속변수를 설명하는 데 아무런 도움을 주지 못한다는 의미이다. 반면 H_0가 기각되고 H_1이 채택된다면 이는 k개 회귀계수 $\beta_i(i=1,2,.....,k)$ 중 적어도 하나는 0이 아니라는 것이다. 따라서 현재의 다중회귀모형은 전체적으로 의미 있는 모형이라고 할 수 있다. 이는 k개 독립변수 중 하나가 0이 아닐 수 있고 두 개가 0이 아닐 수도 있고 또는 k개 모두 0이 아닐 수도 있다는 의미이다. 따라서 전체 적합도 검정은 k개 독립변수 중 어느 독립변수가 0이 아닌지를 알 수 없기 때문에 이를 확인하기 위해서는 다음 절에서 설명하는 회귀모형계수의 검정이 필요하다.

단순회귀모형에서와 같이 모형의 적합도를 평가하기 위해 다음과 같이 편차의 제곱합을 이용한다.

$$SST = SSR + SSE$$

$$\sum(Y-\overline{Y})^2 = \sum(\hat{Y}-\overline{Y})^2 + \sum(Y-\hat{Y})^2$$

총 제곱합 = 설명되는 제곱합 + 설명되지 않는 제곱합

k개 독립변수를 가진 회귀모형에서 두 분산의 비율을 나타내는 F-검정통계량을 위한 분산분석표는 <표 12-3>과 같다.

〈표 12-3〉 다중회귀분석의 ANOVA표

원인	제곱합	자유도	제곱평균	F_c
회귀	$SSR=\sum_{i=1}^{n}(\hat{Y}_i-\overline{Y})^2$	k	$MSR=\frac{SSR}{k}$	$F_c=\frac{MSR}{MSE}$
잔차	$SSE=\sum_{i=1}^{n}(Y_i-\hat{Y})^2$	$n-k-1$	$MSE=\frac{SSE}{n-k-1}$	
합계	$SST=\sum_{i=1}^{n}(Y_i-\overline{Y})^2$	$n-1$		

분산분석에서는 독립변수들에 의해 설명되는 제곱합인 SSR과 설명되지 않는 제곱합인 SSE를 각각의 자유도로 나누어 제곱평균(분산)을 계산한다. SSR의 자유도는 독립변수의 수 k와 같고 SSE에 대한 자유도는 $n-k-1$이다. 따라서 SSR과 SSE를 k와 $n-k-1$로 나누면 각각 설명되는 제곱평균(MSR)과 설명되지 않는 제곱평균(MSE)을 구할 수 있다. 이 두 가지 비율을 이용한 F-검정통계

량은 다음과 같이 구한다.

$$F_c = \frac{MSR}{MSE} = \frac{\sum_{i=1}^{n}(\widehat{Y}_i - \overline{Y})^2}{\sum_{i=1}^{n}(Y_i - \widehat{Y}_i)^2} \times \frac{n-k-1}{k}$$

판매량의 예제를 위해 엑셀로 구한 분산분석의 결과는 다음과 같다.

분산 분석

	자유도	제곱합	제곱 평균	F 비	유의한 F
회귀	2	453.87567	226.93783	38.07287	0.00017
잔차	7	41.72433	5.96062		
계	9	495.6			

모형의 적합도를 검정하면 다음과 같다.

① 가설

H_0 : $\beta_1 = \beta_2 = 0$(모든 계수는 0이다)

H_1 : 적어도 하나의 계수는 0이 아니다.

② 결론

$p < \alpha$ 이면 H_0를 기각하고 H_1을 채택한다. $p = 0.0002 < \alpha - 0.05$ 이므로 H_0를 기각하고 H_1을 채택한다. 즉, 적어도 하나의 계수는 0이 아니라고 할 수 있다.

결론을 내리는 또 다른 방법은 다음과 같이 F-검정통계량과 F-임계치를 비교하여 $F_c > F$이면 H_0를 기각하고 H_1을 채택한다. $F_c = \frac{MSR}{MSE} = \frac{226.9378}{5.9606} = 38.0729$ 이다. 분자의 자유도는 $k = 2$ 이고 분모의 자유도는 $n - k - 1 = 10 - 2 - 1 = 7$ 이므로 $\alpha = 0.05$ 에서의 임계치 $F_{0.05,\,2,\,10-2-1}$ 은 4.74 이다. $F_c = 38.0729 > F = 4.74$ 이므로 H_0를 기각하고 H_1을 채택한다. 따라서 회귀모형은 전체적으로 유의하다고 할 수 있다.

결정계수

1) 결정계수의 개념

다중회귀분석에서도 단순회귀분석과 마찬가지로 회귀모형의 전체 적합도를 평가하는 데 사용되는 또 다른 방법 중 하나가 단순회귀분석의 r^2에 해당하는 결정계수 R^2이다. 결정계수 R^2은 회귀모형에 포함된 독립변수들이 종속변수의 제곱합을 설명하는 정도를 의미한다. 분산분석표의 회귀 제곱합(SSR), 잔차 제곱합(SSE), 총 제곱합(SST)을 이용하여 계산한 판매량 예제의 R^2은 다음과 같다.

$$R^2 = \frac{SSR}{SST} = \frac{\sum_{i=1}^{n}(\widehat{Y}_i - \overline{Y})^2}{\sum_{i=1}^{n}(Y_i - \overline{Y})^2} = \frac{453.8757}{495.6} = 0.9158$$

또는

$$R^2 = 1 - \frac{SSE}{SST} = 1 - \frac{\sum_{i=1}^{n}(Y_i - \widehat{Y}_i)^2}{\sum_{i=1}^{n}(Y_i - \overline{Y})^2} = 1 - \frac{41.7243}{495.6} = 0.9158$$

R^2은 총 제곱합 중에서 다중회귀식에 의해 설명되는 제곱합이 차지하는 비율로서 0에서 1 사이의 값을 가진다. 예제의 $R^2=0.9158$의 의미는 판매량 제곱합의 91.58%가 설정된 2개의 독립변수에 의해 설명되고 나머지 8.42%는 설명되지 않는 제곱합이 존재한다는 의미이다. 이처럼 R^2이 1에 근접할수록 표본자료들이 다중회귀선에 근접해 있으므로 예측이 정확해진다. 반대로 R^2이 0에 근접할수록 표본자료들이 다중회귀선으로부터 멀리 떨어져 있으므로 예측력이 낮아진다.

2) 조정된 결정계수

p개의 독립변수들 중 k개를 선택하여 종속변수 Y의 변화량을 설명하고자 할 때, 결정계수를 크게 해주는 k개의 변수들을 선택하여야 한다. 왜냐하면, 결정계수는 총 제곱합(SST) 중에서 회귀선에 의해 설명되는 제곱합(SSR)의 비율을 의미하므로 SSR의 제곱합이 클수록 설명력이 좋아진다. 하지만 다중회귀분석의 경우 독립변수의 수가 증가하면 독립변수가 유의하든 안 하든 결정계수 또한 증가

하는 단점을 가지고 있다. 따라서 우수한 적합도를 얻기 위해 더 많은 독립변수를 사용하고자 할 것이다. 이를 과대적합(overfitting) 문제라 한다. 불필요한 독립변수를 포함하는 경우 R^2 대신 **조정된 결정계수** R_a^2값을 사용하여야 한다. n개의 표본과 k개의 독립변수를 가진 회귀모형에서 조정된(adjusted) 결정계수는 다음과 같다.

$$R_a^2 = 1 - \frac{\left(\frac{SSE}{n-k-1}\right)}{\left(\frac{SST}{n-1}\right)}$$

판매량 예제의 조정된 결정계수는 다음과 같다.

$$R_a^2 = 1 - \frac{\left(\frac{41.7243}{10-2-1}\right)}{\left(\frac{495.6}{10-1}\right)} = 0.8918$$

R_a^2은 R^2보다 항상 같거나 작다. 일반적으로 독립변수가 추가되면 R^2값은 증가하지만 R_a^2는 추가된 독립변수가 R^2를 충분히 유의미하게 증가시켰는가에 따라 증가될 수도 있고 반대로 감소될 수도 있다. 즉, 만약 모형에 불필요한 예측변수가 포함되어 있다면 R_a^2가 R^2보다 상당히 작아지게 된다. 판매량의 예에서는 $R^2 = 0.9158$이고 $R_a^2 = 0.8918$이므로 크게 차이가 나지 않아 모형에 불필요한 독립변수가 포함된 것으로는 보이지 않는다. 이러한 조정된 결정계수는 독립변수의 수가 서로 다른 회귀모형들을 비교하기 위해 많이 사용된다.

3) 다중상관계수

다중회귀분석에서 방향이 서로 다른 변수들 사이의 상관관계를 종합적으로 측정하는 값이 **다중상관계수**이다. 단순상관계수처럼 상관관계의 방향을 나타내는 양(+)이나 음(−)의 부호는 존재하지 않고 언제나 양(+)의 값을 취한다. 보통 R로 표시하는 다중상관계수는 0에서 1 사이의 값을 취한다. R이 1에 가까울수록 다중상관관계가 강하다.

4. 다중회귀모형의 추정

다중회귀모형의 가정

다중회귀모형은 단순회귀모형과 흡사한 가정들을 기초로 하고 있다. 다중회귀모형을 사용하여 통계적인 추리를 하는 데 적용되는 가정을 정리해 보면 다음과 같다.

첫째, X값들의 각 결합에 대하여 Y값들은 분산이 같고 정규적으로 독립적인 분포를 이룬다.

둘째, 오차(e_i)의 평균은 0이고 분산은 σ^2인 정규적으로 독립적인 분포를 이룬다.

다중회귀식의 산출

두 개의 독립변수를 가지고 있는 표본회귀식은 다음과 같이 나타낼 수 있다.

$$\hat{Y} = b_0 + b_1 X_1 + b_2 X_2$$

표본자료에 가장 적합한 표본회귀식을 구하기 위해서는 단순회귀분석에서와 같이 최소자승법을 이용한다. 즉, 다음과 같이 잔차의 제곱합을 최소화하는 b_0, b_1, b_2의 값을 구한다.

$$\min \sum e^2 = \min \sum (Y - \hat{Y})^2$$

두 개의 독립변수를 포함하는 다중회귀식에 대한 잔차의 제곱합을 최소화하는 정규방정식(normal equation)은 다음과 같다.

$$\sum Y = nb_0 + b_1 \sum X_1 + b_2 \sum X_2$$

$$\sum X_1 Y = b_0 \sum X_1 + b_1 \sum X_1^2 + b_2 \sum X_1 X_2$$

$$\sum X_2 Y = b_0 \sum X_2 + b_1 \sum X_1 X_2 + b_2 \sum X_2^2$$

세 개 이상의 독립변수를 갖는 모형에 대한 다중회귀식은 더 복잡하지만 계산은 같은 과정을 따른다. 판매량의 예제를 위해 엑셀로 계산한 결과는 다음과 같다.

	계수	표준 오차	t 통계량	P-값	하위 95%	상위 95%
Y 절편	9.76078	2.73264	3.57193	0.00907	3.29912	16.22243
교육점수	0.17768	0.07029	2.52769	0.03937	0.01146	0.34389
영업활동비	1.78504	0.62889	2.83839	0.02510	0.29795	3.27214

위의 표에서 계수 열은 회귀계수 b_0, b_1, b_2의 값을 보여주므로 다중회귀식은 다음과 같다.

$$\hat{Y} = 9.761 + 0.178X_1 + 1.785X_2$$

교육점수(X_1)가 일정범위 내에서 한 단위 증가하면 ABC 상사 직원의 판매량은 0.178단위만큼 증가하고, 영업활동비(X_2)가 한 단위 증가하면 ABC 상사 직원의 판매량은 1.785단위만큼 증가할 것으로 기대할 수 있다. 이처럼 추정된 계수는 다른 변수가 고정된 상태에서 해당 독립변수가 한 단위 증가했을 때 Y의 평균이 얼마나 변하는지를 보여준다.

다중회귀식을 이용한 예측

종속변수 값의 예측은 추정된 회귀식을 이용할 수 있다. 위의 방정식에서 ABC 상사 직원들의 판매량은 9.761에다 교육점수(X_1)에 0.178을 곱해서 더한 다음 영업활동비(X_2)에 1.785를 곱해서 더해주면 얻어진다. 예를 들어, 교육점수가 80점이고 영업활동비가 7(억)원이라면 이 직원의 판매량은 다음과 같다.

$$\text{판매량} = 9.761 + 0.178(80) + 1.785(7) = 36.470$$

하지만 추정에 사용된 표본의 범위를 벗어난 독립변수의 값을 대입하여 얻은 예측은 무의미하다. 예를 들어, 100점 만점인 교육점수에 120점을 대입한다거나 영업활동비로 800억원을 대입하여 예측 값을 구하는 것은 의미가 없다.

5. 다중회귀모형의 검정

앞의 전체 적합도 검정에서 H_0가 기각되지 않는다면 현재 다중회귀분석에 포함된 모든 독립변수의 회귀계수는 0을 의미하므로 이들 독립변수는 종속변수를 예측하는 데 도움이 되지 못한다. 따라서 새로운 독립변수를 찾아 회귀모형을 다시 구축하든지 아니면 독립변수와 종속변수 간의 비선형관계를 검토할 필요가 있다.

반면 전체 적합도 검정에서 H_0가 기각되면 이는 현재 독립변수들의 회귀계수들 중 적어도 하나는 0이 아닌 의미 있는 변수라 할 수 있다. 그러므로 독립변수들 중에 의미 있는 변수를 찾는 **부분 적합도 검정**이 필요하다. 부분 적합도 검정을 위한 가설은 k개의 독립변수 각각에 대해 다음과 같이 설정한다.

$H_0 : \beta_i = 0$(X_i는 Y와 관련이 없다)

$H_1 : \beta_i \neq 0$(X_i는 Y와 관련이 있다)

독립변수 X_i에 대한 부분 적합도 검정에 사용되는 가설검정의 유형은 다음과 같다.

저측검정	양측검정	고측검정
$H_0 : \beta_i = 0$	$H_0 : \beta_i = 0$	$H_0 : \beta_i = 0$
$H_1 : \beta_i < 0$	$H_1 : \beta_i \neq 0$	$H_1 : \beta_i > 0$

예를 들어, 교육점수가 판매량에 정(+)의 방향으로 영향을 미칠 것으로 예상되면 고측검정을 실시할 수 있다. 그러나 주어진 α하에서 양측검정을 실시하여 H_0가 기각되면 단측검정에서도 기각되기 때문에 일반적으로 양측검정을 기본적인 검정방법으로 사용한다. 따라서 엑셀에서도 주어진 α하에서 단지 양측검정에 따른 p값을 보여준다.

만약 $y = \beta_0 + \beta_1 X_1 + \beta_2 X_2 + \beta_3 X_3 + \epsilon$의 모형에서 β_1이 0이라는 H_0를 기각할 수 없다면 X_1항은 제외되어 회귀모형은 $y = \beta_0 + \beta_2 X_2 + \beta_3 X_3 + \epsilon$로 될 것이다. 이러한 부분 적합도 검정은 [그림 12-1]처럼 세 가지 방법으로 수행할 수 있다.

[그림 12-1] ▌부분 적합도 검정의 H_0 기각기준

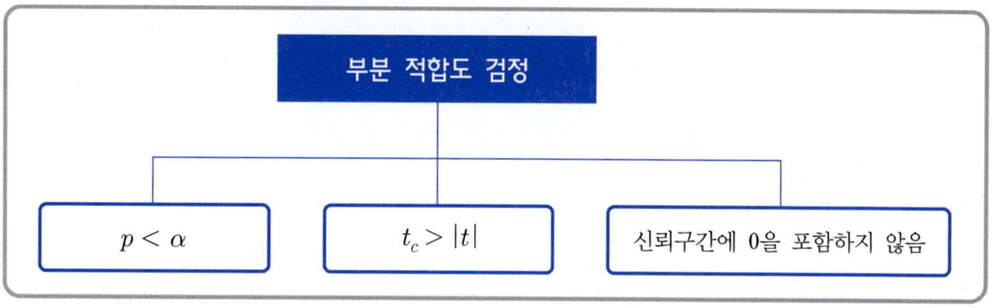

p 값

독립변수 각각의 추정된 회귀계수의 p값을 이용하여 검정을 수행할 수 있다. 즉, $p < \alpha$이면 H_0를 기각하고 H_1을 채택한다.

	계수	표준 오차	t 통계량	P-값	하위 95%	상위 95%
Y 절편	9.76078	2.73264	3.57193	0.00907	3.29912	16.22243
교육점수	0.17768	0.07029	2.52769	0.03937	0.01146	0.34389
영업활동ㅂ	1.78504	0.62889	2.83839	0.02510	0.29795	3.27214

교육점수를 살펴보면, $p = 0.0394 < \alpha = 0.05$이므로 교육점수의 모회귀계수 β_1은 0이 아닌 유효한 독립변수라 할 수 있다. 즉, 교육점수는 판매량을 예측하는 데 의미 있는 변수라 할 수 있다. 같은 방법으로 영업활동비를 살펴보면, $p = 0.0251 < \alpha = 0.05$이므로 영업활동비의 모회귀계수 β_2 역시 0이 아닌 유효한 독립변수라 할 수 있다. 즉, 영업활동비도 판매량을 예측하는 데 의미 있는 변수이다.

여기서 유의해야 할 점은 엑셀에서 나타난 p값은 양측검정에 대한 결과라는 것이다. 만약 단측검정에 대해 적합도 검정을 한다면 p값을 1/2하여 해석해야 한다. 예를 들어, 어떠한 독립변수와 종속변수 간의 관계에 대해 단측검정이 필요할 때 엑셀의 P-값이 0.09가 나왔다면 단측검정에 필요한 p값은 0.045가 된다. 양측검정에서는 $p > \alpha$로 나타나 독립변수가 유효하지 않지만 단측검정에서는 $p < \alpha$로 나타나 독립변수가 유효할 수도 있다.

검정통계량

독립변수 X_i에 대한 회귀계수의 기울기 검정은 $n-k-1$의 자유도를 가진 t-분포를 따르며 검정통계량은 다음과 같은 공식을 이용하여 계산한다.

$$t_c = \frac{b_i - 0}{S_{b_i}}$$

주어진 α에 대한 임계치 t를 찾기 위해서는 부록표를 이용하거나 엑셀함수 =T.INV.2T(probability, deg_freedom)을 이용한다.

예제 12-1

다음의 표를 가지고 교육점수와 영업활동비의 계수 값을 $\alpha = 0.05$에서 검정하라.

	계수	표준 오차	t 통계량	P-값	하위 95%	상위 95%
Y 절편	9.76078	2.73264	3.57193	0.00907	3.29912	16.22243
교육점수	0.17768	0.07029	2.52769	0.03937	0.01146	0.34389
영업활동ㅂ	1.78504	0.62889	2.83839	0.02510	0.29795	3.27214

풀이

〈X_1 계수에 대한 검정〉

① 가설

$H_0 : \beta_1 = 0$

$H_1 : \beta_1 \neq 0$

② 임계치

$t_{0.05/2,\,10-2-1} = \pm 2.365$

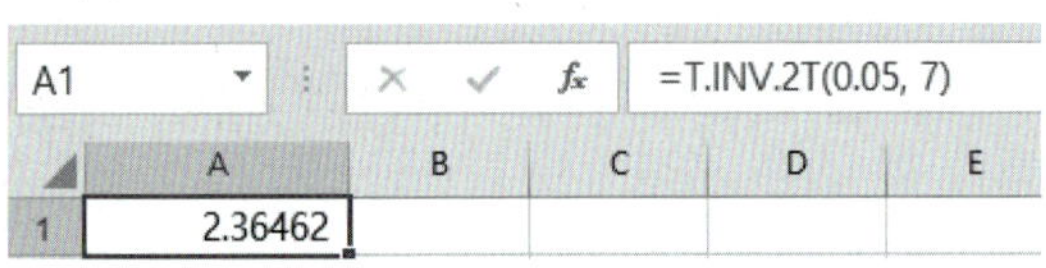

③ 검정통계량

$$t_c = \frac{b_i - 0}{S_{b_i}} = \frac{0.1777}{0.0703} = 2.5277$$

④ 결론

$t_c = 2.5277 > t = 2.365$이므로 H_0를 기각한다.

〈X_2 계수에 대한 검정〉

① 가설

$H_0 : \beta_2 = 0$

$H_1 : \beta_2 \neq 0$

② 임계치

$t_{0.05/2,\,10-2-1} = \pm 2.365$

③ 검정통계량

$$t_c = \frac{b_2 - 0}{S_{b_2}} = \frac{1.7851}{0.6289} = 2.8384$$

④ 결론

$t_c = 2.8384 > t = 2.365$ 이므로 H_0를 기각한다.

신뢰구간

양측검정을 위한 또 다른 방법은 β_i에 대한 신뢰구간을 계산하여 그 신뢰구간에 0을 포함하면 H_0을 채택하고 포함하지 않는다면 H_1을 채택한다. 신뢰구간을 계산하는 공식은 다음과 같다.

$$b_i - t_{\frac{\alpha}{2}} \times S_{b_i} \leq \beta_i \leq b_i + t_{\frac{\alpha}{2}} \times S_{b_i}$$

예제 12-2

<예제 12-1>의 표를 가지고 교육점수와 영업활동비의 계수값에 대한 신뢰구간을 구하여 $\alpha = 0.05$에서 계수값을 검정하라.

풀이

〈X_1 계수에 대한 신뢰구간〉

$(0.1777 - 2.365 \times 0.0703) \leq \beta_1 \leq (0.1777 + 2.365 \times 0.0703)$

$0.0115 \leq \beta_1 \leq 0.3439$

〈X_2 계수에 대한 신뢰구간〉

$(1.7850 - 2.365 \times 0.6289) \leq \beta_2 \leq (1.7850 + 2.365 \times 0.6289)$

$0.2978 \leq \beta_2 \leq 3.2721$

엑셀의 결과물을 보면 교육점수의 신뢰구간은 0.0115~0.3439로 0을 포함하지 않아 교육점수의 모회귀계수 β_1은 0이 아닌 유효한 독립변수라 할 수 있다. 같은 방법으로 영업활동비의 신뢰구간은 0.2978~3.2721로 0을 포함하지 않아 영업활동비의 모회귀계수 β_2도 0이 아닌 유효한 독립변수라 할 수 있다. 즉, 교육점수와 영업활동비는 판매량을 예측하는 데 의미 있는 변수이다.

6. 범주형 예측변수

회귀분석에서는 등간 혹은 비율척도로 측정된 양적 자료를 필요하기 때문에 명목 혹은 서열척도로 측정된 범주형 예측변수의 범주자료는 그대로 사용할 수 없다. 범주형 예측변수 중에서 범주가 두 개인 경우에는 이항변수로 정의한다. 이항변수는 어떤 사건을 성공과 실패의 두 가지로 구분하여 다음과 같이 0 또는 1의 값을 부여하는 변수이다.

- 성별의 경우
  1=남, 0=여자
- 취업의 경우
  1=취업생, 0=미취업생
- 거주지의 경우
  1=대구에 거주하는 자, 0=대구 이외에 거주하는 자

다음과 같이 독립변수가 두 개인 모형에서 X_2가 이항변수라고 가정하자.

$$\hat{Y}= b_0 + b_1X_1 + b_2X_2$$

X_2 변수는 0 또는 1의 값을 가지므로 이 변수의 회귀모형에 대한 기여는 다음과 같이 b_2값에 달려 있다.

만약 X_2=0이면 $\hat{Y}= b_0 + b_1X_1 + b_2(0) = b_0 + b_1X_1$

만약 X_2=1이면 $\hat{Y}= b_0 + b_1X_1 + b_2(1) = (b_0 + b_2) + b_1X_1$

예를 들어, 자동차의 연료사용량을 추정하는 회귀식이 다음과 같다고 가정한다.

$$\hat{Y} = 3 + 2X_1 + 4X_2$$

여기서 X_1 =자동차 무게　　　X_2 =0은 수동변속기, 1은 자동변속기

만약 X_2=0이면 $\hat{Y} = 3 + 2X_1 + 4(0) = 3 + 2X_1$

만약 X_2=1이면 $\hat{Y} = 3 + 2X_1 + 4(1) = 7 + 2X_1$

[그림 12-2]와 같이 이항변수는 기울기를 그대로 두고 상수항을 이동시킨다. 수동이 자동보다 4단위 더 적은 연료를 요구하는 것을 알 수 있다.

[그림 12-2] **변속기에 따른 연료사용량**

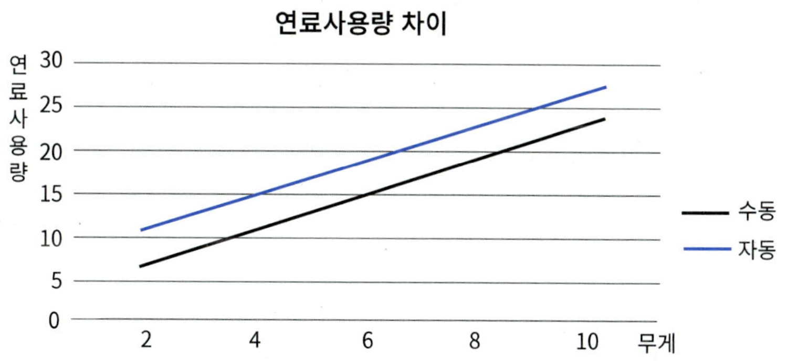

예제 12-3

다음의 자료를 엑셀을 이용하여 회귀분석을 시행하라.

직원	판매량	교육점수	영업활동비	성별
A	34	75	7	여
B	35	82	8	여
C	42	80	9	남
E	15	20	2.5	여
F	27	40	4	남
G	31	75	5	여
H	32	70	5	남
I	28	60	4	여
J	39	75	8.2	여
K	29	60	4	남

풀이

① 성별에서 남자는 1로, 여자는 0으로 데이터 코딩을 하여 다음과 같이 숫자로 입력해야만 회귀분석을 실시할 수 있다. 물론 남자를 0으로 여자를 1로 데이터 코딩을 하여도 상관없지만 회귀분석의 결과를 해석할 때에 주의해야 한다.

	A	B	C	D	E
1	직원	판매량	교육점수	영업활동비	성별
2	A	34	75	7	0
3	B	35	82	8	0
4	C	42	80	9	1
5	E	15	20	2.5	0
6	F	27	40	4	1
7	G	31	75	5	0
8	H	32	70	5	1
9	I	28	60	4	0
10	J	39	75	8.2	0
11	K	29	60	4	1

② [데이터] ➡ [데이터 분석] ➡ [통계 데이터 분석] ➡ [회귀분석]을 지정한 후 [확인] 버튼을 누른다.

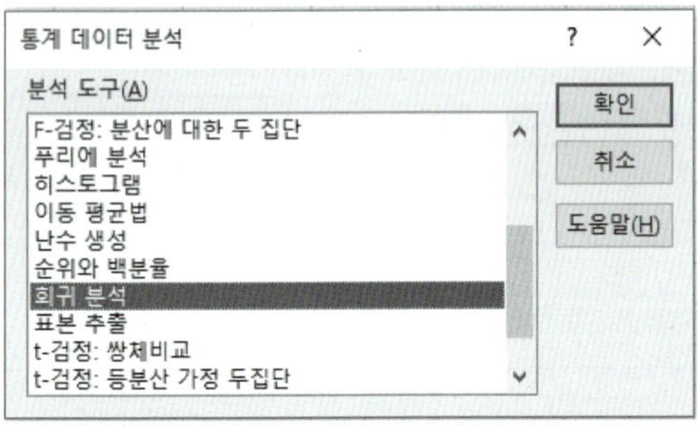

③ [Y축 입력 범위] ➡ [X축 입력 범위] ➡ [이름표] ➡ [신뢰수준] ➡ [출력범위]를 입력한 후 [확인] 버튼을 누른다.

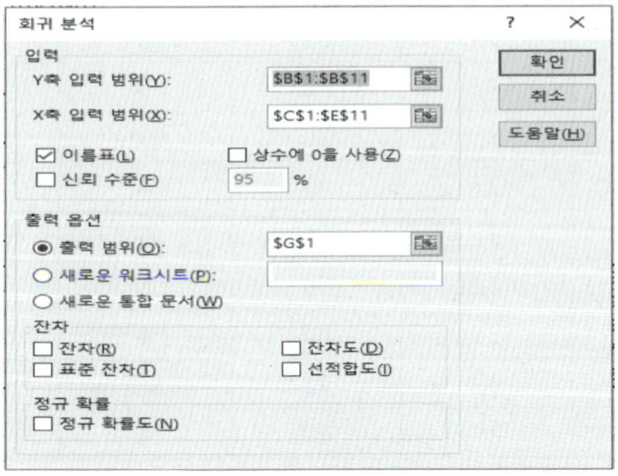

④ 이상의 과정을 마친 다중회귀분석의 결과는 다음과 같다.

G	H	I	J	K	L	M
요약 출력						
회귀분석 통계량						
다중 상관계수	0.98					
결정계수	0.96040					
조정된 결정계수	0.94060					
표준 오차	1.80857					
관측수	10					
분산 분석						
	자유도	제곱합	제곱 평균	F 비	유의한 F	
회귀	3	475.9745	158.65817	48.50572	0.00013	
잔차	6	19.6255	3.27092			
계	9	495.6				
	계수	표준 오차	t 통계량	P-값	하위 95%	상위 95%
Y 절편	8.28542	2.10235	3.94102	0.00762	3.14115	13.42970
교육점수	0.17734	0.05207	3.40574	0.01439	0.04993	0.30476
영업활동비	1.83448	0.46626	3.93445	0.00767	0.69358	2.97537
성별	3.04112	1.16999	2.59926	0.04070	0.17825	5.90399

⑤ 결과를 해석한다.
회귀선은 다음과 같다.

$$\hat{Y} = 8.285 + 0.177X_1 + 1.834X_2 + 3.041X_3$$

만약 $X_3 = 0$ 즉, 여자이면 회귀선은 다음과 같다.

$$\hat{Y} = 8.285 + 0.177X_1 + 1.834X_2 + 3.041(0) = 8.285 + 0.177X_1 + 1.834X_2$$

만약 $X_3 = 1$ 즉, 남자이면 회귀선은 다음과 같다.

$$\hat{Y} = 8.285 + 0.177X_1 + 1.835X_2 + 3.041(1) = 11.326 + 0.177X_1 + 1.834X_2$$

여기서 남자는 여자보다 판매액이 3.041(11.326 − 8.285)(억)원만큼 많다는 것을 회귀선이 보여준다.

성별과 같이 범주가 두 개일 경우에는 한 개의 변수로 입력이 가능하지만 범주가 c개이면 $c-1$개의 더미(dummy)변수가 필요하다. 예를 들어, 범주형 예측변수가 대학생의 학년이라면 범주가 4개이므로 3개의 더미변수(X_1, X_2, X_3)를 이용하여 <표 12 − 4>와 같이 입력하면 된다.

〈표 12-4〉 더비변수의 예 1

학년	X_1	X_2	X_3
1학년	1	0	0
2학년	0	1	0
3학년	0	0	1
4학년	0	0	0

물론 <표 12-5>와 같이 1학년의 경우에 0, 0, 0을 입력하고 4학년을 1, 0, 0을 입력해도 된다. 다만 회귀분석 결과를 해석할 때에 주의하면 된다.

〈표 12-5〉 더비변수의 예 2

학년	X_1	X_2	X_3
1학년	0	0	0
2학년	0	1	0
3학년	0	0	1
4학년	1	0	0

7. 다중공선성

독립변수들 $X_1, X_2, \ldots\ldots, X_n$이 서로 독립적이지 않고 서로 간에 상관관계가 높을 때 발생하는 문제를 **다중공선성**(multicollinearity) 문제라고 한다. 다중공선성이 존재하면 다음과 같은 특이 현상이 나타난다.

1) 회귀계수의 부호가 일반적으로 알고 있는 독립변수와 종속변수 간의 관계와는 반대로 나온다.
2) 독립변수와 종속변수 간의 관계가 분명히 있음에도 회귀계수가 유의하지 않게 나온다.

이러한 다중공선성문제가 있는 것으로 밝혀지면 이를 해소하기 위한 조치를 취해야 한다. 이때 사용할 수 있는 방법은 다음과 같다.

1) 독립변수들 간의 상관관계를 조사하여 상관관계가 높은 두 개의 독립변수 중에서 하나를 제거한다.
2) 다중공선성을 완화하는 새로운 변수를 추가한다.

예를 들어, 체육실기점수를 종속변수로 몸무게와 키를 독립변수로 하여 다중회귀분석을 하고자 학생 10명의 자료를 다음과 같이 입력하였다.

	A	B	C	D
1	학생	체육실기점수	몸무게	키
2	A	62	80	180
3	B	55	80	180
4	C	58	68	170
5	D	49	45	145
6	F	54	40	140
7	G	60	75	175
8	H	61	75	170
9	I	58	60	160
10	J	56	40	140
11	K	59	60	160

몸무게와 키에 관한 상관관계분석의 결과는 다음과 같다.

S	T	U	V
	체육실기점수	몸무게	키
체육실기점수	1.00000		
몸무게	0.66661	1.00000	
키	0.64596	0.99389	1.00000

독립변수로 사용된 몸무게와 키는 높은 상관관계($r = 0.9939$)를 가지므로 이 두 변수는 서로 같은 변수로 간주되어 다중공선성문제를 발생시킬 수 있다. 이 경우 키와 체육실기점수 또는 몸무게와 체육실기점수로 하는 단순회귀분석에서는 정(+)의 회귀계수를 갖는다. 하지만 상관계수가 높은 두 변수를 동시에 사용하여 다중회귀분석을 한다면 회귀계수가 다음과 같이 음으로 바뀌고 또한 회귀계수가 유의하지 않게 나타날 수도 있다.

G	H	I	J	K	L	M
요약 출력						
회귀분석 통계량						
다중 상관	0.68331					
결정계수	0.46691					
조정된 결	0.31460					
표준 오차	3.18973					
관측수	10					
분산 분석						
	자유도	제곱합	제곱 평균	F 비	유의한 F	
회귀	2	62.37940	31.18970	3.06552	0.11061	
잔차	7	71.22060	10.17437			
계	9	133.6				
	계수	표준 오차	t 통계량	P-값	하위 95%	상위 95%
Y 절편	80.99228	62.32136	1.29959	0.23490	-66.37431	228.35887
몸무게	0.48809	0.60454	0.80738	0.44601	-0.94141	1.91760
키	-0.33457	0.61486	-0.54414	0.60324	-1.78848	1.11934

키와 몸무게는 개별적으로는 체육실기점수를 증가시키지만 모형에 함께 포함시키면 두 변수 사이의 상관계수가 높아 회귀계수가 왜곡될 수 있다. 이러한 다중공선성문제를 해결하기 위해서는 현재 독립변수인 몸무게와 키 중 하나만 남기고 나머지는 독립변수에서 제거하는 방법이 있다. 이때 두 변수 중 종속변수인 체육실기점수와 상관계수가 더 높은 변수를 남기고 낮은 변수를 제거하는 것이 모형의 설명력측면에서 더 바람직하다.

체육실기점수와 몸무게의 상관계수는 0.6667이고 체육실기점수와 키의 상관계수는 0.6460이므로 키를 제거하고 몸무게를 남기는 것이 모형의 설명력 측면에서 더 나은 결정이라 할 수 있다. 체육실기점수를 종속변수로 하고 몸무게를 독립변수로 하여 회귀분석을 실시한 결과는 다음과 같다.

G	H	I	J	K	L	M
요약 출력						
회귀분석 통계량						
다중 상관;	0.66661					
결정계수	0.44436					
조정된 결;	0.37491					
표준 오차	3.04617					
관측수	10					
분산 분석						
	자유도	제곱합	제곱 평균	F 비	유의한 F	
회귀	1	59.36685	59.36685	6.39788	0.03529	
잔차	8	74.23315	9.27914			
계	9	133.6				
	계수	표준 오차	t 통계량	P-값	하위 95%	상위 95%
Y 절편	47.16049	4.08434	11.54666	0.00000	37.74199	56.57900
몸무게	0.16115	0.06371	2.52940	0.03529	0.01423	0.30806

추정된 회귀식은 다음과 같고 이 식은 통계적으로 의미 있는 것으로 평가된다.

$$\hat{Y} = 47.160 + 0.161X$$

참고로 체육실기점수를 종속변수로 하고 키를 독립변수로 하여 회귀분석을 실시한 결과는 다음과 같다.

G	H	I	J	K	L	M
요약 출력						
회귀분석 통계량						
다중 상관;	0.64596					
결정계수	0.41727					
조정된 결;	0.34443					
표준 오차	3.11955					
관측수	10					
분산 분석						
	자유도	제곱합	제곱 평균	F 비	유의한 F	
회귀	1	55.74706	55.74706	5.72845	0.04362	
잔차	8	77.85294	9.73162			
계	9	133.6				
	계수	표준 오차	t 통계량	P-값	하위 95%	상위 95%
Y 절편	31.47059	10.79524	2.91523	0.01943	6.57672	56.36446
키	0.15882	0.06636	2.39342	0.04362	0.00580	0.31185

몸무게를 독립변수로 했을 때보다 모형의 설명력이 떨어지는 것을 알 수 있다.

연습문제

01. 맞으면 ○, 틀리면 ×로 표시하라.

(1) 다중회귀모형에 독립변수가 추가되면 R^2이 증가한다.

(2) 각 독립변수의 중요성을 알아보기 위해서는 각 계수에 대한 F-검정을 한다.

(3) 다중회귀모형에서 Y와 X_2의 관계 검정에서 귀무가설은 $\beta_2=0$이다.

(4) 회귀모형의 전체적인 유의성을 알아보기 위해서는 t-검정을 한다.

(5) 다중결정계수는 총 변동이 독립변수들에 의해 설명될 수 있는 비율을 의미한다.

(6) 잔차의 자유도는 $n-k-1$ 즉, 표본 수 − 독립변수 수 − 1로 계산된다.

(7) R^2은 $1-(SSE/SST)$이다.

(8) 설명되지 않는 제곱합에 비해 설명되는 제곱합이 클수록 R^2은 증가한다.

(9) 회귀 제곱합은 잔차 제곱합보다 항상 크다.

(10) R_a^2은 R^2보다 항상 같거나 작다.

02. 다음의 엑셀 결과물에 대한 물음에 답하라.

회귀분석 통계량	
다중 상관계수	0.68
결정계수	0.46
조정된 결정계수	0.31
표준 오차	1.15
관측수	10

분산 분석

	자유도	제곱합	제곱 평균	F 비	유의한 F
회귀	2	8	4	4	0.02
잔차	7	9	1		
계	9	17			

	계수	t 통계량	p-값
Y 절편	7	2.223	0.042
X 1	2	2.248	0.059
X 2	3	4.073	0.004

(1) MSE의 값은?

(2) 다중회귀식은?

(3) 회귀모형은 Y변수의 총 제곱합을 몇 % 설명할 수 있는가?

(4) 입력된 자료의 수(n)는?

(5) 독립변수의 수는?

(6) F-검정에서 분모의 자유도는 얼마인가?

(7) $\alpha=0.01$수준에서 모형의 전체 적합도를 검정하라.

(8) $\alpha=0.01$수준에서 모형의 각 회귀계수를 검정하라.

03. 어느 부동산업자는 판매가격 Y는 건물연수 X_1과 건물크기 X_2에 달려 있다고 생각하여 최근에 거래된 15개 주택의 판매가격과 건물의 연수와 크기에 대한 자료를 가지고 다중선형회귀분석을 실시하여 다음과 같은 결과를 얻었다.

회귀분석 통계량	
다중 상관계수	0.93922
결정계수	0.88214
조정된 결정계수	0.85595
표준 오차	1.97541
관측수	12

분산 분석

	자유도	제곱합	제곱 평균	F 비	유의한 F
회귀	2	262.8796	131.4398	33.68292	0.00006
잔차	9	35.12042	3.90227		
계	11	298			

	계수	t 통계량	p-값
Y 절편	3.97677	2.35142	0.04320
연수	−6.38222	−2.67733	0.02531
크기	3.14033	2.48724	0.03458

(1) 다중회귀식을 구하라.

(2) 다중회귀모형에 있는 회귀계수들의 의미를 설명하라.

(3) 10년 된 건물의 크기가 20단위일 때 판매가격을 추정하라.

(4) 다중결정계수를 구하고 의미를 설명하라.

(5) $\alpha=0.05$에서 모형의 전체 적합도를 검정하라.

(6) $\alpha = 0.05$에서 두 회귀계수가 유의한지를 검정하라.

04. ABC 종합상사에서는 최근 직원들에게 품질교육을 실시하였는데, 이 교육의 효과를 측정하기 위하여 다음과 같은 자료를 수집하였다. 여기서 X_1은 직원의 교육점수, X_2는 직원의 경력, Y는 직원이 만든 불량품 수를 나타낸다.

불량품 수	14	6	6	16	15	15	18	10	19	6	10	8
교육점수	16	24	22	12	14	25	13	19	12	23	15	17
경력	42	55	49	35	40	50	41	47	40	58	43	45

① 다중공선성문제가 발생하는지를 분석하라.

② 다중공선성문제가 있는 것으로 밝혀지면 이를 해결하기 위한 방안을 제시하라.

05. ABC 회사는 최근 신입사원 교육을 실시하였는데, 이 교육의 효과를 측정하기 위하여 다음과 같은 자료를 수집하였다. 여기서 X_1은 면접점수, X_2는 대학생활점수, Y는 교육점수를 나타낸다. 다음 물음에 답하라.

교육점수	14	4	6	16	15	4	18	10	18	6	10	10
면접점수	9	3	4	7	9	2	10	9	8	4	5	7
대학생활점수	3.8	2.5	3.1	5.1	4.9	1.8	4.2	3.3	5.8	2.2	3.7	4

(1) 다중회귀식을 구하라.

(2) 다중회귀모형에 있는 회귀계수들의 의미를 설명하라.

(3) 면접점수가 8점이고 대학생활점수가 5점이면 예상되는 교육점수를 추정하라.

(4) 다중결정계수를 구하고 어떤 의미를 가지는지를 설명하라.

(5) $\alpha = 0.1$에서 다중회귀모형의 전체 적합도를 검정하라.

(6) $\alpha = 0.1$에서 두 회귀계수가 유의한지를 검정하라.

06. 자동차 제동거리에 관한 회귀분석모형을 개발하기 위한 조사가 시행되었다. 분석한 결과 다음과 같은 모형이 추정되었다.

$$\hat{Y} = 10 + 0.9X_1 + 11X_2$$

여기서 X_1 = 자동차 속도

X_2 = 1은 여자, 0은 남자

(1) 성별을 함수로 하여 제동거리를 예측하는 회귀분석모형을 제시하라.

(2) 자동차 속도가 60km이고 운전자가 여자일 때 제동거리를 추정하라.

(3) 추정된 회귀식에 반영된 더미변수의 효과를 그래프를 사용하여 설명하라.

13

χ^2-검정

1. 적합도 검정

적합도 검정(test of goodness of fit)은 관측된 발생빈도의 분포가 이론적인 분포에 얼마나 근접해 있는지를 결정하는 데 사용된다. 예를 들면, χ^2 - 검정은 관측된 자료들이 실제로 균등분포, 이항분포 혹은 정규분포와 같은 통계학적인 분포와 일치하는지를 조사하는 데 사용된다. 본 절에서는 균등분포의 경우를 살펴보기로 한다.

균등분포에 대한 적합도 검정은 모든 값이 일어날 확률이 서로 같은지를 살펴보는 데 사용되는 분석기법이다. 균등분포를 갖는 자료에 대한 χ^2-검정은 [그림 13 - 1]과 같이 다른 가설검정에 사용된 4단계 절차를 따른다.

① 가설

먼저 '자료가 균등분포를 따른다' 혹은 '각 범주에 대한 비율이 같다'는 귀무가설과 '자료가 균등분포를 따르지 않는다' 혹은 '각 범주에 대한 비율이 같지 않다'는 대립가설을 다음과 같이 설정한다.

H_0 : $\pi_1 = \pi_2 = \pi_3 = \ldots\ldots = \pi_n$

H_1 : 모든 π_j가 같은 것은 아니다

[그림 13 - 1] ▌적합도 검정절차

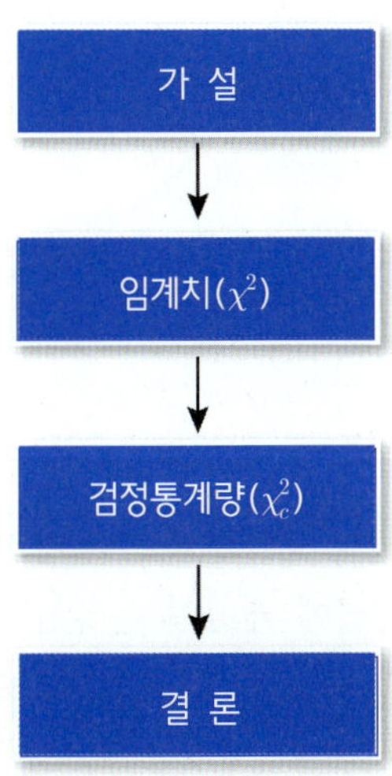

② 임계치

자유도가 $(c-1)$=(범주의 수-1)인 χ^2-분포를 따른다.

③ 검정통계량

임계치 χ^2값과 비교하기 위해 표본의 결과를 χ^2값으로 변환한 검정통계량은 다음과 같이 구해진다.

$$\chi_c^2 = \sum \frac{(f_o - f_e)^2}{f_e}$$

여기서 f_o = 관측된 빈도, f_e = 이론적인 빈도

관측빈도는 수집될 수 있으나 기대빈도는 다음과 같이 계산되어야 한다.

$$f_e = \frac{n}{c}$$

여기서 n = 총 관측된 자료의 수, c = 범주의 수

④ 결론

귀무가설에 대한 결론을 [그림 13-2]와 같이 내린다.

[그림 13-2] ▎적합도 검정의 H_0 기각기준

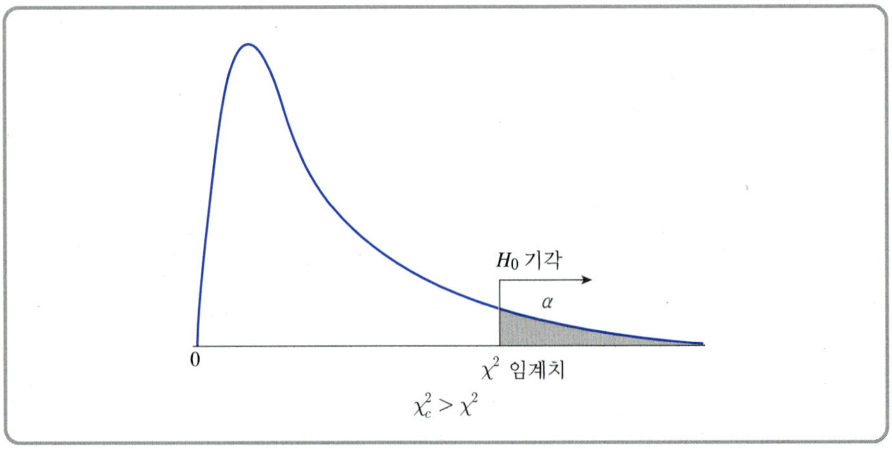

균등분포는 각 계급에 대하여 동일한 비율을 갖는다. 만일 관찰된 빈도(f_0)와 기대되는 빈도(f_e)가 상당히 근접해 있으면, $\frac{(f_o - f_e)^2}{f_e}$를 모두 합한 값은 χ^2-분포를 따른다고 생각할 수 있다. 그러나 만일 근접해 있지 않으면 계산된 검정통계

량은 임계치 χ^2값보다 크게 된다. 따라서 $\chi_c^2 > \chi^2$이면 H_0를 기각하고 H_1을 채택한다.

예제 13-1

ABC 전자의 품질담당이사는 공장에서 만들어지는 불량품 수는 1월부터 12월까지 균등분포를 할 것으로 믿고 있다. 이를 확인하기 위하여 지난 5년간 발생한 240개의 불량품을 월별로 나누어 다음과 같은 표를 작성해 보았다. 유의수준 α =0.05에서 불량품이 균등하게 분포되어 있다는 가설을 검정하라.

월	1	2	3	4	5	6	7	8	9	10	11	12
불량품수	22	17	20	19	21	15	22	20	20	19	22	23

풀이

① 가설

H_0 : $\pi_1 = \pi_2 = \pi_3 = ... = \pi_{12}$

H_1 : 모든 π_j가 같지는 않다

② 임계치

$\chi^2_{0.05,\ 12-1} = 19.675$

③ 검정통계량

월	f_o	f_e	$(f_o - f_e)$	$(f_o - f_e)^2$	$(f_o - f_e)^2/f_e$
1	22	20	2	4	0.2
2	15	20	−5	25	1.25
3	18	20	−2	4	0.2
4	13	20	−7	49	2.45
5	24	20	4	16	0.8
6	15	20	−5	25	1.25
7	22	20	2	4	0.2
8	22	20	2	4	0.2
9	17	20	−3	9	0.45
10	19	20	−1	1	0.05
11	30	20	10	100	5
12	23	20	3	9	0.45
합계	240	240	0		12.5

자료의 분포가 균등분포라고 가정하였으므로 각 달마다 불량품 수가 같아야 한다. 즉, 총 관측된 불량품 수 240을 범주인 월수 12로 나누어주면 각 달마다 기대되는 불량품 수($f_e = \frac{n}{c} = \frac{240}{12} = 20$)가 구해진다. $(f_o - f_e)$는 관측된 빈도가 기대되는 빈도에 얼마나 편차를 보이고 있는가를 나타낸다. 이 편차를 제곱한 후 기대되는 빈도로 나누어주면 평균편차가 구해진다. 12개 범주의 평균편차를 합하면 12.5가 된다.

$$\chi_c^2 = \sum \frac{(f_o - f_e)^2}{f_e} = 12.5$$

④ 결론

$\chi_c^2 > \chi^2$이면 H_0를 기각하고 H_1을 채택한다. $\chi_c^2 = 12.5 < \chi^2 = 19.675$이므로 H_0를 기각하지 않는다.

예제 13-2

<예제 13 - 1>의 문제에 대한 임계치와 p값을 엑셀로 구하여 결론을 내려라.

풀이

=CHISQ.INV(0.05, 11) = 19.6751

- probability : 0.05
- deg_freedom : 11

=CHISQ.DIST.RT(12.5, 11) = 0.3273

- X : 12.5
- deg_freedom : 11

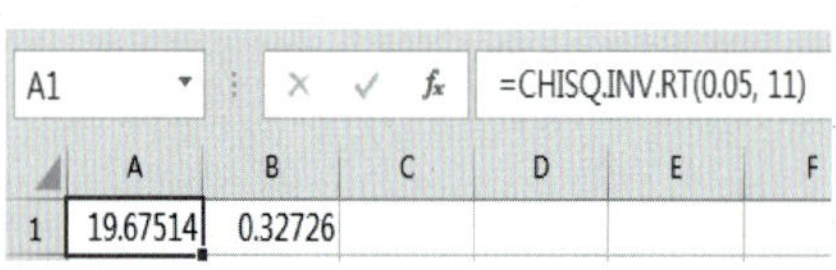

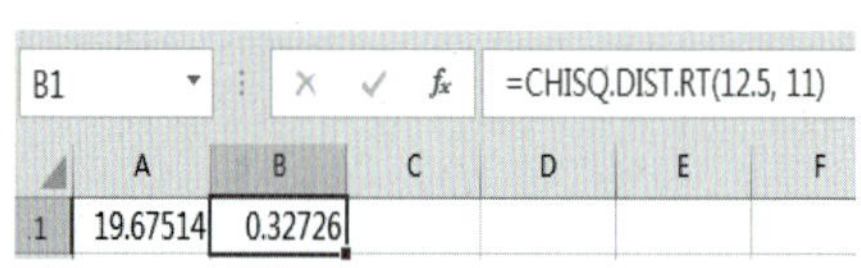

$\chi_c^2 = 12.5 < \chi^2 = 19.675$이고 $p = 0.3273 > \alpha = 0.05$이므로 H_0를 기각하지 않는다.

2. 독립성 검정

지금까지는 특정 자료가 특정 분포 즉, 균등분포를 따르는지를 검정하는 방법에 관하여 논의하였다. 이러한 χ^2-검정은 특정 분포에 관련되지 않은 관측빈도나 기대빈도를 비교할 때도 사용될 수 있다. 예를 들어, <표 13-1>은 요일과 지역에 따른 특정 사고의 발생건수를 나타내는 자료이다.

〈표 13-1〉 요일과 지역에 따른 사고발생 건수

요일 / 지역	월	화	수	목	금	합계
대구	25	20	39	37	32	153
부산	14	20	26	20	22	102
합계	39	40	65	57	54	255

독립성에 대한 χ^2-검정은 지역이 요일에 영향을 받는지를 분석할 때 쓰일 수 있다. <표 13-1>과 같이 두 가지 분류에 의하여 집단화된 자료를 분할표(contingency table)라 하는데, <표 13-1>에서 행은 지역과 관련이 있고 열은 요일을 나타낸다. <표 13-1>과 같이 두 개의 행(r)과 다섯 개의 열(c)을 가진 표를 '2×5 분할표'라 부른다.

분할표를 이용하여 분류의 독립성 문제를 검정할 때 필요한 자유도는 행의 수를 r로 두고 열의 수를 c로 둘 때 다음과 같이 수어진다.

$$df = (r-1)(c-1)$$

예를 들어, 4×9 분할표의 자유도는 (4-1)(9-1)=24가 되는데, 이때 행과 열의 수에는 합계 행과 합계 열은 포함하지 않는다. 분류의 독립성에 대한 검정절차는 [그림 13-1]의 적합도 검정절차와 유사하게 진행된다.

① 가설

$r \times c$ 분할표에서 독립여부에 대한 가설은 다음과 같다.

H_0 : 변수 A와 B는 서로 독립이다.

H_1 : 변수 A와 B는 서로 독립이 아니다.

보통 귀무가설은 '특정 분류가 다른 분류와 독립적이다'라는 형태로 설정되며 이는 <표 13 - 1>에서 각 행의 비율이 각 열에 걸쳐 모두 같다는 것을 의미한다. 예를 들면, 대구에서 발생하는 사고의 비율이 각 요일에 관계없이 같다는 것을 의미한다.

② 임계치

자유도가 $(r-1)(c-1)$인 χ^2-분포를 따른다. 즉, 귀무가설을 기각하는 기준이 될 χ^2값을 결정한다. 여기서 임계치는 $\chi^2_{0.05,\,(2-1)(5-1)} = 9.488$이다.

③ 검정통계량

적합도 검정에서 언급한 다음의 공식을 사용하여 검정통계량을 계산한다.

$$\chi_c^2 = \sum \frac{(f_o - f_e)^2}{f_e}$$

관측빈도는 수집될 수 있으나 기대빈도는 다음과 같이 계산되어야 한다.

$$f_{e_{jk}} = \frac{r_j c_k}{n}$$

여기서 r_j=행의 관측치 수의 합, c_k=열의 관측치 수의 합, n=전체 관측치 수

분할표의 각 칸(cell)에 대한 기대빈도는 각 비율(각 행의 합계 / 전체 합)을 각 열에 있는 합계 값에 곱해주면 구해진다. 예를 들어, <표 13 - 1>에서 대구의 사고 발생 건수 153은 전체 발생 건수 255에 대하여 60%의 비율을 차지한다. 만일 지역이 요일에 대하여 독립적이라면 60%라는 비율이 모든 요일에 대하여 적용된다고 가정할 수 있다. 그러므로 월요일 열의 합계 값 39의 60%인 23.4건수가 대구에서, 39의 40%인 15.6건수가 부산에서 발생하여야 한다. 다른 칸에 대한 기대빈도를 같은 방법으로 다음과 같이 구할 수 있다.

	월	화	수	목	금	합계
대구	23.4	24	39	34.2	32.4	153
부산	15.6	16	26	22.8	21.6	102
합계	39	40	65	57	54	255

각 셀의 $\frac{(f_o-f_e)^2}{f_e}$ 값은 다음과 같다.

	월	화	수	목	금
대구	0.1094	0.6667	0	0.2292	0.0049
부산	0.1641	1	0	0.3439	0.0074

예를 들어, 월요일 대구의 $\frac{(f_o-f_e)^2}{f_e}$ 는 $\frac{(25-23.4)^2}{23.4}=0.1094$ 이다. 각 셀의 $\frac{(f_o-f_e)^2}{f_e}$ 를 모두 합한 검정통계량은 다음과 같다.

$$\chi_c^2=\sum\frac{(f_o-f_c)^2}{f_e}=2.5256$$

④ 결론

$\chi_c^2>\chi^2$ 이면 H_0를 기각하고 H_1을 채택한다. $\chi_c^2=2.5256<\chi^2=9.488$ 이므로 H_0를 채택한다. 즉, 지역과 요일은 서로 독립이다.

예제 13-3

ABC 자동차보험회사는 음주운전적발횟수가 흡연습관에 종속되어 있는지를 알아보고자 607명의 사고기록을 분석해 본 결과 다음과 같은 자료를 얻었다. 이들 두 속성들이 0.01 유의수준에서 서로 독립석인지를 검정하라.

	음주운전적발건수					합계
	0회	1회	2회	3회	4회	
흡연	250	56	45	14	7	372
비흡연	125	74	21	10	5	235
합계	375	130	66	24	12	607

풀이

① 가설

H_0 : 음주운전횟수와 흡연유무는 서로 독립이다.

H_1 : 음주운전횟수와 흡연유무는 서로 독립이 아니다.

② 임계치

$\chi^2_{0.01,(2-1)(5-1)} = 13.277$이다.

③ 검정통계량

흡연자의 합계 열의 값은 전체 관측치 607명 중 61.285%인 372명이고 비흡연자의 합계 열의 값은 37.715%인 235명이다. 이 규칙을 각 열에 적용하면 음주운전 적발건수가 0회인 흡연자는 375명 중 61.285%인 229.82명이고 비흡연자는 37.715%인 145.18명이어야 한다. 다른 칸에 대한 기대빈도를 같은 방법으로 다음과 같이 구할 수 있다.

	0회	1회	2회	3회	4회	합계
흡연	229.82	79.67	40.45	14.71	7.35	372
비흡연	145.18	50.33	25.55	9.29	4.65	235
합계	375.00	130.00	66.00	24.00	12.00	607

각 셀의 $\dfrac{(f_o - f_e)^2}{f_e}$값은 다음과 같다.

	0회	1회	2회	3회	4회
흡연	1.7722	7.0326	0.5123	0.0341	0.0171
비흡연	2.8053	11.1325	0.8109	0.0540	0.0270

각 셀의 $\dfrac{(f_o - f_e)^2}{f_e}$를 모두 합한 검정통계량은 다음과 같다.

$$\chi_c^2 = \sum \frac{(f_o - f_e)^2}{f_e} = 24.1980$$

④ 결론

$\chi_c^2 > \chi^2$이면 H_0를 기각하고 H_1을 채택한다. $\chi_c^2 = 24.1980 > \chi^2 = 13.277$이므로 H_0를 기각한다.

예제 13-4

<예제 13 - 3>의 문제에 대한 임계치와 p값을 엑셀로 구하여 결론을 내려라.

풀이

=CHISQ.INV(0.01, 4) = 13.2767

- probability : 0.01
- deg_freedom : 4

=CHISQ.DIST.RT(24.1980, 4) = 0.0001

- X : 24.1980
- deg_freedom : 4

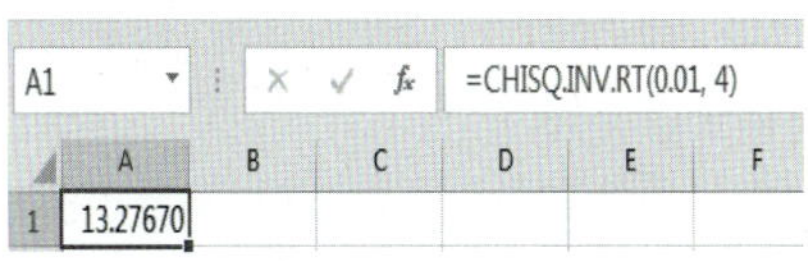

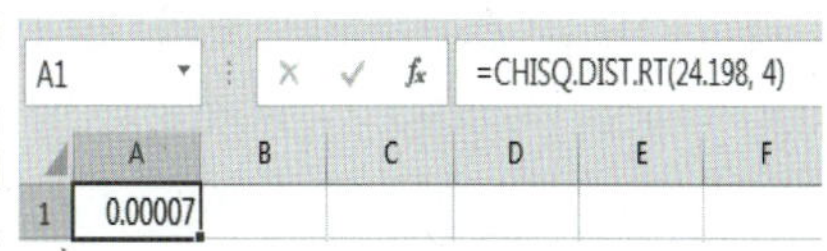

$\chi_c^2 = 24.1980 > \chi^2 = 13.277$이고 $p = 0.0001 < 0.01$이므로 H_0를 기각한다.

연습문제

01. 맞으면 ○, 틀리면 ×로 표시하라.

(1) χ^2값은 관측빈도와 기대빈도와의 차이가 제곱되므로 음수가 될 수 없다.

(2) χ^2-분포는 $n \geq 30$이면 정규분포에 근접한다.

(3) 모집단분산에 대한 신뢰구간을 구하는 데 χ^2-분포가 이용된다.

(4) χ^2값은 1개의 자유도와 관련 있다.

(5) χ^2값이 0이면 관찰빈도와 기대빈도는 전혀 차이가 없음을 말한다.

(6) χ^2-검정이나 F-검정에서 p값이 유의수준 α보다 작을 경우 귀무가설을 기각한다.

(7) 독립성 검정에서 행(r)과 열(c)의 수는 항상 같다.

(8) 적합도 검정과 독립성 검정에서 자유도를 계산하는 식은 같다.

(9) 균등분포의 적합도 검정에서 자유도는 $(r-1)(c-1)$이다.

(10) 균등분포란 각 범주의 발생빈도가 같은 것을 말한다.

02. 회원이 9,000명인 어느 모임의 행운권추첨 담당자는 회원들의 나이대별로 균등하게 당첨자들이 분포되어 있다고 주장하고 있다. 지금까지 당첨자들의 나이를 조사한 자료는 다음과 같다. 주어진 자료가 당첨자들의 무작위성에 대하여 의문을 제기하는 데 충분한지를 0.01 유의수준에서 χ^2 적합도 검정을 시행하여 결정하라.

나이	30대	40대	50대	60대	70 이상
당첨자 수	34	20	55	48	33

03. ABC 정밀화학의 품질담당이사의 주장에 의하면 안전사고 건수는 월요일부터 일요일까지 균등분포를 하고 있다. 이를 확인하기 위하여 지난 5년간 발생한 240건의 안전사고를 요일별로 나누어 다음과 같은 자료를 얻었다. 유의수준 α=0.05에서 안전사고 건수가 요일별로 균등하게 분포되어 있다는 가설을 검정하라.

월	화	수	목	금	토	일
42	20	35	45	28	22	39

04. ABC 대학교는 자신의 전공에 만족하는 학생을 성별과 학년별로 다음과 같이 분류하였다. 학생의 성별이 학년과 독립적인지를 0.05 유의수준에서 독립성 검정을 하라.

		학년				합계
		1	2	3	4	
성별	남	89	23	87	88	287
	녀	18	56	24	25	123
합계		107	79	111	113	410

05. 어느 제약회사에서는 최근 두 달 동안 발생한 불량품 수를 작업한 근무시간대와 작업자의 근무연수에 따라 다음과 같이 자료를 정리하였다. 유의수준 0.1에서 근무시간대와 근무연수는 상관이 없는지를 결정하라.

		근무시간대			합계
		오전반	오후반	야간반	
근무연수	10년 미만	2	8	5	15
	20년 미만	7	1	2	10
	30년 미만	3	2	5	10
	40년 이상	4	5	6	15
합계		16	16	18	50

06. 문제 5번에 대한 임계치와 p값을 엑셀로 구하여 결론을 내려라. 그리고 $\alpha=0.05$일 때는 결론이 다른지를 결정하라.

참고문헌

류귀열, 박일렬, 최승두(공역). (2007). 『앤더슨의 통계학』. 한올출판사.
민재형. (2010). 『엑셀을 활용한 통계 데이터 분석』. 법문사.
박상현, 박영현. (2013). 『통계적 품질관리』. 민영사.
원태연. (2011). 『통계적 품질관리』. 홍릉과학출판사.
유상진, 홍관수, 김남영. (2015). 『알기 쉬운 통계학』. 법문사.
이기엽. (2016). 『EXCEL+ 경영통계학』. 집현재.
이상규(역). (2015). 『켈러의 경영경제통계학』. Cengage Learning.
이훈영. (2010). 『이훈영 교수의 통계학』. 도서출판 청람.
차경준, 동경화, 최정순, 박영선. (2016). 『Excel을 활용한 현대 통계학』. 자유아카데미.
최필선, 민인식(공역). (2014). 『경영경제 통계학』, 경문사.

Anderson, D., Sweeney, D. & Williams, T. (2005). *Statistics for business and economics*. Mason, OH: Southwestern Publishing.

Bowerman, B. & O'Connell, R. (2007). *Business statistics in practice*. New York: McGraw-Hill Irwin Publishing.

Dielman, T. E. (2001). *Applied regression analysis for business and economics*. Pacific Grove, CA: Duxbury/Thomson Learning.

Doane, D. & Seward, L. (2007). *Applied statistics in business and economics*. New York: McGraw-Hill Irwin Publishing.

Keller, G. (2005). *Statistics for management and economic*. Belmont, CA: Thomson Publishing.

Meek, G., Ozgur, C. & Dunning, K. (2000). Does scale of measurement really make a difference in test selection: An empirical comparison of t test vs. Mann Whitney. Proceedings of the 2000 National Annual Meeting of the Decision Sciences Institute, 951-953.

Montgomery, D. C. (2009). *Introduction to statistical quality control*. New York: John Wiley & Sons.

Moore, D., McCabe, G., Duckworth, W. & Sclove, S. (2003). *The practice of business statistics: using data for decisions*. New York: W. H. Freeman and Co.

Newbold, P., Carlson, W. & Thorne, B. (2012). *Statistics for business and economics*. Upper Saddle River, NJ: Prentice Hall.

부 록

- 부표 : 〈표 1〉 이항분포표
  - 〈표 2〉 포아송분포표
  - 〈표 3〉 표준정규분포표
  - 〈표 4〉 t-분포표
  - 〈표 5〉 카이자승분포표
  - 〈표 6〉 F-분포표
- 연습문제 해답

〈표 1〉 이항분포표

						π					
n	x	0.05	0.10	0.15	0.20	0.25	0.30	0.35	0.40	0.45	0.50
1	0	.9500	.9000	.8500	.8000	.7500	.7000	.6500	.6000	.5500	.5000
	1	.0500	.1000	.1500	.2000	.2500	.3000	.3500	.4000	.4500	.5000
2	0	.9025	.8100	.7225	.6400	.5625	.4900	.4225	.3600	.3025	.2500
	1	.0950	.1800	.2550	.3200	.3750	.4200	.4550	.4800	.4950	.5000
	2	.0025	.0100	.0225	.0400	.0625	.0900	.1225	.1600	.2025	.2500
3	0	.8574	.7290	.6141	.5120	.4219	.3430	.2746	.2160	.1664	.1250
	1	.1354	.2430	.3251	.3840	.4219	.4410	.4436	.4320	.4084	.3750
	2	.0071	.0270	.0574	.0960	.1406	.1890	.2389	.2880	.3341	.3750
	3	.0001	.0010	.0034	.0080	.0156	.0270	.0429	.0640	.0911	.1250
4	0	.8145	.6561	.5220	.4096	.3164	.2401	.1785	.1296	.0915	.0625
	1	.1715	.2916	.3685	.4096	.4219	.4116	.3845	.3456	.2995	.2500
	2	.0135	.0486	.0975	.1536	.2109	.2646	.3105	.3456	.3675	.3750
	3	.0005	.0036	.0115	.0256	.0469	.0756	.1115	.1536	.2005	.2500
	4	.0000	.0001	.0005	.0016	.0039	.0081	.0150	.0256	.0410	.0625
5	0	.7738	.5905	.4437	.3277	.2373	.1681	.1160	.0778	.0503	.0313
	1	.2036	.3281	.3915	.4096	.3955	.3602	.3124	.2592	.2059	.1563
	2	.0214	.0729	.1382	.2048	.2637	.3087	.3364	.3456	.3369	.3125
	3	.0011	.0081	.0244	.0512	.0879	.1323	.1811	.2304	.2757	.3125
	4	.0000	.0005	.0022	.0064	.0146	.0284	.0488	.0768	.1128	.1563
	5	.0000	.0000	.0001	.0003	.0010	.0024	.0053	.0102	.0185	.0313
6	0	.7351	.5314	.3771	.2621	.1780	.1176	.0754	.0467	.0277	.0156
	1	.2321	.3543	.3993	.3932	.3560	.3025	.2437	.1866	.1359	.0938
	2	.0305	.0984	.1762	.2458	.2966	.3241	.3280	.3110	.2780	.2344
	3	.0021	.0146	.0415	.0819	.1318	.1852	.2355	.2765	.3032	.3125
	4	.0001	.0012	.0055	.0154	.0330	.0595	.0951	.1382	.1861	.2344
	5	.0000	.0001	.0004	.0015	.0044	.0102	.0205	.0369	.0609	.0938
	6	.0000	.0000	.0000	.0001	.0002	.0007	.0018	.0041	.0083	.0156
7	0	.6983	.4783	.3206	.2097	.1335	.0824	.0490	.0280	.0152	.0078
	1	.2573	.3720	.3960	.3670	.3115	.2471	.1848	.1306	.0872	.0547
	2	.0406	.1240	.2097	.2753	.3115	.3177	.2985	.2613	.2140	.1641
	3	.0036	.0230	.0617	.1147	.1730	.2269	.2679	.2903	.2918	.2734
	4	.0002	.0026	.0109	.0287	.0577	.0972	.1442	.1935	.2388	.2734
	5	.0000	.0002	.0012	.0043	.0115	.0250	.0466	.0774	.1172	.1641
	6	.0000	.0000	.0001	.0004	.0013	.0036	.0084	.0172	.0320	.0547
	7	.0000	.0000	.0000	.0000	.0001	.0002	.0006	.0016	.0037	.0078

n	x	π 0.05	0.10	0.15	0.20	0.25	0.30	0.35	0.40	0.45	0.50
8	0	.6634	.4305	.2725	.1678	.1001	.0576	.0319	.0168	.0084	.0039
	1	.2793	.3826	.3847	.3355	.2670	.1977	.1373	.0896	.0548	.0313
	2	.0515	.1488	.2376	.2936	.3115	.2965	.2587	.2090	.1569	.1094
	3	.0054	.0331	.0839	.1468	.2076	.2541	.2786	.2787	.2568	.2188
	4	.0004	.0046	.0185	.0459	.0865	.1361	.1875	.2322	.2627	.2734
	5	.0000	.0004	.0026	.0092	.0231	.0467	.0808	.1239	.1719	.2188
	6	.0000	.0000	.0002	.0011	.0038	.0100	.0217	.0413	.0703	.1094
	7	.0000	.0000	.0000	.0001	.0004	.0012	.0033	.0079	.0164	.0313
	8	.0000	.0000	.0000	.0000	.0000	.0001	.0002	.0007	.0017	.0039
9	0	.6302	.3874	.2316	.1342	.0751	.0404	.0207	.0101	.0046	.0020
	1	.2985	.3874	.3679	.3020	.2253	.1556	.1004	.0605	.0339	.0176
	2	.0629	.1722	.2597	.3020	.3003	.2668	.2162	.1612	.1110	.0703
	3	.0077	.0446	.1069	.1762	.2336	.2668	.2716	.2508	.2119	.1641
	4	.0006	.0074	.0283	.0661	.1168	.1715	.2194	.2508	.2600	.2461
	5	.0000	.0008	.0050	.0165	.0389	.0735	.1181	.1672	.2128	.2461
	6	.0000	.0001	.0006	.0028	.0087	.0210	.0424	.0743	.1160	.1641
	7	.0000	.0000	.0000	.0003	.0012	.0039	.0098	.0212	.0407	.0703
	8	.0000	.0000	.0000	.0000	.0001	.0004	.0013	.0035	.0083	.0176
	9	.0000	.0000	.0000	.0000	.0000	.0000	.0001	.0003	.0008	.0020
10	0	.5987	.3487	.1969	.1074	.0563	.0282	.0135	.0060	.0025	.0010
	1	.3151	.3874	.3474	.2684	.1877	.1211	.0725	.0403	.0207	.0098
	2	.0746	.1937	.2759	.3020	.2816	.2335	.1757	.1209	.0763	.0439
	3	.0105	.0574	.1298	.2013	.2503	.2668	.2522	.2150	.1665	.1172
	4	.0010	.0112	.0401	.0881	.1460	.2001	.2377	.2508	.2384	.2051
	5	.0001	.0015	.0085	.0264	.0584	.1029	.1536	.2007	.2340	.2461
	6	.0000	.0001	.0012	.0055	.0162	.0368	.0689	.1115	.1596	.2051
	7	.0000	.0000	.0001	.0008	.0031	.0090	.0212	.0425	.0746	.1172
	8	.0000	.0000	.0000	.0001	.0004	.0014	.0043	.0106	.0229	.0439
	9	.0000	.0000	.0000	.0000	.0000	.0001	.0005	.0016	.0042	.0098
	10	.0000	.0000	.0000	.0000	.0000	.0000	.0000	.0001	.0003	.0010
11	0	.5688	.3138	.1673	.0859	.0422	.0198	.0088	.0036	.0014	.0005
	1	.3293	.3835	.3248	.2362	.1549	.0932	.0518	.0266	.0125	.0054
	2	.0867	.2131	.2866	.2953	.2581	.1998	.1395	.0887	.0513	.0269
	3	.0137	.0710	.1517	.2215	.2581	.2568	.2254	.1774	.1259	.0806
	4	.0014	.0158	.0536	.1107	.1721	.2201	.2428	.2365	.2060	.1611
	5	.0001	.0025	.0132	.0388	.0803	.1321	.1830	.2207	.2360	.2256
	6	.0000	.0003	.0023	.0097	.0268	.0566	.0985	.1471	.1931	.2256
	7	.0000	.0000	.0003	.0017	.0064	.0173	.0379	.0701	.1128	.1611
	8	.0000	.0000	.0000	.0002	.0011	.0037	.0102	.0234	.0462	.0806
	9	.0000	.0000	.0000	.0000	.0001	.0005	.0018	.0052	.0126	.0269
	10	.0000	.0000	.0000	.0000	.0000	.0000	.0002	.0007	.0021	.0054
	11	.0000	.0000	.0000	.0000	.0000	.0000	.0000	.0000	.0002	.0005

		π									
n	x	0.05	0.10	0.15	0.20	0.25	0.30	0.35	0.40	0.45	0.50
12	0	.5404	.2824	.1422	.0687	.0317	.0138	.0057	.0022	.0008	.0002
	1	.3413	.3766	.3012	.2062	.1267	.0712	.0368	.0174	.0075	.0029
	2	.0988	.2301	.2924	.2835	.2323	.1678	.1088	.0639	.0339	.0161
	3	.0173	.0852	.1720	.2362	.2581	.2397	.1954	.1419	.0923	.0537
	4	.0021	.0213	.0683	.1329	.1936	.2311	.2367	.2128	.1700	.1208
	5	.0002	.0038	.0193	.0532	.1032	.1585	.2039	.2270	.2225	.1934
	6	.0000	.0005	.0040	.0155	.0401	.0792	.1281	.1766	.2124	.2256
	7	.0000	.0000	.0006	.0033	.0115	.0291	.0591	.1009	.1489	.1934
	8	.0000	.0000	.0001	.0005	.0024	.0078	.0199	.0420	.0762	.1208
	9	.0000	.0000	.0000	.0001	.0004	.0015	.0048	.0125	.0277	.0537
	10	.0000	.0000	.0000	.0000	.0000	.0002	.0008	.0025	.0068	.0161
	11	.0000	.0000	.0000	.0000	.0000	.0000	.0001	.0003	.0010	.0029
	12	.0000	.0000	.0000	.0000	.0000	.0000	.0000	.0000	.0001	.0002
13	0	.5133	.2542	.1209	.0550	.0238	.0097	.0037	.0013	.0004	.0001
	1	.3512	.3672	.2774	.1787	.1029	.0540	.0259	.0113	.0045	.0016
	2	.1109	.2448	.2937	.2680	.2059	.1388	.0836	.0453	.0220	.0095
	3	.0214	.0997	.1900	.2457	.2517	.2181	.1651	.1107	.0660	.0349
	4	.0028	.0277	.0838	.1535	.2097	.2337	.2222	.1845	.1350	.0873
	5	.0003	.0055	.0266	.0691	.1258	.1803	.2154	.2214	.1989	.1571
	6	.0000	.0008	.0063	.0230	.0559	.1030	.1546	.1968	.2169	.2095
	7	.0000	.0001	.0011	.0058	.0186	.0442	.0833	.1312	.1775	.2095
	8	.0000	.0000	.0001	.0011	.0047	.0142	.0336	.0656	.1089	.1571
	9	.0000	.0000	.0000	.0001	.0009	.0034	.0101	.0243	.0495	.0873
	10	.0000	.0000	.0000	.0000	.0001	.0006	.0022	.0065	.0162	.0349
	11	.0000	.0000	.0000	.0000	.0000	.0001	.0003	.0012	.0036	.0095
	12	.0000	.0000	.0000	.0000	.0000	.0000	.0000	.0001	.0005	.0016
	13	.0000	.0000	.0000	.0000	.0000	.0000	.0000	.0000	.0000	.0001
14	0	.4877	.2288	.1028	.0440	.0178	.0068	.0024	.0008	.0002	.0001
	1	.3593	.3559	.2539	.1539	.0832	.0407	.0181	.0073	.0027	.0009
	2	.1229	.2570	.2912	.2501	.1802	.1134	.0634	.0317	.0141	.0056
	3	.0259	.1142	.2056	.2501	.2402	.1943	.1366	.0845	.0462	.0222
	4	.0037	.0349	.0998	.1720	.2202	.2290	.2022	.1549	.1040	.0611
	5	.0004	.0078	.0352	.0860	.1468	.1963	.2178	.2066	.1701	.1222
	6	.0000	.0013	.0093	.0322	.0734	.1262	.1759	.2066	.2088	.1833
	7	.0000	.0002	.0019	.0092	.0280	.0618	.1082	.1574	.1952	.2095
	8	.0000	.0000	.0003	.0020	.0082	.0232	.0510	.0918	.1398	.1833
	9	.0000	.0000	.0000	.0003	.0018	.0066	.0183	.0408	.0762	.1222
	10	.0000	.0000	.0000	.0000	.0003	.0014	.0049	.0136	.0312	.0611
	11	.0000	.0000	.0000	.0000	.0000	.0002	.0010	.0033	.0093	.0222
	12	.0000	.0000	.0000	.0000	.0000	.0000	.0001	.0005	.0019	.0056
	13	.0000	.0000	.0000	.0000	.0000	.0000	.0000	.0001	.0002	.0009
	14	.0000	.0000	.0000	.0000	.0000	.0000	.0000	.0000	.0000	.0001

		π									
n	x	0.05	0.10	0.15	0.20	0.25	0.30	0.35	0.40	0.45	0.50
15	0	.4633	.2059	.0874	.0352	.0134	.0047	.0016	.0005	.0001	.0000
	1	.3658	.3432	.2312	.1319	.0668	.0305	.0126	.0047	.0016	.0005
	2	.1348	.2669	.2856	.2309	.1559	.0916	.0476	.0219	.0090	.0032
	3	.0307	.1285	.2184	.2501	.2252	.1700	.1110	.0634	.0318	.0139
	4	.0049	.0428	.1156	.1876	.2252	.2186	.1792	.1268	.0780	.0417
	5	.0006	.0105	.0449	.1032	.1651	.2061	.2123	.1859	.1404	.0916
	6	.0000	.0019	.0132	.0430	.0917	.1472	.1906	.2066	.1914	.1527
	7	.0000	.0003	.0030	.0138	.0393	.0811	.1319	.1771	.2013	.1964
	8	.0000	.0000	.0005	.0035	.0131	.0348	.0710	.1181	.1647	.1964
	9	.0000	.0000	.0001	.0007	.0034	.0116	.0298	.0612	.1048	.1527
	10	.0000	.0000	.0000	.0001	.0007	.0030	.0096	.0245	.0515	.0916
	11	.0000	.0000	.0000	.0000	.0001	.0006	.0024	.0074	.0191	.0417
	12	.0000	.0000	.0000	.0000	.0000	.0001	.0004	.0016	.0052	.0139
	13	.0000	.0000	.0000	.0000	.0000	.0000	.0001	.0003	.0010	.0032
	14	.0000	.0000	.0000	.0000	.0000	.0000	.0000	.0000	.0001	.0005
	15	.0000	.0000	.0000	.0000	.0000	.0000	.0000	.0000	.0000	.0000

〈표 2〉 포아송분포표

x	λ 0.1	0.2	0.3	0.4	0.5	0.6	0.7	0.8	0.9	1.0
0	.9048	.8187	.7408	.6703	.6065	.5488	.4966	.4493	.4066	.3679
1	.0905	.1637	.2222	.2681	.3033	.3293	.3476	.3595	.3659	.3679
2	.0045	.0164	.0333	.0536	.0758	.0988	.1217	.1438	.1647	.1839
3	.0002	.0011	.0033	.0072	.0126	.0198	.0284	.0383	.0494	.0613
4	.0000	.0001	.0003	.0007	.0016	.0030	.0050	.0077	.0111	.0153
5	.0000	.0000	.0000	.0001	.0002	.0004	.0007	.0012	.0020	.0031
6	.0000	.0000	.0000	.0000	.0000	.0000	.0001	.0002	.0003	.0005
7	.0000	.0000	.0000	.0000	.0000	.0000	.0000	.0000	.0000	.0001

x	λ 1.1	1.2	1.3	1.4	1.5	1.6	1.7	1.8	1.9	2.0
0	.3329	.3012	.2725	.2466	.2231	.2019	.1827	.1653	.1496	.1353
1	.3662	.3614	.3543	.3452	.3347	.3230	.3106	.2975	.2842	.2707
2	.2014	.2169	.2303	.2417	.2510	.2584	.2640	.2678	.2700	.2707
3	.0738	.0867	.0998	.1128	.1255	.1378	.1496	.1607	.1710	.1804
4	.0203	.0260	.0324	.0395	.0471	.0551	.0636	.0723	.0812	.0902
5	.0045	.0062	.0084	.0111	.0141	.0176	.0216	.0260	.0309	.0361
6	.0008	.0012	.0018	.0026	.0035	.0047	.0061	.0078	.0098	.0120
7	.0001	.0002	.0003	.0005	.0008	.0011	.0015	.0020	.0027	.0034
8	.0000	.0000	.0001	.0001	.0001	.0002	.0003	.0005	.0006	.0009
9	.0000	.0000	.0000	.0000	.0000	.0000	.0001	.0001	.0001	.0002

x	λ 2.1	2.2	2.3	2.4	2.5	2.6	2.7	2.8	2.9	3.0
0	.1225	.1108	.1003	.0907	.0821	.0743	.0672	.0608	.0550	.0498
1	.2572	.2438	.2306	.2177	.2052	.1931	.1815	.1703	.1596	.1494
2	.2700	.2681	.2652	.2613	.2565	.2510	.2450	.2384	.2314	.2240
3	.1890	.1966	.2033	.2090	.2138	.2176	.2205	.2225	.2237	.2240
4	.0992	.1082	.1169	.1254	.1336	.1414	.1488	.1557	.1622	.1680
5	.0417	.0476	.0538	.0602	.0668	.0735	.0804	.0872	.0940	.1008
6	.0146	.0174	.0206	.0241	.0278	.0319	.0362	.0407	.0455	.0504
7	.0044	.0055	.0068	.0083	.0099	.0118	.0139	.0163	.0188	.0216
8	.0011	.0015	.0019	.0025	.0031	.0038	.0047	.0057	.0068	.0081
9	.0003	.0004	.0005	.0007	.0009	.0011	.0014	.0018	.0022	.0027
10	.0001	.0001	.0001	.0002	.0002	.0003	.0004	.0005	.0006	.0008
11	.0000	.0000	.0000	.0000	.0000	.0001	.0001	.0001	.0002	.0002
12	.0000	.0000	.0000	.0000	.0000	.0000	.0000	.0000	.0000	.0001

	λ									
x	3.1	3.2	3.3	3.4	3.5	3.6	3.7	3.8	3.9	4.0
0	.0450	.0408	.0369	.0334	.0302	.0273	.0247	.0224	.0202	.0183
1	.1397	.1304	.1217	.1135	.1057	.0984	.0915	.0850	.0789	.0733
2	.2165	.2087	.2008	.1929	.1850	.1771	.1692	.1615	.1539	.1465
3	.2237	.2226	.2209	.2186	.2158	.2125	.2087	.2046	.2001	.1954
4	.1733	.1781	.1823	.1858	.1888	.1912	.1931	.1944	.1951	.1954
5	.1075	.1140	.1203	.1264	.1322	.1377	.1429	.1477	.1522	.1563
6	.0555	.0608	.0662	.0716	.0771	.0826	.0881	.0936	.0989	.1042
7	.0246	.0278	.0312	.0348	.0385	.0425	.0466	.0508	.0551	.0595
8	.0095	.0111	.0129	.0148	.0169	.0191	.0215	.0241	.0269	.0298
9	.0033	.0040	.0047	.0056	.0066	.0076	.0089	.0102	.0116	.0132
10	.0010	.0013	.0016	.0019	.0023	.0028	.0033	.0039	.0045	.0053
11	.0003	.0004	.0005	.0006	.0007	.0009	.0011	.0013	.0016	.0019
12	.0001	.0001	.0001	.0002	.0002	.0003	.0003	.0004	.0005	.0006
13	.0000	.0000	.0000	.0000	.0001	.0001	.0001	.0001	.0002	.0002
14	.0000	.0000	.0000	.0000	.0000	.0000	.0000	.0000	.0000	.0001

	λ									
x	4.1	4.2	4.3	4.4	4.5	4.6	4.7	4.8	4.9	5.0
0	.0166	.0150	.0136	.0123	.0111	.0101	.0091	.0082	.0074	.0067
1	.0679	.0630	.0583	.0540	.0500	.0462	.0427	.0395	.0365	.0337
2	.1393	.1323	.1254	.1188	.1125	.1063	.1005	.0948	.0894	.0842
3	.1904	.1852	.1798	.1743	.1687	.1631	.1574	.1517	.1460	.1404
4	.1951	.1944	.1933	.1917	.1898	.1875	.1849	.1820	.1789	.1755
5	.1600	.1633	.1662	.1687	.1708	.1725	.1738	.1747	.1753	.1755
6	.1093	.1143	.1191	.1237	.1281	.1323	.1362	.1398	.1432	.1462
7	.0640	.0686	.0732	.0778	.0824	.0869	.0914	.0959	.1002	.1044
8	.0328	.0360	.0393	.0428	.0463	.0500	.0537	.0575	.0614	.0653
9	.0150	.0168	.0188	.0209	.0232	.0255	.0281	.0307	.0334	.0363
10	.0061	.0071	.0081	.0092	.0104	.0118	.0132	.0147	.0164	.0181
11	.0023	.0027	.0032	.0037	.0043	.0049	.0056	.0064	.0073	.0082
12	.0008	.0009	.0011	.0013	.0016	.0019	.0022	.0026	.0030	.0034
13	.0002	.0003	.0004	.0005	.0006	.0007	.0008	.0009	.0011	.0013
14	.0001	.0001	.0001	.0001	.0002	.0002	.0003	.0003	.0004	.0005
15	.0000	.0000	.0000	.0000	.0001	.0001	.0001	.0001	.0001	.0002

x	λ 5.1	5.2	5.3	5.4	5.5	5.6	5.7	5.8	5.9	6.0
0	.0061	.0055	.0050	.0045	.0041	.0037	.0033	.0030	.0027	.0025
1	.0311	.0287	.0265	.0244	.0225	.0207	.0191	.0176	.0162	.0149
2	.0793	.0746	.0701	.0659	.0618	.0580	.0544	.0509	.0477	.0446
3	.1348	.1293	.1239	.1185	.1133	.1082	.1033	.0985	.0938	.0892
4	.1719	.1681	.1641	.1600	.1558	.1515	.1472	.1428	.1383	.1339
5	.1753	.1748	.1740	.1728	.1714	.1697	.1678	.1656	.1632	.1606
6	.1490	.1515	.1537	.1555	.1571	.1584	.1594	.1601	.1605	.1606
7	.1086	.1125	.1163	.1200	.1234	.1267	.1298	.1326	.1353	.1377
8	.0692	.0731	.0771	.0810	.0849	.0887	.0925	.0962	.0998	.1033
9	.0392	.0423	.0454	.0486	.0519	.0552	.0586	.0620	.0654	.0688
10	.0200	.0220	.0241	.0262	.0285	.0309	.0334	.0359	.0386	.0413
11	.0093	.0104	.0116	.0129	.0143	.0157	.0173	.0190	.0207	.0225
12	.0039	.0045	.0051	.0058	.0065	.0073	.0082	.0092	.0102	.0113
13	.0015	.0018	.0021	.0024	.0028	.0032	.0036	.0041	.0046	.0052
14	.0006	.0007	.0008	.0009	.0011	.0013	.0015	.0017	.0019	.0022
15	.0002	.0002	.0003	.0003	.0004	.0005	.0006	.0007	.0008	.0009
16	.0001	.0001	.0001	.0001	.0001	.0002	.0002	.0002	.0003	.0003
17	.0000	.0000	.0000	.0000	.0000	.0001	.0001	.0001	.0001	.0001

x	λ 6.1	6.2	6.3	6.4	6.5	6.6	6.7	6.8	6.9	7.0
0	.0022	.0020	.0018	.0017	.0015	.0014	.0012	.0011	.0010	.0009
1	.0137	.0126	.0116	.0106	.0098	.0090	.0082	.0076	.0070	.0064
2	.0417	.0390	.0364	.0340	.0318	.0296	.0276	.0258	.0240	.0223
3	.0848	.0806	.0765	.0726	.0688	.0652	.0617	.0584	.0552	.0521
4	.1294	.1249	.1205	.1162	.1118	.1076	.1034	.0992	.0952	.0912
5	.1579	.1549	.1519	.1487	.1454	.1420	.1385	.1349	.1314	.1277
6	.1605	.1601	.1595	.1586	.1575	.1562	.1546	.1529	.1511	.1490
7	.1399	.1418	.1435	.1450	.1462	.1472	.1480	.1486	.1489	.1490
8	.1066	.1099	.1130	.1160	.1188	.1215	.1240	.1263	.1284	.1304
9	.0723	.0757	.0791	.0825	.0858	.0891	.0923	.0954	.0985	.1014
10	.0441	.0469	.0498	.0528	.0558	.0588	.0618	.0649	.0679	.0710
11	.0244	.0265	.0285	.0307	.0330	.0353	.0377	.0401	.0426	.0452
12	.0124	.0137	.0150	.0164	.0179	.0194	.0210	.0227	.0245	.0263
13	.0058	.0065	.0073	.0081	.0089	.0099	.0108	.0119	.0130	.0142
14	.0025	.0029	.0033	.0037	.0041	.0046	.0052	.0058	.0064	.0071
15	.0010	.0012	.0014	.0016	.0018	.0020	.0023	.0026	.0029	.0033
16	.0004	.0005	.0005	.0006	.0007	.0008	.0010	.0011	.0013	.0014
17	.0001	.0002	.0002	.0002	.0003	.0003	.0004	.0004	.0005	.0006
18	.0000	.0001	.0001	.0001	.0001	.0001	.0001	.0002	.0002	.0002
19	.0000	.0000	.0000	.0000	.0000	.0000	.0001	.0001	.0001	.0001

	λ									
x	7.1	7.2	7.3	7.4	7.5	7.6	7.7	7.8	7.9	8.0
0	.0008	.0007	.0007	.0006	.0006	.0005	.0005	.0004	.0004	.0003
1	.0059	.0054	.0049	.0045	.0041	.0038	.0035	.0032	.0029	.0027
2	.0208	.0194	.0180	.0167	.0156	.0145	.0134	.0125	.0116	.0107
3	.0492	.0464	.0438	.0413	.0389	.0366	.0345	.0324	.0305	.0286
4	.0874	.0836	.0799	.0764	.0729	.0696	.0663	.0632	.0602	.0573
5	.1241	.1204	.1167	.1130	.1094	.1057	.1021	.0986	.0951	.0916
6	.1468	.1445	.1420	.1394	.1367	.1339	.1311	.1282	.1252	.1221
7	.1489	.1486	.1481	.1474	.1465	.1454	.1442	.1428	.1413	.1396
8	.1321	.1337	.1351	.1363	.1373	.1381	.1388	.1392	.1395	.1396
9	.1042	.1070	.1096	.1121	.1144	.1167	.1187	.1207	.1224	.1241
10	.0740	.0770	.0800	.0829	.0858	.0887	.0914	.0941	.0967	.0993
11	.0478	.0504	.0531	.0558	.0585	.0613	.0640	.0667	.0695	.0722
12	.0283	.0303	.0323	.0344	.0366	.0388	.0411	.0434	.0457	.0481
13	.0154	.0168	.0181	.0196	.0211	.0227	.0243	.0260	.0278	.0296
14	.0078	.0086	.0095	.0104	.0113	.0123	.0134	.0145	.0157	.0169
15	.0037	.0041	.0046	.0051	.0057	.0062	.0069	.0075	.0083	.0090
16	.0016	.0019	.0021	.0024	.0026	.0030	.0033	.0037	.0041	.0045
17	.0007	.0008	.0009	.0010	.0012	.0013	.0015	.0017	.0019	.0021
18	.0003	.0003	.0004	.0004	.0005	.0006	.0006	.0007	.0008	.0009
19	.0001	.0001	.0001	.0002	.0002	.0002	.0003	.0003	.0003	.0004
20	.0000	.0000	.0001	.0001	.0001	.0001	.0001	.0001	.0001	.0002
21	.0000	.0000	.0000	.0000	.0000	.0000	.0000	.0000	.0001	.0001

	λ									
x	8.1	8.2	8.3	8.4	8.5	8.6	8.7	8.8	8.9	9.0
0	.0003	.0003	.0002	.0002	.0002	.0002	.0002	.0002	.0001	.0001
1	.0025	.0023	.0021	.0019	.0017	.0016	.0014	.0013	.0012	.0011
2	.0100	.0092	.0086	.0079	.0074	.0068	.0063	.0058	.0054	.0050
3	.0269	.0252	.0237	.0222	.0208	.0195	.0183	.0171	.0160	.0150
4	.0544	.0517	.0491	.0466	.0443	.0420	.0398	.0377	.0357	.0337
5	.0882	.0849	.0816	.0784	.0752	.0722	.0692	.0663	.0635	.0607
6	.1191	.1160	.1128	.1097	.1066	.1034	.1003	.0972	.0941	.0911
7	.1378	.1358	.1338	.1317	.1294	.1271	.1247	.1222	.1197	.1171
8	.1395	.1392	.1388	.1382	.1375	.1366	.1356	.1344	.1332	.1318
9	.1256	.1269	.1280	.1290	.1299	.1306	.1311	.1315	.1317	.1318
10	.1017	.1040	.1063	.1084	.1104	.1123	.1140	.1157	.1172	.1186
11	.0749	.0776	.0802	.0828	.0853	.0878	.0902	.0925	.0948	.0970
12	.0505	.0530	.0555	.0579	.0604	.0629	.0654	.0679	.0703	.0728
13	.0315	.0334	.0354	.0374	.0395	.0416	.0438	.0459	.0481	.0504
14	.0182	.0196	.0210	.0225	.0240	.0256	.0272	.0289	.0306	.0324
15	.0098	.0107	.0116	.0126	.0136	.0147	.0158	.0169	.0182	.0194
16	.0050	.0055	.0060	.0066	.0072	.0079	.0086	.0093	.0101	.0109
17	.0024	.0026	.0029	.0033	.0036	.0040	.0044	.0048	.0053	.0058
18	.0011	.0012	.0014	.0015	.0017	.0019	.0021	.0024	.0026	.0029
19	.0005	.0005	.0006	.0007	.0008	.0009	.0010	.0011	.0012	.0014
20	.0002	.0002	.0002	.0003	.0003	.0004	.0004	.0005	.0005	.0006
21	.0001	.0001	.0001	.0001	.0001	.0002	.0002	.0002	.0002	.0003
22	.0000	.0000	.0000	.0000	.0001	.0001	.0001	.0001	.0001	.0001

x	λ 10.0	11.0	12.0	13.0	14.0	15.0	16.0	17.0	18.0	19.0	20.0
0	.0000	.0000	.0000	.0000	.0000	.0000	.0000	.0000	.0000	.0000	.0000
1	.0005	.0002	.0001	.0000	.0000	.0000	.0000	.0000	.0000	.0000	.0000
2	.0023	.0010	.0004	.0002	.0001	.0000	.0000	.0000	.0000	.0000	.0000
3	.0076	.0037	.0018	.0008	.0004	.0002	.0001	.0000	.0000	.0000	.0000
4	.0189	.0102	.0053	.0027	.0013	.0006	.0003	.0001	.0001	.0000	.0000
5	.0378	.0224	.0127	.0070	.0037	.0019	.0010	.0005	.0002	.0001	.0001
6	.0631	.0411	.0255	.0152	.0087	.0048	.0026	.0014	.0007	.0004	.0002
7	.0901	.0646	.0437	.0281	.0174	.0104	.0060	.0034	.0019	.0010	.0005
8	.1126	.0888	.0655	.0457	.0304	.0194	.0120	.0072	.0042	.0024	.0013
9	.1251	.1085	.0874	.0661	.0473	.0324	.0213	.0135	.0083	.0050	.0029
10	.1251	.1194	.1048	.0859	.0663	.0486	.0341	.0230	.0150	.0095	.0058
11	.1137	.1194	.1144	.1015	.0844	.0663	.0496	.0355	.0245	.0164	.0106
12	.0948	.1094	.1144	.1099	.0984	.0829	.0661	.0504	.0368	.0259	.0176
13	.0729	.0926	.1056	.1099	.1060	.0956	.0814	.0658	.0509	.0378	.0271
14	.0521	.0728	.0905	.1021	.1060	.1024	.0930	.0800	.0655	.0514	.0387
15	.0347	.0534	.0724	.0885	.0989	.1024	.0992	.0906	.0786	.0650	.0516
16	.0217	.0367	.0543	.0719	.0866	.0960	.0992	.0963	.0884	.0772	.0646
17	.0128	.0237	.0383	.0550	.0713	.0847	.0934	.0963	.0936	.0863	.0760
18	.0071	.0145	.0255	.0397	.0554	.0706	.0830	.0909	.0936	.0911	.0844
19	.0037	.0084	.0161	.0272	.0409	.0557	.0699	.0814	.0887	.0911	.0888
20	.0019	.0046	.0097	.0177	.0286	.0418	.0559	.0692	.0798	.0866	.0888
21	.0009	.0024	.0055	.0109	.0191	.0299	.0426	.0560	.0684	.0783	.0846
22	.0004	.0012	.0030	.0065	.0121	.0204	.0310	.0433	.0560	.0676	.0769
23	.0002	.0006	.0016	.0037	.0074	.0133	.0216	.0320	.0438	.0559	.0669
24	.0001	.0003	.0008	.0020	.0043	.0083	.0144	.0226	.0328	.0442	.0557
25	.0000	.0001	.0004	.0010	.0024	.0050	.0092	.0154	.0237	.0336	.0446
26	.0000	.0000	.0002	.0005	.0013	.0029	.0057	.0101	.0164	.0246	.0343
27	.0000	.0000	.0001	.0002	.0007	.0016	.0034	.0063	.0109	.0173	.0254
28	.0000	.0000	.0000	.0001	.0003	.0009	.0019	.0038	.0070	.0117	.0181
29	.0000	.0000	.0000	.0001	.0002	.0004	.0011	.0023	.0044	.0077	.0125
30	.0000	.0000	.0000	.0000	.0001	.0002	.0006	.0013	.0026	.0049	.0083
31	.0000	.0000	.0000	.0000	.0000	.0001	.0003	.0007	.0015	.0030	.0054
32	.0000	.0000	.0000	.0000	.0000	.0001	.0001	.0004	.0009	.0018	.0034
33	.0000	.0000	.0000	.0000	.0000	.0000	.0001	.0002	.0005	.0010	.0020
34	.0000	.0000	.0000	.0000	.0000	.0000	.0000	.0001	.0002	.0006	.0012
35	.0000	.0000	.0000	.0000	.0000	.0000	.0000	.0000	.0001	.0003	.0007
36	.0000	.0000	.0000	.0000	.0000	.0000	.0000	.0000	.0001	.0002	.0004
37	.0000	.0000	.0000	.0000	.0000	.0000	.0000	.0000	.0000	.0001	.0002
38	.0000	.0000	.0000	.0000	.0000	.0000	.0000	.0000	.0000	.0000	.0001
39	.0000	.0000	.0000	.0000	.0000	.0000	.0000	.0000	.0000	.0000	.0001

〈표 3〉 표준정규분포표

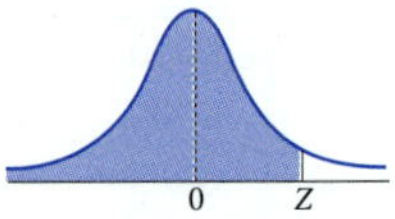

Z	.00	.01	.02	.03	.04	.05	.06	.07	.08	.09
−3.4	.0003	.0003	.0003	.0003	.0003	.0003	.0003	.0003	.0003	.0002
−3.3	.0005	.0005	.0005	.0004	.0004	.0004	.0004	.0004	.0004	.0003
−3.2	.0007	.0007	.0006	.0006	.0006	.0006	.0006	.0005	.0005	.0005
−3.1	.0010	.0009	.0009	.0009	.0008	.0008	.0008	.0008	.0007	.0007
−3.0	.0013	.0013	.0013	.0012	.0012	.0011	.0011	.0011	.0010	.0010
−2.9	.0019	.0018	.0018	.0017	.0016	.0016	.0015	.0015	.0014	.0014
−2.8	.0026	.0025	.0024	.0023	.0023	.0022	.0021	.0021	.0020	.0019
−2.7	.0035	.0034	.0033	.0032	.0031	.0030	.0029	.0028	.0027	.0026
−2.6	.0047	.0045	.0044	.0043	.0041	.0040	.0039	.0038	.0037	.0036
−2.5	.0062	.0060	.0059	.0057	.0055	.0054	.0052	.0051	.0049	.0048
−2.4	.0082	.0080	.0078	.0075	.0073	.0071	.0069	.0068	.0066	.0064
−2.3	.0107	.0104	.0102	.0099	.0096	.0094	.0091	.0089	.0087	.0084
−2.2	.0139	.0136	.0132	.0129	.0125	.0122	.0119	.0116	.0113	.0110
−2.1	.0179	.0174	.0170	.0166	.0162	.0158	.0154	.0150	.0146	.0143
−2.0	.0228	.0222	.0217	.0212	.0207	.0202	.0197	.0192	.0188	.0183
−1.9	.0287	.0281	.0274	.0268	.0262	.0256	.0250	.0244	.0239	.0233
−1.8	.0359	.0351	.0344	.0336	.0329	.0322	.0314	.0307	.0301	.0294
−1.7	.0446	.0436	.0427	.0418	.0409	.0401	.0392	.0384	.0375	.0367
−1.6	.0548	.0537	.0526	.0516	.0505	.0495	.0485	.0475	.0465	.0455
−1.5	.0668	.0655	.0643	.0630	.0618	.0606	.0594	.0582	.0571	.0559
−1.4	.0808	.0793	.0778	.0764	.0749	.0735	.0721	.0708	.0694	.0681
−1.3	.0968	.0951	.0934	.0918	.0901	.0885	.0869	.0853	.0838	.0823
−1.2	.1151	.1131	.1112	.1093	.1075	.1056	.1038	.1020	.1003	.0985
−1.1	.1357	.1335	.1314	.1292	.1271	.1251	.1230	.1210	.1190	.1170
−1.0	.1587	.1562	.1539	.1515	.1492	.1469	.1446	.1423	.1401	.1379
−0.9	.1841	.1814	.1788	.1762	.1736	.1711	.1685	.1660	.1635	.1611
−0.8	.2119	.2090	.2061	.2033	.2005	.1977	.1949	.1922	.1894	.1867
−0.7	.2420	.2389	.2358	.2327	.2296	.2266	.2236	.2206	.2177	.2148
−0.6	.2743	.2709	.2676	.2643	.2611	.2578	.2546	.2514	.2483	.2451
−0.5	.3085	.3050	.3015	.2981	.2946	.2912	.2877	.2843	.2810	.2776
−0.4	.3446	.3409	.3372	.3336	.3300	.3264	.3228	.3192	.3156	.3121
−0.3	.3821	.3783	.3745	.3707	.3669	.3632	.3594	.3557	.3520	.3483
−0.2	.4207	.4168	.4129	.4090	.4052	.4013	.3974	.3936	.3897	.3859
−0.1	.4602	.4562	.4522	.4483	.4443	.4404	.4364	.4325	.4286	.4247
0.0	.5000	.5040	.5080	.5120	.5160	.5199	.5239	.5279	.5319	.5359

Z	.00	.01	.02	.03	.04	.05	.06	.07	.08	.09
0.0	.5000	.5040	.5080	.5120	.5160	.5199	.5239	.5279	.5319	.5359
0.1	.5398	.5438	.5478	.5517	.5557	.5596	.5636	.5675	.5714	.5753
0.2	.5793	.5832	.5871	.5910	.5948	.5987	.6026	.6064	.6103	.6141
0.3	.6179	.6217	.6255	.6293	.6331	.6368	.6406	.6443	.6480	.6517
0.4	.6554	.6591	.6628	.6664	.6700	.6736	.6772	.6808	.6844	.6879
0.5	.6915	.6950	.6985	.7019	.7054	.7088	.7123	.7157	.7190	.7224
0.6	.7257	.7291	.7324	.7357	.7389	.7422	.7454	.7486	.7517	.7549
0.7	.7580	.7611	.7642	.7673	.7704	.7734	.7764	.7794	.7823	.7852
0.8	.7881	.7910	.7939	.7967	.7995	.8023	.8051	.8078	.8106	.8133
0.9	.8159	.8186	.8212	.8238	.8264	.8289	.8315	.8340	.8365	.8389
1.0	.8413	.8438	.8461	.8485	.8508	.8531	.8554	.8577	.8599	.8621
1.1	.8643	.8665	.8686	.8708	.8729	.8749	.8770	.8790	.8810	.8830
1.2	.8849	.8869	.8888	.8907	.8925	.8944	.8962	.8980	.8997	.9015
1.3	.9032	.9049	.9066	.9082	.9099	.9115	.9131	.9147	.9162	.9177
1.4	.9192	.9207	.9222	.9236	.9251	.9265	.9279	.9292	.9306	.9319
1.5	.9332	.9345	.9357	.9370	.9382	.9394	.9406	.9418	.9429	.9441
1.6	.9452	.9463	.9474	.9484	.9495	.9505	.9515	.9525	.9535	.9545
1.7	.9554	.9564	.9573	.9582	.9591	.9599	.9608	.9616	.9625	.9633
1.8	.9641	.9649	.9656	.9664	.9671	.9678	.9686	.9693	.9699	.9706
1.9	.9713	.9719	.9726	.9732	.9738	.9744	.9750	.9756	.9761	.9767
2.0	.9772	.9778	.9783	.9788	.9793	.9798	.9803	.9808	.9812	.9817
2.1	.9821	.9826	.9830	.9834	.9838	.9842	.9846	.9850	.9854	.9857
2.2	.9861	.9864	.9868	.9871	.9875	.9878	.9881	.9884	.9887	.9890
2.3	.9893	.9896	.9898	.9901	.9904	.9906	.9909	.9911	.9913	.9916
2.4	.9918	.9920	.9922	.9925	.9927	.9929	.9931	.9932	.9934	.9936
2.5	.9938	.9940	.9941	.9943	.9945	.9946	.9948	.9949	.9951	.9952
2.6	.9953	.9955	.9956	.9957	.9959	.9960	.9961	.9962	.9963	.9964
2.7	.9965	.9966	.9967	.9968	.9969	.9970	.9971	.9972	.9973	.9974
2.8	.9974	.9975	.9976	.9977	.9977	.9978	.9979	.9979	.9980	.9981
2.9	.9981	.9982	.9982	.9983	.9984	.9984	.9985	.9985	.9986	.9986
3.0	.9987	.9987	.9987	.9988	.9988	.9989	.9989	.9989	.9990	.9990
3.1	.9990	.9991	.9991	.9991	.9992	.9992	.9992	.9992	.9993	.9993
3.2	.9993	.9993	.9994	.9994	.9994	.9994	.9994	.9995	.9995	.9995
3.3	.9995	.9995	.9995	.9996	.9996	.9996	.9996	.9996	.9996	.9997
3.4	.9997	.9997	.9997	.9997	.9997	.9997	.9997	.9997	.9997	.9998

〈표 4〉 t-분포표

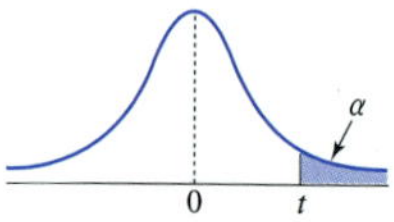

df \ α	0.1	0.05	0.025	0.01	0.005	0.001	0.0005
1	3.078	6.314	12.706	31.821	63.657	318.309	636.619
2	1.886	2.920	4.303	6.965	9.925	22.327	31.599
3	1.638	2.353	3.182	4.541	5.841	10.215	12.924
4	1.533	2.132	2.776	3.747	4.604	7.173	8.610
5	1.476	2.015	2.571	3.365	4.032	5.893	6.869
6	1.440	1.943	2.447	3.143	3.707	5.208	5.959
7	1.415	1.895	2.365	2.998	3.499	4.785	5.408
8	1.397	1.860	2.306	2.896	3.355	4.501	5.041
9	1.383	1.833	2.262	2.821	3.250	4.297	4.781
10	1.372	1.812	2.228	2.764	3.169	4.144	4.587
11	1.363	1.796	2.201	2.718	3.106	4.025	4.437
12	1.356	1.782	2.179	2.681	3.055	3.930	4.318
13	1.350	1.771	2.160	2.650	3.012	3.852	4.221
14	1.345	1.761	2.145	2.624	2.977	3.787	4.140
15	1.341	1.753	2.131	2.602	2.947	3.733	4.073
16	1.337	1.746	2.120	2.583	2.921	3.686	4.015
17	1.333	1.740	2.110	2.567	2.898	3.646	3.965
18	1.330	1.734	2.101	2.552	2.878	3.610	3.922
19	1.328	1.729	2.093	2.539	2.861	3.579	3.883
20	1.325	1.725	2.086	2.528	2.845	3.552	3.850
21	1.323	1.721	2.080	2.518	2.831	3.527	3.819
22	1.321	1.717	2.074	2.508	2.819	3.505	3.792
23	1.319	1.714	2.069	2.500	2.807	3.485	3.768
24	1.318	1.711	2.064	2.492	2.797	3.467	3.745
25	1.316	1.708	2.060	2.485	2.787	3.450	3.725
26	1.315	1.706	2.056	2.479	2.779	3.435	3.707
27	1.314	1.703	2.052	2.473	2.771	3.421	3.690
28	1.313	1.701	2.048	2.467	2.763	3.408	3.674
29	1.311	1.699	2.045	2.462	2.756	3.396	3.659
30	1.310	1.697	2.042	2.457	2.750	3.385	3.646
31	1.309	1.696	2.040	2.453	2.744	3.375	3.633
32	1.309	1.694	2.037	2.449	2.738	3.365	3.622
33	1.308	1.692	2.035	2.445	2.733	3.356	3.611
34	1.307	1.691	2.032	2.441	2.728	3.348	3.601
35	1.306	1.690	2.030	2.438	2.724	3.340	3.591

df \ α	0.1	0.05	0.025	0.01	0.005	0.001	0.0005
36	1.306	1.688	2.028	2.434	2.719	3.333	3.582
37	1.305	1.687	2.026	2.431	2.715	3.326	3.574
38	1.304	1.686	2.024	2.429	2.712	3.319	3.566
39	1.304	1.685	2.023	2.426	2.708	3.313	3.558
40	1.303	1.684	2.021	2.423	2.704	3.307	3.551
41	1.303	1.683	2.020	2.421	2.701	3.301	3.544
42	1.302	1.682	2.018	2.418	2.698	3.296	3.538
43	1.302	1.681	2.017	2.416	2.695	3.291	3.532
44	1.301	1.680	2.015	2.414	2.692	3.286	3.526
45	1.301	1.679	2.014	2.412	2.690	3.281	3.520
46	1.300	1.679	2.013	2.410	2.687	3.277	3.515
47	1.300	1.678	2.012	2.408	2.685	3.273	3.510
48	1.299	1.677	2.011	2.407	2.682	3.269	3.505
49	1.299	1.677	2.010	2.405	2.680	3.265	3.500
50	1.299	1.676	2.009	2.403	2.678	3.261	3.496
51	1.298	1.675	2.008	2.402	2.676	3.258	3.492
52	1.298	1.675	2.007	2.400	2.674	3.255	3.488
53	1.298	1.674	2.006	2.399	2.672	3.251	3.484
54	1.297	1.674	2.005	2.397	2.670	3.248	3.480
55	1.297	1.673	2.004	2.396	2.668	3.245	3.476
56	1.297	1.673	2.003	2.395	2.667	3.242	3.473
57	1.297	1.672	2.002	2.394	2.665	3.239	3.470
58	1.296	1.672	2.002	2.392	2.663	3.237	3.466
59	1.296	1.671	2.001	2.391	2.662	3.234	3.463
60	1.296	1.671	2.000	2.390	2.660	3.232	3.460
70	1.294	1.667	1.994	2.381	2.648	3.211	3.435
80	1.292	1.664	1.990	2.374	2.639	3.195	3.416
90	1.291	1.662	1.987	2.368	2.632	3.183	3.402
100	1.290	1.660	1.984	2.364	2.626	3.174	3.390
110	1.289	1.659	1.982	2.361	2.621	3.166	3.381
120	1.289	1.658	1.980	2.358	2.617	3.160	3.373
130	1.288	1.657	1.978	2.355	2.614	3.154	3.367
140	1.288	1.656	1.977	2.353	2.611	3.149	3.361
150	1.287	1.655	1.976	2.351	2.609	3.145	3.357
∞	1.282	1.645	1.960	2.326	2.576	3.090	3.291

〈표 5〉 카이자승분포표

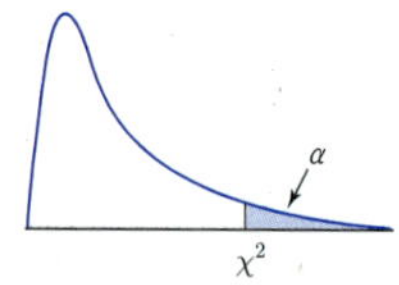

df \ α	0.995	0.99	0.975	0.95	0.9	0.75	0.5	0.25	0.1	0.05	0.025	0.01	0.005
1	0.000	0.000	0.001	0.004	0.016	0.102	0.455	1.323	2.706	3.841	5.024	6.635	7.879
2	0.010	0.020	0.051	0.103	0.211	0.575	1.386	2.773	4.605	5.991	7.378	9.210	10.597
3	0.072	0.115	0.216	0.352	0.584	1.213	2.366	4.108	6.251	7.815	9.348	11.345	12.838
4	0.207	0.297	0.484	0.711	1.064	1.923	3.357	5.385	7.779	9.488	11.143	13.277	14.860
5	0.412	0.554	0.831	1.145	1.610	2.675	4.351	6.626	9.236	11.070	12.833	15.086	16.750
6	0.676	0.872	1.237	1.635	2.204	3.455	5.348	7.841	10.645	12.592	14.449	16.812	18.548
7	0.989	1.239	1.690	2.167	2.833	4.255	6.346	9.037	12.017	14.067	16.013	18.475	20.278
8	1.344	1.646	2.180	2.733	3.490	5.071	7.344	10.219	13.362	15.507	17.535	20.090	21.955
9	1.735	2.088	2.700	3.325	4.168	5.899	8.343	11.389	14.684	16.919	19.023	21.666	23.589
10	2.156	2.558	3.247	3.940	4.865	6.737	9.342	12.549	15.987	18.307	20.483	23.209	25.188
11	2.603	3.053	3.816	4.575	5.578	7.584	10.341	13.701	17.275	19.675	21.920	24.725	26.757
12	3.074	3.571	4.404	5.226	6.304	8.438	11.340	14.845	18.549	21.026	23.337	26.217	28.300
13	3.565	4.107	5.009	5.892	7.042	9.299	12.340	15.984	19.812	22.362	24.736	27.688	29.819
14	4.075	4.660	5.629	6.571	7.790	10.165	13.339	17.117	21.064	23.685	26.119	29.141	31.319
15	4.601	5.229	6.262	7.261	8.547	11.037	14.339	18.245	22.307	24.996	27.488	30.578	32.801
16	5.142	5.812	6.908	7.962	9.312	11.912	15.338	19.369	23.542	26.296	28.845	32.000	34.267
17	5.697	6.408	7.564	8.672	10.085	12.792	16.338	20.489	24.769	27.587	30.191	33.409	35.718
18	6.265	7.015	8.231	9.390	10.865	13.675	17.338	21.605	25.989	28.869	31.526	34.805	37.156
19	6.844	7.633	8.907	10.117	11.651	14.562	18.338	22.718	27.204	30.144	32.852	36.191	38.582
20	7.434	8.260	9.591	10.851	12.443	15.452	19.337	23.828	28.412	31.410	34.170	37.566	39.997
21	8.034	8.897	10.283	11.591	13.240	16.344	20.337	24.935	29.615	32.671	35.479	38.932	41.401
22	8.643	9.542	10.982	12.338	14.041	17.240	21.337	26.039	30.813	33.924	36.781	40.289	42.796
23	9.260	10.196	11.689	13.091	14.848	18.137	22.337	27.141	32.007	35.172	38.076	41.638	44.181
24	9.886	10.856	12.401	13.848	15.659	19.037	23.337	28.241	33.196	36.415	39.364	42.980	45.559
25	10.520	11.524	13.120	14.611	16.473	19.939	24.337	29.339	34.382	37.652	40.646	44.314	46.928
26	11.160	12.198	13.844	15.379	17.292	20.843	25.336	30.435	35.563	38.885	41.923	45.642	48.290
27	11.808	12.879	14.573	16.151	18.114	21.749	26.336	31.528	36.741	40.113	43.195	46.963	49.645
28	12.461	13.565	15.308	16.928	18.939	22.657	27.336	32.620	37.916	41.337	44.461	48.278	50.993
29	13.121	14.256	16.047	17.708	19.768	23.567	28.336	33.711	39.087	42.557	45.722	49.588	52.336
30	13.787	14.953	16.791	18.493	20.599	24.478	29.336	34.800	40.256	43.773	46.979	50.892	53.672
35	17.192	18.509	20.569	22.465	24.797	29.054	34.336	40.223	46.059	49.802	53.203	57.342	60.275
40	20.707	22.164	24.433	26.509	29.051	33.660	39.335	45.616	51.805	55.758	59.342	63.691	66.766
45	24.311	25.901	28.366	30.612	33.350	38.291	44.335	50.985	57.505	61.656	65.410	69.957	73.166
50	27.991	29.707	32.357	34.764	37.689	42.942	49.335	56.334	63.167	67.505	71.420	76.154	79.490
60	35.534	37.485	40.482	43.188	46.459	52.294	59.335	66.981	74.397	79.082	83.298	88.379	91.952
70	43.275	45.442	48.758	51.739	55.329	61.698	69.334	77.577	85.527	90.531	95.023	100.425	104.215
80	51.172	53.540	57.153	60.391	64.278	71.145	79.334	88.130	96.578	101.879	106.629	112.329	116.321
90	59.196	61.754	65.647	69.126	73.291	80.625	89.334	98.650	107.565	113.145	118.136	124.116	128.299
100	67.328	70.065	74.222	77.929	82.358	90.133	99.334	109.141	118.498	124.342	129.561	135.807	140.169

〈표 6〉 F-분포표

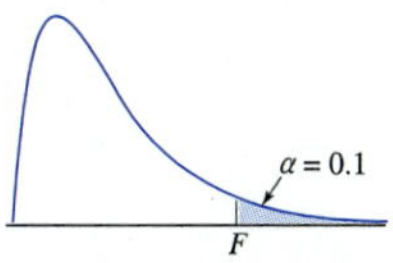

df_2 \ df_1 (분자의 자유도)	1	2	3	4	5	6	7	8	9	10
1	39.86	49.50	53.59	55.83	57.24	58.20	58.91	59.44	59.86	60.19
2	8.53	9.00	9.16	9.24	9.29	9.33	9.35	9.37	9.38	9.39
3	5.54	5.46	5.39	5.34	5.31	5.28	5.27	5.25	5.24	5.23
4	4.54	4.32	4.19	4.11	4.05	4.01	3.98	3.95	3.94	3.92
5	4.06	3.78	3.62	3.52	3.45	3.40	3.37	3.34	3.32	3.30
6	3.78	3.46	3.29	3.18	3.11	3.05	3.01	2.98	2.96	2.94
7	3.59	3.26	3.07	2.96	2.88	2.83	2.78	2.75	2.72	2.70
8	3.46	3.11	2.92	2.81	2.73	2.67	2.62	2.59	2.56	2.54
9	3.36	3.01	2.81	2.69	2.61	2.55	2.51	2.47	2.44	2.42
10	3.29	2.92	2.73	2.61	2.52	2.46	2.41	2.38	2.35	2.32
11	3.23	2.86	2.66	2.54	2.45	2.39	2.34	2.30	2.27	2.25
12	3.18	2.81	2.61	2.48	2.39	2.33	2.28	2.24	2.21	2.19
13	3.14	2.76	2.56	2.43	2.35	2.28	2.23	2.20	2.16	2.14
14	3.10	2.73	2.52	2.39	2.31	2.24	2.19	2.15	2.12	2.10
15	3.07	2.70	2.49	2.36	2.27	2.21	2.16	2.12	2.09	2.06
16	3.05	2.67	2.46	2.33	2.24	2.18	2.13	2.09	2.06	2.03
17	3.03	2.64	2.44	2.31	2.22	2.15	2.10	2.06	2.03	2.00
18	3.01	2.62	2.42	2.29	2.20	2.13	2.08	2.04	2.00	1.98
19	2.99	2.61	2.40	2.27	2.18	2.11	2.06	2.02	1.98	1.96
20	2.97	2.59	2.38	2.25	2.16	2.09	2.04	2.00	1.96	1.94
21	2.96	2.57	2.36	2.23	2.14	2.08	2.02	1.98	1.95	1.92
22	2.95	2.56	2.35	2.22	2.13	2.06	2.01	1.97	1.93	1.90
23	2.94	2.55	2.34	2.21	2.11	2.05	1.99	1.95	1.92	1.89
24	2.93	2.54	2.33	2.19	2.10	2.04	1.98	1.94	1.91	1.88
25	2.92	2.53	2.32	2.18	2.09	2.02	1.97	1.93	1.89	1.87
26	2.91	2.52	2.31	2.17	2.08	2.01	1.96	1.92	1.88	1.86
27	2.90	2.51	2.30	2.17	2.07	2.00	1.95	1.91	1.87	1.85
28	2.89	2.50	2.29	2.16	2.06	2.00	1.94	1.90	1.87	1.84
29	2.89	2.50	2.28	2.15	2.06	1.99	1.93	1.89	1.86	1.83
30	2.88	2.49	2.28	2.14	2.05	1.98	1.93	1.88	1.85	1.82
40	2.84	2.44	2.23	2.09	2.00	1.93	1.87	1.83	1.79	1.76
60	2.79	2.39	2.18	2.04	1.95	1.87	1.82	1.77	1.74	1.71
120	2.75	2.35	2.13	1.99	1.90	1.82	1.77	1.72	1.68	1.65
∞	2.71	2.30	2.08	1.94	1.85	1.77	1.72	1.67	1.63	1.60

(행: 분모의 자유도 df_2, 열: 분자의 자유도 df_1)

df_2 \ df_1	분자의 자유도								
분모의 자유도	12	15	20	24	30	40	60	120	∞
1	60.71	61.22	61.74	62.00	62.26	62.53	62.79	63.06	63.33
2	9.41	9.42	9.44	9.45	9.46	9.47	9.47	9.48	9.49
3	5.22	5.20	5.18	5.18	5.17	5.16	5.15	5.14	5.13
4	3.90	3.87	3.84	3.83	3.82	3.80	3.79	3.78	3.76
5	3.27	3.24	3.21	3.19	3.17	3.16	3.14	3.12	3.10
6	2.90	2.87	2.84	2.82	2.80	2.78	2.76	2.74	2.72
7	2.67	2.63	2.59	2.58	2.56	2.54	2.51	2.49	2.47
8	2.50	2.46	2.42	2.40	2.38	2.36	2.34	2.32	2.29
9	2.38	2.34	2.30	2.28	2.25	2.23	2.21	2.18	2.16
10	2.28	2.24	2.20	2.18	2.16	2.13	2.11	2.08	2.06
11	2.21	2.17	2.12	2.10	2.08	2.05	2.03	2.00	1.97
12	2.15	2.10	2.06	2.04	2.01	1.99	1.96	1.93	1.90
13	2.10	2.05	2.01	1.98	1.96	1.93	1.90	1.88	1.85
14	2.05	2.01	1.96	1.94	1.91	1.89	1.86	1.83	1.80
15	2.02	1.97	1.92	1.90	1.87	1.85	1.82	1.79	1.76
16	1.99	1.94	1.89	1.87	1.84	1.81	1.78	1.75	1.72
17	1.96	1.91	1.86	1.84	1.81	1.78	1.75	1.72	1.69
18	1.93	1.89	1.84	1.81	1.78	1.75	1.72	1.69	1.66
19	1.91	1.86	1.81	1.79	1.76	1.73	1.70	1.67	1.63
20	1.89	1.84	1.79	1.77	1.74	1.71	1.68	1.64	1.61
21	1.87	1.83	1.78	1.75	1.72	1.69	1.66	1.62	1.59
22	1.86	1.81	1.76	1.73	1.70	1.67	1.64	1.60	1.57
23	1.84	1.80	1.74	1.72	1.69	1.66	1.62	1.59	1.55
24	1.83	1.78	1.73	1.70	1.67	1.64	1.61	1.57	1.53
25	1.82	1.77	1.72	1.69	1.66	1.63	1.59	1.56	1.52
26	1.81	1.76	1.71	1.68	1.65	1.61	1.58	1.54	1.50
27	1.80	1.75	1.70	1.67	1.64	1.60	1.57	1.53	1.49
28	1.79	1.74	1.69	1.66	1.63	1.59	1.56	1.52	1.48
29	1.78	1.73	1.68	1.65	1.62	1.58	1.55	1.51	1.47
30	1.77	1.72	1.67	1.64	1.61	1.57	1.54	1.50	1.46
40	1.71	1.66	1.61	1.57	1.54	1.51	1.47	1.42	1.38
60	1.66	1.60	1.54	1.51	1.48	1.44	1.40	1.35	1.29
120	1.60	1.55	1.48	1.45	1.41	1.37	1.32	1.26	1.19
∞	1.55	1.49	1.42	1.38	1.34	1.30	1.24	1.17	1.00

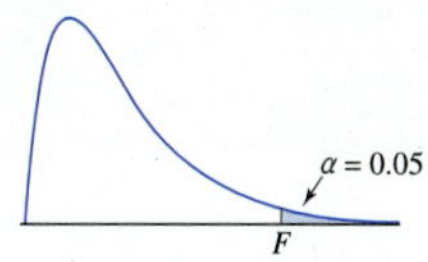

분모의 자유도 df_2 \ 분자의 자유도 df_1	1	2	3	4	5	6	7	8	9	10
1	161.45	199.50	215.71	224.58	230.16	233.99	236.77	238.88	240.54	241.88
2	18.51	19.00	19.16	19.25	19.30	19.33	19.35	19.37	19.38	19.40
3	10.13	9.55	9.28	9.12	9.01	8.94	8.89	8.85	8.81	8.79
4	7.71	6.94	6.59	6.39	6.26	6.16	6.09	6.04	6.00	5.96
5	6.61	5.79	5.41	5.19	5.05	4.95	4.88	4.82	4.77	4.74
6	5.99	5.14	4.76	4.53	4.39	4.28	4.21	4.15	4.10	4.06
7	5.59	4.74	4.35	4.12	3.97	3.87	3.79	3.73	3.68	3.64
8	5.32	4.46	4.07	3.84	3.69	3.58	3.50	3.44	3.39	3.35
9	5.12	4.26	3.86	3.63	3.48	3.37	3.29	3.23	3.18	3.14
10	4.96	4.10	3.71	3.48	3.33	3.22	3.14	3.07	3.02	2.98
11	4.84	3.98	3.59	3.36	3.20	3.09	3.01	2.95	2.90	2.85
12	4.75	3.89	3.49	3.26	3.11	3.00	2.91	2.85	2.80	2.75
13	4.67	3.81	3.41	3.18	3.03	2.92	2.83	2.77	2.71	2.67
14	4.60	3.74	3.34	3.11	2.96	2.85	2.76	2.70	2.65	2.60
15	4.54	3.68	3.29	3.06	2.90	2.79	2.71	2.64	2.59	2.54
16	4.49	3.63	3.24	3.01	2.85	2.74	2.66	2.59	2.54	2.49
17	4.45	3.59	3.20	2.96	2.81	2.70	2.61	2.55	2.49	2.45
18	4.41	3.55	3.16	2.93	2.77	2.66	2.58	2.51	2.46	2.41
19	4.38	3.52	3.13	2.90	2.74	2.63	2.54	2.48	2.42	2.38
20	4.35	3.49	3.10	2.87	2.71	2.60	2.51	2.45	2.39	2.35
21	4.32	3.47	3.07	2.84	2.68	2.57	2.49	2.42	2.37	2.32
22	4.30	3.44	3.05	2.82	2.66	2.55	2.46	2.40	2.34	2.30
23	4.28	3.42	3.03	2.80	2.64	2.53	2.44	2.37	2.32	2.27
24	4.26	3.40	3.01	2.78	2.62	2.51	2.42	2.36	2.30	2.25
25	4.24	3.39	2.99	2.76	2.60	2.49	2.40	2.34	2.28	2.24
26	4.23	3.37	2.98	2.74	2.59	2.47	2.39	2.32	2.27	2.22
27	4.21	3.35	2.96	2.73	2.57	2.46	2.37	2.31	2.25	2.20
28	4.20	3.34	2.95	2.71	2.56	2.45	2.36	2.29	2.24	2.19
29	4.18	3.33	2.93	2.70	2.55	2.43	2.35	2.28	2.22	2.18
30	4.17	3.32	2.92	2.69	2.53	2.42	2.33	2.27	2.21	2.16
40	4.08	3.23	2.84	2.61	2.45	2.34	2.25	2.18	2.12	2.08
60	4.00	3.15	2.76	2.53	2.37	2.25	2.17	2.10	2.04	1.99
120	3.92	3.07	2.68	2.45	2.29	2.18	2.09	2.02	1.96	1.91
∞	3.84	3.00	2.60	2.37	2.21	2.10	2.01	1.94	1.88	1.83

df_2 \ df_1	분자의 자유도								
분모의 자유도	12	15	20	24	30	40	60	120	∞
1	243.91	245.95	248.01	249.05	250.10	251.14	252.20	253.25	254.31
2	19.41	19.43	19.45	19.45	19.46	19.47	19.48	19.49	19.50
3	8.74	8.70	8.66	8.64	8.62	8.59	8.57	8.55	8.53
4	5.91	5.86	5.80	5.77	5.75	5.72	5.69	5.66	5.63
5	4.68	4.62	4.56	4.53	4.50	4.46	4.43	4.40	4.36
6	4.00	3.94	3.87	3.84	3.81	3.77	3.74	3.70	3.67
7	3.57	3.51	3.44	3.41	3.38	3.34	3.30	3.27	3.23
8	3.28	3.22	3.15	3.12	3.08	3.04	3.01	2.97	2.93
9	3.07	3.01	2.94	2.90	2.86	2.83	2.79	2.75	2.71
10	2.91	2.85	2.77	2.74	2.70	2.66	2.62	2.58	2.54
11	2.79	2.72	2.65	2.61	2.57	2.53	2.49	2.45	2.40
12	2.69	2.62	2.54	2.51	2.47	2.43	2.38	2.34	2.30
13	2.60	2.53	2.46	2.42	2.38	2.34	2.30	2.25	2.21
14	2.53	2.46	2.39	2.35	2.31	2.27	2.22	2.18	2.13
15	2.48	2.40	2.33	2.29	2.25	2.20	2.16	2.11	2.07
16	2.42	2.35	2.28	2.24	2.19	2.15	2.11	2.06	2.01
17	2.38	2.31	2.23	2.19	2.15	2.10	2.06	2.01	1.96
18	2.34	2.27	2.19	2.15	2.11	2.06	2.02	1.97	1.92
19	2.31	2.23	2.16	2.11	2.07	2.03	1.98	1.93	1.88
20	2.28	2.20	2.12	2.08	2.04	1.99	1.95	1.90	1.84
21	2.25	2.18	2.10	2.05	2.01	1.96	1.92	1.87	1.81
22	2.23	2.15	2.07	2.03	1.98	1.94	1.89	1.84	1.78
23	2.20	2.13	2.05	2.01	1.96	1.91	1.86	1.81	1.76
24	2.18	2.11	2.03	1.98	1.94	1.89	1.84	1.79	1.73
25	2.16	2.09	2.01	1.96	1.92	1.87	1.82	1.77	1.71
26	2.15	2.07	1.99	1.95	1.90	1.85	1.80	1.75	1.69
27	2.13	2.06	1.97	1.93	1.88	1.84	1.79	1.73	1.67
28	2.12	2.04	1.96	1.91	1.87	1.82	1.77	1.71	1.65
29	2.10	2.03	1.94	1.90	1.85	1.81	1.75	1.70	1.64
30	2.09	2.01	1.93	1.89	1.84	1.79	1.74	1.68	1.62
40	2.00	1.92	1.84	1.79	1.74	1.69	1.64	1.58	1.51
60	1.92	1.84	1.75	1.70	1.65	1.59	1.53	1.47	1.39
120	1.83	1.75	1.66	1.61	1.55	1.50	1.43	1.35	1.25
∞	1.75	1.67	1.57	1.52	1.46	1.39	1.32	1.22	1.00

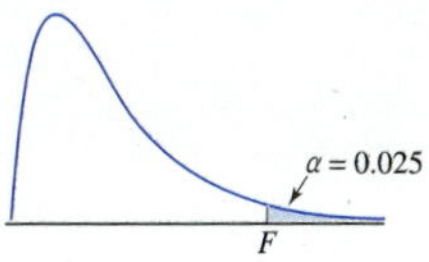

df_2 \ df_1	분자의 자유도 1	2	3	4	5	6	7	8	9	10
1	647.79	799.50	864.16	899.58	921.85	937.11	948.22	956.66	963.28	968.63
2	38.51	39.00	39.17	39.25	39.30	39.33	39.36	39.37	39.39	39.40
3	17.44	16.04	15.44	15.10	14.88	14.73	14.62	14.54	14.47	14.42
4	12.22	10.65	9.98	9.60	9.36	9.20	9.07	8.98	8.90	8.84
5	10.01	8.43	7.76	7.39	7.15	6.98	6.85	6.76	6.68	6.62
6	8.81	7.26	6.60	6.23	5.99	5.82	5.70	5.60	5.52	5.46
7	8.07	6.54	5.89	5.52	5.29	5.12	4.99	4.90	4.82	4.76
8	7.57	6.06	5.42	5.05	4.82	4.65	4.53	4.43	4.36	4.30
9	7.21	5.71	5.08	4.72	4.48	4.32	4.20	4.10	4.03	3.96
10	6.94	5.46	4.83	4.47	4.24	4.07	3.95	3.85	3.78	3.72
11	6.72	5.26	4.63	4.28	4.04	3.88	3.76	3.66	3.59	3.53
12	6.55	5.10	4.47	4.12	3.89	3.73	3.61	3.51	3.44	3.37
13	6.41	4.97	4.35	4.00	3.77	3.60	3.48	3.39	3.31	3.25
14	6.30	4.86	4.24	3.89	3.66	3.50	3.38	3.29	3.21	3.15
15	6.20	4.77	4.15	3.80	3.58	3.41	3.29	3.20	3.12	3.06
분모의 자유도 16	6.12	4.69	4.08	3.73	3.50	3.34	3.22	3.12	3.05	2.99
17	6.04	4.62	4.01	3.66	3.44	3.28	3.16	3.06	2.98	2.92
18	5.98	4.56	3.95	3.61	3.38	3.22	3.10	3.01	2.93	2.87
19	5.92	4.51	3.90	3.56	3.33	3.17	3.05	2.96	2.88	2.82
20	5.87	4.46	3.86	3.51	3.29	3.13	3.01	2.91	2.84	2.77
21	5.83	4.42	3.82	3.48	3.25	3.09	2.97	2.87	2.80	2.73
22	5.79	4.38	3.78	3.44	3.22	3.05	2.93	2.84	2.76	2.70
23	5.75	4.35	3.75	3.41	3.18	3.02	2.90	2.81	2.73	2.67
24	5.72	4.32	3.72	3.38	3.15	2.99	2.87	2.78	2.70	2.64
25	5.69	4.29	3.69	3.35	3.13	2.97	2.85	2.75	2.68	2.61
26	5.66	4.27	3.67	3.33	3.10	2.94	2.82	2.73	2.65	2.59
27	5.63	4.24	3.65	3.31	3.08	2.92	2.80	2.71	2.63	2.57
28	5.61	4.22	3.63	3.29	3.06	2.90	2.78	2.69	2.61	2.55
29	5.59	4.20	3.61	3.27	3.04	2.88	2.76	2.67	2.59	2.53
30	5.57	4.18	3.59	3.25	3.03	2.87	2.75	2.65	2.57	2.51
40	5.42	4.05	3.46	3.13	2.90	2.74	2.62	2.53	2.45	2.39
60	5.29	3.93	3.34	3.01	2.79	2.63	2.51	2.41	2.33	2.27
120	5.15	3.80	3.23	2.89	2.67	2.52	2.39	2.30	2.22	2.16
∞	5.02	3.69	3.12	2.79	2.57	2.41	2.29	2.19	2.11	2.05

df_2 \ df_1	12	15	20	24	30	40	60	120	∞
	분자의 자유도								
1	976.71	984.87	993.10	997.25	1001.41	1005.60	1009.80	1014.02	1018.26
2	39.41	39.43	39.45	39.46	39.46	39.47	39.48	39.49	39.50
3	14.34	14.25	14.17	14.12	14.08	14.04	13.99	13.95	13.90
4	8.75	8.66	8.56	8.51	8.46	8.41	8.36	8.31	8.26
5	6.52	6.43	6.33	6.28	6.23	6.18	6.12	6.07	6.02
6	5.37	5.27	5.17	5.12	5.07	5.01	4.96	4.90	4.85
7	4.67	4.57	4.47	4.41	4.36	4.31	4.25	4.20	4.14
8	4.20	4.10	4.00	3.95	3.89	3.84	3.78	3.73	3.67
9	3.87	3.77	3.67	3.61	3.56	3.51	3.45	3.39	3.33
10	3.62	3.52	3.42	3.37	3.31	3.26	3.20	3.14	3.08
11	3.43	3.33	3.23	3.17	3.12	3.06	3.00	2.94	2.88
12	3.28	3.18	3.07	3.02	2.96	2.91	2.85	2.79	2.72
13	3.15	3.05	2.95	2.89	2.84	2.78	2.72	2.66	2.60
14	3.05	2.95	2.84	2.79	2.73	2.67	2.61	2.55	2.49
15	2.96	2.86	2.76	2.70	2.64	2.59	2.52	2.46	2.40
분모의 자유도 16	2.89	2.79	2.68	2.63	2.57	2.51	2.45	2.38	2.32
17	2.82	2.72	2.62	2.56	2.50	2.44	2.38	2.32	2.25
18	2.77	2.67	2.56	2.50	2.44	2.38	2.32	2.26	2.19
19	2.72	2.62	2.51	2.45	2.39	2.33	2.27	2.20	2.13
20	2.68	2.57	2.46	2.41	2.35	2.29	2.22	2.16	2.09
21	2.64	2.53	2.42	2.37	2.31	2.25	2.18	2.11	2.04
22	2.60	2.50	2.39	2.33	2.27	2.21	2.14	2.08	2.00
23	2.57	2.47	2.36	2.30	2.24	2.18	2.11	2.04	1.97
24	2.54	2.44	2.33	2.27	2.21	2.15	2.08	2.01	1.94
25	2.51	2.41	2.30	2.24	2.18	2.12	2.05	1.98	1.91
26	2.49	2.39	2.28	2.22	2.16	2.09	2.03	1.95	1.88
27	2.47	2.36	2.25	2.19	2.13	2.07	2.00	1.93	1.85
28	2.45	2.34	2.23	2.17	2.11	2.05	1.98	1.91	1.83
29	2.43	2.32	2.21	2.15	2.09	2.03	1.96	1.89	1.81
30	2.41	2.31	2.20	2.14	2.07	2.01	1.94	1.87	1.79
40	2.29	2.18	2.07	2.01	1.94	1.88	1.80	1.72	1.64
60	2.17	2.06	1.94	1.88	1.82	1.74	1.67	1.58	1.48
120	2.05	1.94	1.82	1.76	1.69	1.61	1.53	1.43	1.31
∞	1.94	1.83	1.71	1.64	1.57	1.48	1.39	1.27	1.00

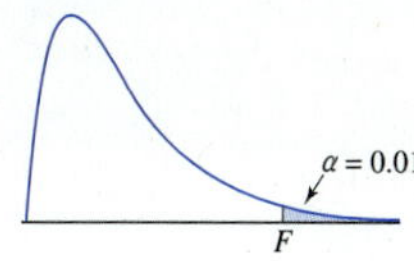

df_2 \ df_1	분자의 자유도 1	2	3	4	5	6	7	8	9	10
1	4052.18	4999.50	5403.35	5624.58	5763.65	5858.99	5928.36	5981.07	6022.47	6055.85
2	98.50	99.00	99.17	99.25	99.30	99.33	99.36	99.37	99.39	99.40
3	34.12	30.82	29.46	28.71	28.24	27.91	27.67	27.49	27.35	27.23
4	21.20	18.00	16.69	15.98	15.52	15.21	14.98	14.80	14.66	14.55
5	16.26	13.27	12.06	11.39	10.97	10.67	10.46	10.29	10.16	10.05
6	13.75	10.92	9.78	9.15	8.75	8.47	8.26	8.10	7.98	7.87
7	12.25	9.55	8.45	7.85	7.46	7.19	6.99	6.84	6.72	6.62
8	11.26	8.65	7.59	7.01	6.63	6.37	6.18	6.03	5.91	5.81
9	10.56	8.02	6.99	6.42	6.06	5.80	5.61	5.47	5.35	5.26
10	10.04	7.56	6.55	5.99	5.64	5.39	5.20	5.06	4.94	4.85
11	9.65	7.21	6.22	5.67	5.32	5.07	4.89	4.74	4.63	4.54
12	9.33	6.93	5.95	5.41	5.06	4.82	4.64	4.50	4.39	4.30
13	9.07	6.70	5.74	5.21	4.86	4.62	4.44	4.30	4.19	4.10
14	8.86	6.51	5.56	5.04	4.69	4.46	4.28	4.14	4.03	3.94
15	8.68	6.36	5.42	4.89	4.56	4.32	4.14	4.00	3.89	3.80
분모의 자유도 16	8.53	6.23	5.29	4.77	4.44	4.20	4.03	3.89	3.78	3.69
17	8.40	6.11	5.18	4.67	4.34	4.10	3.93	3.79	3.68	3.59
18	8.29	6.01	5.09	4.58	4.25	4.01	3.84	3.71	3.60	3.51
19	8.18	5.93	5.01	4.50	4.17	3.94	3.77	3.63	3.52	3.43
20	8.10	5.85	4.94	4.43	4.10	3.87	3.70	3.56	3.46	3.37
21	8.02	5.78	4.87	4.37	4.04	3.81	3.64	3.51	3.40	3.31
22	7.95	5.72	4.82	4.31	3.99	3.76	3.59	3.45	3.35	3.26
23	7.88	5.66	4.76	4.26	3.94	3.71	3.54	3.41	3.30	3.21
24	7.82	5.61	4.72	4.22	3.90	3.67	3.50	3.36	3.26	3.17
25	7.77	5.57	4.68	4.18	3.85	3.63	3.46	3.32	3.22	3.13
26	7.72	5.53	4.64	4.14	3.82	3.59	3.42	3.29	3.18	3.09
27	7.68	5.49	4.60	4.11	3.78	3.56	3.39	3.26	3.15	3.06
28	7.64	5.45	4.57	4.07	3.75	3.53	3.36	3.23	3.12	3.03
29	7.60	5.42	4.54	4.04	3.73	3.50	3.33	3.20	3.09	3.00
30	7.56	5.39	4.51	4.02	3.70	3.47	3.30	3.17	3.07	2.98
40	7.31	5.18	4.31	3.83	3.51	3.29	3.12	2.99	2.89	2.80
60	7.08	4.98	4.13	3.65	3.34	3.12	2.95	2.82	2.72	2.63
120	6.85	4.79	3.95	3.48	3.17	2.96	2.79	2.66	2.56	2.47
∞	6.63	4.61	3.78	3.32	3.02	2.80	2.64	2.51	2.41	2.32

df_2 \ df_1 분자의 자유도	12	15	20	24	30	40	60	120	∞
1	6106.32	6157.28	6208.73	6234.63	6260.65	6286.78	6313.03	6339.39	6365.86
2	99.42	99.43	99.45	99.46	99.47	99.47	99.48	99.49	99.50
3	27.05	26.87	26.69	26.60	26.50	26.41	26.32	26.22	26.13
4	14.37	14.20	14.02	13.93	13.84	13.75	13.65	13.56	13.46
5	9.89	9.72	9.55	9.47	9.38	9.29	9.20	9.11	9.02
6	7.72	7.56	7.40	7.31	7.23	7.14	7.06	6.97	6.88
7	6.47	6.31	6.16	6.07	5.99	5.91	5.82	5.74	5.65
8	5.67	5.52	5.36	5.28	5.20	5.12	5.03	4.95	4.86
9	5.11	4.96	4.81	4.73	4.65	4.57	4.48	4.40	4.31
10	4.71	4.56	4.41	4.33	4.25	4.17	4.08	4.00	3.91
11	4.40	4.25	4.10	4.02	3.94	3.86	3.78	3.69	3.60
12	4.16	4.01	3.86	3.78	3.70	3.62	3.54	3.45	3.36
13	3.96	3.82	3.66	3.59	3.51	3.43	3.34	3.25	3.17
14	3.80	3.66	3.51	3.43	3.35	3.27	3.18	3.09	3.00
15	3.67	3.52	3.37	3.29	3.21	3.13	3.05	2.96	2.87
분모의 자유도 16	3.55	3.41	3.26	3.18	3.10	3.02	2.93	2.84	2.75
17	3.46	3.31	3.16	3.08	3.00	2.92	2.83	2.75	2.65
18	3.37	3.23	3.08	3.00	2.92	2.84	2.75	2.66	2.57
19	3.30	3.15	3.00	2.92	2.84	2.76	2.67	2.58	2.49
20	3.23	3.09	2.94	2.86	2.78	2.69	2.61	2.52	2.42
21	3.17	3.03	2.88	2.80	2.72	2.64	2.55	2.46	2.36
22	3.12	2.98	2.83	2.75	2.67	2.58	2.50	2.40	2.31
23	3.07	2.93	2.78	2.70	2.62	2.54	2.45	2.35	2.26
24	3.03	2.89	2.74	2.66	2.58	2.49	2.40	2.31	2.21
25	2.99	2.85	2.70	2.62	2.54	2.45	2.36	2.27	2.17
26	2.96	2.81	2.66	2.58	2.50	2.42	2.33	2.23	2.13
27	2.93	2.78	2.63	2.55	2.47	2.38	2.29	2.20	2.10
28	2.90	2.75	2.60	2.52	2.44	2.35	2.26	2.17	2.06
29	2.87	2.73	2.57	2.49	2.41	2.33	2.23	2.14	2.03
30	2.84	2.70	2.55	2.47	2.39	2.30	2.21	2.11	2.01
40	2.66	2.52	2.37	2.29	2.20	2.11	2.02	1.92	1.80
60	2.50	2.35	2.20	2.12	2.03	1.94	1.84	1.73	1.60
120	2.34	2.19	2.03	1.95	1.86	1.76	1.66	1.53	1.38
∞	2.18	2.04	1.88	1.79	1.70	1.59	1.47	1.32	1.00

연습문제 해답

제1장 | 통계학의 이해

4. (1) 질적 (2) 이산 (3) 연속 (4) 연속 (5) 이산 (6) 연속 (7) 질적 (8) 이산
6. (1) 명목 (2) 서열 (3) 명목 (4) 서열 (5) 비율 (6) 명목 (7) 등간 (8) 등간

제2장 | 자료수집

1. (1) x (2) x (3) o (4) x (5) o (6) x (7) o (8) o (9) x (10) x
8. 체계적표본추출
9. (1) 층별표본추출 (2) 군집표본추출 (3) 단순무작위표본추출 (4) 체계적표본추출

제3장 | 자료분석

1. (1) x (2) x (3) x (4) o (5) x (6) o (7) o (8) x (9) o (10) x
2. 평균 = 9kg, 표준편차 = 1kg
3. 평균 = 11, 중앙치 = 9.5, 최빈치 = 9, 표준편차 = 4.2762, 분산 = 18.2857, 범위 = 12
4. (1)

	평균	중앙치	최빈치	범위평균	분포모양
표본 A	23	14.5	1	70	오른쪽꼬리분포
표본 B	85	0	0	455	오른쪽꼬리분포

   (2) 표본 A는 평균(중앙치), B는 평균
   (3) 표본 A는 중앙치, 표본 B는 중앙치(최빈치)
5. 두 회사의 평균은 50으로 같지만 표준편차는 A회사(14.142)가 B회사(28.284)보다 적다.
6. (1) 평균 = 27, 27 중앙치 = 27, 27 최빈치 = 27, 27 표준편차 = 5.6569, 1.4142
   분산 = 32, 2 범위 = 18, 4
   (2) B반 학생들의 실력 편차가 작다.
8. 두 팀 간 키의 변동폭(CV = 2.0555)은 같다.
9. (1) 90 (2) 2 (3) 9.4281 (4) 4
10. 평균 = 7.3, 중앙치 = 7.5, 최빈치 = 7, 가중평균 = 7.3, 기하평균 = 7.0880, 범위평균 = 6.5, 절사평균 = 7.5, 범위 = 5, 표본분산 = 2.9, 표본표준편차 = 1.7029, 변동계수 = 23.3279%, 평균절대편차 = 1.3
11. 평균 = 30.9, 중앙치 = 32, 최빈치 = 33, 가중평균 = 30.9, 기하평균 = 26.1822, 범위평균 = 49.5, 절사평균 = 28.8333, 범위 = 93, 표본분산 = 332.0947, 표본표준편차 = 18.2235, 변동계수 = 58.9756%, 평균절대편차 = 10.81
12. 산술평균 = 4.4, 가중평균 = 4.15
13. A의 평점 = 3.5, B의 평점 = 3.0

14. 가중평균 $= (70 \times 40 + 30 \times 60)/100 = 46$

15. (1) A: 600점 B: 1200점 (2) A: 50점 B: 20점 (3) 10%로 같다.

제4장 | 확률과 확률변수

1. (1) o (2) o (3) o (4) o (5) x (6) o (7) x (8) o (9) x (10) o

3. (1) 3/8 (2) 7/8

4. (1) $S=\{1,2,3,4,5,6\}$, 1/6 (2) 2/6, 2/6, 3/6 (3) 3/6 (4) 1/6 (5) 상호배반사건이 아님 (6) 3/6

5. (1) 1/8 (2) 3/8, 3/8, 1/8 (3) 6/8 (4) 0 (5) 상호배반사건 (6) 1/8

6. (1) 경험적 (2) 고전적 (3) 주관적 (4) 경험적

7. (1) 전체 신입생 중 95% 진급함
   (2) 주사위를 한 번 던졌을 때 위를 향한 면에 홀수 개의 점이 나타남
   (3) 고객이 물건을 주문하지 않을 가능성은 55%임

8. 1/12

9. (1) 0.8 (2) 0.2 (3) 0.25

10. (1) 60% (2) 37.5% (3) 90% (4) 독립이 아님

11. $P(X=0)=6/30$, $P(X=1)=18/30$, $P(X=2)=6/30$
    $E(X)=1$, $\sigma^2=0.4$, $\sigma=0.6325$

12. $E(X)=50$, $\sigma^2=2{,}500$, $\sigma=50$

13. $E(X)=100$, $\sigma^2=5{,}000$, $\sigma=70.7107$

14. PDF: 1/8, 3/8, 3/8, 1/8 CDF: 1/8, 4/8, 7/8, 1
    $E(X)=0$, $\sigma^2=3$, $\sigma=1.7321$

15. $E(X)=1$, $\sigma^2=0.4$, $\sigma=0.6325$, $E(Y)=1$, $\sigma^2(Y)=3.6$

제5장 | 이산확률분포

1. (1) o (2) o (3) o (4) o (5) o (6) x (7) o (8) x (9) x (10) x

2. PDF: 1/2, 1/2 CDF: 1/2, 2/2

3. $P(X=x)=1/100$, $P(X \le x)=x/100$, $\mu=49.5$, $\sigma=28.8661$

5. $\mu=0.5$, $\sigma^2=1/4$

6. $E(X)=1/6$, $\sigma^2=5/36$

7. (1) 0.3020 (2) 0.0467 (3) 0.3222 (4) 0.6778

8. (1) 0.3087 (2) 0.8369 (3) 0.1631 (4) $\mu=0.3$, $\sigma^2=0.042$, $\sigma=0.2049$
   (5) $\mu=1.5$, $\sigma^2=1.05$, $\sigma=1.0247$

9. (1) 0.0729 (2) 0.2734 (3) 0.0762

10. (1) 0.1723 (2) 0.4275 (3) 0.5725 (4) $\mu=0.2$, $\sigma^2=0.0053$, $\sigma=0.0730$
    (5) $\mu=6$, $\sigma^2=4.8$, $\sigma=2.1909$

11. (1) 0.2361 (2) 0.6474

12. $\mu=2.4$, $\sigma=1.1225$
13. (1) 0.0012 (2) $\mu=6$, $\sigma^2=4.8$
14. 0.3, $E(p)=0.4$, $Var(p)=0.0622$, $E(X)=1.2$, $Var(X)=0.5600$
15. $b(2,10,0.4)=0.1209$, $h(2,10,4000,10000)=0.1209$
16. (1) 0.1048 (2) 0.6528 (3) $\mu=12$, $\sigma=3.4641$
17. (1) 0.0573 (2) 0.0138 (3) $\mu=8$, $\sigma=2.8284$
18. =BINOM.DIST(3, 500, 0.02, 0)=0.0076, =POISSON.DIST(3, 10, 0)=0.0076

제6장 | 연속확률분포

1. (1) x (2) o (3) x (4) x (5) x (6) o (7) x (8) o (9) o (10) o
2. (1) $E(X)=4.5$, $\sigma^2=0.75$ (2) 2/3 (3) 1/3
3. (1) 1/3 (2) 1/3 (3) 2/3 (4) $E(X)=7.5$, $\sigma^2=18.75$
4. (1) 0.8413 (2) 0.8185 (3) 0.9987 (4) 0.1815
5. (1) 108.4162 (2) 112.8155 (3) 87.1845 (4) 83.5515~116.4485
6. (1) 0.0250 (2) 0.8186 (3) 0.0250 (4) 0.9750
7. (1) 2 (2) 1 (3) −1.5 (4) −1
8. (1) 0.5 (2) 0.1359 (3) 0.8413 (4) 0.1359
9. (1) 0.0548 (2) 약 9명 (3) 3.4408 (4) 3.6224
10. (1) 0.6826 (2) 0.0062 (3) 108.2150 (4) 92.0037~107.9963
11. (1) 0.9545 (2) 0.0214 (3) 66.4078 (4) 51.7757
12. (1) 0.9177 (2) 0.0823 (3) 0.9870 (4) 0.0823 (5) 0.9177 (6) 0.0130 (7) 0.1645 (8) #NUM! (9) 0.0261
13. (1) 1.8125 (2) −1.8125 (3) 2.5083 (4) 0.0643 (5) 2.2281 (6) 1.7171
14. (1) 0.6321 (2) 0.1353 (3) 0.2325
15. (1) 0.8647 (2) 0.1353 (3) 1
16. $P(X \le 1)=0.2835$, 평균 3시간
17. (1) 0.9803 (2) 0.7883 (3) 0.0197 (4) 0.2117
18. (1) 2.5380 (2) 0.1076 (3) 2.5380 (4) 0.1076
19. (1) 0.8281 (2) 0.2236 (3) 0.1719 (4) 0.1002
20. (1) 9.2364 (2) 3.9403 (3) 9.2364 (4) 3.9403

제7장 | 표본분포

1. (1) o (2) x (3) x (4) o (5) x (6) o (7) x (8) x (9) o (10) x
2. $n=2: \mu_{\overline{X}}=6, \sigma^2_{\overline{X}}=\frac{5}{2}=2.5$, 대칭인 종모양

   $n=3: \mu_{\overline{X}}=6, \sigma^2_{\overline{X}}=\frac{5}{3}=1.667$, 대칭인 종모양

   n이 클수록 $\sigma^2_{\overline{X}}$이 작아지므로 μ에 근접한 $\overline{X}$을 얻을 확률이 높아진다.

4. (2) $\mu_{\overline{X}} = \mu = 50$이고 $\sigma_{\overline{X}} = \dfrac{\sigma}{\sqrt{n}} = \dfrac{16}{\sqrt{64}} = 2$인 정규분포 (3) 같은 의미 (4) 0.0013

5. (1) $\mu_{\overline{X}} = 100$이고 $\sigma_{\overline{X}} = \dfrac{\sigma}{\sqrt{n}} = \dfrac{12}{6} = 2$인 정규분포 (2) (3) (4) 모두 같은 의미로 0.0215

6. (1) 0.1359 (2) 0.0668

7. 0.0228

8. 200

9. 256

10. (1)과 (2) 0.1056

11. 0.0073

제8장 | 단일모집단의 가설검정

1. (1) x (2) o (3) x (4) o (5) o (6) o (7) o (8) x (9) x (10) x

5. (1) $H_0 : \mu = 23,\ H_1 : \mu \neq 23$ (2) $H_0 : \mu = 30,\ H_1 : \mu > 30$
   (3) $H_0 : \pi = 0.8,\ H_1 : \pi < 0.8$ (4) $H_0 : \pi = 0.6,\ H_1 : \pi > 0.6$

6. ① 가설 : $H_0 : \mu = 30,\ H_1 : \mu > 30$
   ② 임계치 : $Z_{0.05} = 1.645$
   ③ 검정통계량 : $Z_c = 2$
   ④ 결론 : $Z_c = 2 > Z = 1.645$이므로 H_0를 기각하고 H_1을 채택한다.

7. ① 가설 : $H_0 : \mu = 5,\ H_1 : \mu \neq 5$
   ② 임계치 : $Z_{0.02/2} = \pm 2.33$
   ③ 검정통계량 : $Z_c = -2.0$
   ④ 결론 : $Z_c = -2 > Z = -2.33$이므로 H_0를 기각하지 않는다.

8. (1) $Z_c = -1.28$
   (2) $Z_c = -1.3333 < -1.28$ 이므로 귀무가설을 기각한다.
   (3) 0.0918

9. (1) 0.0124 (2) 0.1260 (3) 0.0294 (4) 0.0198 (5) 0.0062

10. ① 가설 : $H_0 : \mu = 70,\ H_1 : \mu \neq 70$
    ② 임계치 : $t_{0.05/2,\, 10-1} = \pm 2.262$
    ③ 검정통계량 : $t_c = 3.2973$
    ④ 결론 : $t_c = 3.2973 > t = 2.262$이므로 H_0를 기각한다.

11. $p = 0.0093 < \alpha = 0.05$이므로 H_0을 기각하고 H_1를 채택한다.

12. ① 가설 : $H_0 : \mu = 6,\ H_1 : \mu < 6$
    ② 임계치 : $t_{0.01,10-1} = -2.821$
    ③ 검정통계량 : $t_c = -1.5$
    ④ 결론 : $t_c = -1.5 > t = -2.821$이므로 H_0를 채택한다.

13. $p = 0.0839 > \alpha = 0.05$이므로 H_0를 기각하지 않는다.

14. ① $H_0 : \pi = 0.6$, $H_1 : \pi \neq 0.6$
 ② $Z_{0.05/2} = \pm 1.96$
 ③ $Z_c - 1.5076 > Z = -1.96$이므로 H_0를 기각하지 않는다.
15. $p = 0.1317 > 0.05$이므로 H_0를 기각하지 않는다.
16. ① 가설 : $H_0 : \pi = 0.09$, $H_1 : \pi < 0.09$
 ② 임계치 : $Z_{0.02} = -2.05$
 ③ 검정통계량 : $Z_c = -0.6053$
 ④ 결론 : $Z_c = -0.6053 > Z = -2.05$이므로 H_0를 기각하지 않는다.
17. $p = 0.2709 > \alpha = 0.02$이므로 H_0를 기각하지 않는다.
18. ① 가설 : $H_0 : \pi = 0.7$, $H_1 : \pi > 0.7$
 ② 임계치 : $Z_{0.05} = 1.645$
 ③ 검정통계량 : $Z_c = 3.0861$
 ④ 결론 : $Z_c = 3.0861 > Z = 1.645$이므로 귀무가설을 기각한다.
19. $p = 0.0010 > 0.05$이므로 H_0를 기각한다.
20. ① 가설 : $H_0 : \sigma_A^2 = \sigma_B^2$, $H_1 : \sigma_A^2 > \sigma_B^2$
 ② 임계치 : $F_{0.05,(10-1),(10-1)} = 3.18$
 ③ 검정통계량 : $F_c = 2.7692$
 ④ 결론 : $F_c = 2.7692 < F = 3.18$이므로 H_0를 기각하지 않는다.
21. $p = 0.0726 > 0.05$이므로 귀무가설을 기각하지 않는다.
22. ① 가설 : $H_0 : \sigma_A^2 = \sigma_B^2$, $H_1 : \sigma_A^2 > \sigma_B^2$
 ② 임계치 : $F_{0.05,(7-1),(8-1)} = 3.87$
 ③ 검정통계량 : $F_c = 9.9048$
 ④ 결론 : $F_c = 9.9048 > F = 3.87$이므로 H_0를 기각한다.
23. $p = 0.0040 < 0.05$이므로 H_0를 기각한다.

제9장 | 두 모집단의 가설검정

1. (1) o (2) x (3) o (4) x (5) o (6) x (7) o (8) o (9) o (10) x
2. ① 가설 : $H_0 : \mu_1 - \mu_2 = 0$, $H_1 : \mu_1 - \mu_2 \neq 0$
 ② 임계치 : $Z_{0.1/2} = \pm 1.645$
 ③ 검정통계량 : $Z_c = -2.6220$
 ④ 결론 : $Z_c = -2.6220 < Z = -1.645$이므로 귀무가설을 기각하고 대립가설을 채택한다.
4. ① 가설 : $H_0 : \mu_1 - \mu_2 = 0$, $H_1 : \mu_1 - \mu_2 \neq 0$
 ② 임계치 : $Z_{0.05/2} = \pm 1.96$
 ③ 검정통계량 : $Z_c = -3.2071$
 ④ 결론 : $Z_c = -3.2071 < Z = -1.96$이므로 귀무가설을 기각하고 대립가설을 채택한다.

5. ① 가설 : $H_0 : \mu_1 - \mu_2 = 0,\ H_1 : \mu_1 - \mu_2 \neq 0$
   ② 임계치 : $t_{0.01/2,\, 10+10-2} = \pm 2.878$
   ③ 검정통계량 : $t_c = -1.7321$
   ④ 결론 : $t_c = -1.7321 > t = -2.878$이므로 귀무가설을 채택한다.
7. ① 가설 : $H_0 : \mu_1 - \mu_2 = 0,\ H_1 : \mu_1 - \mu_2 \neq 0$
   ② 임계치 : $t_{0.01/2,10} = \pm 3.169$
   ③ 검정통계량 : $t_c = -1.7321$
   ④ 결론 : $t_c = -1.7321 > t = -3.169$이므로 귀무가설을 채택한다.
11. ① 가설 : $H_0 : \mu_d = 0, H_1 : \mu_d \neq 0$
   ② 임계치 : $t_{0.05/2,8-1} = \pm 2.365$
   ③ 검정통계량 : $t_c = 2.0228$
   ④ 결론 : $t_c = 2.0228 < t = 2.365$이므로 귀무가설을 채택한다.
13. ① 가설 : $H_0 : \mu_d = 0, H_1 : \mu_d \neq 0$
   ② 임계치 : $t_{0.01/2,\, 10-1} = \pm 3.250$
   ③ 검정통계량 : $t_c = 3.7371$
   ④ 결론 : $t_c = 3.7371 > t = 3.250$이므로 귀무가설을 기각한다.
15. ① 가설 : $H_0 : \mu_d = 0, H_1 : \mu_d \neq 0$
   ② 임계치 : $t_{0.1/2,\, 20-1} = \pm 1.729$
   ③ 검정통계량 : $t_c = 4.5013$
   ④ 결론 : $t_c = 4.5013 > t = 1.729$이므로 귀무가설을 기각한다.
17. ① 가설 : $H_0 : \pi_1 = \pi_2,\ \ H_1 : \pi_1 \neq \pi_2$
   ② 임계치 : $Z_{0.05/2} = \pm 1.96$
   ③ 검정통계량 : $Z_c = 0.7246$
   ④ 결론 : $Z_c = 0.7246 < Z = 1.96$이므로 귀무가설을 기각하지 않는다.

제10장 | **분산분석**

1. (1) x (2) o (3) o (4) o (5) x (6) x (7) x (8) o (9) o (10) o
2. (1) 2.3807 (2) 0.2797 (3) 2.1827 (4) 0.3509
3. (1) ⓐ 40 ⓑ 6 ⓒ 2 ⓓ 52 ⓔ 10
   (2) 3
   (3) 9
   (4) $H_0 : \mu_1 = \mu_2 = \mu_3,\ \ H_1$: 모든 평균이 같은 것은 아니다.
   (5) $F_c = 10 > F = 5.144$이고 $p = 0.001 < \alpha = 0.05$ 이므로 귀무가설을 기각한다.
4. ① 가설 : $H_0 : \mu_1 = \mu_2 = \mu_3,\ \ H_1$: 모든 평균이 같은 것은 아니다.
   ② 임계치 : $F_{0.01,\, 2,\, 5} = 13.27$
   ③ 검정통계량 : $F_c = 8.125$

④ 결론 : $F_c = 8.125 < F = 13.27$이므로 귀무가설을 채택한다.

6. ① 가설 : $H_0 : \mu_1 = \mu_2 = \mu_3$, H_1 : 모든 평균이 같은 것은 아니다.
   ② 임계치 : $F_{0.05,3-1,30-3} = 3.35$
   ③ 검정통계량 : $F_c = 0.3697$
   ④ 결론 : $F_c = 0.3697 < F = 3.35$이므로 귀무가설을 채택한다.

7. (1) ① 가설 : H_0: 작업장에 따라 생산량 차이는 없다. H_1: 작업장에 따라 생산량 차이는 있다.
   ② 임계치 : $F_{0.05,3-1,(3-1)(2-1)} = 19.00$
   ③ 검정통계량 : $F_c = 7$
   ④ 결론 : $F_c = 7 < F = 19.00$이므로 귀무가설을 채택한다.

   (2) ① 가설 : H_0: 재료에 따라 생산량 차이는 없다. H_1: 재료에 따라 생산량 차이는 있다.
   ② 임계치 : $F_{0.05,2-1,(3-1)(2-1)} = 18.52$
   ③ 검정통계량 : $F_c = 25$
   ④ 결론 : $F_c = 25 > F = 18.52$이므로 귀무가설을 기각하고 대립가설을 채택한다.

8. 작업장 : $F_c = 7 < F = 19.00$이고 $p = 0.125 > \alpha = 0.05$이므로 귀무가설을 채택한다.
   재료 : $F_c = 25 > F = 18.51$이고 $p = 0.0378 < \alpha = 0.05$이므로 귀무가설을 기각한다.

9. 광고매체 : $F_c = 25.0421 > F = 10.92$이고 $p = 0.0012 < \alpha = 0.01$이므로 H_0을 기각한다.
   판매방식 : $F_c = 2.8632 < F = 9.78$이고 $p = 0.1263 > \alpha = 0.01$이므로 H_0을 채택한다.

10. (1) $F_c = 3.1978 < F = 4.26$이고 $p = 0.0893 > \alpha = 0.05$이므로 H_0을 채택한다.
   (2) $F_c = 18.1875 > F = 5.14$이고 $p = 0.0033 < \alpha = 0.05$이므로 H_0을 기각한다.

11. (1) 투약방법 : $F_c = 6.2308 < F = 7.71$이고 $p = 0.0670 > \alpha = 0.05$이므로 H_0을 채택한다.
   (2) 음식 : $F_c = 22.2308 > F = 7.71$이고 $p = 0.0092 < \alpha = 0.05$이므로 H_0을 기각한다.
   (3) 상호작용 : $F_c = 8.2137 > F = 7.71$이고 $p = 0.0457 < \alpha = 0.05$이므로 H_0을 기각한다.

12. (1) 공장 : $F_c = 24 > F = 4.75$이고 $p = 0.0003 < \alpha = 0.05$이므로 H_0을 기각한다.
   (2) 방법 : $F_c = 16.6667 > F = 4.75$이고 $p = 0.0015 < \alpha = 0.05$이므로 H_0을 기각한다.
   (3) 상호작용 : $F_c = 10.6667 > F = 4.75$이고 $p = 0.0068 < \alpha = 0.05$이므로 H_0을 기각한나.

제11장 | 단순선형회귀분석

1. (1) x (2) x (3) o (4) x (5) x (6) o (7) o (8) x (9) o (10) o
2. $r = -0.9384$, 음의 상관관계, $r^2 = 0.8806$, 회귀식이 총변동의 88.06%를 설명
3. $r = 0.8839$, 양의 상관관계, $r^2 = 0.7813$, 회귀식이 총변동의 78.13%를 설명
4. (1) $r = 0.875$, 이는 신장이 클수록 체중이 무겁다고 할 수 있다.
   (2) ① 가설 : $H_0 : \rho = 0$, $H_1 : \rho \neq 0$
   ② 임계치 : $t_{0.05/2,50-2} = 2.011$
   ③ 검정통계량 : $t_c = 12.5220$
   ④ 결론 : $t_c = 12.5220 > t = 2.011$이므로 귀무가설을 기각한다.

5. (1) $Y = 51.1626 + 0.0414X$
   (2) $p = 0.9025 > \alpha = 0.05$이므로 $H_0 : \rho = 0$를 채택한다.
   (3) $\beta_1 = 0$이므로 추정이 의미 없음
6. (1) $r = 0.8450$
   (2) $r^2 = 0.7140$
   (3) $Y = -3.2574 + 0.9129X$
   (4) $Y = -3.2574 + 0.9129X(80) = 69.7746$, 약 70개
   (5) $p = 0.0020 > \alpha = 0.02$이므로 $H_0 : \rho = 0$를 기각한다.
   (6) $p = 0.0020 < \alpha = 0.05$이므로 $H_0 : \beta_1 = 0$를 기각한다.
7. ⓐ 20 ⓑ 1 ⓒ 20 ⓓ 10 ⓔ 6 ⓕ 10
8. (1) 10 (2) 1 (3) $Y = -0.8 + 1X$ (4) 9.2 (5) $p = 0.0021 < \alpha = 0.01$이므로 $H_0 : \rho = 0$를 기각한다.
   (6) $p = 0.0021 < \alpha = 0.05$이므로 $H_0 : \beta = 0$를 기각한다.
9. (1) $r = 0.8256$ (2) $r^2 = 0.6817$ (3) $Y = 1.8324 + 2.0928X$ (4) 43.688
   (5) $p = 0.0033 < \alpha = 0.05$이므로 H_0를 기각 (6) $p = 0.0033 < \alpha = 0.05$이므로 H_0를 기각한다.

제12장 | 다중회귀분석

1. (1) o (2) x (3) o (4) x (5) o (6) o (7) o (8) o (9) x (10) o
2. (1) 1
   (2) $Y = 7 + 2X_1 + 3X_2$
   (3) 46%
   (4) 10
   (5) 2
   (6) 7
   (7) $F_c = 4 < F_{0.01,\,10-3,\,3-1} = 3.26$이고 $p = 0.02 > \alpha = 0.01$이므로 H_0를 채택한다.
   (8) $p = 0.059 > \alpha = 0.01$이고 $t_c = 2.2485 < t_{0.01/2,\,10-2-1} = 3.499$이므로 $\beta_1 = 0$을 채택한다.
   $p = 0.004 < \alpha = 0.01$이고 $t_c = 4.073 > t_{0.01/2,\,10-2-1} = 3.499$이므로 $\beta_2 = 0$을 기각한다.
3. (1) $Y = 3.9768 - 6.3822X_1 + 3.14033X_2$
   (2) 생략
   (3) $Y = 3.9768 - 6.3822X_1 + 3.1403X_2 = 3.9768 - 6.3822(10) + 3.1403(20) = 2.9608$
   (4) 0.8822
   (5) $p = 0.000 < \alpha = 0.05$이므로 H_0 기각
   (6) 연수 : $p = 0.025 < \alpha = 0.05$이고 $t_c = -2.6773 > t_{0.05/2,\,12-2-1} = -2.262$이므로 H_0를 기각한다.
   크기 : $p = 0.035 < \alpha = 0.05$이고 $t_c = 2.4872 > t_{0.05/2,\,12-2-1} = 2.262$이므로 H_0를 기각한다.
5. (1) $Y = -3.9122 + 0.8433X_1 + 2.5453X_2$
   (2) 생략
   (3) $Y = -3.9122 + 0.8433(8) + 2.5453(5) = 15.5607$
   (4) 0.9123, 교육점수의 제곱합을 면접점수와 대학생활점수가 91.23%를 설명하고 있다.

(5) $p=0.0000<\alpha=0.01$이고 $F_c=46.792>F=3.01$

(6) $X_1 : p=0.0134<\alpha=0.05$, $t_c=3.070>t_{0.1/2,12-2-1}=1.833$, 그리고 신뢰구간에 0을 포함하지 않아 면접점수의 β_1은 0이 아닌 유효한 독립변수라 할 수 있다.

$X_2 : p=0.0026<\alpha=0.05$, $t_c=4.118>t_{0.1/2,12-2-1}=1.833$, 그리고 신뢰구간에 0을 포함하지 않으므로 대학생활점수의 β_2은 0이 아닌 유효한 독립변수라 할 수 있다.

6. (1) $X_2=0$이면 $\hat{Y}=10+0.9X_1+11(0)=10+0.9X_1$이고 $X_2=1$이면 $\hat{Y}=10+0.9X_1+11(1)=21+0.9X_1$이다.

(2) $\hat{Y}=21+0.9\times 60=75$

(3) 여자가 제동거리 11km를 더 요구된다.

제13장 | χ^2-검정

1. (1) o (2) o (3) x (4) o (5) o (6) o (7) x (8) x (9) x (10) o

2. ① 가설 : H_0 : $\pi_1=\pi_2=\pi_3=......=\pi_{12}$, H_1 : 모든 π_j가 같지는 않다

② 임계치 : $\chi^2_{0.01,5-1}=13.277$

③ 검정통계량 : $\chi^2_c=19.8421$

④ 결론 : $\chi^2_c=19.8421<\chi^2=13.277$이므로 H_0를 기각하고 H_1를 채택한다.

3. ① 가설 : H_0 : $\pi_1=\pi_2=\pi_3=......=\pi_{12}$, H_1 : 모든 π_j가 같지는 않다

② 임계치 : $\chi^2_{0.05,7-1}=12.592$

③ 검정통계량 : $\chi^2_c=17.5758$

④ 결론 : $\chi^2_c=17.5758<\chi^2=12.592$이므로 H_0를 기각하고 H_1를 채택한다.

4. ① 가설 : H_0 : 성별과 학년은 서로 독립이다, H_1 : 성별과 학년은 서로 독립이 아니다.

② 임계치 : $\chi^2_{0.01,(2-1)(4-1)}=11.345$

③ 검정통계량 : $\chi^2_c=78.7829$

④ 결론 : $\chi^2_c=78.7829>\chi^2=11.345$이므로 H_0를 기각한다.

5. ① 가설 : H_0 : 근무시간대와 근무연수는 서로 독립이다, H_1 : 근무시간대와 근무연수는 서로 독립이 아니다.

② 임계치 : $\chi^2_{0.1,(4-1)(3-1)}=10.645$

③ 검정통계량 : $\chi^2_c=11.7477$

④ 결론 : $\chi^2_c=11.7477>\chi^2=10.645$이므로 H_0를 기각한다.

6. $\chi^2_c=11.7477>\chi^2=10.645$이고 $p=0.0678<0.1$이므로 H_0를 기각한다.

그러나 $\alpha=0.05$이면 $p=0.0678>0.05$이므로 H_0를 기각하지 않는다.

찾아보기(INDEX)

저자소개

홍관수

영남대학교 상학사
University of Nebraska–Lincoln 경영학 석사
University of Nebraska–Lincoln 경영학 박사
현) 계명대학교 경영학부 교수

엑셀을 활용한 통계자료분석

저 자 홍관수
발행자 한헌주
발행처 도서출판 **경문사**
서울특별시 서대문구 독립문로 219
전화 738-7035 FAX. 722-4678
E-mail : kmsp@korea.com
홈페이지 : http://www.kmsp.co.kr
등 록 1995년 11월 9일 제300-1995-138호

저자와의 협의로 인지생략

2017년 6월 22일 초판인쇄
2017년 6월 29일 초판발행

정가 25,000원

ISBN 978 89-420-0871-1 93320